社会语言学

Sociolinguistics

刘宝俊◎著

科学出版社
北京

内 容 简 介

本书立足于中国社会的历史和现实，从宏观角度研究中国的语言与中国社会的互动关系，通过语言观察社会现象，通过社会观察语言现象。既尊重国内外社会语言学研究的既有成果和普遍共识，又融入更多个人田野、社会调查研究的新材料和对社会语言学的体悟。内容包括语言与文化、语言与民族、语言与地理、语言与阶级、语言与宗教、语言与政治、语言接触与社会交流、文字与社会等。

本书对拓展社会语言学研究范围，加深对语言与社会关系的认识，对国家语言政策、文化政策的制定有重要意义，对语言学、社会学、文化学、人类学方面的学者和学生，以及关心语言与社会现象的大众有重要参考价值。

图书在版编目(CIP)数据

社会语言学/刘宝俊著．—北京：科学出版社，2016.1
ISBN 978-7-03-045888-9

Ⅰ.①社… Ⅱ.①刘… Ⅲ.①社会语言学-研究 Ⅳ.①H0

中国版本图书馆 CIP 数据核字（2015）第 234324 号

责任编辑：朱丽娜　高丽丽/责任校对：何艳萍
责任印制：赵　博/封面设计：楠竹文化
编辑部电话：010-64033934
E-mail：fuyan@mail. sciencep. com

科学出版社 出版
北京东黄城根北街 16 号
邮政编码：100717
http://www.sciencep.com
北京凌奇印刷有限责任公司 印刷
科学出版社发行　各地新华书店经销
*
2016 年 1 月第　一　版　开本：720×1000　1/16
2024 年 1 月第六次印刷　印张：20
字数：380 000
定价：80.00 元
（如有印装质量问题，我社负责调换）

序　一

2015年3月，在广州的一次学术会议上，老朋友刘宝俊教授要我为其即将出版的大作《社会语言学》写序。宝俊从事社会语言学的教学和研究30多年，发表了十几篇相关学术论文，搜集积累了古今中外十分丰富的研究素材，为集大成之作出版，做好了充分准备。三十年磨一剑，这是一把什么样的宝剑？具有什么特色？有多少含金量和闪光点？诸如此类的问题，都是我们业内同仁期待了解的。作为第一读者，能够先睹为快，我欣然接受了老友之命。

社会语言学作为一门独立的学科，传入中国，生根、开花、结果，已经比较成熟。诸多学者为该学科的本土化作出了贡献。宝俊的《社会语言学》在学科本土化的路径上，迈出了可喜且重要的一步。这一步特色鲜明，亮点突出，值得关注。

首先是系统构建了特点突出的学科框架体系。国内出版的"社会语言学"论著的框架体系，有的直接或基本上与国外同行接轨；有的则部分使用国外框架。该书则是在充分借鉴、吸收国内外研究成果的同时，独自构建了该学科的中国化框架体系。该书提出，社会语言学的总目标是"联系社会研究语言，联系语言研究社会"（见该书第一章第四节）。根据中国社会的历史和现实，该书设定了"语言与民族、语言与地理、语言与阶级、语言与宗教、语言与政治、语言接触与社会交流文字与社会"等章节，作为该书的理论框架。在现行"社会语言学"论著中，该框架体系较少见到，因而成为该书颇具特色和理论创新的一大亮点。

采用"语言与××"这种二元并立的形式，设计社会语言学的章节标题，最早作出这种思考的，可能是陈原。他的《社会语言学》（1983年）初稿，就曾分为"语言与社会、语言与思维、语言与符号、语言与迷信、语言与语境、语言与文化、语言与信息、语言与政策"[①] 等八大章，可是，该书出版时，该框架已经作了彻底修改，并未出现在正式出版物中。

其次是率先划分出学科四大研究流派。中国社会语言学经过30多年的发展，已经形成了自己的学科流派，但是除了个别综述学科发展的论文提到过学科流派外，其他诸如通论或概论一类的论著或教材，基本没有涉及学科流派问题。根据

---

① 见陈原《社会语言学》中的"新版序"，北京：商务印书馆，2000：2。

中国社会语言学研究的内容和特点，该书将该学科划分出四大主要研究流派。

一是西方流派。该派学者大多是大学外语院系教师或是外语专业出身，擅长编著通论性译介著作和教材，其中少数学者尝试用西方社会语言学理论，研究中国的语言变异，代表人物有许国璋、王宗炎、王德春、祝畹瑾、胡明扬、陈松岑、王得杏、高一虹、徐大明等。

二是社会文化语言学流派。该派认为，文化是社会的产物，社会包括文化。20世纪90年代，社会语言学和文化语言学这两大新兴交叉学科并立，都把语言放在人文背景中研究。该派学者的论著往往辟有“语言与文化”的章节，有的书名直接写入“语言文化社会”，代表人物有陈建民、游汝杰、周振鹤、曲彦斌、张清常、杨永林等。

三是民族学流派。该派大多是中国社会科学院民族研究所和全国民族高等院校的学者。该派的研究对象往往也是语言人类学或人类语言学的研究对象。在多民族国家语言政策、语言识别、民汉双语教育、濒危语言研究方面，成果丰厚，代表人物有傅懋勣、严学窘、马学良、王均、戴庆厦、孙宏开、张公瑾、周庆生、徐世璇、李锦芳等。

四是综合派。其研究对象和内容涉及宏观和微观、社会和文化、国内和国外、现代和古代多个方面，相当于学科导论、通论、概论，代表人物有陈原、孙维张、郭熙、游汝杰、邹嘉彦等。

以上划分还是初步的、探索性的，诚如作者所说“不同流派之间往往你中有我、我中有你”，不过，可以认为，这种划分已为后人的进一步改进和完善打下了一个良好的基础。

最后是颇具特色的章节设计和论述。将“语言与政治”作为一章，这在其他同类论著中十分少见，因而也就成为该书的另一研究特色。作者从“语言中的政治”和“政治中的语言”这两个方面，论述了语言的政治属性，列举了“政治上正确”的语言和“政治上不正确”的语言的例证；从语言领域的安全和安全领域的语言，阐述了国家安全战略中的语言问题；从语言观念、词汇和文字上的民族歧视，论述了政治偏见问题；最后论证了语言性别歧视与女权运动的关系。

另外，该书对于中国古今人名与社会文化的阐述，读后感到饶有趣味；对于堕民、九姓渔民、疍民的阶级语言变异所作的典型个案分析，令人耳目一新；对语言对于文化的影响和制约的分析，入木三分，令人印象深刻。

是为序。

周庆生

2015年7月22日于北京灵通观寓所

序　二

宝俊是我师兄，我们同出一门，师从我国著名语言学家严子君（学窘）教授，他1982级，我1984级，当年共同在华中工学院（华中科技大学前身）攻读汉语史硕士。忆当年，西五舍研究生楼给我们留下了无限美好的回忆。我们的老师子君教授是罗莘田（常培）先生所训导研究生的开门弟子，1936年毕业于北京大学。我们当时接受了子君师非常严格的语言学训练。子君师极为推崇从新发现的古代文献、汉语方言和少数民族语言来重建汉语史，重视学习先进的西方语言学理论和方法，主张语言学研究要有新的材料、新的方法、新的观点、新的理论，这样才能具有学术意义和理论价值。

宝俊兄深得子君师的赏识和真传，他的硕士论文就是根据当时新出土的长沙马王堆帛书材料来建构秦汉时期的楚国方言音韵系统，其研究的材料方法前沿，结论可靠，研究结果至今对学术界产生的影响都非常大。此后宝俊兄又以新出土的郭店楚简和上海博物馆藏战国楚竹书等为材料，研究战国时期楚国“心”符系列特形文字与上古思想史的关系，获得博士学位。30多年来，宝俊兄锐志未改，秉持师训，一以学术创新为依归，在社会语言学领域精耕细作，构建出令人鼓舞的“中国式”社会语言学研究范式。

社会语言学在我国仍属开创阶段，举步维艰，难得有基于大量数据的开拓性实质研究成果，其学科定位也有争议。一般认为，社会语言学用社会学方法研究语言学，重点研究社区语言（如阶级、性别、社团等不同社会结构中的语言）的变异和变化，并以数学统计方法建立语言变化模型，但这只是社会语言学研究的一个方向，社会语言学研究应在多维度、多学科的视野下进行。按照王士元先生的说法，语言是一个复杂系统，其变化与人类生理、认知、文化因素、社会网络的关系极其密切。而中国社会由于其历史悠久、族群众多、文化多样性极其丰富复杂，是不同于日本、韩国等单一民族国家的东亚地区典型的复杂社会。语言是文化的载体和标记，所以仅仅局限于所谓的“语言学本体研究”，并不能完美地解决语言学面临的问题。其实，社会语言学研究领域与语言人类学、历史语言学等多有重叠和交叉之处，学科间的定义有些模糊的空间，不必刻意去追求所谓“纯粹”的语言学。拉波夫的社会语言学经典著作

《语言变化原理》就包括卷一“内部因素”、卷二“社会因素”和卷三“认知与文化因素”，认为社会语言学有两个方向：一是语言的数据告诉我们关于人类更多的事情；二是人类也告诉我们超过语言更多的东西。宝俊兄的《社会语言学》正好符合这一精神，全书提供了大量新的语言学各种数据材料，并以此解释语言与社会的共变；充分吸收了30余年来中国社会语言学界的主要研究成果，同时融入了其30余年来对于中国社会语言学若干问题的探索和思考。重视运用人类学的理论和方法来解释各种语言变异和变化，更注重结合中国社会的历史和现实，从宏观的角度研究社会语言学。

第一，他认为，“社会语言学既然是一门与社会密切相关的学科，因为各个社会的文明程度、文化传统、历史背景、时代背景各不相同，因此，社会语言学没有必要、也不可能有适合于各种社会形态的研究对象和任务，只要在‘联系社会研究语言，联系语言研究社会’这样一个总目标下，各个国家完全可以根据自己的需要建立各具特色的社会语言学，为社会服务，解决社会需要解决的问题”。因此，该书根据中国社会的历史和现实，研究的内容包括了语言与文化、语言与民族、语言与地理、语言与阶级、语言与宗教、语言与政治、语言接触与社会交流、文字与社会等章节，在目前的“社会语言学”论著中较少涉及，是该书颇有特色和新意的地方。

第二，该书对语言与文化的关系进行了广泛的探讨。除了人类学、民族学普遍关注的亲属词和颜色词外，该书还对中国社会自古迄今人名与社会文化的关系进行了详细和饶有趣味的阐述，对语言对于文化的影响和制约作用作了颇为深入的探讨。尤其是在“语言和文化生态”一节，将自然生态学的理论、观点、概念引入语言文化领域，认为人类各种语言和文化构成了一个完整的生态系统，任何民族的语言、文化在人类语言和文化生态系统中都具有同等价值，都是人类文化的宝贵“遗产”。这种“文化相对论”的观点，虽在国外早有共识，但对中国语言学来说，仍具有建设性意义。

第三，该书对语言与民族的关系进行了深入的研究。作者从语言与民族共同体的关系、语言与民族感情、语言冲突与民族冲突、语言对民族文化的反映、语言的濒危和消亡等方面，深刻阐释了少数民族语言的社会价值和重要性，对于在多民族国家和社会中，如何对待少数民族语言、制定民族语言政策具有理论和现实意义。

第四，该书对语言与政治的关系进行了全面的剖析。作者从政治中的语言、语言中的政治两方面阐述了语言与政治的关系，从“政治上正确”的语言与“政治上不正确”的语言两方面证明了语言与政治的关系，从语言领域的安全和安全领域的语言两方面论述了国家安全战略中的语言问题，对国际、国内政治领域的语言具有认知价值和指导意义。

此外，该书对语言中地名的历史价值、文化意义和政治色彩进行了详细的分析；对于堕民、九姓渔民、疍民的阶级语言变异进行了典型的个案分析；从语言的交流与语言的净化两方面，深入讨论了文化交流中不同语言之间对立统一的辩证关系，从文字与社会的角度论述了表意汉字对于研究古代社会的文献价值，这些内容都是其他社会语言学著作中较少或没有涉及的内容。

宝俊兄具有敏锐的学术眼光和开阔的学术视野，既精于汉语音韵学、古文字学等“绝学”的考据，又擅长汉藏语比较研究和古代汉语与现代汉语方言的比较研究，治学不因循守旧，不故步自封，不专守一隅，而是勇于探索，不断开拓，颇有创新。社会语言学作为他学术研究的“副业”，三十余年磨一剑，厚积薄发，创获良多，令我佩服。“问何物能令公喜”，答曰：此书也。

是为序。

邓晓华

2015年8月6日于厦门大学

目　录

第一章 社会语言学的性质、对象和任务

第一节 什么是社会语言学

自19世纪历史比较语言学在西方诞生以来，新的语言学理论、观点、方法和材料不断涌现，语言研究旨在探求语言的结构规律和演变规律，摆脱了附庸于其他学科的地位，实现了由传统语文学向现代语言学的历史转变。尤其是20世纪结构主义语言学产生之后，语言成为语言学唯一的研究对象，语言学成为一门真正独立的学科。这一转向在语言学史上具有里程碑式的意义。

现代科学研究日益精进的重要原因，就是学科从综合走向分析，研究对象从多元走向单一，研究范围由开放走向封闭。19世纪以来的语言学避开语言要素之外的一切社会因素，研究一种同质的、纯粹的、理想化了的语言结构，极大地推动了语言学的发展，拓展了语言研究的深度。100多年以来，传统语言学经历了历史比较语言学、结构主义语言学、转换生成语言学三个重要时期，每一时期的语言学均以研究人类各种语言的结构规律和演变规律为职事，语言研究的对象一直是语言系统本身。语言的三个要素——语音、词汇、语法，是语言学唯一或核心的研究内容，语言学家对各个语言要素进行穷尽式的分析，把这一工作当成语言学家的唯一任务。结构主义语言学创始人、瑞士语言学家索绪尔（Ferdinand de Saussure，1857—1913）在《普通语言学教程》一书的结尾郑重宣称："语言学的唯一的、真正的对象是就语言和为语言而研究的语言。"（索绪尔，1980：323）这种对研究对象的过滤和排除，以单纯的语言作为目标以达到研究上的彻底性，对于语言科学研究的深化具有极大的推动作用。

但是，这种人们称之为"内部语言学"、"唯理语言学"或"形式语言学"的语言学研究，又因其研究对象的过于单一和研究范围的严密封闭，过于强调语言系统的独立性而忽略了语言的社会背景和使用条件，注重语言的结构形式而忽略了语言的社会功能，从而出现新的问题，那就是语言的研究脱离了语言

赖以生存的社会，脱离了使用语言这一“工具”的人，疏离了人与“工具”间的关系，走向封闭性的学术殿堂，成为象牙塔中语言学家孤芳自赏的东西。著名现代语言学家吕叔湘（1980b）曾经指出：“语言是什么？说是‘工具’。什么‘工具’？说是‘人们交流思想的工具’。可是打开任何一本讲语言的书来看，都只看见‘工具’，‘人们’没有了。语音啊，语法啊，词汇啊，条分缕析，讲得挺多。可都讲的是这种工具的部件和结构，没有讲人们怎么使唤这种工具。”这段话形象地指出了纯语言研究的局限性，深刻地揭示了“内部语言学”局限于经院式语言研究的弊端。

近半个多世纪以来，随着世界科学技术的飞速发展，19 世纪以来语言学封闭性研究的局面又被重新破局，涌现出了一系列跨学科的语言学，如社会语言学（Sociolinguistics）、人类语言学、心理语言学、认知语言学、模糊语言学、生态语言学、数理语言学、计算机语言学等。其中，社会语言学就是在语言学和社会学的边际产生的一门新兴学科。

社会语言学在一定程度上是对内部语言学的否定和对传统语文学的回归。社会语言学与内部语言学研究的区别在于：社会语言学不太注重语言的形式而注重语言的功能；不太关注具体语言要素的内部结构和演变，而关注人们在社会生活中怎样使用语言。也就是说，社会语言学不研究语言这个“工具”的各个零部件，而是研究在社会生活中各种各样的人是怎样运用语言这一“工具”的。社会语言学将已知的语言要素与语言以外的社会要素结合起来进行跨学科研究，它与其他社会科学彼此交叉，互相渗透，属于被索绪尔摒除在内部语言学之外的“外部语言学”，是具有现实意义、社会意义的“应用语言学”。

社会语言学研究语言与社会科学的诸多学科——比如，社会学、文化学、人类学、民族学、心理学、地理学、历史学、政治学等——之间的相互关系。具体而言，社会语言学有两个相向而行、互为观照的研究角度：一是立足于社会研究语言。这种研究或可称为“社会的语言学”（social-linguistics），基本的出发点是将语言置身于其得以产生和运用的人类社会的广阔背景中，从社会科学诸多学科的角度去观察、分析、研究、解释语言现象。二是立足于语言研究社会。这种研究或可称为“语言的社会学”（sociology of language），基本的出发点是将社会与人类社会赖以生存的语言紧密结合起来，从语言的角度去观察、分析、研究和解释社会现象。两者之间的共轭点，就是把语言当作一种重要的社会现象，研究语言和社会的共变。在语言学和社会学之间，社会语言学犹如互相通向彼岸的桥梁。

现代社会语言学有狭义和广义之分。狭义的社会语言学又称“城市方言学”，主要研究语言的社会变异，即主要研究现代城市或一定区域内的社会方言，属于微观的社会语言学。广义的社会语言学除研究语言的年龄、性别、阶级、阶层、地位、地域、风格等社会变异外，还涉及语言与社会学、文化学、人类学、民族学、心理学、地理学、历史学等研究领域，主要研究语言与文化、语言与民族、语言与地理、语言与社会心理、语言与社会交际、语言与历史等社会内容，以及语言保护、国家的语言教育、语言规划和语言政策等重大的社会和政治问题。这种研究属于宏观的社会语言学。

我们可以给社会语言学下一个简单的定义：社会语言学是一门从人类社会生活的角度观察语言的运用，或从语言的角度探索人类社会生活边缘性的语言学分支学科。

第二节 语言与社会的关系

一、语言的社会属性

在人类生存的大千世界中，我们所能感知的所有现象，可分为自然和社会两类。自然现象是自然界中由于大自然的运作规律自发形成、不受人为主观因素影响的现象，如日月经天、江河行地、昼夜交替、四季变易、风雨雷电等。社会现象则是在人类社会历史中产生的、受人为主观因素影响的现象，如政治制度、生产关系、道德伦理、风俗习惯、宗教信仰、文学艺术等。那么语言属于哪一类现象呢?

毫无疑问，语言属于社会现象。语言具有一切社会现象所固有的共同特点，即产生并服务于人类社会。但语言既不属于社会现象中的经济基础——因为语言不能直接创造社会财富，也不属于社会现象中的上层建筑——因为语言不受意识形态的支配。因此，语言是一种特殊的社会现象。

社会性是语言的本质属性。语言自始至终都与人类社会紧密联系在一起，与社会相互依存，是组成社会不可缺少的重要因素。语言不能脱离社会而存在，没有社会，就无需语言；社会的存在也离不开语言，没有语言，社会将无法形成和维持。人之成其为人，因其有语言；因其有语言，所以才有社会。法国革命家、马克思主义思想家拉法格（Paul Lafargue，1842—1911）在《革命前后的法国语言》一书中认为：“一种语言不能和它的社会环境隔离，正如一种植物不能离开它的气象环境。”（拉法格，1964：3）法国人类学家克劳德·列维-斯特劳斯（Claude Lévi-Strauss，1908—2009）在《悲伤的热带》一书中指出："谁要谈论人，谁就要谈到语言；而谈到语言，就要谈到社会。"① 列维-斯特劳斯认为，语言既然是人唯有的特征，语言科学就是关于人的科学的主要方面，语言构成社会现象和文化现象的原型，对语言的分析，就为社会和文化的分析提供了合适的范例。

人、语言、社会是三位一体、共生共存的关系，可以从三方面理解。

首先，人是语言的动物。语言是人类特有的一种符号系统，语言的产生和使用是人类区别于动物的根本标志。《谷梁传·僖公二十二年》说："人之所以为人者，言也。人而不能言，何以为人?"认为语言是人的根本要素，是区分"人"和"非人"的根本标志。18 世纪法国启蒙思想家和哲学家卢梭（Jean-Jacques Rousseau，1712—1778）在《论语言的起源》一书中提出了人是"语言的动物"的观点。现代德国哲学家卡西尔（Ernst Cassirer，1874—1945）在《人论》一书中认为语言是人类最基本的符号形式之一，而人是"符号的动物"（卡西尔，1985：144)。语言是人、猿相区别的标志性特征，是语言使人类脱离了动物界而成为"万物之灵"。可见，语言是人最重要、最本质的特征。

其次，人也是社会的动物。社会是语言扎根的土壤，语言与社会不可分割。在汉语中，"社会"的本意是指特定土地上人的会集，英语中的"society"和法语中的"societe"来自于拉丁语"socius"，是"伙伴"的意思。社会是处于特定区域和时期、享有共同文化并以物质生产活动为基础，按照各种生产关系和社会关系组合起来的集合体。社会的核心是人和各种组织形式。语言是人与人互相联系的桥梁，进行沟通的工具，是把零散的个体"会集"起来结成"伙伴"及更大社会群体的纽带。如果没有语言作为人与人之间联系的纽带，作为人与人之间交流思想、传达感情的工具，就绝不可能形成由小及大各种有生产关系和组织形式的社会。同时，语言还是一定社会的产物，是社会特有的一种现象，社会以外无所谓语言。虽然人类大脑特有的语言能力与生俱来，但语言却是在社会中习得的，如果没有后天的社会环境，就不能激发出大脑语言能力的内在机制，人的语言能力就无法实现，就无法获得语言。即使是已经习得了语言的人，只要离开了社会，也会失去已经习得的语言，世界各地的"狼孩"离开社会即失去语言就是证明。因此，语言的习得同样具有社会性，离不开社会。

最后，人还是理性的动物。理性即意味着思想。在中国，先秦时期的思想家荀况在《荀子·非相》中说："人之所以为人者，非特以二足而无毛也，以

① ［英］特伦斯·霍克斯：《结构主义和符号学》，瞿铁鹏译，上海：上海译文出版社，1987：25；《悲伤的热带》中译本书名译为《忧郁的热带》。

其有辨也。”所谓“辨”，指的是人特有的人性和理性，这是“二足而无毛”的人与“四足而有毛”的动物之区别。东汉王符的《潜夫论·卜列》亦云：“夫人之所以为人者，非以此八尺之身也，乃以其有精神也。”所谓的“精神”，指的是与人的躯体相对应的思想意识。而人之所以有思想，是因为有语言。语言是思想的直接现实，是思维的工具和物质外壳。思维的发展推动了语言的发展，语言的发展又促进了思维的发展。一般来说，语言的发展水平标志着思维的发展水平，语言的局限性就是思想的局限性。人类的知识通过语言传授，没有语言，人的智力就会跟高等动物一样，人类就只能与禽兽为伍而无法蜕变为万物之灵，也就无法形成有理性的人和人类社会。正是有语言，思维才能进行，思想才能得以形成。在人类的历史长河中，是语言与思维的相互促进，使人类不断地认识世界、改造世界、创造世界，从而推动社会的发展。

社会的发展也带动了语言的发展。任何社会的变化，都会给语言带来影响，在语言中得到反映。这种影响和反映，主要体现在语言的词汇上。仅就汉语中的外来词而言，中国历史上三次大的社会接触与文化交流——西汉凿通西域，汉、魏晋、隋唐时期印度佛教文化传入中国，近现代西方文化的强烈影响，都在汉语中留下了一批批外来词，成为汉语词汇中不可缺少的组成部分，极大地丰富和发展了汉语词汇，以至于今天如果缺少这些外来词，我们的语言表达将会大受影响。近现代西方文化给汉语的句法结构也带来了深刻的影响，深入到了现代汉语的基础和核心。

以上我们阐述的是语言的社会属性。最后要说明的是，语言也有自然属性。语音是语言的表现形式和物质外壳，是一种声音，因此具有与声学一样的物理属性。语音由人的发音器官发出，因此具有生理属性。在19世纪西方自然科学盛行的时候，一些语言学家受此影响，把语言看成是自然现象，视为一种完全受语言器官支配的生物有机体，用自然的观点来研究语言。历史比较语言学早期的重要学者、丹麦语言学家拉斯克（Rasmus Christian Rask，1787—1832）就认为，语言是一种自然的物体。德国语言学家施莱赫尔（August Schleicher，1821—1868）把达尔文关于物种起源和发展的学说运用于语言研究，把语言与生物有机体等量齐观，认为语言是属于自然界的天然有机体，是一种生物现象。然而，正如人的一切自然属性都不是人的本质属性一样，语言的一切自然属性也不是语言的本质属性。注重语言自然表征而忽视语言社会本质的自然主义语言观，颠倒了本末，是对语言本质的错误认识。

二、语言史与社会史

语言是历史的见证，语言史与社会史紧密相连。任何时候语言都是一个敏感的指示器，标示着社会的变迁。德国历史语言学家格里木（Jacob Grimm，1785—1863）宣称“我们的语言就是我们的历史”，在他著名的《德语史》（1848）一书的序言中，格里木认为：“有一种比骨骸、武器和墓穴更为生动的东西可以证明民族的历史，那就是它们的语言。语言乃是人类精神的充分呼吸，哪里存在着语言的声响，或者保藏着它的碑铭，哪里就会消失对于使用这种语言的民族同邻族的关系当中一切不明不白的地方。就古代史而言，这种保留下来的遗物使我们惶惑莫解，而别的史料又付诸阙如，这时除了详细研究我们的语言和土语亲疏关系中的千丝万缕的联系之外，就再也没有什么办法可以帮助我们了。”（汤姆逊，2009：158）格里木将研究德语的历史与德国的历史紧密结合在一起，或者说研究德语的历史构成了格里木对德国历史研究的一部分。

斯大林在《马克思主义和语言学问题》中指出：“语言是属于社会现象之列的，从有社会存在的时候起，就有语言存在。语言是随着社会的产生和发展而产生和发展的。语言随着社会的死亡而死亡。社会以外是没有语言的。因此要了解语言及其发展的规律，就必须把语言同社会发展的历史，同创造这种语言、使用这种语言的人民的历史密切联系起来研究。”（斯大林，1971：16）这段话从历史发展和演变的角度，十分精辟地揭示了语言与社会、语言史与社会史的密切联系。

从语言学研究的起源和研究传统的形成来看，语言学史与社会史密切相关。

古代中国、印度、希腊被认为是语言学研究的三个发源地，它们在社会隔绝、封闭的上古时期，都基于特定的社会需要而从事独立、自发、原创性的语言研究，在不同的社会背景中形成了不同的语言研究特点和传统。

中国的语言研究始于“百家争鸣”的春秋战国时代。先秦哲学思想家对于名、实的哲学讨论促成了中国语言研究的萌芽和起源。汉代以后的语言研究是为了解释经典，汉代统治者独尊儒术，将重要的儒家著作奉为经典，使解释儒家经典成为社会的需要，从而形成了解释词义的训诂之学，训释字词意义的四大语言学名著——《尔雅》、《说文解字》（以下简称《说文》）、《方言》、《释名》在这时应运而生。其中，《尔雅》是训诂学第一部专著和奠基之作，南宋时期被奉为儒家的经典著作而跻身于“十三经”之列；《说文》依据文字的形体结构阐述文字的本义，看起来是文字学研究，实则是“五经无双”的古文经学家许慎出于训读经学之目的而作。此外，西汉毛亨的注，东汉郑玄的笺，唐代陆德明的《经典释文》，唐宋学者对“十三经”的疏证，清代乾嘉学派对经传的疏证，历代勤研不辍，形成了“雅学”和注释学并行的两派，相得益彰。它们或附于儒家经书之中，或列为儒家经学之附庸，成为中国传统语言学研究的主流。所以中国的训诂学实由哲学发起而因经学光大，与中国古代以儒家思想为主宰的社会史、思想史是分不开的。

古代印度的语言研究是因印度传统的宗教社会背景而发动的。语言在古代印度宗教生活中占有极其重要的地位。印度语言学源于对产生于公元前1500年用梵语写成的婆罗门宗教圣典《黎俱吠陀》的解释和诵读。公元前5世纪，印度的古典梵语与当时的口语差距很大，影响到了古代宗教经典的传授。基于这种情况，学者开始编写描写性的语音和语法规则，在公元前4世纪左右出现了第一部专门分析印度古代语言的著作《巴尼尼语法》。实用的研究目的形成了古印度语言学注重语音和语法研究的传统。梵文是一种表音文字，研究者把古典梵文宗教经典的标准发音当作一种神圣的宗教礼仪，深信宗教圣典只有用准确的语音读出来，才能体现其奇异的宗教职能。由于要保存经典中词的古代发音，研究者进行了详细的语音分析描写，极力追求语音的准确性。他们根据生理特征对人的发音器官进行了分析，详细地描写了古典梵语语音的发音动作，区分了发音部位和发音方法，制定出了语音分类的原则，分析出了构词时的变音、增音及连读变调，甚至悟出一种接近于现代语言学“音位”概念的单位“sphota”。印度的语音学随着佛教传入中国而在汉魏时期触发了中国音韵学的产生，19世纪随着与西方的接触而促成了现代语音学的起步。自古以来印度的宗教社会历史就形成了印度独步天下的语音学研究传统，为人类语言的研究作出了独特的贡献。

古希腊是欧洲民主政治的摇篮和语言学的发源地，民主政治与语言学之间有密不可分的关系。希腊的民主政治以城邦为中心，公元前5～前4世纪，古希腊的城邦中出现了一批专门研究雄辩术、演讲术的学者，他们活跃在各个城邦及奥林匹亚赛会、泛雅典娜庙会，以教授演讲术、雄辩术和政治知识为职业，在大庭广众中发表演讲，施展雄辩的才能，教授如何辩驳、诉讼、演说、参政、处理公务。为了演讲、雄辩的需要，他们开始研究语法、修辞，利用语法知识和修辞术传授给演讲者如何逻辑地推论自己的论点，如何以生动形象的语言吸引听众接受自己的观点。这种对语法、修辞的研究奠定了古希腊语言学研究的基础。他们建立了“词类”的概念，区分出了主词、谓词，静词、动词，连词、冠词，以及专有名词、普通名词；确定了词格、词法和句子等语法范畴，形成了古希腊以形态归纳和句法逻辑研究为主的语言研究传统。罗马人在占领希腊之后继承了希腊人的语言研究传统，将希腊人的语言学思想和希腊语法学家的术语和语法范畴移用于拉丁语的描写，在希腊人确定的理论框架和理论基础上对拉丁语进行研究。在后来的社会历史中，欧洲人在继承和发扬古代希腊罗马民主政治传统的同时，继承和发展了古代希腊罗马人的语言研究传统，形成了西方精于语法研究的特色。

从语言兴衰存亡的历程来看，语言史与社会史密切相关。

语言的历史与相应的社会史具有共变的关系。语言与社会是一对命运共同体，社会的兴衰存亡往往伴随着语言的兴衰存亡。历史上希伯来语、希腊语和拉丁语是最有影响的古代语言，它们的兴衰存亡分别见证了犹太民族、希腊社会、罗马帝国的历史命运。

公元前希伯来语是古代犹太民族的语言，是世界上最古老的语言之一。公元70年罗马人占领了犹太人的都城耶路撒冷，摧毁了犹太教的圣殿，犹太民族和社会解体，犹太人被逐出家园，流落世界各地，使用寄居国的语言，希伯来语作为口语逐渐消失。19世纪后期，伴随着犹太复国运动的兴起，犹太人把希伯来语当作凝聚民族意志的精神支柱和恢复犹太社会的纽带，开始从事复活希伯来语的活动。经过艰苦卓绝的努力，希伯来语逐渐复活。到20世纪初，希伯来语开始作为巴勒斯坦犹太社区的教学语言，入学的儿童和青少年成了希伯来语的继承人和保卫者，第一代说希伯来语的家庭也随之出现，希伯来语的延续得到了保证。1948年5月以色列建国，希伯来语成为以色列的正式语言和官方语言之一，来自世界各地的犹太人，像学外语一样学习和使用希伯来语，回归犹太社会。目前，以色列、约旦河西岸和美国等地希伯来语的使用者已达770多万人。灭亡了1800多年的希伯来语成功复活，创造了世界语言史上绝无仅有的奇迹。希伯来语兴衰绝续的历史与犹太民族和社会的兴亡绝续就是如此紧密相连的。

古代希腊是欧洲文明的摇篮和基石。希腊的亚历山大帝国是历史上继波斯帝国之后第二个地跨欧、亚、非三大洲的帝国，对三大洲的历史发展有过重大影响。帝国的语言希腊语曾经是古代欧洲最为辉煌的语言，是西方文明进程中第一种伟大的语言。用希腊语创作的包括荷马史诗在内的古典时期的希腊文学，对古罗马文学和后世欧洲文学的发展产生了重大影响，在世界文学史上只有中国文学和印度文学能与之媲美。然而，公元前299年罗马势力开始侵入巴尔干半岛，接着希腊化的各王国陆续灭亡，罗马人逐渐成为希腊人命运的主宰。公元前30年，罗马灭亡了最后一个希腊化国家——统治埃及的托勒密王朝，古代希腊社会彻底消失，希腊的历史随之告终，历史进入了罗马帝国和拉丁语时代。希腊雅典语虽然仍是罗马帝国的第二语言，但在欧洲历史上逐渐衰落，影响力和使用范围不断减弱和萎缩。虽然在拜占庭帝国和19世纪以后的希腊王国仍将希腊语作为官方语言，但与当年古典时期的辉煌早已不可同日而语。

古罗马的语言——拉丁语，最初只不过是意大利中部拉提姆地区（今意大利拉齐奥区）台伯河岸一个称为拉丁人部落的方言。随着罗马的强盛，罗马人的拉丁语逐渐在并存的诸方言中取得了优势，公元前5世纪初成为罗马共和国的官方语言。在罗马帝国全盛时期，随着罗马军事和政治势力的扩张，拉丁语成为当时影响世界的第一语言，在历史的长河中传播到世界大部分地区。然而，随着罗马帝国的衰落与消亡，这一盛极一时的世界性语言也逐渐失去了影响力和生命力，语言领域不断萎缩。到公元9世纪，拉丁语已经不再是任何民族的母语，成为一种“失去了民族的语言”，成为教会、官僚、律师、外交官和知识分子等精英阶层显示其神圣、权威和地位的社会方言。在中世纪，拉丁语还是神学、哲学、科学和外交的语言。到了20世纪，拉丁语的学习与研究就彻底衰落了，曾经的世界第一语言无可奈何地走进了历史的归宿。

19世纪以来，西方语言伴随着社会、民族、国家势力的强弱而起落。得益于法国在欧洲启蒙运动中所作出的杰出贡献，法语在17—18世纪迅速崛起，成为继拉丁语之后的欧洲第一强势语言，成为欧洲的通用语言，并成为荷兰、德国、俄国的宫廷语言。根据计算，1600年欧洲几大语言中说法语的人数最多，其次是德语、意大利语、西班牙语、英语，但此时的英语没有地位。文艺复兴时期一位著名的历史学家说：“在十六世纪，除了英国人，没有人会期待别人说英语，即使是最完美的大使。”（伯克，2007：163）18世纪以后情况稍有变化，法国和德国的外交学院和贵族学校开始教授英语。在20世纪第一次世界大战、第二次世界大战后，英语挟英、美帝国的势力迅速崛起，取代法语成为世界第一通用语言。

语言与社会同兴衰、共存亡的事实不仅发生在欧洲，在其他地方也处处可见。例如，历史上两河流域早期的苏美尔人，他们创立的苏美尔文明可以追溯至公元前4000年，是整个美索不达米亚文明中最早，也是全世界最早产生的文明。但约在公元前2000年，辉煌的苏美尔文明被闪米特人建立的巴比伦文明所代替，苏美尔语言和楔形文字即逐渐消亡。在中国，鲜卑、龟兹、西夏、契丹都是建立过国家、盛极一时的民族，都有自己的语言，有的甚至产生了文字。但在历史的进程、社会的变革中，随着国家的吞并、社会的消亡、民族的同化，这些语言就随之衰退消亡、了无踪迹了。

语言兴衰沿革的历史，即是一部社会绝续兴亡的历史。

第三节 社会语言学的产生与传播

一、社会语言学在西方的产生和传播

“社会语言学”一词出现在20世纪初的西方。早在19世纪，西方就开始

把语言看作一种社会现象，并研究社会因素对语言的影响。根据张兴权（2005）的研究，法国语言学家多扎（Aibert Dauza，1877—1955）在1910年出版的*LaVie du Langage*（《语言的生命》）一书中已经使用了“linguistique sociale”（社会语言学）这一术语。苏联语言学家波利瓦诺夫（Yevgeny Dmitrievich Polivanov，1891—1938）在1928年、1929年的著作中已经使用了“社会（学）语言学”（社会语言学）的术语。苏联语言学家拉林（Boris Aleksandrovich Larin，1893—1964）在1928年发表的论文《关于城市语言特征》中，也多次出现“社会（学）语言学”这一术语，探讨了一些社会语言学问题，甚至提出建立社会语言学的计划。英国学者弗思（John Rupert Firth，1890—1960）在1935年发表的论文《语义学技巧》中使用的是词组“sociological linguistics”（社会［学］语言学），而霍德森（Tomas Callan Hodson，1871—1953）在1939年发表的论文*Sociolinguistics in India*（《社会语言学在印度》）更是使用了与现今使用的英语词完全一致的术语。法国语言学家柯恩（Marcel Cohen，1884—1974）在1950年《语言——语言的结构和发展》一书中使用的是“la linguistique sociologique”（社会［学］语言学），这一术语在1959年该书的中译本中已被译为“社会语言学”（柯恩，1959：117）。美国语言学家丘里（Haver Currie，1908—1993）1952年发表的《社会语言学的设计：言语和社会阶层的关系》一文也使用了Sociolinguistics一词，并指出：目前主要的任务是为“言语因素的社会功能和社会意义提供一个广阔的研究领域”，“这个领域就叫社会语言学”。1958年美国社会学家费希曼（Joshua Fishman，1926—　）在宾夕法尼亚大学首次开设了“语言社会学”课程。

一般认为，“社会语言学”作为一门独立的边缘性学科，是20世纪60年代在美国产生的。1964年，美国出版了由海姆斯（Dell Hymes，1927—　）编纂的论文集《在文化与社会中的语言：语言学与人类学的相关读物》，收录了20世纪20年代起发表的关于语言的社会功能和社会意义的论文69篇。1964年5月，美国语言学家布莱特（William Bright，1928—2006）主持召开了首届社会语言学研讨会，会议论文集《社会语言学：美国加利福尼亚大学洛杉矶分校的社会语言学会议文集》于1966年在荷兰海牙出版。会议重点讨论了言语交际过程中交际双方的社会身份、言语交际与社会环境、社会方言的分析、语言变异、社会语言学研究的实际应用等问题。同年夏季，美国社会科学研究理事会召集部分语言学家和社会学家开办了一个为期八周的美国语言学夏季讲习班，在讲习班上各路专家一致赞成以“Sociolinguistics”（社会语言学）命名这门交叉学科，并正式宣告社会语言学的建立。美国社会科学研究院也在这一年组成社会语言学委员会，拉波夫（William Labov，1927—　）、海姆斯、甘柏兹（John Gumperz，1922—2013）等先后进入了这一委员会。这一系列的活动标志着社会语言学作为一门独立的学科在美国诞生。

社会语言学源于社会学、人类学和语言学。社会语言学的产生有其深刻的内部原因和外部原因。内部原因即语言学内部促使社会语言学产生，这在前面已有所论述。外部原因是指社会、历史方面的原因。

从社会语言学产生的社会背景来看，社会语言学的产生是社会发展的必然结果。第二次世界大战后，世界上各殖民地国家纷纷独立，反对种族歧视、民族歧视的运动日益高涨，历史和现实中移民与土著的文化冲突和争取民族平等的斗争越演越烈，社会阶级和女权主义等方面的问题成为社会的热点问题。因此，如何处理新独立国家民族语言与宗主国语言之间的关系，确定独立国家的官方语言和民族共同语，如何对待多民族国家少数民族及弱势群体的语言，如何处理不同语言群体交际造成的双语、多语混杂现象，如何处理多种语言国家中共同语与其他语言的关系，如何从语言角度分析和研究社会中的阶级、性别问题，一系列社会问题摆在各国政府面前，无论是语言学还是社会学都解决不了这些问题，因此时代迫切需要一门新的综合学科来适应社会的需求。

从社会语言学产生的特定范围来看，社会语言学首先在美国兴起，与20世纪美国的社会环境密切相关。首先，20世纪的两次世界大战，割断了欧洲与北美语言学家之间的联系，使北美洲的语言研究处于一种单独发展的状态，那就是大量调查、分析、研究当地印第安人的语言。最初这种工作的目的是促进宗教的传播，进而由于印第安语的迅速消亡，迫使北美洲的人类学家和语言学家不得不放下手头的研究而来抢救这些行将消失的语言。由于和印第安文化有了第一次接触，美国的语言学总是和社会学、人类学密切相关，突破了内部语言学的封闭状态，而进入到了社会学和文化学的范围。博厄斯（Franz Boas，1858—1942）、萨丕尔（Edward Sapir，1884—1939）等人类语言学家就是社会语言学的先驱。他们都把外族的语言同其文化习俗联系在一起研究，都强调言语是人类的一种行为方式，语言学是人文社会科学的组成部分。其次，20世纪以来美国成为世界上头号政治和军事大国，它在世界上的侵略扩张引起了美国国内外广泛的反抗，国内错综复杂的种族、文化、习惯、语言问题更加突出。例如20世纪60年代初期美国民权运动高涨，造成社会危机。为了维持其在世界上的地位，扩大自己在第三世界的影响，美国政府也竭力赞助人们去研究其他民族的语言和语言使用问题，政府和财团都拨出大量经费赞助人类学家、语言学家、社会学家、教育学家、心理学家去加强这方面的研究，解决急迫的社会问题。社会语言学就在美国这种时代背景和特定环境中产生了。

从研究特点来看，西方社会语言学主要有三个研究流派。

一是社会方言学。亦称微观社会语言学、定量社会语言学、城市方言学，由语言学家创立，以美国社会语言学家拉波夫和英国的特鲁吉尔（Peter Trudgill，1943— ）为代表。拉波夫认为语言学的任何理论和活动都离不开它所赖以存在的社会。他的代表作《纽约市英语的社会分层》（1966）、《作为结构单位的语言变量》（1966）和《社会环境中的语言研究》（1972）等名作，界定了社会方言学的研究范围，建立起了一套富有特点的社会语言学理论和方法。1971 年以后拉波夫任教于宾夕法尼亚大学，把宾夕法尼亚大学的语言学系变成了世界著名的“语言变异”研究中心，一大批社会语言学家形成了一个以拉波夫为领袖的“变异学派”，拉波夫获得了“社会语言学创始人”、“社会语言学之父”的崇高声誉。特鲁吉尔应用拉波夫的理论与方法对英国诺里奇的社会方言进行了调查，出版了《诺里奇英语的社会差别》（1974）一书，结果证明语言变项同社会变项之间存在着相关关系，即上层阶级使用标准的语言形式多于下层阶级，各阶级的人们在正式语体中使用的标准语言形式比在非正式语体中使用这类形式居多，妇女使用的标准语言形式比男子多。这一学派创立了语言变异的理论，在实践上主要研究一个地区或一个城市内不同种族、民族、性别、年龄、职业等的居民的语言变异——这种变异称为社会方言，研究语言变异与社会地位、阶层、环境、教育等因素的关系，注重社会方言与社会因素的共变。在研究方法上，其多采用抽样调查、数理统计、定量分析法等社会学和数学研究方法，注重对现实中的小型多言语社区的实地调查、考察和描写分析。在研究内容上，其关注语言规则的形式，语言规则形式与语言系统的结合，多种系统的共存，以及语言规划和时间系统的演变。该派的研究方法受结构主义描写语言学的影响，研究内容多属于普通语言学范围。

二是语言社会学。亦称宏观社会语言学，由社会学家创立，以费希曼为代表，名称来自于赫茨勒（Joyce Oramel Hertzler，1895—1975）1965 年出版的著作《语言社会学》和费希曼 1972 出版的著作《语言社会学：研究社会中的语言的一门社会科学的交叉学科》。此派以包罗广泛的社会性观点为出发点，研究语言在社区组织，以及国家、政府中的功能，注重研究多民族社会的母语现象、双语或多语现象、双言现象、语码转换、双语教育、语言忠诚、语言规划和语言政策、濒危语言等言语个体或国家政府重大宏观现实问题。费希曼于 1966 年出版的调查报告 *Language Loyalty in the United States*（《美国的语言忠诚》），在 1968 年被美国政府指定为制定双语教育法令听证会的参考文件，促使美国出现了几十个双语教育大纲，双语现象和双语教育成为美国社会语言学研究的重要内容。此外，他们还注重将语言、社会、历史结合起来进行研究，关注洋泾浜语、混合语等社会史中的语言现象，以及语言史中的社会现象，从而进行“语言社会史”的研究。因而有人称之为“社会历史语言学”或“历史社会语言学”，带有一定程度的历史学或历史比较语言学的色彩。

三是语言人类学。亦称人类语言学、语言民族志、话语民族志、交际民族志，这是介于宏观和微观之间的一个流派，由人类学家创立，以人类学家、语言学家海姆斯为代表，奠基之作是海姆斯的《文化与社会中的语言——语言学与人类学读本》（1964）。这一派利用人类学、民族学和言语行为分析的成果，运用民族志的研究方法，研究各民族尤其是原始部落的交际方式，侧重研究某一社会中的语言现象，研究语言与文化、种族、阶层、宗教、年龄、心理等社会文化因素的关系，研究语言的不同变体及其社会交际功能和语用价值。海姆斯以“交际民族志”这个术语来描述他为这个学术领域所设想的架构，旨在揭示话语中的“语言-文化”关系，以及语言与社会之间的互动关系。这一派脱胎于20世纪20年代以博厄斯和萨丕尔为首的北美洲人类语言学派，带有较明显的文化人类学色彩。毫不奇怪，在人类学家看来，社会语言学本来就是文化人类学的一部分。我国考古学家和人类学家童恩正（1989：124-125）指出：“所谓社会语言学，即是从人的社会关系方面来研究语言的一门科学。有的学者称之为‘语言民族志’，也有人称之为‘语言社会学’。”

美国华裔学者研究汉语社会语言学的开创性著作，当推“中国汉语语言学之父”赵元任1976年在美国斯坦福大学出版社出版的论文集 *Aspects of Chinese Sociolinguistics*（《中国社会语言学的若干方面》）。赵元任认为语言与社会的关系密不可分，研究语言不能脱离语言的社会方面，这一观点贯穿于赵元任的许多研究领域。如在该书中，《中国地名的社会政治意义》一文研究的是地名读音中声调和重音的变化所表示的社会政治意义；《常州方言》一文分析了常州方言中两套声调所体现的阶级和阶层变异。赵元任在中国语言学界享有崇高声誉，具有巨大影响，*Aspects of Chinese Sociolinguistics* 的出版，对中国社会语言学的产生具有一定的促进作用。

社会语言学自诞生至今，已经成为西方语言研究领域中一个重要的增长点。在西方国家的大学中，几乎所有的语言学系都开设有“社会语言学”课程。此外，由于历史渊源关系，在西方，社会语言学与人类学、民族志并未彻底划清界限，社会语言学在人类学领域中仍然占有一定的位置，几乎所有的人类学系都开设有“语言人类学”课程，或“人类语言学”课程，或“社会语言学”课程。

二、社会语言学在中国的产生和传播

20世纪60年代社会语言学在西方诞生的同时，在东方的中国，1966年发动了“文化大革命”，到1976年结束，前后历时十年。十年中中国与西方的学术交流不畅，西方的学术思想难以传入国内，社会语言学也未能进入中国。1978年，中国语言学家、著名英语教育家许国璋教授发表了《社会语言学及其应用》[①] 一文，这是国内首篇研究社会语言学的重要文献。文中第一次用汉语“社会语言学”对译英语的Sociolinguistics这一术语，论述了社会语言学的产生、国外社会语言学研究的重点、社会语言学与外语教学、社会语言学与文化体系等重大问题。可惜的是，该文发表后未在语言学界引起足够的重视，没有产生广泛影响。

1979年，著名语言学家、编辑出版家陈原在香港三联书店出版了《语言与社会生活——社会语言学札记》一书，一年后该书在北京的生活·读书·新知三联书店出版，书中第一次使用“社会语言学”这一学科名称。《语言与社会生活——社会语言学札记》是作者在“文化大革命”时期所写百余万言语言学笔记的选录，共6章、23节。作者在“前记”中说：“这本小册子内容多涉及比较语汇学和社会语言学的若干问题，有些重大问题如语言与思维，语言与民族等因为当时就没深入探讨，现在也只能从缺。”（陈原，1980：2）又在第一章“语言是一种社会现象”一节中说：“探究语言的发展和社会的发展如何息息相关，这就是语言学的新领域，也就是社会语言学（Sociolinguistics）的领域。我们在这种研究中，即从语言现象的发展和变化中，能够看到社会生活的某些奥秘。”（陈原，1980：2）该书一出版即获得了叶圣陶、吕叔湘等学界前辈的积极响应。1980年语言学家吕叔湘发表了《语言作为一种社会现象——陈原〈语言与社会生活〉读后》一文，给予了极高的评价。该书虽然只是“札记”，并不是成熟、系统的社会语言学学术著作，但内容新颖生动，影响很大，对中国社会语言学的产生具有“导乎先路”的作用。

1983年，陈原又出版了《社会语言学》一书。该书是《语言与社会生活——社会语言学札记》一书的续篇和发展，书中深入探讨了有关社会语言学的若干理论和实际问题，涉及社会语言学的兴起、性质和研究领域，语言的社会属性，语言与阶级、文化、思维、符号的关系，语言感情，语言接触，语言的崇拜和禁忌等内容。该书体现了作者关于社会语言学的基本观点：“照我的理解，这门学科一方面应当从社会生活的变化，来观察语言的变异，另一方面要从语言的变化或‘语言的遗迹’去探索社会生活的变动和图景。”（陈原，1983：2）具体阐述这个观点是在第十章“从社会生活观察语言变化”和第十

---

① 该文发表在《外国语教学》1978第3期，后收入《许国璋论语言》（外语教学与研究出版社，1991年，第207－221页）。

一章“从语言变化探索社会生活的图景”两章，这是全书论述的主题。该书的出版为我国填补了社会语言学这一学科的空白，标志着社会语言学在中国的诞生，陈原由此被誉为“中国社会语言学之父”①。后来陈原又陆续出版了《社会语言学方法论四讲》(1988)、《语言和人——应用社会语言学若干探索》(1994) 等著作，进一步推动了社会语言学在中国的发展。

社会语言学一进入中国，就迅速在中国的语言学界产生了极大影响。埋头于“内部语言学”的中国语言学者惊异地看到还能如此这般地研究语言，很多人尤其是中青年语言学者被社会语言学所吸引，纷纷从外语、汉语、民族语言的教学和研究转而从事社会语言学的教学和研究，关于社会语言学的论文、论著、译文、译著不断涌现。20 世纪 80 年代中后期至 20 世纪 90 年代，不少高校开设了社会语言学课程，有的学校和研究机构开始招收社会语言学专业或方向的硕士、博士研究生。1992 年 11 月国家技术监督局发布的《中华人民共和国国家标准学科分类与代码表（GB/T13745-92)》，将社会语言学列为一级学科“语言学”（学科代码 740）下面的二级学科（学科代码 740.25)，国家学位委员会也将社会语言学列为三级学科，社会语言学进入正式的学科系列，获得了官方认可的学科地位。2003 年 10 月，《中国社会语言学》创刊，使该学科的研究成果有了一个专门的发表平台。同年 11 月，中国社会语言学会宣告成立，中国社会语言学研究进入了一个有组织、有规模、成熟发展的阶段。

从研究特点来看，中国社会语言学主要有四个研究流派。

一是西方流派。这一派的学者大多是大学外语院系、外语专业的专家、教授和具有西方语言学学历背景的归国学者，代表人物有北京外国语大学的许国璋、中山大学外语系的王宗炎、上海外国语大学的王德春、北京大学英语系的祝畹瑾、中国人民大学的胡明扬、北京大学中文系的陈松岑、北京语言大学外国语学院的王得杏、北京大学外国语学院的高一虹、南京大学文学院的徐大明等。许国璋是国内社会语言学最早的探路人之一，他有三篇社会语言学论文收入他的论文集《许国璋论语言》，即《社会语言学及其应用》(1978)、《社会语言学和唯理语言学在理论上的分歧》(1983)、《关于社会语言学的两条补注》(1985)，都是极有理论高度和学术深度的名家之作。1988 年，许国璋还与王宗炎、陈原合作为《中国大百科全书·语言文字卷》撰写词条“社会语言学”，对早期的社会语言学起到了很好的推介作用。胡明扬的《北京话社会调查》(1981) 是首次运用拉波夫的模式在北京进行的一次社会语言学调查。此派的

① 见：“中国社会语言学之父”陈原辞世，http：//www.pubhistory.com/img/text/4/294.htm [2004-11-04]。

代表作有祝畹瑾的《社会语言学译文集》（1987）和《社会语言学概论》（1992）、陈松岑的《社会语言学导论》（1985）和《语言变异研究》（1999）、胡明扬的《北京话“女国音”调查》（1988）、徐大明等的《当代社会语言学》（1997）等。徐大明主持的南京大学“社会语言学实验室”于2003年成立，其主要引进西方语言变异研究体系和社会双语研究成果，从事语言变异与变化、城市语言调查和言语社区等研究。这一派的特点是熟悉西方社会语言学的理论、观点、材料和研究方法，并尝试将其应用于中国社会语言学的研究，着重研究语言的社会变异，在社会语言学本土化的过程中作出了重要贡献。总体看来，国内从事微观社会语言学研究的人比较少，主要是因为语言工作者大多是文科出身，不大熟悉数理统计分析的研究方法，而且社会调查费时、费力、费钱，这些都阻碍了微观社会语言学在中国的发展。

二是社会文化语言学（Sociocultural Linguistics）流派。20世纪80～90年代中国的社会语言学与文化语言学并立，旗鼓相当。这两个学科有着密切的关系，即都是把语言置身于广阔的人文背景中去研究，都具有开放性和应用性，学科之间的界限有些模糊不清。很多社会语言学著作都有“语言与文化”的章节内容，代表性的如杨永林的《社会语言学研究：文化·色彩·思维篇》（2004），涉及语言的文化差异、文化解读、跨文化翻译，色彩词与文化、语言与心智、文化相对论等文化学内容。1987年在北京召开的第一次社会语言学学术讨论会，会议论文集的名字就叫《语言·社会·文化》（1991）。陈建民的社会语言学著作《语言文化社会新探》（1989），从书名就可以看出语言、社会、文化三者间的交集，反映了20世纪80—90年代社会语言学和文化语言学叠合交错的情况。这种情况在西方也存在，如英国历史学家伯克（Peter Burke，1937—　）的《语言的文化史——近代早期欧洲的语言和共同体》（2007）一书，实际讲的大多是语言的社会史。当然社会语言学与文化语言学还是各有侧重的。社会语言学主要研究语言在社会中的存在状况，关注社会现象中与人相关的地域、职业、行业、性别、年龄、性格等因素；文化语言学主要研究语言在文化中的存在状态，关注的是人类社会生活中的行为、观念、信仰、道德、习俗、意识、思维等因素。社会语言学更多关注现实；文化语言学更多关注历史传承。在研究方法上，社会语言学强调社会语言现象的描写与计量，文化语言学则主要是用阐释的方法。但是两者有相当部分的内容是重叠的，在一定程度上可以兼容，难以做到泾渭分明，也没有必要刻意区分，就像北美洲的文化人类学在英国就叫社会人类学，文化人类学里面就包含社会语言学分支学科一样。不过从发生学角度和学科领域的大小来看，文化是社会的产物，也是社会的组成部分，所以语言与文化的某些内容放在社会语言学中也是合适的。这一派的代表作除上述杨永林、陈建民等的著作外，还有游汝杰、周振鹤的《方言与中国文化》(1986)、曲彦斌的《中国民俗语言学》(1989)，以及张清常的《胡同及其他——社会语言学的探索》(1990) 等。这一派与西方海姆斯派的言谈民俗学、交际民俗学和20世纪70年代以后苏联学者提出的语言国情学有些类似，其特点是对社会语言学的研究范围更为开放，强调语言的文化积累和文化传递功能，包含了更多的文化语言学内容。

三是民族学流派。亦称民族社会语言学、语言民族学、民族语言学。不管是西方还是东方，社会语言学的实践都比社会语言学这个词本身先出现。与美国的社会语言学和语言人类学学派源于人类学一样，中国的社会语言学民族学派也来源于民族学或文化人类学。中国的民族学和民族语言研究，从来就与中国的少数民族社会和文化紧密联系在一起。从民国时期到社会语言学在中国诞生以前，中国的民族学和民族语言学界实际上就做了很多类似于美国社会语言学家如费希曼、海姆斯所做的社会语言学的研究工作。例如，民族学家徐松石的《粤江流域人民史》(1939) 和语言学家罗常培的《语言与文化》(1950)，都是带有或属于民族社会语言学性质的著作；新中国20世纪50年代进行的民族识别工作，以及对全国少数民族地区大规模的语言调查，帮助少数民族确定民族标准语、创制或改进少数民族文字，都属于社会语言学性质的工作。此派学者大多是中国社会科学院民族研究所和民族院校的学者，代表人物有傅懋勣、严学窘、马学良、王均、戴庆厦、孙宏开、张公瑾、周庆生、徐世璇、李锦芳等。20世纪80年代初孙宏开就在中国社会科学院民族研究所主持筹建了社会语言学组。1980年傅懋勣和王均 (1980) 曾率先提出在民族学界开展社会语言学研究 (傅懋勣和王均，1980)，1981年马学良和戴庆厦提出建立“语言民族学”(马学良和戴庆厦，1981)，1992年周庆生提出建立将“少数民族语言与社会的关系”作为主要研究对象的“民族社会语言学”分支学科 (Zhou，1992)。1994年刘宝俊将之称为“民族语言学”(刘宝俊，1994)。戴庆厦的《社会语言学教程》(1993) 是第一部有代表性的民族学派社会语言学著作，内容新颖，特色鲜明。周庆生的《语言与人类：中华民族社会语言透视》(2000) 是一部研究民族社会语言学很有分量的学术著作。民族学派注重研究中国的少数民族语言与少数民族社会的关系，研究内容主要有四个方面：一是多民族国家的语言政策。代表作有中国社会科学院民族研究所、国家民族事务委员会文化宣传司主编的《中国少数民族语言文字使用和发展问题》(1993)，道布的论文《中国的语言政策和语言规划》(1998)，周庆生主编的《国外语言政策与语言规划进程》(2001)、《国家、民族与语言：语言政策国别研究》(2003)，孙宏开等主编的《中国民族语文政策与法律述评》(2007) 等。

二是语言识别。代表作有孙宏开主编的“中国新发现语言研究丛书”五十种(1992)。三是民汉双语教育。代表作有严学宭的《中国对比语言学浅说》(1985)、戴庆厦等的《中国少数民族双语教育概论》(1997)、盖兴之的《双语教育原理》(1997)、何俊芳的《中国少数民族双语研究》(1998)。四是濒危语言研究。代表作有黄行的《中国少数民族语言活力研究》(2000)、徐世璇的《濒危语言研究》(2002)、戴庆厦的《中国濒危语言个案研究》(2004)、李锦芳的《西南地区濒危语言调查研究》(2006)、刘宝俊的《论语言的濒危和消亡》(2007)、赵阿平的《濒危语言（满语赫哲语共时研究）》(2013) 等。这一派学术研究的历史积淀最深，研究力量最强，研究成果及产生的社会影响和应用效果也是最大的。

四是综合派。吕叔湘 (1980b) 曾说：“在现实的社会里，人们的语言活动以及作为这种活动的工具的语言，都是极其错综复杂的一大堆。研究这错综复杂一大堆的学问就叫做社会语言学。”由于社会现象的复杂性，社会语言学可能会涉及与之相关的社会生活的各个方面，因此在体系上具有一定的松散性，在范围上具有较强的开放性和包容性，在内容上具有一定的广泛性和游移性，在性质上具有概述性和综合性。综合派研究的对象、内容涉及宏观和微观、社会和文化、国内和国外、现代和古代等多个方面，但各有取舍，相当于学科导论、通论、概论。代表作有陈原的《社会语言学》(1983)，其除了论述语言与社会的共变关系外，还涉及语言的社会属性、工具属性、语言信息论、语言符号论、非言语交际、语言论争、模糊语言、语言翻译、术语和缩略语、语言塔布和委婉语等众多的内容，体现了陈原作为编辑大家广泛涉猎的学术风格和散文大家汪洋恣肆的文风，也反映了作为新兴边缘学科的社会语言学在初创时期“还没有一个公认的边界”（陈原，1983：1）的实际情况。其后有孙维张的《汉语社会语言学》(1991) 和郭熙的《中国社会语言学》（增订本）(2004)，其立足于汉语实际，体现了中国学者对社会语言学较为深入和全面的思考。游汝杰、邹嘉彦的《社会语言学教程》(2009) 整合了宏观和微观、国内和国外、社会和文化等方面的关系，内容兼顾了狭义和广义、国内和国外的社会语言学，既有对社会语言学一般知识的介绍，又有专门、深入的研究成果，是一部较好的综合性、通论性教材。综合派有个别的研究存在视野过宽、兴趣过广、内容过泛的问题，与其他相关学科的范围模糊，边缘不清晰，这是常常被人所诟病的地方。

以上只是根据研究内容和特点所作的大致区分，实际上彼此的界限并不是十分清晰，不同流派之间往往你中有我、我中有你。

第四节　社会语言学的研究范围和内容

费希曼将社会语言学的研究范围分为微观和宏观两方面。微观的社会语言学以语言为出发点，研究语言的社会性变异，考察社会因素对语言的影响；宏观的社会语言学以社会为出发点，研究语言在社会组织中的功能。微观和宏观的研究有时是相通的，两者并无绝对的界限。

一、微观的社会语言学

微观的研究即语言变异研究，是社会语言学研究的主要内容。

语言总是在不断发展和变化的。语言的变化有一种属于语言作为一个有机体自发进行的自我调适行为，是客观存在的语言结构内部的变化，可以叫作"内部变化"。内部变化又可以因变化的时间和空间的不同而分为历时变化和共时变化。历时变化是指一种语言在不同的时间层面上发生的变化，这种变化属于历史语言学研究的内容；共时变化是指一种语言在同一个时间平面上，因分布地域的不同而发生的变化，这种变化是传统方言学的研究内容。

语言的变化还有一种是因为语言结构之外的社会各种因素引起的变化，是社会中某些"言语共同体"为区别自身的社会属性、社会特征而主观产生的变化，可以叫作"外部变化"，社会语言学称之为"变异"（variation），变异的结果称为"社会方言"。微观社会语言学即研究语言变异与导致变异的社会因素之间的关系和变异的规律，寻找导致语言变异的社会参数。

在研究方法上，微观的研究大都采用拉波夫开创的量化调查统计模式，因此从研究方法来说，微观社会语言学即指采用调查统计模式的社会语言学。

语言的内部要素都可能因社会原因而发生变异。在语音方面，可以是音素、音位、调位或某些语音的组合，或聚合规则的变异；在词汇方面，可以是词、词素或某些词或词素的组合，或聚合规则的变异；在语法方面，可以是词法、句法、句式、句调或其他语法范畴和语法手段、语法规则的变异。

每一个语言变异的项目都叫作语言变项（language variable），一个语言变项通常都包含几个"变素"（variant，或称"变式"）。例如，北京话中零声母"w"是一个变项，有"w-"和"v-"两个变素；单数第二人称代词"你"是一个变项，有"你"和"您"两个变素。变项和变素的关系，就如语音学中音位和音位变体的关系。变项是语言变异研究的基本单位；变素是变项在实际话语中的存在形式和具体研究的对象（陈松岑，1999：49）。

引起语言变异的社会参数，主要有性别、年龄、阶级、阶层、城乡、职业（集团）、教育程度、种族（民族）等社会因素，也有语境、风格等功能因素，这些影响语言变异的社会参数叫作社会变项（social variable）。这些社会变项在语言上通常会形成“言语共同体”，有意识或者潜意识地在共同体中形成一致的语言变异，在某些变项上选择特有的变素来体现自己的社会属性和社会特征，获得自我认同。从社会变项的角度来看，基于变异研究的微观社会语言学主要包括如下一些内容。

1. 语言的性别变体

性别变体是指因社会性别（gender）的不同形成的语言变体。社会性别区别于以人的生物特征为标志的“生理性别”，指的是以社会性的方式构建的社会身份和期待。社会生活中的男、女两性因为生理、心理和社会等方面的原因，在语言习得、语言运用和语言能力上都有一定的差别。一般而言，女性的语言能力比男性强，有较强的身份意识，较多关心言语的形式，注重语音清晰，语法规范，用词文雅，话语细腻、委婉、不肯定，多用升调和疑问句。而男性较多关心言语的内容，更多地使用非标准的语言形式，语言表达粗犷、率直、肯定、坚定，多用降调和祈使句。男女两性对于语言运用截然不同的态度，一如他们对于穿着打扮的不同态度。由于性别差异所形成的语言变体，从社会的角度解释，是男性处于社会主导地位、女性处于社会从属地位的反映，体现了社会对男女两性不同的要求和期待。

2. 语言的年龄变体

年龄变体是因年龄差异形成的语言变体，指儿童、青年、中年、老年等语言的差异。不同年龄的人说话不同，是明显的事实。语言的年龄差异是语言在时间上的差异，体现了语言在同一时代中不同年龄层面上语言的渐变，是语言历史变化在更小切面上的细微变化，在一定时间的积累之后将形成明显的历史演变。语言的年龄差异大小因时、因地而异。社会变化越快，年龄差异就越大；在引领社会潮流和时代风尚的城市，年龄差异就较相对传统保守的农村大。在语言方面，年龄差异最大、最明显的是一般词汇，其次是语音，最后是语法。年龄的大小与语言差异的大小成正比，年龄相隔越远则语言差异越大，年龄相隔越近则语言差异越小。同理，年龄越大则语言越稳定、传统、守旧，年轻的青少年则追求语言标新立异，往往是语言变异的先驱。

3. 语言的阶级、阶层变体

阶级（阶层）变体是从社会阶级角度划分的社会方言。由于经济地位、社会身份、政治态度或从事职业、教育程度、生活环境等不同，社会可以划分出不同的阶级和阶层，各自在使用语言时具有不同的语言特征，形成了不同的语言变体。例如，日本在幕藩封建体制下的德川时代，社会划分为士、农、工、商四个不同等级和阶层，使用完全不同的语体，对同一句话或同一个词有不同的说法，或文雅迂阔，或粗俗开朗。只要通过听人说话，就可以准确地判断出说话人的社会、阶层（真田信治，2002：14）。明末清初的汉语常州方言根据社会阶层的不同，可以分成普通百姓的“乡谈（街谈）”与绅士和知识分子的“绅谈”两类（赵元任，1928：80-81）。汉语文、白异读是汉语传统、特有的方言现象，它除了体现书音与口语、正式场合与非正式场合的语域差异外，更多地体现出了阶级、阶层的差异，教育程度较高的阶层多用文读，而教育程度较低的阶层多用白读。

4. 语言的地域、城乡变体

地域、城乡变体是从社会地理角度划分的社会方言，包括城市与乡村社会方言的差异，以及某些特殊地域因社会原因而产生的语言变体。城、乡语言的发展演变速度是不平衡的，城市语言变化快，走在前面，乡村语言变化慢，落在后面，因此城乡方言横向、共时的差异，也反映了语言纵向、历时的差异。例如，“医生”，在湖北省会城市武汉叫“医生”，而在鄂南农村多叫“郎中”。“医生”是近现代西方医学传入中国后对行医者的规范称呼，而“郎中”则源自宋元以来南方汉语中对中医的称呼。不同的称呼反映出了不同的社会环境和历史文化背景，以及对“医生”职业不同的社会态度和评价。

拉波夫在 1963 年曾对美国马撒葡萄园岛岛上居民对双元音“ou”的异化作过专门的研究。马撒葡萄园岛原是离新英格兰海岸不远的一个人迹罕至的小岛，后来到该岛度假的人越来越多，社会生态的变化导致了语言异变。“house”、“mouth”等词中双元音“ou”在岛上有两种发音：一种是该岛老式而地位低下的发音［əu］；另一种是后来出现于该岛、具有更高社会地位的外来发音［au］。奇怪的是，岛上居民采用老式发音的人越来越多，包括曾经离岛去大陆工作、后来又返回岛上的年轻人，他们有意强调发［əu］音。这种语言变化是岛上居民主观态度所致：他们对外地人大规模涌入该岛，以及对传统社会形态的破坏很反感，因此那些留恋该岛生活方式的人故意采用岛上老式发音，以示他们的社会和文化身分有别于外来者，表明他们对传统价值的信守和怀念。

5. 语言的职业、集团变体

职业、集团变体是从社会分工和社会集团的角度划分的社会方言，指在同一语言内，一定的专门领域或社会集团所使用的、适合于本领域或集团特点的语言表现形式，通常是词汇形式的变异。职业变体有术语、行话；集团变体有隐语、黑话。术语、行话是职业或专门领域为准确表述和有效沟通而必需的语言形式，如语音学专业术语“音素”、“音位”，京剧行话“生”、“旦”、“净”、“丑”。隐语和黑话则是社会集团、团伙内部为秘密交流而产生的故意不为外人所知的语言形式，如旧时有理发行将茶叶叫“水上漂”，有的现代盗窃团伙把警察叫作“雷子”。

6. 语言的种族、民族变体

语言的种族、民族变体是从种族或民族角度划分的社会方言，指在同一语言内，不同种族和民族的人们所具有的语言表现形式。例如，在社会语言学研究中受到大量关注的美国黑人英语，是一种典型的具有独特规则的社会语言变体，其突出的语音特征是省略词尾辅音，如 passed [pɑ：s]，desk [des]；句法特征是省略系动词 be，如“They min”，“That house big”，以及使用双重否定结构，如“He don’t know nothing”。中国的回族已完全转用汉语，但在汉语的使用中夹杂着大量的波斯语、阿拉伯语、维吾尔语语词，如“安拉”（真主）、“朵斯梯”（朋友）、“把把”（爷爷）。北京牛街回民所说的汉语，最突出的特点就是把“您”发成 [nɣ]（阳平）。这些特殊的语言形式成为这些语言共同体的特征，对增强种族或民族的感情和身份认同起到了重要的作用。

除语言的社会变体外，有的研究者还将语言的功能变体纳入社会语言学研究范围。功能变体包括语域变体与语体变体。语域变体，即语言社群在一定的言语交际场景（特别是在职业领域）使用的具有群体特征和场景特色的语言，如教学语言、法律语言、广告语言、学生腔、官腔等。所谓语体变体，又叫风格变体，是指说话者个人根据交际方式和交际环境的不同而形成的不同体式，如口语语体、书面语体、政论语体、科学语体等。

二、宏观的社会语言学

宏观的社会语言学是从其他不同的社会科学，诸如社会学、人类学、民族学、心理学、地理学、历史学、哲学等的角度去考察语言（包括文字）与社会的关系。

社会语言学比绝大多数的内部语言学更有可能去解决这样或那样的社会问题，宏观社会语言学更具有解决社会现实问题的应用性。它侧重于研究语言的社会功能，在社会、民族、文化的大背景下研究全局性、整体性问题，研究社会生活中一些重大的政策理论问题，以及语言在社会中面临的重要应用性问题。宏观的研究更偏重于社会学的内容，更重视研究的现实应用价值。在研究方法上，微观的研究采用定量的、描写性的研究方法，而宏观的研究则多采用定性的、阐述性的研究方法。

宏观社会语言学的研究，可以归纳为以下几个方面的主要内容。

1）社会学的社会语言学。研究语言与社会的宏观战略性问题，包括一个国家或地区为实施语言文字的行政管理所制定的法律法规和宏观的规划、措施。具体的研究内容，如多民族国家及殖民地国家独立后的官方语言、国家语言（国语）的确立；文字的创制与改革；语言和文字的规范化、标准化、现代化；多民族国家、多语社会主体民族的语言文字与少数民族语言文字之间的关系、矛盾和冲突；民族共同体、多言社会内标准语与方言的关系、矛盾和冲突；对外语言推广、语言竞争与国家软实力的提升；国家语言教育政策等。这一类的研究成果常被应用于国家、政府的语言决策和语文建设等。

2）文化学的社会语言学。研究语言与文化之间的关系。具体的研究内容，如因社会接触和文化交流而产生的外来词、洋泾浜语、混合语；亲属称谓的文化人类学研究；颜色词的文化人类学研究；语言对文化的制约和影响；语言宗教信仰和社会心理，语言禁忌和崇拜；人名、地名的历史文化内涵和现实社会生活中存在的问题等。

3）民族学的社会语言学。具体的研究内容，如多民族国家内的双语及语言转用；立足于少数民族母语的双语教育；少数民族母语的价值及维护；语言濒危及拯救；主要民族语言和少数民族语言的互相影响；语言感情与语言忠诚；民族矛盾与语言冲突；少数民族成分的语言识别；少数民族文字的创制、推广和翻译、管理等。

4）语用学的社会语言学。研究语言的功能变体及语码转换，以不同语域和语体的言语活动为主要研究对象，探讨言语交际的原则和策略，研究会话结构和风格。具体的研究内容，如语域变体、语体变体、会话分析、语篇分析、语码转换等。

三、社会语言学的社会性和民族性

关于社会语言学的研究内容，目前还没有一个统一的标准。因为从事社会语言学研究的，有的是人类学家，有的是语言学家，有的是社会学家，有的是教育学家，等等，学术背景互不相同；同时，社会语言学与各个国家的社会形态密切相关，各个国家对社会语言学的要求不同，因此，对这门学科的研究对象和任务还未形成完全一致的看法。

我们认为，社会语言学既然是一门与社会密切相关的学科，因为各个社会的文明程度、文化传统、历史背景、时代背景各不相同，因此，社会语言学没有必要也不可能有适合于各种社会形态的研究对象和任务，只要在“联系社会研究语言，联系语言研究社会”这样一个总目标下，各个国家完全可以根据自己的需要建立各具特色的社会语言学，为社会服务，解决社会需要解决的问题。

例如，在民族相对单一的国家，如日本、朝鲜、蒙古、沙特阿拉伯、希腊、瑞典、德国、土耳其等，具有相对一致的语言和文字，国民在文化上的认同感比较一致，没有族际的语言矛盾和冲突；而在美国、加拿大、比利时、俄罗斯、中国、印度等种族或民族众多的国家，语言复杂，文化多元，族际的语言矛盾和冲突时常发生，在语言政策和语言规划，以及语言教育政策等宏观社会语言学研究的内容上就大不相同。

又如，具有悠久历史文化传统的国家如中国，与历史文化传统相对较短的国家如美国，在社会语言学研究的时代平面与历史纵深上就存在一定的差别。在中国，社会语言学除了对语言与社会关系平面、现实的调查、描写和解释外，还有必要从历史的角度出发，从语言上探索中华民族悠久的历史和灿烂的文化，把时代平面的研究与历史纵向的研究结合起来，这种具有立体性的社会语言学才具有中国特色，才符合我们这个文明古国的特点。

再如，原殖民地宗主国与新独立的国家和地区、移民输出与输入不同的国家和地区、社会发展相对平稳与社会形态急剧变化的国家和地区，社会语言学的研究对象和内容都应有所侧重、有所不同。

从上述观点出发，结合中国社会和历史的具体情况，以及个人的研究兴趣和研究心得，本书仅研究语言与文化、民族、地理、阶级、宗教、政治的关系，以及语言接触、文字与社会等八个方面的内容，这些只是社会语言学研究中的一部分。因此，本书属于社会语言学部分专题的研究，不是系统、全面的社会语言学通论、概论。

第二章　语言与文化

第一节　语言与文化的关系

一、语言是文化的重要组成部分

“文化”一词在汉语中出现，最初是“文治教化”的意思。西汉刘向的《说苑·指武》提到“凡武之兴，为不服也。文化不改，然后加诛”，西晋束皙的《补亡诗》有“文化内辑，武功外悠”之句，南齐王融的《曲水诗序》有“设神理以景俗，敷文化以柔远”之言，唐代卢照邻的《中和乐九章·总歌第九》有“武化偃文化昌，礼乐昭兮股肱良”之辞，这些“文化”都是与“神理”、“礼乐”并论，与“武化”、“武功”相对，既指“文治教化”的行为，又指这种行为的结果。到了18世纪，日语用汉字的“文化”一词来翻译英语的“civilization”和“culture”。英语中的“civilization”是由动词“civilize”（使之成为善良社会人）构成的名词，具有“文明、文化、开化、教化、修养”等意义；“culture”本指植物的“耕种、养殖、栽培”，引申出人类学上的“（精神）文明、文化、教养”意义。近代汉语从日语中借用了这一词语，于是汉语中的“文化”一词就旧瓶装新酒，产生了新的意义。

“文化”的含义十分宽泛，古今中外有各种各样的解释。美国著名的文化人类学家克罗伯（Alfred Louis Kroeber，1876—1960）和克拉克洪（Clyde Kluckhohn，1905—1960）在1952年合写了一本专门清理、探讨“文化”定义的著作——《文化：一个概念定义的考评》，列举了1871—1951年由西方人类学家、社会学家、精神病学家，以及其他学者对“文化”一词所下的定义，就有166种之多，可见对“文化”理解的多样性、复杂性。英国著名人类学家泰勒（Edward Burnett Tylor，1832—1917）在他1871年出版的名著《原始文化》一书中说：文化“是包括全部的知识、信仰、艺术、道德、法律、风俗以及作为社会成员的人所掌握和接受的任何其他的才能和习惯的复合体”（泰勒，2005：1）。这已成为“文化”的经典定义。在汉语中，“文化”一词至少有如下三个义项：一是“人类在社会历史发展过程所创造的物质财富和精神财富的总和，特指精神财富，如文学、艺术、教育、科学等”，还包括道德、宗教、风俗、法律等子系统；二是“指运用文字的能力及一般知识”，如学习文化、文化水平；三是考古学用语，“指同一个历史时期的不依分布地点为转移的遗迹、遗物的综合体”，如仰韶文化、龙山文化。[①] 我们这里所说的“文化”，是指第一种意义上与“物质文化”相并列的“精神文化”。

就人类整体而言，人类精神文化是在物质文化基础上产生的一种人类所特有的意识形态，是人类各种意识和观念形态的集合。就具体民族而言，民族精神文化是代表一定民族的特点，反映其理论思维水平的思维方式、精神面貌、价值取向、道德规范、行为准则、伦理观念、心理状态、理想人格、审美情趣等精神成果的总和。语言，无疑不属于人类、民族创造的物质文化，而是人类、民族精神活动的工具和结晶，是精神文化的组成部分，而且是创造其他精神文化的基础。人类创造的一切精神文化，无不依赖于语言而形成，无不通过语言而传承。就如萨丕尔所指出的：“语言是人类最古老的遗产，其他任何有关文化的方方面面都不可能早于语言，可以说，如果没有语言就没有文化。”（封宗信，2006：97-98）

语言与文化是部分与整体的关系。但语言是文化最重要、最特殊的部分，是最重要的文化现象，重要到了有些人类学家认为语言决定文化，有什么样的语言就有什么样的文化。语言与文化的关系，主要反映在如下两个方面。

第一，某一类型的文化，必定在相应的语言中留下遗迹。语言与文化的密切关系，主要体现在语言的词汇中，词汇的历史在某种程度上就是文化的历史。王力（1980：327）指出：“一切的语言史都可认为文化史的一部分。”从语言的角度来看，研究词汇的历史不能仅仅限于语言学的分析上，而应当同时建立在词义依赖的所指对象和引起词义演变的文化基础上。从文化的角度来看，语言中的词汇是透视民族文化的主要依据，研究文化史必须同文化的载体——语言，特别是语言中词汇的历史结合起来。国外学者认为词汇是文化的索引，是极有见地的。

第二，某一类型的语言，对其相应的文化有一定的制约作用和影响力。因为语言不同，所以文化有了民族特征；因为语言有发展和演变，所以文化有了时代特征。

二、语言是文化的容器和载体

长期以来，人们都把语言定义为“人类最重要的交际工具”。随着社会语

① 参见《现代汉语词典》（第六版），北京：商务印书馆，2012：1363。

言学的兴起，人们对语言的定义和功能提出了新的看法：语言既是“交际工具”，还是文化的重要组成部分和表现形式，是文化的容器和载体。许国璋（1991：1）指出：“语言是人类特有的一种符号系统，当它作用于人与人的关系的时候，它是表达相互反应的中介；当它作用于人和客观世界的关系的时候，它是认知事物的工具；当它作用于文化的时候，它是文化信息的载体和容器。”许国璋认为，语言的每个组成部分、每个成分，都凝聚着文化的背景。如果语言文字不具备作为文化载体的功能，它表达思想和交流信息的功能也就无从谈起。

人类语言都具有社会性、稳固性和传承性，虽经历了长期的发展、演变，但至今仍然保存着古老的成分，历史上曾经发生过的一些重要的社会事件，一些已经消失了的历史文化，都可能在今天的语言中留下痕迹。19 世纪的欧洲历史比较语言学认为，由于文字落后于语言，因而语言就成为探索史前文化的重要资源。德国著名作家沃尔夫（Friedrich August Wolf，1759—1824）把语文学称作“民族的传记”（汤姆逊，2009：157）。历史比较语言学的奠基人之一、德国著名语言学家洪堡特（Wilhelm von Humboldt，1767—1835）指出：语言科学“不仅把词看做互相传达思想的手段，而且把它当做各个民族精神生活的活的纪念碑，并且是它的历史可以放在人类智力发展史前面的最古老的纪念碑”（汤姆逊，2009：145）。语言是民族历史的碑铭，语言的历史是整个文化史的一部分，“语言被深深地埋在人类的精神之中。语言在人类进步的每个阶段都伴随着它，文化的每个状态在语言当中也很显著”（汤姆逊，2009：157）。德国历史比较语言学的另一奠基人格里木在他的名著《德语史》中认为，具体语言的历史是同具体民族的历史和现实密切相适应的。格里木曾直接在语言史和语言使用者的历史之间画上等号，强调语言作为民族历史的碑铭的意义，宣言“我们的语言也就是我们的历史”。基于此，格里木更进一步指出，通过对语言的历史比较，不仅可以构拟语言本身的原始形态，而且可以重现原始语言所反映的原始文化：“我不仅想要建造房屋，而且还想住在房子里面。”（汤姆逊，2009：157-158）历史比较语言学的理论、方法和设想，深刻影响并直接导致了 19 世纪下半叶“语言古生物学”的产生。瑞典语言学家、语言古生物学的奠基人皮克特（Adolf Pictet，1799-1875）曾尝试使用分析语言中古老词汇的方法来重建原始“母语”存在的人类文化环境。因为原始印欧文化没有留下任何文字记载，皮克特即根据斯伦多（E. Silentio）的论断——凡在印欧语系大部分语言中都相似的词是这个语系中的原始词，代表原始印欧社会存在的现象；而在印欧语系大部分语言中不相似的词则表示后来才产生的现象——因而推断原始印欧人在公元前 3000 年左右居住在欧洲东部一个远离河流，气候寒冷，有着大量的枞树、桦树和橡树的北国森林中，饲养着马、羊、狗、奶牛等家畜；至于野兽，只认识熊和狼；至于金属，可能只有铜……。除了物质文明外，甚至有人还利用语言来重建原始印欧人的神话和宗教（索绪尔，1980：312-313）。“语言古生物学”是运用语言重建史前文化的大胆尝试，但未能正确地理解语言、思维与存在之间的关系，忽视了不同民族之间语言的相互影响和词汇意义的演变，因而其方法和结论受到了一些语言学家如萨丕尔和索绪尔的怀疑和批评。

我们认为，不应过分地仅仅依赖语言来重建史前文化特别是原始文化。语言并非民族的唯一标志，语言与民族并非单纯的一对一的关系，各民族语言特别是在词汇上存在借用现象，因而不能简单地把语言与使用它的民族等同起来，把语言、思维与存在等同起来。我们也不能脱离已知的人类文化的普遍特征和考古学、人类学、民族学、社会学、历史学的研究成果，去建立同一语系在分化为不同语族、语支和单一语言之前的原始文化。语言反映文化不但是有限的，有时还可能是不真实的、错误的。正因为如此，萨丕尔（1964：iv）指出：“语言、种族和文化相一致是天真的想法。语言和种族不必相应。文化和语言的界限不一致。语言的差别和语言、文化的差别相一致是历史原因造成的，不是内在的心理原因造成的。语言‘反映’文化并不深刻。”

但是，如果排除一些19世纪历史比较语言学通过语言探索史前文化过分虚幻的索求，正确运用语言探索民族文化，不仅可能，而且非常必要。萨丕尔（1964：129）同时指出：“语言有一个底座。……语言也不脱离文化而存在，就是说，不脱离社会流传下来的、决定我们生活面貌的风俗和信仰的总体。人类学家惯于凭种族、语言和文化这三个纲目来研究人。”英国语言学家帕默尔（Leonard Robert Palmer，1906—1984）更是具体地论证了语言史和文化史的关系：“pen（钢笔）一词，原来的意思是‘羽毛’，一度只能严格地用来指称原始的鹅毛笔。然而，在笔的整个发展过程中，这个词却保留了下来。结果，古词‘羽毛’现已用来指称带有金属笔尖的写字工具了。这是一方面。反过来分析现代pen这个词及其同表示‘羽毛’的那个词的关系，也可以帮助我们了解到早期的笔是个什么样子。语言史和文化史就是这样联系在一起，互相提供证据和互相说明的。”（帕默尔，1983：122）

每个民族在它诞生时必有独立的民族语言。如果从古至今这个民族一直保存着自己的语言，那么这个民族的过去及现在的历史文化就一定在语言中有所反映；如果一个民族放弃了自己的语言而使用其他民族的语言，或大量借用他族语言，也能反映其历史上的文化交流。因此，充分运用语言资源探索民族史前至现代的文化，不仅是民族学、人类学研究中有效的辅助手段，也是语言学冲破纯理性研究的束缚而与文化研究结合的重要方向。中国是个多民族国家，56 个民族分属汉藏、阿尔泰、南亚、南岛、印欧五个语系，大部分民族在 1949 年前都没有文字。少数较早的民族文字多使用于宗教领域，只有少数神职人员用以记载经文，其价值是有限的。至于没有文字的民族，就更谈不上文献历史了。在这种情况下，语言对于民族历史文化的证据就显得尤其重要了。语言的历史越悠久，它的认识价值就越大。从这个意义上说，19 世纪历史比较语言学家对于语言历史主义的理解是有重要意义的。

第二节　文化在语言中的表现

一、亲属词

亲属称谓词（亲属词）是在一定婚姻制度下产生的文化符号。对于文化在语言中的表现，社会学家、人类学家及语言学家普遍感兴趣的是亲属词。亲属词的语义问题始终是人类学家研究的热点，因为它有助于我们对人类文化的理解。西方文化人类学家早在 19 世纪就开始通过亲属词的语义分析探索亲属关系、亲属制度以及已经灭绝了的家族形态。最重要的研究成果是美国文化人类学家、原始社会史学家摩尔根（Lewis Henry Morgan，1818—1881）的奠基之作《人类家庭的血缘和姻亲系统》，以及其划时代的巨著《古代社会》。

各民族语言中都有亲属词。亲属词的不同，表现出不同民族的家庭婚姻结构形式。例如，在中国第一部古典辞书《尔雅》中，就有《释亲》一篇，专门解释各种亲属词。其中有“父之姊妹为姑”，“母之兄弟为舅”，这与今天的称谓是一致的。但又说“妇称夫之父曰舅，称夫之母曰姑”，“妻之父为外舅，妻之母为外姑”，就跟今天的称谓不同了。《国语・鲁语》载：“古之嫁者，不及舅姑，谓之不幸。”《礼记・檀弓下》载：“昔者吾舅死于虎”，郑玄注：“夫之父曰舅。”从这些文献资料中，我们可以了解到古代女子的公、婆也是其血亲中的“舅、姑”，男子的岳父、岳母也是其姻亲中的“舅、姑”。用现代的亲属词图解，即是：

女方	男方
（夫之父）公公 =（母之兄弟）舅舅	（妻之父）岳父 = 舅舅
（夫之母）婆婆 =（父之姊妹）姑姑	（妻之母）岳母 = 姑姑

与汉语相同的称谓，在我国少数民族语言中也屡见不鲜。在云南的景颇

语、傈僳语，四川的凉山彝语和广西的毛南语里，“岳父、舅父”是同一个词，“岳母、舅母”是同一个词；在珞巴语崩尼方言中，“岳母、舅母、婆婆”是同一个词；在门巴语中，“岳母、舅母、婆婆、姑姑”也是同一个词。这些称谓形式，反映的是古代盛行的“交表亲属”（cross-cousin）婚姻形式，与“平表亲属”（parallel-cousin）婚姻形式相对。它体现了一种传统的“宗族外婚”制度，同宗者不得同婚，不同宗者均可同婚。在这种制度之下，姑母的子女、舅父的子女跟本人是交表亲属关系，不属于同一宗族，可互为婚姻。而伯、叔父的子女，以及母系制度和“普那路亚”家族婚姻之下的姨母之子女，与己身是平表亲属关系，属于同一宗族，故不得互为婚姻。这种婚姻形态随着社会的进步而逐渐解体以至于消失，但却保留在古代汉语“姑舅”的含义中，一直到中古时期的汉语仍是如此。如唐杜甫的《新婚别》诗“妾身未分明，何以拜姑嫜”，王建的《新嫁娘》诗“三日入厨下，洗手作羹汤。不谙姑食性，先遣小姑尝”，朱庆馀的《闺意》诗“洞房昨夜停红烛，待晓堂前拜舅姑”，其中“姑”和“舅（嫜）”的意义仍是指“婆婆”和“公公”。这种语词的产生及意义的变化与文化的形成与变更是相应的。有了这种文化，就有相应而生的语词作为“代码”，或称“中间形式”。而这种文化形式一旦消失，那么语词所代表的这种意义也随之消失，以至于产生古今意义的断裂。

摩尔根的《古代社会》把人类的家族婚姻形态分为五种，其二为“普那路亚”（Punaluan）家族婚姻，即几个兄弟跟他们各自的妻子集体婚配，几个姊妹跟她们各自的丈夫集体婚配，这是一种仅次于“血缘家族”婚姻的古老婚姻形式。“普那路亚”婚姻形式在我国古代的亲属词中也有所反映，如《尔雅·释亲》：“妻之姊妹同出为姨，女子谓姊妹之夫为私。”《释名·释亲属》亦云：“姊妹互相谓夫曰私，言于其夫兄弟之中此人与己姊妹有恩私也。”清郝懿行的《尔雅义疏》云：“《说文》云‘妻之女弟同出为姨’，盖古之媵女，取于侄娣。姊为妻则娣为妾，同事一夫，是谓同出。”“姨”、“私”也见于《诗经·卫风·硕人》，“邢侯之姨，谭公维私”。亲属词“姨”和“私”在古代都有“同出”的意思，即指姊妹同婚共侍一夫。[①] 在周代，姊妹同婚颇为盛行，贵族盛行姊妹同婚及内侄女婚，经传中称之为“媵”，即随嫁、陪嫁。在我国的少数民族珞巴语崩尼方言中，“姐夫”、“妹夫”是同一个词，同样是兄弟同妻、姊妹同

① 《尔雅·释亲》：“女子同出，谓先生为姐，后生为娣。”郭璞注：“同出，谓俱嫁事一夫。”

夫的“普那路亚”家族婚姻形态在语言中的反映。[①]

罗常培（1989：87）提到：“民族中的亲属称谓颇可作为研究初民社会里婚姻制度和家庭制度的佐证。”在很多少数民族的语言中，不同辈分亲属的称谓往往同用一个词，或者同辈而不同直系的亲属称谓使用同一个词，是分析和论证早期家族婚姻形态的绝好资料。例如，西藏珞巴语指“儿媳”的词，又可指“弟媳”、“外甥媳”、“嫂嫂”。而在珞巴语崩尼方言中，除了指上述几种亲属外，还兼指“伯母”、“叔母”、“妻子”等亲属。在黔东苗语中，“妻子”、“儿媳”、“嫂子”是同一个词。在珞巴语崩尼方言中，“儿子”、“侄子”是同一个词，在侗语中，“妻子”、“嫂子”是同一个词。这样亲属称谓都反映了历史上珞巴族曾经历过兄终弟及、叔婶同婚这种“收继婚”（levirate）婚姻形态。[②]上述婚姻形态有的还保存在某些局部地区，有的则早已消失，但现行词汇中仍保留了早期意义，反映了早期的家族形态。

不同民族对于辨别亲属的范畴，如行辈、同辈长幼、直系旁系、血亲姻亲、性别、存亡、婚否等是否予以分辨，就构成了各民族亲属词的特色，产生了不同类型的称谓制，表现为不同的亲属观念和宗法制度。一般而言，亲属关系的划分越细致，亲属词越复杂，社会就越传统，家族观念和宗族感情就越强。中国人长期生活在以家庭血缘纽带维系的封建宗法社会，看重人与人之间的人伦关系，对父母同辈的亲属，严格区分为父系血亲“伯”、“叔”、“姑”和母系姻亲“舅”、“姨”五类，各类又据性别而分为二，这还不包括堂叔、表伯、表舅、表姑、表姨等各种各样的中、表亲。这样一个复杂的亲属称谓系统反映了汉族传统的宗族制度和父系社会的长期影响，体现了不同的亲疏关系和责任、权利与义务。宗族中各成员拥有的责任、权利和义务，都是由他们在所处等级系统中的地位决定的。因为只有男性后裔才能继承家族血统和财产，所以必须严格区分父系、母系；因为男女尊卑有别，所以必须区分性别；因为年龄大小决定了地位的高低，所以必须区分长幼。正是因为这一宗法等级制度的复杂性，才决定了汉语亲属关

① 对于摩尔根的五分法，人类学界有不同的观点。美国人类学家怀特认为，“现代人类学家们已证明，摩尔根的家族进化（自原始群的杂交到一夫一妻制）的全部理论是不能令人信服的。……这一理论之所以过时，首先是因为我们有了一个更好的解释亲属称谓的理论：表示社会关系的称谓的词意，所指的是行为和态度，而不是指实际的婚姻和世系关系。因之，如果我把我父亲的兄弟叫作‘父亲’，把我母亲的姐妹叫作‘母亲’，不是因为他们过去曾一度在一个群体内互相通婚，而是因为我对父亲的兄弟的态度和对我父亲一样，他们也把我看做儿子；对我母亲的姐妹来说也是这样。在有些亲属制度中，把父亲的姐妹叫作‘父亲’，在另一些亲属制度中，把母亲的兄弟叫作‘母亲’。这是人与人之间的行为和态度问题，而不是血亲和姻亲问题”［L. A. 怀特《摩尔根生平及〈古代社会〉》，《民族译丛》，1979（2）：1-11］。这种观点以今律古，尚不足信。

② 收继婚（levirate）指寡妇与亡夫兄弟的结婚。广义的收继婚还包括父死可以妻群母（生母除外），甚至祖亡亦可娶祖父之妻妾。

系称谓的复杂性。而汉语中的这些亲属称谓，英语只用 uncle 和 aunt 两个词统称之，无年龄、长幼之别，无血亲和姻亲之分，只有性别的区别，表现了英语社会对性别的重视和对人伦、尊卑、亲疏的忽视。

许多学者将英语中极端简化的亲属词与其他语言作比较，说明亲属制度、家族观念的不同。摩尔根（1981：490）在《古代社会》中写道："拉丁语中有关姻亲的称谓是特别丰富的，而在我们的英语中却使用 father-in-law，son-in-law，brother-in-law，step-father，step-son 以及诸如此类不恰当的名称来表示二十来种非常普通、非常密切的亲属关系（对于这些亲属关系在拉丁语中差不多全都有专用的称谓词），英语之贫乏由此可见。"吕叔湘（1984）在《由"rose"和"玫瑰"引起的感想》一文中，曾论及汉英亲属词翻译的痛苦："如果你翻译一本小说，遇到主人公有一位 cousin，你把它译做'表弟'，后来发现他是女性（代词用 she），就改做'表妹'，后来又发现她年纪比主人公大，又改做'表姐'，再翻下去又发现原来她还比主人公长一辈，又改做'远房姨妈'，再到后头又发现她不是主人公母亲一边的亲戚而是他父亲一边的，又只好改做'远房姑妈'。其实这也靠不住，她也有可能是主人公的'远房婶娘'。要是这位 cousin 在书里只是昙花一现，神龙见首不见尾，父系母系、年长年幼、辈分性别，全然不知道，只知道他是主人公的 cousin，你把他翻成什么好呢？伍光建老先生（如果我没记错）创造了一个名词叫做'表亲'，可以勉强对付一气，管住了四分之三：母系的全部，父系的一半。可是再一想，既然辈分、性别等等全都不知道，那就翻成'表姐'或'表弟'也都不能算错，正如把形状不详的 rose 翻做'玫瑰'一样。"赵元任也曾开玩笑似地将汉语中的"表妹你好"，译为英语"Good morning，my female-cousin-on-mother's-or-paternal-aunt's-side-younger-than-myself！"英语亲属词的贫乏体现了家族关系的简化和家族观念的淡薄，因为"家族观念淡薄，自然就用不着一一指明亲属关系"（何南林，2005）。

二、颜色词

颜色，或曰色彩，是由物体对不同波长的反射与吸收所形成的视觉印象。英国著名物理学家牛顿首先发现，客观世界实际上并不存在颜色这种物质，颜色是不同波长的可见光作用于人的视觉所引发的印象，这是它的物理属性、自然属性。

但是自人类社会产生以来，色彩就与人的物质生活、精神生活产生了千丝万缕的联系，这样就产生了它的第二属性，即社会属性。也就是说，人的视觉器官不仅能辨别自然的五颜六色，而且还赋予色彩一定的社会意义，即象征、情感意义。色彩的象征、情感意义往往表现出了不同民族的不同文化心理，具有社会性、历史性和民族性，是人类学、文化学和社会语言学普遍感兴趣的话题。

不同历史时期的不同民族，对自然界不同波长的可见光的切分是不一样的，有的切分粗疏，有的切分细致，因此不同时期和不同民族语言中的颜色词，其数量和含义也是不一样的。语言中表示颜色的词叫颜色词。人类学家的调查发现，在人类各民族的语言中，颜色词最少的只有两个，而且这两个一定是“白”和“黑”；如果有三个，那么第三个就一定是“红”；三个以上的颜色词则五颜六色、各不相同了。汉语中的颜色词十分丰富，东汉许慎的《说文》就收有 80 多个颜色词，分布在艸、糸、羽、木、衣、玉、黄、赤、黑、白、青、丹等部。

中国上古时期的思想家把众多的颜色概括为两个范畴：“正色”和“间色”。

《礼记·玉藻》孔颖达注疏引皇侃云：“正谓黄、赤、青、白、黑五方正色也。不正为五方间色也，绿、红、碧、紫、骝黄是也。”古人认为青黄之间是“绿”、赤白之间是“红”、青白之间是“碧”、赤黑之间是紫、黄黑之间是骝黄，故谓“间色”，又曰配色，或谓“间”者“姦”也，即不正之色。正、间和五色的划分，体现了社会和人伦秩序，寄托了褒贬好恶的情感。正色与间色的划分，应与古人“二元对立”的思维方式相关联，也可能直接与“阴阳”二元相关，而“五色”的区分，应该是跟“五行”相配的结果。

阴阳家认为，金、木、水、火、土五种物质是构成各种物质的五种基本元素，它们之间具有相生、相克的关系——相生：金生水、水生木、木生火、火生土、土生金；相克：金克木、木克土、土克水、水克火、火克金。又如图 2-1 所示。

图 2-1　五行生克图

上古阴阳家的阴阳五行学术在中国文化中的影响极为深远。在古代中国，五行不仅仅是化生万物的五种自然物质，也是指导和调整人类社会行为和人伦秩序的五种极为重要的社会元素。各种自然现象和社会现象都可以或者必须与五行相匹配。如：

五行：金、木、水、火、土；

五色：白、青、黑、赤、黄；

五方：西、东、北、南、中；

五时：秋、春、冬、夏、季夏；

五帝：白帝、青帝、黑帝、赤帝、黄帝；

五兽：白虎、苍龙、玄武、朱雀、黄龙；

五音：商、角、羽、徵、宫；

五味：辛、酸、咸、苦、甘；

五脏：肺、肝、肾、心、脾；

五德：聪、明、恭、从、睿；

五常：义、仁、智、礼、信。

……

在中国古代社会，人们认为跟五行相配的五种正色具有超自然的神奇力量。五色土可补苍天，可为祭地的地坛；五色丝带俗称“五色长命缕”，可辟邪驱鬼、保平安和健康；传说中的神鸟凤凰“五色备举”，可带来吉祥。五色龟、五色麒麟都是神奇、吉祥的灵物。五色产生了浓厚的哲学意蕴和象征寓意，具有辨别凶吉的宗教功能，区分正邪的伦理功能，表达好恶的情感功能，以及显示身份地位的社会功能。

（一）汉语颜色词的文化意义

我们依黄、赤、青、白、黑五类颜色词，分别阐述它们在汉民族历史中的文化意义。

1. 黄类

《说文·黄部》：“黄，地之正色也。从田从炗，炗亦聲。”段玉裁注：“天玄而地黄。土色黄。故从田。”“黄”在汉族传统文化中是五色中最高贵、最神圣的正色。汉族对黄的推崇应该源自农耕时代对土地的依赖和崇拜。班固在《白虎通义》中认为，“黄者中和之色，自然之性，万世不易”，代表了秦汉儒家对黄色至高无上的评价。《易经·坤卦》曰“六五：黄裳，元吉”，认为黄色的衣服是尊贵吉祥之物。先秦时期黄衣是祭祀祖先等庄严的场合所穿的礼服。《论语·乡党》记载，在年终蜡祭时，君臣都可以“黄衣狐裘”，农人田夫也可戴黄冠，如《礼记·郊特牲》载“野夫黄冠”。《诗经·邶风·绿衣》：“绿兮衣兮，绿衣黄裏，心之忧矣，曷为其已。绿兮衣兮，绿衣黄裳，心之忧矣，曷为其亡。”朱熹注：“间色贱而以为衣，正色贵而以为裏，言皆失其所也。”乐器有“黄钟”，是中国古代音乐十二律中六种阳律的第一律，代表庄严、神圣的“主旋律”音乐，如《周礼·春宫·大司乐》“奏黄钟，歌大吕，舞云门，以祀天神”；《楚辞·卜居》“黄钟毁弃，瓦釜雷鸣”。汉武帝时服色弃秦代所尚之黑而服黄，从政治上确定了黄色的尊崇地位。隋唐时规定“黄”为天子专用之色，以黄象征皇权和王位，庶民百姓不得服黄。隋文帝杨坚在刚篡夺北周的皇权后，一时都有所忌惮而不敢服黄。五代后周节度使赵匡胤率军北上御敌，行至陈桥驿时，手下赵普等策划兵变，众将以黄袍加在赵匡胤身上，拥立他为皇帝，即史称“陈桥兵变、黄袍加身”。汉语中与帝王相关之物多称“黄”，如“黄钺”指帝王仪仗，“黄麾”是帝王仪仗所用的旌旗，“黄袍”即帝袍，“黄屋”是帝王车盖，“黄榜”是帝王文告，“黄气”即帝王之气①，“黄门”即宫门。民间使用黄色就是僭越，轻则下狱，重则杀头、灭九族。就是在建筑上，也只有皇宫、寺院才能使用黄、朱之色，民间只能用黑、白、灰等色。“黄”又象征着吉祥，天上的祥瑞之星叫“黄星”，“黄星”运行的轨迹叫“黄道”。“黄气”除指帝王之气外，还指祥瑞之气，如唐沈佺期的《则天门赦改年》载：“六甲迎黄气，三元降紫泥。”又指喜气，如苏轼的《送李公恕赴阙》诗：“忽然眉上有黄气，吾君渐欲收英髦。”黄色又与佛教相关，佛教敬黄、服黄，以黄色素雅绝俗，自然中和，有超然物外之情，故其建筑、服装多用黄色。

2. 赤类

在古代汉语中，按颜色的深浅程度，有“绛”、“朱”、“赤”、“丹”、“红”等赤类颜色词。汉族自古以来偏爱赤色，应源于对太阳和火的崇拜。许慎在《说文》中解释“赤”字形义时说：“赤，南方色也。从大从火。”刘熙的《释名·释采帛》认为，“赤，赫也，太阳之色也”。“赤”是大火和太阳的颜色，太阳与旺火给人的客观感受是光明、热烈、温暖和活力，由此汉语“赤”类颜色词就产生了与之相关的主观隐喻意义，即具有兴旺、喜庆、吉祥、富贵、忠诚、正义、神圣等正面、积极、褒扬的感性意义。古人以赤色的衣服、鞋帽作为官服，如《诗经·曹风·候人》“彼其之子，三百赤芾”，《大雅·韩奕》“玄衮赤舄”。在传统京剧里，关羽的赤红脸象征着他耿直、忠义的品格。古人认为赤色可以辟邪，许多宫殿和庙宇的墙壁都是红色的。

① 《史记·封禅书》：“皇帝始郊见，太一云阳，有司奉瑄玉嘉牲荐飨。是夜有美光，及昼，黄气上属天。”宋徐师川的《紫宸早朝》诗：“黄气远临天北极，紫宸位在殿中央。”

“朱”是比赤更深的颜色。《说文》“朱，赤心木也”。“朱”与“赤”同为正色，具有与“赤”同等的象征意义。[①] 在服饰上，“朱芾”即“赤芾”（又写作“朱绂”），象征着高贵的身份、显赫的地位，如《诗经·小雅·斯干》“朱芾斯皇，室家君王”，《诗经·小雅·采芑》“服其命服，朱芾斯皇”，南朝·陈徐陵的《东阳双林寺傅大士碑》“黑貂朱绂，王侯满筵”。唐制官员五品以上服朱。杜荀鹤的《再经胡城县》“今来县宰加朱绂，尽是生灵血染成”，王安石的《致仕虞部曲江谭君挽辞》“它日白衣霄汉志，暮年朱绂水云身”，“朱绂”都是高官之服色。豪富之家谓之“朱门”，如《晋书·鞠允传》载“世为豪族……东开朱门，北望青楼”，杜甫的《自京赴奉先咏怀五百字》诗“朱门酒肉臭，路有冻死骨”，明代李攀龙的《平凉》诗“惟馀青草王孙路，不属朱门帝子家”。贵者的车驾叫“朱轮”，如《汉书·杨恽传》“恽家方隆盛时，乘朱轮者十人”。传说中有一种红色的瑞草叫“朱英”，又名“赤草”，王者有盛德则此草生。

“紫”为赤、朱间色，其地位虽有不及，但沾正色的光，也具有比肩于赤、朱的地位。在服饰上，“紫”是高贵、神圣的象征。《论语·乡党》“红紫不以为亵服”，可见紫色的高贵。《左传·哀公十七年》“良夫乘衷甸，两牡，紫衣狐裘”，杜注：“紫衣，君服。”隋唐时期紫色服饰为高官公服，三品以上官员服紫。唐代韩愈的《送区弘南归诗》云：“佩服上色紫与绯。”“朱紫”在唐诗中经常连用或对举，喻指地位的高贵、显赫，如白居易的《轻肥》有“朱绂皆大夫，紫绶或将军”，《秦中吟·歌舞》有“雪中退朝者，朱紫尽公侯”。元稹的《酬乐天喜邻郡》有“紫绶朱衣梦里身”。成语“怀黄佩紫”指身居高官显位，“传龟袭紫”指承袭高官显位。在房屋建筑和器具上，“紫”关乎帝王将相，“紫垣”、“紫禁”、“紫宫”、“紫阙”、“紫台”、“紫微”都指帝王宫禁；“紫诰”指诏书；“紫盖”指帝王车驾；“紫陌”指帝郊道路；“紫阁”为宰相府。此外，“紫”在汉族社会中还具有宗教的特殊意义。相传道教始祖老子西出，关令尹喜见紫气东来，因此紫气被视为祥瑞，为道教所重，以紫为纯阳之色，为尊贵，为清静。道教称道经为“紫书”，神仙居所叫“紫台”、“紫阙”、“紫房”、“紫府”；道教传说的天帝叫“紫皇”。道长、道观多名“紫”，如“紫阴”、“紫阳”、“紫竹观”等。

“红”是赤的间色，是赤色系列中最淡的颜色。在汉族文化中，红色除了有跟赤、朱、紫类似的隐喻外，还具有与年轻美女或女色相关的特别含义。

① 《论语·阳货》：“恶紫之夺朱也。”何晏《论语集解》引孔安国曰：“朱，正色；紫，间色之好者。恶其邪好而夺正色。”

“红颜”本指少年男女红润的脸色，特指年轻的美女，如白居易的《后宫词》有“红颜未老恩先断”，清吴伟业的《圆圆曲》有“冲冠一怒为红颜”。美女或称“红粉”，如白居易的《燕子楼》诗“争教红粉不成灰”；又称“红袖”，如元稹的《遭风》诗“两行红袖拂尊罍”，关汉卿的杂剧《金线池》有“忙携红袖去匆匆”。“红腰”指美人腰，如白居易的《三月三日祓禊洛滨》有“舞急红腰软，歌迟翠黛低”。古时富贵人家少女的居所叫“红闺”，如唐代王湮的《后庭怨》诗“君不见红闺少女端正时，夭夭桃李仙容姿”；又叫“红楼”，如白居易的《秦中吟》诗“红楼富家女，金缕绣罗襦”，韦庄的《长安春》诗“长安春色本无主，古来尽属红楼女”。小说《红楼梦》之“红楼”即指四大家族少女的住所。在近代汉语中，交上女朋友曰“走红运”、“走桃花运”，婚外恋、风流韵事叫“桃色事件”、“绯闻”，桃色、绯色都是粉红色。20 世纪，“红”还产生了浓厚的政治色彩，象征着革命、进步、积极等，如红旗、红军、红色风暴，以及红人、红榜、走红运、红得发紫等。

3. 青类

《说文》：“青，东方色也。木生火，从生丹。”青是草木生长之色。青草和青色的木叶给人的客观感觉是柔弱、稚嫩，因此在古代汉语中，颜色词“青”隐喻“不成熟、幼稚”和“地位低微”。旧时太子居住的地方叫“青宫”，太子殿覆盖“青瓦”，乘坐的车叫“青盖”，与皇帝的“紫宫”、“紫盖”相对，因为相对于皇帝而言，太子为储君，地位远远不及。在服饰上，青是古代地位低微之人的服色。未获取功名的年轻士子穿青色衣服，如《诗经・郑风・子衿》“青青子衿，悠悠我心”，毛传：“青衿，青领也。学士之服。”“青衿”、“青领”后来就成了“学子”、“生员”的代称。自汉代以后，以服色来象征社会等级和地位的观念越来越重，学士及下级官员多服青，青色成为地位低微的标志，“青衫”、“青袍”是官卑职小、地位低微的读书人的代称，而“青衣”更指仆役之类的下人。文献中奴婢或称“青衣”。东汉蔡邕的《青衣赋》是中国文学史上的第一篇恋情赋，文中“青衣”即指所爱恋的婢女。《晋书・孝怀帝纪》载：“刘聪大会，使帝着青衣行酒，侍中庾珉号哭。”刘聪当众让被俘的怀帝穿青衣来斟酒以示侮辱，这就是“青衣行酒”的故事。汉制，九卿印绶用青。唐制，官员八九品服青。白居易的《琵琶行》有“江州司马青衫湿”，《浔阳春・春去》有“白发更添今日鬓，青衫不改去年身”，《徒步归行》有“青袍朝士最困者，白头拾遗徒步归”，刘长卿的《送严员外》有“君去若逢相识问，青袍今已误儒生”，“青衫”、“青袍”都是表示低微低下的文化符号。在古典戏剧中，悲剧女性是“青衣”，演员有专门的“青衣旦”。最早称妓院为青楼的是南朝・梁刘邈的《万山采桑人》诗“娼女不胜愁，结束下青楼”，后来“青楼”

就成为妓院的代称，“青楼女子”即妓女，如杜牧的《遣怀》诗：“十年一觉扬州梦，赢得青楼薄幸名。”清代还有与《红楼梦》相对的小说《青楼梦》，写的就是青楼故事。[①]

《说文》：“绿，帛青黄色也。从糸、录声。”“绿”是青的配色，是不正的间色，因此跟“青”一样，象征地位的低微、卑贱。另外，还具有“不正”、“邪恶”的意义，这是“青”所没有的。唐制官员六七品服绿。王勃的《为人与蜀城父老书》“绿帻青裳，家僮数百”，元稹的《寄刘颇》有“与君依旧绿衫行”，白居易的《怀微之》有“折腰俱老绿衫中”。《汉书·东方朔传》记载宫廷厨师戴绿帽以明其身份的卑贱。唐代法典以绿头巾为罪犯的标志，乐府妓院的男人戴绿纱巾以示职业身份，元代官修《元典章》规定娼妓家长并亲属男子裹绿头巾，明初朱元璋对南京娼妓家男子也规定必须“头戴绿巾”，洪武三年（1370）下诏令：“教坊司伶人常服绿色巾，以别士庶之服。”由此，“绿帽子”的恶名约定俗成，一直流传至今，妻室有外遇者被称作“戴绿帽子”。

《说文》：“蓝，染青艸也。从艸、监声。”“蓝”也是青的配色，同样象征地位的低微、卑贱。《旧唐书·哀帝纪》：“虽蓝衫鱼简，当一见而便许升堂；纵拖紫腰金，若非类而无令接席。”以“蓝衫鱼简”的艺人与“拖紫腰金”的贵族相对。“蓝衫”、“蓝衣”又多指贫寒的读书人、生员，如唐朝韦应物的《送秦系赴润州》“长怀旧卷映蓝衫”，近代瞿秋白的《哭母诗》有“亲到贫时不算亲，蓝衫添得泪痕新。饥寒此日无人问，落上灵前爱子身”。鲁迅的《孔乙己》中穷愁潦倒的文人孔乙己就穿着蓝衫。成语“蓝衫之交”即布衣之交、患难之交。“蓝衫”都隐喻贫寒卑微的身份地位。唐代命相学家袁天罡的《称骨算命》歌诀云：“一身骨肉最清高，早入黉门姓氏标，待看年将三十六，蓝衫脱去换红袍。”“蓝衫脱去换红袍”即时来运转。现代汉语用“蓝领”翻译英语 blue-collar，指在工厂从事普通劳动工作的雇员，恰好与“蓝”在汉语中的传统隐喻意义相吻合，是一个非常不错的对译词。

4. 白类

《说文》：“白，西方色也。阴用事，物色白。从入合二。二，阴数。”按许慎的解释，“白”的本义是死亡丧葬之色。“白”在汉民族中是消极之色，具有卑贱、贫寒、不幸、失意、死亡、恐怖等隐喻意义。古代未获功名之人称“白丁”，如《隋书·李敏传》隋文帝问乐平公主：“李敏何官？”乐平公主轻蔑不屑地回答说：“一白丁耳。”刘禹锡的《陋室铭》曰：“来去有鸿儒，往来无白

① 《青楼梦》共64回，成书于光绪四年（1878）。作者俞达，一生功名不遂，经常出入酒楼妓院，化身为《青楼梦》中的主人公金挹香，用《青楼梦》来抒写自己的理想。

丁。”又称“白士”，如《晋书·羊祜传》载：“以白士而居重位，何能不盛满受责乎?”平民称“白衣”、“白身”，如《史记·儒林列传序》有“公孙弘以春秋白衣为天子三公”，《南史·周弘让传》有“以白衣领太常卿光禄大夫，加金章紫绶”，都是指飞黄腾达、一飞冲天的“白衣卿相”。唐代高适的《送桂阳孝廉》诗“桂阳少年始入秦，数经甲科犹白身”，是说“贵阳少年”屡考不中。而寒士一旦获取功名，即称“脱白”①。贫寒人家住的地方叫“白屋”，如《汉书·王莽传上》有“开门延士，下及白屋”，《汉书·吾丘寿王传》有“三公有司或由穷巷，起白屋，裂地而封”，刘长卿的《逢雪宿芙蓉山主人》有“日暮苍山远，天寒白屋贫”。此外，白色衣服常常象征凶险、死丧。古代帝王在举行消除瘟疫、饥荒的祭祀时穿白衣，乘素车。中国传统丧服亦为白色。在传统戏剧里，“白脸”寓意奸诈和背叛。20世纪受政治的影响，“白”产生了政治含义，作为“赤”、“红”的对立面，隐喻反动、落后、腐朽，如“白匪”、“白区”、“白色恐怖”。现代汉语把智力低下的人称为“白痴”，把出力而得不到好处或没有效果叫作“白忙”、“白费力”、“白干”，都是消极负面的意义。

5. 黑类

《说文》：“黑，火所熏之色也，从炎，上出。”“黑”的本义是指烟熏火燎后的颜色。黑色给人的客观感觉是阴暗、冷酷，因此产生出了“阴险、狠毒、奸猾”和“暗中、偷偷地（做事）”等意义。古书记载，魏晋南北朝轻商贬商，规定商人出门时必须一只脚穿白鞋、另一只脚穿黑鞋，表示商人奸诈。宋代甚至规定平民只能服黑、白二色。由于“黑”与五行中的“水”相对，因此在传统文化中黑色还象征“水”，如故宫文渊阁是明清皇家图书馆，屋顶覆盖黑色的琉璃瓦，即寓意用“水”克“火”，以祈藏书免遭火劫。现代汉语中的“黑”多具有贬义，形容“阴险、阴暗、邪恶、狠毒、非法、反动”等，如“黑帮”、“黑道”、“黑话”、“黑店”、“黑货”、“黑幕”、“黑钱”、“黑市”、“黑心”、“黑手”、“黑哨”、“黑客”、“黑枪”、“黑社会”、“黑名单”、“背黑锅”、“黑色收入”、“打黑除恶”等。

（二）颜色词文化意义的差异性

颜色的物理意义和颜色词的理性意义具有普遍性，而在物理色彩和理性意义基础上衍生出的文化意义、感性意义，既有相似或相同的共性，也因各种社

① （宋）阮阅《诗话总龟·讥诮门》引五代何光远《鉴戒录》云：“罗隐性傲睨。初赴举过钟陵，见营妓云英。一纪后下第又过，复见之。云英曰：‘罗秀才尚未脱白?’隐以诗嘲之曰：‘钟陵醉别十余春，重见云英掌上身。我未成名英未嫁，可能俱是不如人。’”

会原因而呈现出差异性。这种差异性主要体现在如下四个方面。

1. 民族差异性

颜色象征意义的差异性最明显的体现是民族差异性。由于各民族在历史传统、文化背景、精神观念、审美心理、思维认知、生活习俗、地理环境上千差万别，人们的颜色观——对于颜色的感受和表达也不尽相同，因而相同的颜色词会产生不同的文化隐喻意义。

印度尼西亚惹士岛上的民族以黄色为高尚、美好的象征，把受过教育、有礼貌的人誉为有“黄色品德”的人，舒适愉快的睡眠被称为“黄色睡眠”。而在西方一些国家，黄色含有“低级、嫉妒、奸淫、背叛”等意义。在《圣经》中出卖耶稣的叛徒犹大身穿黄衣；在法国，叛徒的门上涂黄色。西方有些排犹国家迫使犹太人穿黄衣，或在衣服的某一部位着黄色。西方异教徒总是戴黄十字架、穿黄囚衣、拿黄蜡烛。近代第二国际中的伯尔尼国际，因维护资产阶级、反对无产阶级专政，被列宁指责为“黄色的、背叛的、变节的国际”，故又名“黄色国际”。英语 yellow（黄色）一词，有“因陈旧而泛黄”、“作低级宣传的”、“胆怯的、卑鄙的、靠不住的”、“妒忌、猜疑的”等文化意义。yellow back 指 19 世纪流行的黄色封面廉价小说，yellow-belly 指“可鄙的胆小鬼”，yellow dog 意为“杂种狗”或“卑鄙小人”。

英语“red”与汉语“赤”类词的文化意义大相径庭。英语“red”是一个贬义词，隐喻“血腥、激进、战争、暴力、危险、亏损”等消极、负面的意义，如 red battle（血战）、red hands（血腥的手）、red revenge（血腥复仇）、red-headed（狂怒）、a red revolution（赤色革命）、red activities（左派激进活动）、red alert（空袭报警）、a red flag（危险信号旗）。汉语中表示文化意义的“红”，在英语中都要改成其他的词来表达，如“红榜”译为“honour roll”，“红运”译为“good luck”，“红利”译为“dividen”。英语中的“red”还隐喻“色情、淫秽”，20 世纪中叶，国产名牌“红灯”牌收音机曾一度远涉重洋，销往国外，但由于“红灯”直译为英语“red light”，西方人理解为“色情”的意思，导致“红灯”牌收音机在西方滞销，后来改了译名才畅销起来。如若将现代京剧《红灯记》翻译为“The story of red light”，则必将误以为是红灯区的故事，这是中西方 red（红）的文化含义的差异所致。汉语“赤”的配色“紫”，倒是为西方崇尚，古希腊、罗马的君王、执政官、执法官和将军都身披紫袍。紫色象征着高贵与尊严、王位与王权、门第与出身等，英语 purple（紫色）的文化含义就相当于汉语的“赤”和“黄”。英语有 the purple（帝位，王权）、to be born in the purple（生于名门）、to marry into the purple（嫁入豪门）的表达。

“绿”是植物的生命色，英语中的“green”也与汉语中“绿色”的文化意义大为不同，在英语中它是青春、活力、新鲜、希望和幸福的象征，如 in the green wood（在青春旺盛的时代）、in the green（血气方刚）、a green old age（老当益壮）、green recollection（记忆犹新）、keep the memory green（永远不忘）。英国著名汉学家、翻译家霍克斯（David Hawkes，1923—2009）在翻译《红楼梦》时，就将“怡红院”和“怡红公子”分别翻译为“Green Delights”和“Green boy”，就是因为 green 含有“妩媚的、青春的、有活力的”等意义。

“白”在许多民族语言中与汉语的文化意义不同。西方文化中白色的象征意义源于对新下的雪、新鲜牛奶及百合花颜色的联想，是高雅、纯洁的颜色。英语中的 white（白）象征着“纯洁、高雅、正直、诚实、幸运、合法”等积极意义，如 a white soul（纯洁的心灵）、a white spirit（正直的精神）、white men（高尚、有教养的人）、white hands（廉洁、诚实）、a white day（吉日良辰）、white magic（善意的法术）、white lie（善意的谎言）、white market（合法市场）。另外，我国的蒙古族、回族、藏族、普米族、白族，以及日本、朝鲜等民族都崇尚白色。

“黑”在西方文化中象征着魔鬼、邪恶、痛苦、不幸，黑色叫作“死色”。英语中的 black（黑）隐喻“坏、邪恶、凶险”，与汉语有相似之处，如 black ingratitude（忘恩负义）、talk black into white（颠倒黑白）、black words（不吉利的话）、a black letter day（凶日、倒霉的日子）、black mail（敲诈、告密）、black money（黑钱，没完税的钱）、black-hearted（黑心肝）、black art（妖术）。而四川凉山彝族却尚黑，以“黑”隐喻“高贵、神圣”，称祖先为“黑母虎”。黑彝是上等彝人、贵族。云南泸水县和福贡县的怒族，与四川的彝族族源关系密切，也崇尚黑色。

2. 时代差异性

颜色的象征意义既有历史继承性，又有时代变异性。随着时代的发展、社会的变化，人们的颜色观和颜色词的文化意义也会发生变化。例如，汉语中的“青、绿、蓝”类颜色词，古代表示“低微、下贱”的意义，在现代汉语中已经完全不存在了，除了个别历史词语，如“青楼”、“绿帽子”之外，人们已经完全意识不到它们原来有过的不良意义。“黄”也是如此，古代至尊至贵的褒扬意义在现代汉语中已经完全淡化、消失，而且由于受外来文化的影响，产生出与“色情”相关的不良意义。在中国先秦时代，“黑”曾是尊贵的颜色，其词也没有明显的贬义。上古有敬黑的习俗，周代规定，天子在冬季祭祀时要穿黑衣（又称“缁衣”），佩黑玉。缁衣可用作朝服。《诗经·郑风·缁衣》中的

“缁”，毛传云：“缁，黑色，卿士听朝之正服也。”“缁衣”甚至成为“贤人”的代称，《礼记》载“子曰：好贤如《缁衣》”，并因此专立《缁衣》一篇。秦代尚黑尊黑，汉灭秦后尚黄，黑色遂转为负面、消极之义，以迄于今。由此可见，颜色的物理色彩是客观不易的，而主观色彩却非一成不变。

3. 多元指向性

颜色的象征性可以是单一的，也可以是多元的。一种颜色具有双重甚至多重的象征意义，有的象征意义甚至会完全对立，既有褒义、积极的象征，也有贬义、消极的象征。苏联电影艺术理论家谢尔盖·爱森斯坦（Sergei Eisenstein，1898—1948）在谈到电影的色彩时指出：一种色彩引起人们的联想和因此而产生的象征意义往往不止一种，而是成双成对并彼此相反，如绿色象征着青春与暴力，蓝色象征着和平与冷酷无情，红色象征着光明与血腥，白色象征着纯洁与死亡。汉语中的黄、赤、青、黑诸色都具有褒、贬不同的象征意义，如“赤”，《荀子·正论》记载，古代惩治犯人可以不施肉刑而用其他方法来代替，比如，死罪，可用“赭衣而不纯”作为“象刑”来代替，即让犯人穿没有领子、不镶边的深红色衣服“赭衣”代替死刑，因此“赭衣”在汉语中又代指囚服或囚犯。由于古代处决死囚时要在其名字上施加红色的“×”或“√”等符号，所以产生了“丹书不祥”的文化规定，忌讳用红色墨水写信和书写人名。如果用红色墨水写信给人，就代表绝交；如果用红色墨水书写人名，就意味着对该人的极端不敬和诅咒。“红楼”又可指妓女居住的地方，犹青楼。清周友良的《珠江梅柳记》卷二载：“二卿有此才貌，误落风尘，翠馆红楼，终非结局，竹篱茅舍，及早抽身。”又如，“青”，古代“青楼”也可指豪华精致的雅舍，有时则作为豪门高户的代称。三国魏曹植的《美女篇》有“青楼临大路，高门结重关”，西晋傅玄的《艳歌行》有“青楼临大巷，幽门结重枢”，南朝江淹的《西洲曲》有“鸿飞满西洲，望郎上青楼”，唐邵谒的《塞女行》有“青楼富家女，才生便有主”。清袁枚的《随园诗话》说：“齐武帝于兴光楼上施青漆，谓之青楼。”又如，“黄”，在传统京剧脸谱中黄色代表凶猛、残暴的角色。受自然界树叶变黄凋落、物体陈旧变黄的影响而产生的感受，“黄”产生了衰老、颓败之义，近代汉语称事情搞砸了、失手了、落空了曰“黄了”[①]，盖亦由此而来。现代汉语中“黄”的词义感情色彩发生了巨大的变化，已完全失去了高贵、尊严、神圣的象征意义而变为中性甚至贬义。

英语中的颜色词也是如此，如“green”，既象征着青春活力，也象征着幼

① 最早的用例见《红楼梦》第八十回：“薛蟠听了这话，又怕闹黄了宝蟾之事，忙又赶来骂秋菱。”

稚、没有经验，如 a green hand（生手）、a green horn（新手）、as green as grass（幼稚）；green 还表示“嫉妒、眼红”，如“green with envy”。汉语中的“嫉妒，眼红”，应该翻译为 green-eyed。又如，“blue”，有“高贵”和“忧郁”两种不同的象征意义，如 blue blood（名门望族）、blue ribbon（最高荣誉）；look blue（面有忧色）、blue Monday（沮丧的星期一）、feel blue（感到忧郁）、a blue out look（悲观的人生观）。blue 甚至还有“猥亵、下流、色情”的含义，如 blue film/joke（黄色影片/笑话）、blue movie（色情电影）、blue revolution（性解放）、blue talk（下流言论）。

4. 影响感染性

一个民族的颜色观有时还会在不同文化的交流中互相影响、感染而发生变化。颜色的象征意义应是一个民族历史上形成的根深蒂固的文化因素，不易接受外来文化的影响。但事实上颜色观不仅会因时代的变化而改变，也会受外来文化的影响而改变，颜色的象征意义也会随之而变。例如，英语中的“red”具有象征“喜庆”的褒义，“red-letter day”指“大喜的日子”，“the red carpet”指“隆重的接待”，有人考证，这一意义就是从远东经波斯传到西方的。一个典型的例子是，汉族文化和语言的“黄”色，在近现代与西方文化的交流中，受其影响而感染了英语中“yellow”表示“色情、淫秽、下流”的象征意义，彻底颠覆了汉族文化中历史上形成的“尊贵、神圣”的含义。另一例子是“blue”（“蓝色”），英语中的“blue”象征“忧郁”，传记文学《蓝色的爱——柴可夫斯基与梅克夫人》，写的是风靡全球的大音乐家柴可夫斯基与巨富遗孀梅克夫人之间艰难曲折的“忧郁的爱情”。*Love is Blue*（法语 *l'amour est bleu*）是一首法国歌曲，即《蓝色的爱》或《忧郁的爱情》，经莫里哀改作成轻音乐从而风靡世界，其歌词说：“没有你，我的世界是蓝色。”另一首法国歌曲 *Mamy Blue*，即《忧郁的母亲》。英文歌曲 *Blue Eyes Blue* 翻译成汉语即《忧郁的蓝眼睛》，*The Boy in Blue* 即《忧郁男孩》，*Blue Mood* 即《忧郁的心》；美国电影 *Little Boy Blue* 即《忧郁男孩》。受这些西方文化的影响，汉语中的“蓝”也逐渐产生了“忧郁”的意义，如有名叫《蓝色忧郁》的汉语歌曲，歌曲《爱要坦荡荡》有歌词“天色是有点暗，气氛是有点蓝”。有汉语手机论坛名叫“蓝色的忧郁”。汉语网络小说有《蓝色的忧伤》、《天蓝忧郁》等。时尚网文有《爱蓝色，虽然我不够忧郁》、《深邃忧郁的蓝》、《忧郁性感一抹蓝》等。网名有“忧郁的蓝”、“忧郁蓝茶”、“蓝色忧郁”、“蓝色忧伤”、“天蓝的忧伤”、“海蓝色忧伤”等。网络语言有“一个人的天空很蓝，蓝得有点忧郁”，“唱出蓝色的忧郁”，“我喜欢蓝色，我透着忧郁；我就是蓝色，我就是忧郁；我的周围充满着蓝色；忧郁缠绕着我”等。目前，这种外来象征意义对汉语的影响、浸染只出现在表层的时尚文化和网络语言中，还没有进入汉语的深层。不过感染已经发生，“蓝”的“忧郁、伤感”一义能否像“黄”的“色情、淫秽”义一样在汉语中生存下来，尚有待时日才见分晓。

透过颜色和颜色词的象征意义，一方面可以深入理解颜色和颜色词在中国传统文化中的隐喻意义和文化功能，更好地了解中国传统文化。另一方面有利于察见不同民族的文化心理，了解不同民族的文化规范、文化行为，更好地开展民族文化的交流。

三、人名

（一）汉族人名的特点

人名是词汇中专有名词的一种。汉族人的名字，也是体现汉族文化的又一重要方面。从古至今有无数的人名，是研究汉族文化的重要资料。

人名包括姓氏和名字。姓氏是公共的、规定的，名字是个人的、非规定的。人名是个人的专有代号，是一个人区别于其他人的一个专用语言符号。人名最重要的社会功能是作为符号的区别功能，因此只要能把此人与其他人相区别，赋予一个什么样的语言符号都是可以的。

但事实上并非如此简单，人们在给人命名的时候，除了赋予被名者一个在社会中使用的区别性符号外，还要在符号中加入命名者主观的感性意义，即取一个“有意义”的名字，这就进入了文化的范围。所以，人名既是社会中客观的标记性、区别性符号，同时还是带有主观感性色彩的文化符号。人名的所谓“意义”，或是人名的期望意义，即寓意希望、期待、意愿、理想等；或是人名的表述意义，即表述一种情操意趣，或此人与他人的家族关系、社会关系等；或是纪念意义，即人名纪念、记述与本人相关的人、事、物等。屈原的《离骚》一开头在叙述了自己不凡的家世渊源、出生的时节后，就谈到自己的命名：“皇揽揆余初度兮，肇锡余以嘉名。名余曰正则兮，字余曰灵均。”“正则”即“平”，指“公平而有节度，不违矩”；“灵均”即“原”，指“神灵聪颖，正直不阿”。东汉王逸《楚辞章句》注：“《礼》云：子生三月，父亲名之；既冠而字之。名者所以正形体、定志意也，字者所以崇仁义、序长幼也。夫人非名不荣，非字不彰，故子生，父思善应而名字之，以表其德、观其志意也。”①屈原出生三个月，还只是一个毫不懂事的婴儿。至二十而冠，也未必就显出特别的才能和高尚的德操，而他父亲在“揽揆”其“初度”——认真考察了他的

① 王逸《楚辞章句》卷一《离骚经章句》，四库全书本第三页。

初生之后，始“赐”给他一个“平”和“原”的好名字，包含了家人对他的期望和希冀，这就是名字的感性意义。

古代“名”与“字”是不相同又互相联系的两个概念。男子既有名，又有字，是中国古代封建社会长幼有序、尊卑有别等级观念的反映。男子三月命“名”，二十举行冠礼，束发戴冠而入丈夫之列，取“字”，正式成为社会的一个公民。《仪礼·士冠礼》载：“冠而字之，敬其名也。”“字”是对“名”的解释或补充，与名相表里，故又叫“表字”。名为里，字为表，名贵而字贱。在社会生活中，一个成年男人要跟其他人打交道，要称呼别人，也要被别人称呼。礼制规定，称呼尊长时不得直呼其名，只能称呼其字，以表示自己辈分地位的低下和对方辈分地位的尊贵。称呼同辈或同等地位的人，需根据自己与对方的亲疏关系，选择称其字或称其名。而称呼晚辈或较低地位的人，则必得称其名，以免降低了自己的身份。例如，三国时期刘备投靠曹操时，因己卑彼尊，故尊称其字曰“孟德兄”，而不直呼其名曰“操兄”，说明其时刘备对曹操不敢随便、怠慢。而反目之后则直呼其名曰“操贼”，绝不可称“孟德贼”。所以，为了社会交际的需要，一个男子除了“名”外，还得有“字”。这种现象从先秦开始一直持续到民国时期，有将近3000年的历史。就是现在的老一辈人，若是在民国前期出生、有一定身份、地位的人，大多都还有“名”和“字”；之后出生的，则大多没有了“名”与“字”的区别，“名”、“字”由不同意义的两个词变为一个同义的合成词，这是文化与语言平行发展的一个好例子。

古人名、字虽然有别，但却不是互相脱节的两个单位，而是具有紧密的内在联系。《白虎通义·姓名》说：“或傍其名而为之字者，闻名即知其字，闻字即知其名。”“字”是“傍其名而为之”的，故能知其名即可推知其字，知其字即可推知其名。名与字的这种关联，可从两者之间的字义、字形、字音三方面来加以分析。

第一，在字义方面，名与字在意义上具有联系。名、字之间以意义相关联的最多。字义的联系又有种种不同，通常有三种：一是名与字意义相同或相近，如宰予字子我，张衡字平子，许慎字叔重，班固字孟坚，诸葛亮字孔明，毛泽东字润之，刘文典字叔雅。二是名与字意义相反或相对，如曾点字皙，朱熹字晦庵，汤思退字进之，赵孟頫（同“俯”）字子昂，管同字异之，张柔字德刚，王伯温字汝厉，王念孙字怀祖，周祖谟字燕孙；或者以同词之肯定与否定相对，如王绩字无功，黄可字不可。三是名和字所指代的事物彼此相关，如司马耕字子牛，潘岳字安仁，苏轼字子瞻，姜夔字尧章，唐寅字伯虎，朱自清字佩弦。由于名与字在意义上有联系，所以有时还可以通过这种联系来考察古代的文化。例如，上古早期的牛一般用于运输，史籍记载，牛用于耕田是从汉代的赵过才开始的。直到清代学者如袁枚的《随园诗话》、江永的《群经补义》根据孔子弟子司马耕字子牛、冉耕字伯牛，推定在春秋时代即有牛耕。[①]

第二，在字形方面，名与字在形体上或有关联，不过此类关联较少。或拆名为字，如宋玟字文玉，林佶字吉人，章溢字三益，徐舫字方舟，郑重字千里，毛奇龄字大可，林泉字白水；或以名省形为字，如秦桧字会之，黄淼字水心，现代著名语言学家严学宭字子君。

第三，在字音方面，名与字在读音上或有联系，此类联系不多见。名、字或双声叠韵，如庄周字子休；或以名的反切为字，如现代语言学家王力，字了一，"了一"反切读音即"力"；古文字学家唐兰，字立广（同"庵"），"立广"反切读音即"兰"。

（二）历史上的命名特点与文化的关系

纵观历史上不同时期汉族命名的风俗时尚，可窥探历代社会政治、文化、意识形态和思想潮流的轨迹。

周秦时代，男子多取单名。[②]《公羊传·定公六年》有"讥二名，二名非礼也"，究其原因，应是为了便于避讳。[③]在《左传·桓公六年》中，鲁桓公问申繻如何给自己的嫡长子命名，申繻以"五类"、"六不"答之。[④]这是目前所见古人取名的第一次总结。"五类"即五条命名应遵循的原则，"六不"即六条命名应回避的原则。依照周人风俗，国君、尊长死后须讳称其名，故不能用国家、官职、山川、隐疾、畜牲、礼器的名称作人名。用国家名称作人名就会废了国名，用官职名称作人名就会更改官职之名，用山川名称作人名就会改变山川之名，用牲畜名称作人名就会影响祭祀，用礼器名称作人名就会影响礼仪，用隐疾名称作人名则不吉利。

西汉是继秦朝之后国势强盛的帝国王朝，所谓秦皇汉武，都是具有雄才大

---

① 江永《群经补义》卷五十六："有谓汉武帝时，赵过始教民牛耕，非也。观冉伯牛、司马牛之名氏，犁耕用牛久矣。"

② 先秦有些双字名其实是单名，如介之推、宫之奇、烛之武、佚之狐，"之"为虚字，是可有可无的。

③ 《公羊传·定公六年》："此仲孙何忌也，曷为谓之仲孙忌？讥二名。二名非礼也。"东汉何休注："为其难讳也。一字为名，令难言而易讳。"

④ 五类："名有五，有信，有义，有象，有假，有类。以名生为信，以德命为义，以类命为象，取于物为假，取于父为类。"六不："不以国，不以官，不以山川，不以隐疾，不以畜牲，不以器币。周人以讳事神，名，终将讳之。故以国则废名，以官则废职，以山川则废主，以畜牲则废祀，以器币则废礼。晋以僖侯废司徒，宋以武公废司空，先君献、武废二山，是以大物不可以命。"

略、横扫六合、威加海内的大国之君。从西汉开始实行的察举制度，又一扫权力世袭的旧习，为汉人实现功名开辟了切实可行的途径。因此，西汉男子都有强烈的开疆拓土、建功立业的雄心壮志。西汉的人名明显反映了汉人建功立业、授勋封侯、治国安邦、致君尧舜的崇高志向和远大理想。像韩安国、赵充国、于定国、赵广汉、由广国、窦广国、张安世、戴护郡、冯汉疆、郭破胡、庶霸遂、冷幼功、武初昌、谭平定、王霸等人名，体现出了心雄万夫、壮志干云的气魄和雄霸天下的大国之风，是西汉政局长治久安、人们热切期望建功立业的表现。西汉又由于统治者推行黄老之术，追求长寿永生，于是出现了韩延寿、甘延寿、耿寿昌、霍去病、韩千秋、田千秋、鄂千秋、车千秋、任千秋、张千秋、夏侯千秋、蔡千秋、陈万年、刘彭祖、窦彭祖、严彭祖、赵彭祖、直彭祖、张彭祖等人名，都是载在史册的人物。元帝时黄门令史游所作《急就章》，所列举的人名就有宋延年、卫益寿、周千秋、郑万岁、高辟兵、萧彭祖等。西汉取“延年”之名者，就有李延年、杜延年、田延年、严延年、孔延年、乘马延年、解延年、东郭延年。西汉酷吏杜周，三个儿子分别叫延寿、延考、延年。无论是史籍所载真实的人名，还是《急就章》虚构的人名，都反映了西汉时人们追求长生长寿的社会心理。西汉后期，由于避讳加严，又因王莽辅政复古，以为“秦以前复名盖寡”，于是“遂禁复名”，“令中国不得有二名”，所以东汉、三国300多年间几乎都是单名，如许慎、郑玄、班固、贾逵、马融、王逸、王充、张衡、傅毅、服虔、马援、窦固、梁鸿、何休、王粲、华佗、孔融、董卓、吕布、曹操、刘备、孙权等，罕见有两字名。①

自西汉武帝罢黜百家、独尊儒术，到东汉，更得光武、汉明帝等的大力提倡，一时达到鼎盛。东汉崇儒学，尚文德，重仁义，讲修身，导致东汉时代的人们不再具有西汉人建功立业的功名之心，也少了西汉人慷慨激昂的进取精神。东汉经学的盛行导致儒家思想深入人心，儒家“忠、孝、节、义、仁、礼、德、贤”等观念的字眼因而频见于东汉、三国时期的名字中，如《后汉书》中的人名赵孝、宗孝初、边孝先、丁孝公、苏孝山、孔文举、张文舒、王长文、许文休、张文纪、朱文季、王文祖、杨仁、李伯仁、张伯仁、杨德祖、李德公、李元礼、郝礼真等。《三国志》所见人名有丁孝连、毛孝先、郭孝仁、杨仁（字文义）、许慈（字仁笃）、曹仁（字子孝）、曹操（字孟德）、刘玄德、张翼德、杨祖德、孙文台、于文则、张文远、魏文长、苏文师等，以儒家概念用作名字，反映了儒家思想影响的深广。

① （宋）王观国《学林》卷三“后汉一字名”条：“《后汉书》人名惟一字，无以二字为名者。……平帝时莽奏中国不得有二名，故后汉人皆以一字为名也。莽虽篡败，光武中兴，而汉制则不改，故终后汉之世惟一字名也。”

随着人口的繁衍，汉代重名现象日益严重，如有两王莽、两韩信，都是著名的将相。文学上的骈俪修辞也影响到起名风俗，于是东晋、南北朝时复名兴起。此时还出现了一种特殊的命名方式，即在姓名中加“之”、“道”字，载于史籍的就有画家顾恺之、将军刘牢之、科学家祖冲之、史学家裴松之、文学家颜延之，以及何尚之、何谦之、何谵之、何翌之、虞玩之、沈攸之、王逡之等。甚至出现了“父子不嫌同名”的怪现象，即祖孙父子同以“之”、“道”入名，如南朝宋徐钦之，子名逵之，逵之子名湛之，湛之子名聿之、谦之。又如，山东琅琊王氏家族的王羲之、王献之、王靖之、王悦之四世同“之”。东晋简文帝字道万，其子又名道生、道子。魏晋南北朝的士族最讲礼法、重名讳，为何对“道”、“之”字却可祖孙父子相袭？历来人们不得其解。直到1933年著名史学家陈寅恪在《天师道与滨海地域之关系》一文才揭开这一谜底，原来“道”、“之”字乃代表天师道（又称五斗米道、米教）宗教信仰之字，士大夫十分崇信天师道，以“道”、“之”入人名，竟至祖孙父子不避。尤其琅邪王氏受滨海地域文化之熏习，世代信仰天师道，崇信道术，天师道信仰对琅邪王氏家族文化的影响较深，以致命名上，都有天师道影响的痕迹。陈寅恪说：“简文帝字道万，其子又名道生、道子。俱足以证其与天师道之关系。六朝人最重家讳，而‘之’‘道’等字则在不避之列，所以然之故虽不能详知，要是与宗教信仰有关……类此代表宗教信仰之字，父子兄弟皆可取以命名，而不能据以定世次也。”（陈寅恪，2001a：1-46）

魏晋时期，学术风气发生转变，儒家经学衰微，老庄玄学取而代之。老庄哲学中的“道、玄、冲、元、真”等字眼因此也常出现在这一时期的人名中，如谢玄、傅玄、桓冲、王玄冲，王浚冲、邓伯道、温太真、庾元规、桓元子、诸葛道明、刘道坚、司马道（字元显）、桓玄（字敬道）。

南北朝时崇尚佛教，举世若狂。杜牧诗云“南朝四百八十寺，多少楼台烟雨中”，可见当时的盛况。梁武帝三次（或曰四次）舍身同泰寺，可见佛教影响之深。南朝佛教重佛理，人名多用“僧、智、净、道、昙、梵、济、佛、法、慈”等表示佛义的抽象概念，如王僧辨、王僧绰、王僧达、沈僧荣、王僧佑、戴僧净、纪僧真、萧智深、萧智亮、檀道济、郦道元、沈昙庆、王昙生、刘昙净、滕昙恭、王昙首、杨昙花、何昙秀、孙法宗、乐法才、陆法真、甄法护、段佛荣、王慈等，不可胜举。北朝佛教重功德，直接以佛名、法器等具体的名物作名字，如高菩萨、王罗汉、吕罗汉、刘沙弥、毛普贤、萧摩诃、安伽陀、张菩提、吴悉达、崔目连、尔朱文殊、元孔雀、吕七宝等。这些人名说明当时佛教对社会的影响广泛而深入。

南北朝时期士族讲究血统和门第，重视家族血统的延续和对家族传统的继承，讲求孝道，因而多有以“孝”人名者，如殷孝祖、李孝伯、崔孝伯、陆孝伯、宇文孝伯、阮孝绪、韦孝宽、祖孝隐、段孝先、段孝言、刘孝标、刘孝绰、刘孝尝、刘孝仪等。同时为标志宗族、血缘和辈分，家庭中的兄弟数人，或同宗的同辈人，如取双名则其中同用一字；如取单名，则用同一偏旁的字为名，此等命名方式始于汉魏之际。顾炎武的《日知录》卷二十三说：“单名以偏旁为排行，始见于刘琦、刘琮，此后应璩、应玚，卫瓘、卫玠之流，踵之而出矣。”① 然盛行于南北朝以后。清周亮工的《字触》卷五《谐部》引《谈薮》中的一个故事说：北魏孝文帝有四个儿子，分别起名为“恂、愉、悦、怿”，手下大臣崔光有三个儿子，分别起名为“励、勖、勉”。魏孝文帝很不高兴地对崔光说：“我儿子名字都有‘心’字旁，你儿子名字都有‘力’字旁。”言下之意是“你想干什么啊?”崔光马上回答说：“君子劳心，小人劳力。”孝文帝听后大为高兴。这个故事说明了其时的命名风尚。唐代张文瓘四子分别名潜、沛、洽、涉，宋代秦桧兄名梓，弟名棣，苏门三学子“轼、辙、洵”，其中洵为父，轼、辙则为兄弟。此法延续至今，仍为家族兄弟命名方式之一。

唐代佛、道、儒鼎立，儒学复兴，科举制巩固，除佛、道类如“玄、真、素、微、冲、虚、夷”人名外，“文、德、仁、义、礼、儒、士、忠、孝、节、恭、敬”等表示儒家观念的词更多见于唐人的名字中，如李孝友、李孝义、李孝节、窦孝慈、窦孝谌、窦建德、李德裕、娄师德、李义府、王义方、史朝义、杜求仁、薛仁贵、李仁实、狄仁杰、刘仁贵、杨恭仁、赵仁本、徐敬业、朱敬则、陈玄礼、刘审礼、崔敦礼、王求礼、尉迟恭、李孝恭、杨国忠、魏元忠、萧至忠等。唐宋时又好以金、木、水、火、土五行相递命名，取其相生之义，以志血统相续。例如，唐代毕构子名炕，炕子名垌，垌子名镐、钚、锐，取木生火、火生土、土生金之义；宋代秦桧子名熺，熺子名埙，埙子名钜，钜子名浚；朱松子名熹，熹子名塾、埜、在，塾等子名钜、钧、鉴、铎、铨，钜等子名渊、洽、潜、济、濬、澄，五代相生，刚好五行相生，一个循环。

宋代人喜欢以“老、叟、翁”等表示年岁老迈的字作名字，成为一种风气。以“老”为名的最多，如孟元老、苏元老、王元老、王老志、杜莘老、孙莘老、钱纯老、孙纯老、孙宜老、阎醇老、王汉老、胡唐老、徐商老、吴才老、张宾老。以“叟”为名的也不少，如王岩叟、徐荣叟、林尧叟、陈尧叟、欧阳文叟、杨正叟。名“翁”的有魏了翁、文及翁、南安翁、文辰翁、杨济翁、张尚翁、凌直翁等。以“老、叟、翁”等老气横秋的字眼为名字，除表明命名者对健康长寿、长命百岁的美好愿望之外，也流露出了宋人“以老为美”

① 顾炎武著，黄汝成集释：《日知录集释》，上海：上海古籍等出版社，2006：1335。

的风气，这与宋人在诗歌、绘画等艺术中追求枯淡、寥落、萧条的趣味是相通的。宋人的个体意识不像汉唐时期那样张扬而富有激情，他们超越了青壮年的躁动而臻于成熟心境，人生态度趋向于内敛、平和、冷静、稳健和淡泊，生命范式更加冷静和理性。这些特征都植根于宋人的文化性格和生活态度，同时也表明中国文化发展到宋代业已盛极而衰，渐渐流露出"老气横秋"的暮年光景。

唐宋时期倡优取艺名，盛行以姓与名连贯成义。此种取名方式始自倡优而至士大夫，一时蔚然成风，一直流行至今。例如，唐之黄幡绰、云朝霞，五代之敬新磨、罗衣轻、靖边庭，宋之贺寿、黄裳、黄钟、蓝桥、黎明、陈皮桔、王侯喜、王税轻、王榭燕、王庭燕、时丰稔、宋邦宁、宋清朝、度丰年、安太平、严父训、翟院深、葛天民，元之马致远，明之洪范、戴冠、戴弁、蓝田玉、黎民安、黄河水、江中立、龙在田，清之黄钟、戴笠、江永、马如飞、慕天颜、黄金台（字鹤楼）。清代李百川的长篇小说《绿野仙踪》中的人名有温如玉、冷于冰、连城璧、黄河清、金不换、马如龙、步登高、海中鲸。其他如江万里、江中立、江水寒、李无言、安如山、凌云翰、成终始、郭门高、王者宾、王者香、王者师、王曰叟、王佐才、王者辅、王化基、席上珍，今人有马啼疾、马识途、成方圆、张弓、雷达、边疆、汪洋、白丁、文章等。顾炎武在《日知录》卷二十三"以姓取名"条说："古人取名连姓为义者绝少，近代人命名，如陈王道、张四维、吕调阳、马负图之类，榜目一出，则此等姓名几居其半，不知始自何年。尝读《通鉴》至五代后汉，有虢州伶人靖边庭。胡身之注曰：'靖，姓也。优伶之名与姓通取一义，所以为谑也。'考之自唐以来，如黄幡绰、云朝霞、镜新磨、罗衣轻之辈，皆载之史书，益信其言之有据也。嗟乎，以士大夫而效伶人之命名，则自嘉靖以来然矣。"① 顾炎武对这种命名很反感。这种方法将专有名词的人名，变成一个通名、一个具有语法关系的普通词组，增强了可感性、通用性，易记忆、易联想，但削弱了名字的符号性、标记性，在交际中容易产生误会。如果姓唐者叫唐诗，姓宋者叫宋词，姓元者叫元曲，则通名与专名混而不分矣。现代更有姓名连义的四字名，如夫姓余、妻姓邹者，给孩子取名字叫"余邹唱晚"；姓黄的叫"黄金海岸"，姓江的叫"江南听雨"，姓韦的叫"韦多利亚"，姓杨的叫"杨柳依依"、"杨光灿烂"，则更难知其为姓名，完全是四字成语或短语了。

蒙古民族在建立元朝后，朝廷常赐汉人蒙古名以示恩宠；汉人亦屈于其势，也自取蒙古名字以结其欢，拉近与蒙古当政者的心理距离，获取政治利

① 顾炎武著，黄汝成集释：《日知录集释》，上海：上海古籍等出版社，2006：1335。

益，因此形成取蒙古名为荣的时尚。这种汉姓加蒙古名的姓名，或放弃汉姓汉名、改用纯异族名字的现象，在汉族历史上甚为奇特，成为元蒙时期汉人姓名的一大奇观，反映了元蒙时期汉人蒙古化的倾向。清代赵翼的《廿二史札记》卷三十“元汉人多作蒙古名”条指出：“元时汉人多有作蒙古名者。如贾塔剌浑本冀州人，张拔都本平昌人，刘哈剌不花本江西人，杨朵儿只及迈里古思皆宁夏人。……盖元初本有赐名之例”，“自有赐名之例，汉人皆以蒙古名为荣，故虽非赐者，亦多仿之。……故汉人多有以蒙古语为名者，亦一时风会使然也”。[①] 汉蒙“双语”姓名还有刘哈剌八都鲁、胡忽都不花、史阔阔徒、李阔阔不花、马塔剌海温、李忙古歹、何必阇赤、何抄尔赤、郭也先不花、李彻里拔都、曹忙古歹、王昔剌、周秃满歹儿、孙别帖木儿、萧哈剌帖木儿等，扎人耳目。这种“取胡名、习胡语”的现象在元蒙时期相当普遍，反映了汉人的“蒙古化”已十分深入，民族融合已达相当程度，民族文化心态发生了深刻的变化。所以，在朱元璋起兵抗蒙、挥师北上的讨元檄文中，就指斥汉人“忘中国祖宗之姓，反就胡虏禽兽之名以为美称”这种抛弃汉族文化传统、丧失民族节操的行为，就开始采取恢复汉民族文化、强化汉民族意识等“去蒙古化”的政治措施。

明人名字的用字倾向基本与宋人相同。他们也喜欢用一些表示美德的字眼为名，如孙慎行、温体仁、魏忠贤、葛贤、王直、于谦、李文忠、傅友德、方孝孺、杨勉仁等。但明人的名字较之宋人多了些对世俗幸福追求的意味，如高攀龙、周顺昌、周遇吉、李万庆、黄得功、何腾蛟、陈子龙、郑芝龙、张名振、李成栋、孙可旺等，都寄托了望子成龙、光宗耀祖等世俗的愿望，这与明代社会追逐名利的风气是分不开的。

清代是中国封建文化的巅峰时期，又是异族统治残酷、思想禁锢最严厉的时代。统治者大兴文字狱，考八股、开科举，提倡理学，牢笼士人。清代汉族文人身处其间，在政治上难有致君尧舜、施展抱负的平台，因而一方面沉湎于对山林隐逸、田园耕耘的向往，在命名取字上，颇爱用一些富有山林田园气息的字眼，如“园、圃、村、岚、农、牧、渔、樵”等，虚恋林泉，附庸风雅，自标清逸。如杨朴园、沈椒园、瞿芳圃、曹雨村、陶篁村、秦蕙田、张晴岚、纪晓岚、陈辛农、姚秋农、徐吕樵、江岷樵、孔广牧、宋牧仲等。另一方面，又沉湎于对汉族传统文化的缅怀与眷恋，怀古倾向主要体现于金石考古之中。他们致力于文物古玩的收集、玩赏和研究，古色古香的青铜玉器成了他们精神的寄托。受慕古之风的熏染，清人的名字常常是假自古代玉器、青铜器的名

① 赵翼著，王校民校证：《廿二史札劄记校证》，北京：中华书局，1984：701-702。

称，如施琅、郭琇、嵇璜、和珅、何琳、傅鼐、姚鼐、曹振镛、汪士铎、田文镜、陈士璠等。

汉民族历史上多用“发、财、宝、贵、富、福、禄、祥”等字取名，反映了追求福禄富贵的意识；“招弟、引弟、领弟、跟弟、来弟、随弟、盼弟”和“招男、引男、盼男、亚男、若男、弱男、胜男、冠男”等名字用于女孩，反映了重男轻女、传宗接代的宗法思想；“狗蛋、狗屎、贱狗、窝猪、牛屎、驴粪、瘸驴、尿勺、粪桶、屎缸、夜壶、蚵蛆、丑女、剩女”之类的贱名用于男孩，反映了旧时民间儿童成活困难的事实和以贱名禳灾祈寿的迷信心理。①

1949 年中华人民共和国成立后，人名对重大政治、社会事件的反映更是如影随形。从大量的“解放、建国、援朝、跃进”等纪念性名字中，可以看到 20 世纪 40 年代末和 20 世纪 50 年代重大事件的影子。武汉在 1956 年建成汉水第一桥、1957 年建成长江第一桥，此期武汉起名“汉桥”、“建桥”、“大桥”等带“桥”字者不胜枚举。“文化大革命”时期出生的人很多用“红、兵、军、东、文革、卫东、向阳、反修、学农、学军、学工”等作为名字，反映了这场浩大的政治运动对社会的深刻影响。改革开放以后，人名逐渐趋向于时尚和多元，常用字有“洋、畅、爽、帅、伟”等。受西方文化的影响，女性人名多用“娜、莉、薇、莎”等字眼，反映了追求个性和崇洋的时代特点和文化心理。

名字是历史的印记。历史上各个朝代的政治事件、社会形态、文化结构、风俗习尚，在人名中都会留下痕迹。广泛收集、深入研究、分析各个时代取名的特点，可以给我们的社会史、文化史增添不少的材料。

（三）人名寓含的政治意义

大多数的人名意义直接明了，但有的人名具有寓意，意义委婉含蓄，需要从所用字的形、音、义等方面细心解读、深入分析才能理解、领会。有的寓含爱情生活，有的寓含人生思想，有的寓含气节操守，有的寓含政治意图。有一个值得注意的现象是，在封建时代改朝换代之后，尤其是汉人的政权被异族推翻之后，前朝的孤臣孽子、遗老遗少，常在亡国之后，尤其是在异族入主中原时，在名字上用障眼法，通过命名、改名，暗寓亡国之痛、气节操守、政治寄托，表达对故国的怀念和对前朝的忠贞。

通过改名表达政治寓意的，莫过于宋末元初的著名画家、福建连江人郑思肖。当南宋亡于元蒙后，郑氏效法伯夷、叔齐不食周粟的忠君气节，拒不臣服

① 起贱名禳灾祈寿的风俗在很多国家和民族都存在，如裕固族人名“臭奶子”、“臭脏水”，藏族人名“小狗”、“狗屎”，越南人名“阴茎”、“病瘦”、“妓女”，印度人名“垃圾”、“叫花子”、“流浪者”等。

蒙元统治，隐居苏州，自称“大宋孤臣”。日常坐卧面南背北，遇节令时南向痛哭，听北人语则掩耳而逃。郑氏擅画兰花，宋亡后所画兰不画根、土，意谓国土已失，托根无地。其所著诗集《心史》，亡前用铁函固封，投于苏州承天寺井内。明崇祯十一年（1638）冬，因久旱，寺僧偶尔疏浚古井，这部光照千古的奇书方见于世。郑氏画作仅存的《国香图卷》为罕见神品、千古绝调。凡研究郑思肖者，无不关注郑氏在宋亡之后更改名号的举动。郑氏原名不详，宋亡后更名“思肖”，寓意“思赵”①，字“忆翁”，号“所南”，其所向、所思、所忆，均是被元军追逼、投南海而死的南宋最后一帝赵昺和其代表的赵宋王朝。自题居室为“本穴世界”，寓意“大宋世界”，所著书名《大木无工空经》，寓意《大宋经》，通过文字形体的拆解组合构成谜语一般的名号，寄寓了强烈的政治意向和民族精神。

元代杂剧大家关汉卿的命名也颇值得玩味。关汉卿名灿，字汉卿，汉族，祁州（今河北省安国市）人。据研究，关汉卿的名字也有政治寓意。“灿”即盛明之意，而天地间最“盛明”的莫过于银河。银河又名“汉”，也称云汉、银汉、天汉、星汉。“卿”在人的名字中例为“卿云”，“汉之卿云”的省称就是“汉卿”（张月中，1985）。有学者指出，在元代，统治者曾有意禁止汉族人士以“汉卿”作为名字，意在防范汉族人士的反抗意识。关氏以“汉卿”为字，是为体现他的民族气节和政治寄托（黄克，1984：14）。元代前期戏曲作家武汉臣（生卒年、字号不详，济南人），“汉臣”之意，当与“汉卿”同。

明末清初学者顾炎武，原名绛，字忠清，与黄宗羲、王夫之并称为明末清初三大儒。明亡后，这位民族志士“忠清”之字竟给自己开了个不小的玩笑，于是顾氏慕南宋民族英雄文天祥的门生王炎武，改名顾炎武，字宁人，号亭林。“炎武”二字，深有寓意。盖清为女真族，曾称“后金”，五行“金”对五色“白”；“炎”为大明，五行属“火”，对五色“赤”。五行“火”克“金”，顾氏改名“炎武”，就是希望用大明的炎火，销铄融化后金满人。

明末清初诗人徐夜，初名徐元善、字公长，山东新城人。1642 年徐家作为明朝重臣被清朝害死五人，元善痛不欲生，从此国难家仇集于一身，毅然“弃诸生，改名夜，字东痴，隐于戏水之东”，不复出世。后来研究徐夜的人，多对他的更改名字做过“索隐”。如王渔洋在《渔洋文略》中说：“先生初名元善，字长公，慕嵇叔夜之为人，更名夜，字嵇菴。”② 但郝毓春的《徐隐君诗集序》从另一角度提出：“先生为明季诸生，乃心明室始终不变，故改名夜也，

① “赵”的繁体是“趙”，故“思肖”即“思趙”。

② 见《渔洋精华录》，王士禛著，李毓芙等整理，上海：上海古籍出版社，1999：1011。《徐五只自号嵇菴》诗“题解”惠栋注。

乃思明之意。别号东痴，亦向明之意，向明思明而不能复明，故曰痴。”①

清末的革命党人在投身于“反清复明”的革命后，很多都改变或另起名号以明志，像章太炎、蔡孑民、胡汉民、汪精卫、戴天仇、于右任等名、字、号都是这一时期革命思潮的产物。章炳麟初以仰慕汉代枚乘而名学乘，字枚叔。后因反清，慕清初民族志士顾绛（炎武）之为人而改名绛，字炳麟，号太炎。蔡元培，字鹤卿，投身革命后，为表示自己是炎黄孑遗，因号孑民。胡汉民原名衍鸿，后改汉民，表示为大汉之民。汪兆铭，字季新，笔名精卫，取意以精卫填海的精神誓灭清朝。戴传贤，字季陶，号天仇，表明满清有不共戴天之仇。于右任，原名伯循，字诱人，1905 年改名“右任”，谐音“右衽”，表明立志反清的决心。②

除了改名表达政治寓意外，文学作品中的人名也往往具有政治寓意。

毛泽东同志在 1962 年 9 月中共八届十中全会上指出：“利用小说进行反党活动，是一大发明。”其实利用小说来反权贵、反社会，是明清以来小说家们惯用的手法。小说家对于时事人物不敢直陈针砭、溢于言表，只得以小说为武器，将现实中要予以贬斥的人物名字，改头换面用作作品中人物的命名，以褒贬社会，抑扬人物，达到泄愤的目的。清代小说是蕴藏影射文化的温床，小说家对春秋笔法的运用十分熟练。如《儒林外史》、《孽海花》、《二十年目睹之怪现状》等文学名著，均是集影射手段大成的范本。乾嘉时期吴敬梓的《儒林外史》，力尽挖苦讽刺之能事，是我国古代讽刺文学的典范，其书中人物，有马静，字纯上，人称“马二先生”者，即影射冯粹中，“马二”形合为“冯”，“纯”与“粹”、“上”和“中”意义相属；有“牛布衣”，影射朱草民，“牛”、“朱”形近，“布衣”、“草民”义同；有“汤奏”影射杨凯，“汤”、“杨”形近，“奏凯”连辞。至晚清谴责小说，大多摄自清末名人的现实生活，在人物命名上一如《儒林外史》，大玩障眼手法，极尽机巧，彰其恶而隐其名，非详考不能体察作者之用心。如清季东亚病夫之《孽海花》，书中人物“缪寄坪”影射廖季平，“唐常肃”影射康长素（有为），“李纯客（治民）”影射李莼客（慈铭），“庄寿香（芝栋）”影射张之洞（香涛）。吴沃尧的《二十年目睹之怪现状》，书中人物“武香楼”影射文芸阁，“温月江”影射梁星海。文康的《儿女英雄传》，以“纪献唐”影射年羹尧。1919 年桐城派的代表林琴南撰文言小说《荆生》攻击《新青年》的编辑，以皖人“田其美”影射陈独秀，以浙人“金心异”影射钱玄同。鲁迅写于 1919 年的小说《药》，以“夏瑜”影射秋瑾，用

① （清）徐夜著，张光兴等编，《徐夜诗选注》，天津：天津古籍出版社，1993：8。
② 古代上衣服制，汉族右衽，蛮夷左衽。

的也是小说家惯用的春秋笔法。其于姓名字号，或象形，或谐音；或隐同，或对异，蛛丝马迹，或隐或现，是名字学问上的一门高深艺术，也是名字反映社会的一个方面。

至于《红楼梦》到底是一部什么样的小说，历来有争议，主要有索隐和考古两派。索隐派有王梦阮、沈瓶庵的《红楼梦索隐》(1916)，蔡元培的《石头记索隐》(1917)，邓狂言的《红楼梦释真》(1919) 等，以蔡元培的《石头记索隐》最具影响。蔡元培认为，《红楼梦》是一部宣扬反清复明的政治影射小说。书中女人皆指汉人，男人皆指满人，贾（音同“假”）府即是清朝，贾政即清朝吏部。贾敷、贾敬即清朝教育部门（《尚书》“敬敷五教”）。贾赦是清朝刑部（其妻姓邢，音同“刑”）。贾琏为户部，户部在六部中居第二位，故称其“琏二爷”。李纨为礼部（李、礼同音）。在蔡元培看来，书中少女都是影射当时的汉族名士，如“林黛玉”影射朱竹垞，“薛宝钗”影射高江村（士奇）等。这就是人名索引背后隐含的社会政治。

近半个世纪，尤其是 20 世纪 70 年代以来，海内外出现了不少索隐派红学著述，以台湾敦煌学家、红学家潘重规为其代表。潘重规继蔡元培诸人“索隐”之余绪，在《红楼梦新解》、《红楼梦新辨》等书中，把《红楼梦》视为明、清争夺传国玉玺的政治暗讽小说。根据潘重规的观点，《红楼梦》是一位经过亡国惨痛的汉族文人，怀着满腔的民族仇恨，运用文字绝技写成的一部奇书。书中人物，贾宝玉影射传国玉玺，传国玺的得失即是政权的得失。林黛玉代表明朝，薛宝钗代表清朝，林、薛争夺宝玉，即是明、清争夺政权，林亡而薛存，即是明灭而清兴。

为何说“宝玉”这个人名象征着传国玺呢？《红楼梦》言贾宝玉出生时，口中含着一块宝玉，借着一僧一道的叙述，说是从女娲补天仅剩的一块顽石，经锻炼后通灵变成。其形状与上面镌刻的“莫失莫亡，仙寿恒昌”八字，正暗合《三国志》中孙坚于元符初年（1098）所获汉代传国玺的形状和镌刻的“受命于天，既寿永昌”八字。贾宝玉爱吃女人的胭脂，也是从玉玺要印朱泥想象而来的。

贾宝玉最亲昵的侍婢袭人即“龙衣人”，最嬖爱的戏子叫蒋玉函。贾宝玉出家后，袭人嫁给了蒋玉函，即寓意玉玺配上了玉函。

贾宝玉既是传国玺，故林黛玉、薛宝钗争夺贾宝玉，就象征着明、清争夺政权。林黛玉别名“潇湘妃子”，薛宝钗别名“蘅芜君”，都显示出了君王身份。林黛玉的前身是绛珠仙草，“绛”即影射明朝国姓“朱”。林黛玉既代表朱明，所以体己的婢女叫紫鹃，“紫”是“朱”的配色，“鹃”是望帝之魂。林黛玉的身份是天子，所以她所吃的药丸叫“天王补心丹”。至于黛玉姓“林”，一则“林”在古代有君王之义，《尔雅·释诂》载：“林烝天帝皇王后辟公侯，君也”；二则明朝国姓姓“朱”，而《说文》载“朱，赤心木，松柏属”，“朱、林”同属木类；三则明朝宗室在国亡后就有改姓林的。故黛玉要姓林。

薛宝钗影射清朝，因为“钗”字拆开便成为“又金”。清人先世即女真，曾建国称“金”，清兴初称“后金”，“又金”正是“后金”之意。因为薛宝钗代表金，所以体己的婢女叫金莺儿，“金”对五色“白”，故宝钗姓薛，音同“雪”，雪色白。薛宝钗之兄名蟠，“蟠”者番也，字从“虫”，犹狄从“犬”、羌从“羊”，乃斥其为异族番人。作者认为清朝乃僭位而非正统，故予薛蟠绰号“呆霸王”（潘重规，1973）。

潘重规的分析，从《红楼梦》一书中人物的名字着手来解读《红楼梦》，立说新颖，可备一说。《红楼梦》一书的本旨是“将真事隐去”，而托之以文学的外衣，免罹文网之害，这是时势所然。中国文人的正统思想非常深刻，认为中国是汉族人的中国，每当异族入主中原，遗老遗少们或从戎反抗，或隐逸林泉，结合历史背景和时代背景，潘重规的推论是有道理的。

（四）人名与社会交际

旧时汉人称谓复杂，有姓、名、字、号之别。姓表示宗族，名、字表示等级，号则是有身份的人表示自己的志向、理想、情趣等。称谓有时称名，有时称字，有时称号，闻者见者需知其名、字、号三者始能知其为一人，给社会交际造成了一定困难。例如，读《史记》，就不一定知道张子房即张良；读《汉书》，就不一定知道班孟坚即班固；读宋词，就不一定知道姜尧章即姜夔，六一居士即欧阳修。据王力（1982：6）讲，“常常有人知道我叫王力，还问我认识不认识王了一。这且不提。在北平的时候，有人寄钱给我，写的是王了一。我只有两个图章，其一是王力，另一是了一，银行里不许我取款，因为前者是姓合名不合，后者是名合而没有姓。结果是劝我花了一角钱在刻字摊上刻了一个木印，才算办清手续！朱佩弦先生的别名比我更多，也曾遇着同样的情形。他气起来，就叫人刻了一个十几个字的图章，文曰‘朱自清字佩弦，又字某某，又字某某之印’，这样才算是处处通用了。”

人的名字一旦使用，就不再私有，而是整个社会的一部分。取名并非易事，需考虑将来是否适应社会交际，所以取名时应注意以下几个问题。

一是字音。要注意名字的音律清晰、响亮。音律主要体现在字的韵母部分，元音的开口度大，韵尾为鼻音或元音，声调平仄交替，最后的字避免古代入声字，这样的名字听起来响亮，能引起听者积极的心理反应。另外，因为汉语中的音同、音近字很多，如果名字与其他字音同或音近，在口语交际时就容易产生误会，应尽可能予以回避，如“杨梅窗”看起来含义美好，但听起来却与“杨梅疮”同音；“应柏材”听起来与“应破财”谐音。“毛崇”与“毛虫”、“史纲”与“屎缸”、“吴德”与“无德”、“杨伟”与“阳痿”、“韦君智”与“伪君子”音同音近，显然，这样的人名会带来困扰、麻烦。

二是字形。由于有些汉字形体很相近，容易使人产生误写和误读，如“己、已、巳”，“戊、戌、戍”之类，稍不注意就会发生“鲁鱼豕亥”和“错把冯京作马凉”之类的误写和误读。另外，需注意避用僻字、怪字。鲁迅在杂文《忽然想到》之八中说：“五月十二日《京报》的‘显微镜’下有这样的一条——‘某学究见某报上载教育总长‘章士钉’五七呈文，愀然曰：‘名字怪僻如此，非圣人之徒也，岂能为吾侪卫古文之道者乎！’因此想起中国有几个字，不但在白话文中，就是在文言文中也几乎不用。其一是这误印为‘钉’的‘钊’字，……则化而为‘钉’还不过一个小笑话；听说竟有人因此受害。曹锟做总统的时代，要办李大钊先生，国务会议席上一个阁员说：‘只要看他的名字，就知道不是一个安分的人。什么名字不好取，他偏要叫李大剑?!’于是乎办定了，因为这位‘大剑’先生已经用名字自己证实，是‘大刀王五’一流人。”[①]民国时期著名的出版家、教育家、文学家夏丏尊，因为“丏”（音miǎn）字冷僻，多被人误读、误写为常见的“丐”字。现代著名语言学家严学宭先生，因其“宭”字冷僻，也经常被人误读、误写为“窘”字；“学宭”本意为“学问的仓库”，“学窘”则成了“学问窘困”之意了。

三是字义。名字虽是一个语言、文字符号，但其形音义对被名者个性的形成具有一定的影响，更重要的是其视觉、听觉能引起别人的心理联想，在一定程度上会影响到个人形象、社会交际和事业的发展。英国现代心理学家海伦·皮特里（Helen Petrie）认为，人的名字可能对他们未来的个性形成起决定性作用。取名为“黛安娜”、“露茜”的女孩将来可能较富有女性的温柔气质，而取名“莫林”或“埃伦”的女孩则可能更像假小子。海伦·皮特里说：“拥有一个与众不同的名字相当具有优势，它会使人们感到你比较特殊，人们会很容易记住你。”[②] 人们经常凭名字给予的第一印象去判断该人的身份地位、教育程度和人格情操，如叫“翠花”、“菜花”给人以土气的感觉，叫“富贵”、“有财”给人以俗气的感觉。现代作家苏童，原名童忠贵，十分俗气，改名苏童，境界顿出。现代歌星韦唯，原名张菊霞，雅俗相较，判若云泥。鲁迅在杂文《论“他妈的!”》中，引用元代刘时中的《端正好·上高监司》套曲：“堪笑这

① 《鲁迅全集》第三卷《华盖集》，北京：人民文学出版社，2005：64-65。

② 见《女孩子最好的朋友是她的名字》，原载英国《泰晤士报》1992年12月7日。

没见识街市匹夫，好打那好顽劣。江湖伴侣，旋将表德官名相体呼，声音多厮称，字样不寻俗。听我一个个细数：粜米的唤子良（粮），卖肉的呼仲甫（脯），做皮的是仲才（裁）、邦辅，唤清之必定开沽，卖油的唤仲明，卖盐的称士鲁（卤）。号从简（剪）是采帛行铺，字敬先（鲜）是鱼鲊之徒，开张卖饭的呼君宝（饱），磨面登罗底叫德夫（麸），何足云乎?!”鲁迅说：这些市井等闲之辈、引车卖浆者流，一旦暴发，“便即文雅起来：雅号也有了；身份也高了；……从此化为‘上等人’”[①]。可见人的名字犹如商品的商标，对于塑造形象、改变身份、提升知名度是何等重要。

四是人名用字男女有别，不可换用。男性名字要阳刚、坚毅，所以多用“伟、杰、宏、豪、毅、刚、雄、虎、豹、彪、龙、松、柏、阳、峰、岩”之类“硬”字眼，带着男性的标记。女性名字则要阴柔、秀丽，多用“婷、娟、娜、妮、娴、娥、秀、艳、素、香、美、丽、淑、翠、霞、珍、珊、钗、静、巧、芬、蕙、芝、莲、莎、菊、梅、凤、燕、莺、鹃”之类“软”字眼，带着女性的标记。其他民族人名也是如此。例如，藏族人名，从字面上来分辨，叫“扎西”的是男性，叫“卓玛”的则是女性。在世界许多语言中，名词具有“性”的语法形态，如法语、意大利语、德语、西班牙语、俄语等拉丁语族和斯拉夫语族的语言。在这些区分阴性、阳性或者中姓的语言中，人的性别通过人名一望而知，男性人名有阳性的形态标志，女性人名有阴性的形态标志。例如，希特勒的名字 Hitler 就是阳性，带着十足的刚性、血腥意味，有人开玩笑说如果将他的名字改为阴性如 Hitla，也许第二次世界大战就可能会避免（齐天大，1999：27）。俄罗斯人名男性多以闭音节辅音结尾，女性多以开音节元音结尾，故以-ski（“斯基”）、-ch（“奇”）、-v（“夫”）结尾的多是男性，以-va（“娃”）、-na（“娜”）、-ya（“娅”）结尾的则是女性。

通过名字判断性别是普遍的社会期待和大众心理。男性名字如少阳刚之气，女性名字若少柔丽之情，都会给人以“性别错位”的不适和“颠倒阴阳”的误解。民国江苏江阴名士刘复，初字半侬，是“鸳鸯蝴蝶派”文学家，“侬”者江南吴侬软语，有浓厚的鸳鸯蝴蝶派的脂粉气息，与该派张恨水、吴若梅、李涵秋、秦瘦鸥、严独鹤、周瘦鹃、陈蝶仙、姚鹓雏、朱鸳雏等，一望而知为同俦。后任教于北京大学，成为“五四”新文化运动的干将，觉得“侬”太女气，改字“半农”。从“刘半侬”到“刘半农”，寓意迥异，思想转轨昭然若揭。如果人名反性别用字，极易造成对该人性别的误判。古有战国人名冯妇，

① 《鲁迅全集》第一卷《坟》，北京：人民文学出版社，2005：247-248。

见其名定以为是女性，实际上是一个打虎壮士。[①] 近有革命家萧楚女，在20世纪20年代任《新蜀报》主笔时，常以"楚女"之名发表文章，名声大噪，不少男青年认为他是一位"楚楚动人的女子"而写信求爱，萧楚女只好在报上刊登启事曰："本报有楚女者，并非楚楚动人之女子，而是身材高大，皮肤黝黑并略有麻子之大汉也。"近年有武汉男性学生，姓某，名"诗蕾"，2013年考上本地大学，报名入学时，发现有关资料显示自己性别为女，并被分到了女生宿舍，舆论一时引为笑谈。究其原因，当是他的女性化名字使相关人士阴差阳错、判断失误。性别用字的不同就如衣服，一见就知其为男或女。在社会交际中，反性别用字极其容易产生性别误判，随之而来的误会、烦恼将伴随一生，不胜其扰。

(五) 人名的社会管理

在人口众多的国家，人名的管理是一项十分复杂的工作。有些国家制定了相关的法律法规。如法国政府为制止因1789—1799年"法国大革命"提倡自由取名而出现的怪诞人名，曾于1803年制定了一项法律，将人名的来源限定于历史人物和各种历法，孩子的命名权掌握在地方户政官员手里，这一法律迄今仍有一定的约束力。日本政府在第二次世界大战以后根据日本的语言政策、社会的发展、时代的变化，也制定并不断完善《人名用汉字表》。

《中华人民共和国民法通则》第九十九条规定："公民享有姓名权，有权决定、使用和依照规定改变自己的姓名，禁止他人干涉、盗用、冒用。"姓名权是公民依法享有的一种基本权利。目前，中国没有专门的法律限制公民享有姓名权。在20世纪后期，针对重名现象带来的越来越严重的社会问题，全国政协提案曾屡次建议制定规范人名的法律法规。2003年，国家语言文字工作委员会启动了人名规范的系列项目，其中一项就是制定《人名用字表》，作为国家标准，规范"生冷怪癖"的人名用字，但至今均无结果。2007年，公安部拟订了《姓名登记条例（初稿）》，首次对公民起名作出了一些硬性规定，如第二章"姓名设定"的第十二条规定姓名不得含有"损害国家或者民族尊严"、"违背民族良俗"和"容易引起公众不良反应或者误解"的内容；第十三条规定姓名不得使用或者含有"已简化的繁体字"、"已淘汰的异体字"、"自造字"、"外国文字"、"汉语拼音字母"、"阿拉伯数字"、"符号"、"其他超出规范的汉字和少数民族文字范围以外的字样"。但这一条例至今尚未正式颁布实施，不

---

① 《孟子·尽心下》："晋人有冯妇者，善搏虎。"《郁离子》卷上："晋国有冯妇，善搏虎，冯妇所在，则其邑无虎。"

具有法律效力。

在个性张扬的现代，如果命名绝对自由，毫无约束，就会产生许多社会问题，例如，重名问题、冷字僻字问题、姓名寓含的不良意义问题等。由于中国还没有相关的法律法规，有些国人起名过于自由随意，追求奇、险、怪、异，以求名字与众不同。近年有代表性的是被媒体称作全国通过诉讼捍卫姓名权第一案的“赵C案”。

赵C是江西省鹰潭市月湖区居民，1986年出生后，以“赵C”之名进行了户籍登记，并以此名于2005年向月湖公安分局申请到了第一代身份证。而在2006年赵C到月湖公安分局换发第二代身份证时，月湖分局以其名字中含有字母，要求他更名，否则不予换发二代身份证。2007年，赵C向鹰潭市公安局提出申请，要求继续使用“赵C”一名。但鹰潭市公安局因其名字中有字母“C”，不符合公安部拟订的《姓名登记条例（初稿)》，仍要求其更名。为了姓名权，赵C依据《中华人民共和国民法通则》第九十九条将鹰潭市公安局月湖分局告上法庭。2008年6月，月湖区人民法院对此案作出一审判决，赵C胜诉，责令月湖分局允许以“赵C”为姓名申办第二代身份证，判决后月湖分局提出上诉。在二审过程中，双方经协商达成和解，赵C用规范汉字改名。“赵C姓名案”曾入选2008年中国十大影响性诉讼，已成为经典的法律案例。

“赵C案”说明中国人名立法已是形式所需，迫在眉睫。只有完善各种法律法规，规范语言文字的使用，从法律制度上保障公民的姓名权，做到有章可循，这样有关部门才不会遭遇无法可依的尴尬。试想，如果允许起名“赵C”，势必就会出现“牛B”、“马P”，或者“梅花A”、“方块K”、“黑桃10”之类的人名；如果允许起名“张@”，人们会以为这是一个电子邮件的地址而引起矛盾和混乱；如果允许双胞胎兄弟起名“钟共、钟央”[①]，“王国、王党”之类的人名就会接踵而至，给动机不纯、居心不良的人大开方便之门，让挑战社会公序良俗、道德人伦之人无所顾忌。所以，命名不可以有绝对的自由，需要科学合理完善的法律予以保障和约束。

中国人的姓名字号，往往是一道小小的风景，反映了命名者的才情学养、志趣情操。有的人名构思新颖，意象微妙，殊可玩味，如宋代词人江汉，字朝宗，典出《尚书·禹贡》“江汉朝宗于海”；明代将军袁彬，字文质，取自《论语·雍也》“文质彬彬，然后君子”；清代满族词人纳兰容若，名字给人意觉、

① 《信息时报》2005年3月26日报道，广州市某派出所迁入一对年仅一岁的双胞胎户籍，孩子们的名字一个叫“钟共”，一个叫“钟央”，同事戏称孩子的爸爸为“钟共钟央他爸”。

视觉、听觉上的美感，就是一阕词、一幅画、一首歌，风流旖旎，让人怀想。现代著名学者容肇祖，字元胎，取自《尔雅·释诂》第一“初哉首基肇祖元胎俶落权舆，始也”，没有对国学的深刻了解，恐怕起不了如此古典隽永的“搭接”名字。现代语言学家何容，字谈易，组合起来即“谈何容易”，则是另一风景，新颖别致。有谢姓双胞胎，起名谢天、谢地，在独生子女政策的社会背景下，其父母感谢上天恩赐双子的深情呼之欲出，也是一对让人难以忘怀的好名字。这些都不仅仅是一个个枯燥的人的符号，而是一个个活生生的文化生命，让人赏心悦目，吉光片羽，弥足珍贵。

第三节　语言对文化的制约和影响

一、萨丕尔-沃尔夫假说

语言之于文化，是否仅仅是“形式”、“载体”或者“容器”？或者用形象的表述，语言是否像一面镜子，真实、客观然而又是消极、被动地反映文化？它能不能对某种文化的形成施加积极、主动的影响？我们认为，强调语言对文化的反映、运载功能是非常必要的，但不全面。从“交际工具”到“文化载体”，仍没有跳出“工具”的范畴。事实上，语言能在一定程度上主动参与人类的文化活动，形成相应的习惯性思维方式、文化结构和行为模式。

18—19世纪德国学者赫尔德（Johann Gottfried Herder，1744—1803）和洪堡特曾明确提出过这样的观点：人们思维方式的不同，是因为不同的语言表达周围世界的方式不同。赫尔德认为，“一个民族怎样思维，就怎样说话，反之亦然，怎样说话，就怎样思维”（胡明扬，1988：57）。德国新洪堡特主义者、语言学家瓦尔特布尔格（Walther von Wartburg，1888—1971）进一步指出：“我们说掌握语言，但是，实际上是人被语言所掌握。”（伍铁平，1984）1921年，萨丕尔在《语言论——言语研究导论》一书中强调了语言是思想的符号表达而不是单纯的形式，指出不同语言的表达方式会对同一客观世界提出不同的分析和解释，认为语言范畴对习惯性思维有强烈的影响。这一观点后来被他的学生沃尔夫（Benjamin Lee Whorf，1897—1941）进一步申述，形成了著名的萨丕尔-沃尔夫假说（the Sapir-Whorf hypothesis）。萨丕尔-沃尔夫假说是关于“语言、思维、文化”三者之间关系的一种理论观点。它认为，人类不仅生活在客观世界里，也生活在主观世界里；语言不仅是思维的工具，它同时也强烈影响和制约着思维；不同的语言有不同的语言结构（主要是语法结构），不同的语言结构会决定或影响使用者的思维习惯，导致他们用不同的方法去观察世界，从而导致他们对现实世界的不同认知。简而言之，不同的语言使用者会因语言差异而产生思维方式、行为方式的不同，即如萨丕尔所说：“人类并不仅仅生活在客观世界里。事实上，真实世界很大程度上是无意识地建立在人类群体的语言习惯之上的。我们以我们的方式观察、感知和体验世界，因为我们所处群体的语言习惯预先设定了某些解读世界的选择。”（蔡永良，2004）萨丕尔-沃尔夫假说有强式和弱式之分。强式又称“语言决定论”，即语言结构决定人的思维方式；弱式又叫“语言相对论”，指语言结构影响人的思维方式。人们一般不太接受“语言决定论”，而比较倾向于“语言相对论”。

在语言学界，萨丕尔-沃尔夫假说引起了一些争议，招致了一些批评。近年来，随着一些新兴学科的发展，人们对语言与文化的关系又产生了浓厚的兴趣。一些新的发现相继从不同侧面与角度证明萨丕尔-沃尔夫假说。事实上，“真正的世界”在很大程度上无意识地建立在人们的语言习惯上。如果我们能辩证地看待这一假说，放弃其中的极端主张，保留其合理成分，用以探索语言对于思维方式及文化模式的诱导、促成作用，未尝不可以从这一假说中得到有益的启示，开拓我们的学术视野，深化我们对语言与文化关系的认识。

下面我们从社会语言学角度探讨语言因素对于一种文化现象的形成所具有的影响。更确切地说，探讨汉语对于汉族传统文化的形成所起的某些制约、诱导、推动和固化作用。

二、语言对文学形式的制约和影响

语言对文化的影响主要体现在民族文学的表现形式上。萨丕尔（1964：137）指出：“语言是文学的媒介，正像大理石、青铜、黏土是雕塑家的材料。每一种语言都有它鲜明的特点，所以一种文学的内在的形式限制——和可能性——从来不会和另一种文学完全一样。”

在语言的形态分类上，汉语属于分析型语言（analytic language）中的孤立语，与综合型语言（synthetic language）中的屈折语、黏着语和多式综合语相对。孤立语的特点是不通过词的内部形态变化，而通过虚词和词序来表达语法作用。孤立语大部分的词在句子中不带表示各种语法关系的前缀、后缀和词尾，往往是一个孤立的词干；词的结构比较简单，复合词也多是由词干组合的合成词，所以叫孤立语，又叫“词根语”。

汉语除了具有孤立语的一般特点外，还具有自身的特点。

一是汉语语素以单音节为基本形式，一个音节就是一个词或语素，写下来就是一个字，形、音、义一一对应，高度统一，容易构成音节整齐的句式。

二是汉语自古就有声调，声调的调型又可分为平和不平（仄）两类，可以用以形成高低、升降、抑扬的音律效果。

三是汉语辅音音素少，音节结构形式简单；加上单音节语素的特点，造成汉语同音词和同音语素特别多，从消极方面看容易造成听觉歧义、产生误解，从积极方面看容易形成修辞性的谐音双关。

在各种文学形式中，诗歌是最能体现语言特点的文学形式。萨丕尔（1964：141）又说：“大概没有别的东西比诗的声律更能说明文学在形式上依靠语言。”确实如此，各民族文学中都离不开诗歌，而诗歌最能表现民族文学的特质，因此把一个民族的诗歌翻译给另一个民族，是难以做到的。所以有的学者说：“诗”就是在翻译中失去了的东西。但丁的《神曲》是不朽的名著，但翻译过来，中国的读者就很难欣赏，而中国的《离骚》这样伟大的作品，莎士比亚的子孙们也未必能欣赏它，这里面除了文化的背景不同外，诗歌的表现形式——语言不同也是一个不可忽视的原因。中国传统的主要文学形式是诗歌，汉语的上述特点，为汉语诗歌创作提供了不同于其他语言的条件，形成了不同于其他民族的诗歌形式，那就是句式整齐，讲求字数、句数、对仗、平仄、押韵等格律的古典诗歌。

王力先生在《略论语言形式美》（王力，1980：461-483）一文中，曾比较了中外文学形式，主要依据汉语诗歌的语言，概括了语言形式美的三种主要形式：整齐的美、抑扬的美、回环的美。

首先，是“整齐的美”。整齐的美主要形成于句式的对偶和排比。而“排比作为修辞手段虽然是人类所共有的，对偶作为修辞手段却是汉语的特点所决定的。古代汉语以单音词为主。现代汉语虽然双音词颇多，但是这些双音词大多数都是以古代单音词作为词素的，各个词素仍旧有它的独立性。这样就很适宜于构成音节数量相等的对偶”（王力，1980：461)。“在对偶这个修辞手段上，汉语可以说是‘得天独厚’。”（王力，1980：462）由于汉语单音词和词素的特点，形成了先秦四言诗、汉魏晋五言诗、隋唐七言诗这样形式整齐的“方块诗”，一首诗中的每一句都由四、五、七个字和同等的音节组成，一首诗可以排至四句、八句乃至一两百句，这是其他语言无法做到的。

其次，是“抑扬的美”。其体现为语言的节奏。诗歌是运用语言中的节奏造成抑扬的美的主要文学形式。“由于语言具有民族特点，诗的节奏也具有民族特点。”（王力，1980：464）例如，希腊语和拉丁语有音长的物理属性，元音分长短；诗歌的节奏运用的是长短律，英语和俄语有音强的物理属性，音节有轻重，诗歌乃至骈文甚至散文的节奏运用的是轻重律。汉语没有音长和音强的物理属性，却有音高的物理属性，体现为声调，诗歌节奏的基本形式“平仄”基于汉语的声调，形成音的高低、升降、抑扬的变化，运用的是高低律。平仄是构成中国古典诗歌最重要的格律。可以说，没有平仄，就没有中国古典诗歌的最高形式——格律诗词。

最后是回环的美。中国古典诗词歌赋都需押韵，散文、史论也不乏押韵的句段。押韵就是同一个韵在相对位置上的重复，形成了一种回环的美。

以上三种形式美，有视觉上的美，如整齐的句式，但主要的还是属于听觉上的音律美，即音步的顿挫、音高的抑扬、韵脚的回环。除此以外，中国诗歌还有一种主要表现为意觉上的形式美，即耗散的美。

由于汉语是孤立语，词在句子中彼此是离散、孤立的，所以汉语的句子可以没有综合型语言必不可少的核心成分——谓语，可以由若干平行的非谓成分并列组合而成。用绘画艺术的术语来说，汉语可以是没有“焦点”的“散点构图”式语言。[①] 最能反映这一语言美的，是在汉语诗歌中常见的“列锦”修辞格。所谓“列锦”，就是由两个或两个以上的名词或名词性短语，并列组合成一种特殊的非主谓句，它完全基于联想的心理基础，构成意象的组合与叠加。例如，唐代温庭筠的《商山早行》中的“鸡声茅店月，人迹板桥霜”，两句中仅用六个名词，构成六个意象，不著一个动词，而人、物动作、声音尽在其中，确是“意象具足”的佳句。元代马致远的小令《天净沙·秋思》“枯藤老树昏鸦，小桥流水人家，古道西风瘦马”三句，每句三个名词，词断意连，形散神聚，犹如一幅整体色调一致、悲凉苍劲的画图，被誉为“秋思之祖”。词中的列锦名句还有贺铸的《青玉案》中的“一川烟草，满城风絮，梅子黄时雨”，柳永的《雨霖铃》中的“杨柳岸晓风残月”；列锦的对联如赵孟頫的“春风阆花三千客，明月扬州第一楼”，徐悲鸿的“白马秋风塞上，杏花春雨江南”。散句也可以列锦，如《水浒传》第十回“林教头风雪山神庙”。如此绝妙的艺术作品，除了作家高超的艺术技巧外，还有赖于汉语独特的语言形式。

对联也是在汉语的制约下形成的汉族特有的文学形式。对联亦庄亦谐，谐可作为文人茶余酒后的一种文字游戏，庄可抒发情怀、表现志向、褒贬时事、臧否人物，用之于政治、社交等各个领域。著名文史专家张伯驹说：“中国对联在世界上为独有之文学艺术。因汉字之独特构造，我国诗歌自然由古乐府发展到律诗，而对联即律诗中之腹联也。至清中叶后，福建盛行诗钟，亦为对联之一种。除五、七言外，更有四言、六言、八言，以至近于赋体、词体之长短句。自来佳制如天设地造，虽鬼斧神工，难究其妙。”[②] 对

① 西方绘画以焦点透视为主，而中国画以散点透视为主，这是否与汉语作为孤立语的特点，以及发散性思维方式相关？值得思考。

② 张伯驹《素月楼联语·自序》，北京：华文出版社，2012。

联起源于律诗中的对偶句，在语言形式上，它要求上下两联字数相等，平仄相反，词、词组或句式结构相同，词性相同而词义相对。在传统社会，对对子十分流行，也是一种最好的素质教育形式，可惜在“五四”新文化运动中，这种文学形式连同古典格律诗词和文言一起被逐出了教育领域。1932年清华大学国文系主任刘文典（叔雅）请史学大师陈寅恪代拟入学考试国文题，陈寅恪出“孙行者”，要求考生对下联，以致引起了一场大风波，舆论汹汹而至，责以刘文典不该在新式学校用如此复古试题考学生。刘文典招架不住，遂请命题者陈先生出马作答。陈先生于是在同年9月5日《大公报》“文学副刊”上发表了《与刘叔雅论国文试题书》的长文，讲述了考对子的优点：①对子可以测验应试者能否知分别虚实字及其应用；②对子可以测验应试者能否知分别平仄声；③对子可以测验读书之多少及语藏之贫富；④对子可以测验思想条理。由于陈先生的威望，此事遂告平息。由此可见，对子、对联在20世纪30年代就已不为人所理解了。

另有一种与对联相似的文学形式，叫“酒令”，是文人喝酒猜拳时的一种文字游戏。明冯梦龙的《古今谭概·谈资部第二十九》云：“古人酒有令，句有对，灯有谜，字有离合，皆聪明之所寄也。工者不胜书，书其趣者，可以侈目，可以解颐。”① 酒令样式很多，这里择清俞敦培《酒令丛钞》卷一中的两则，聊备一格，以见其构思之精巧，反应之敏捷，对汉语、汉字运用之娴熟：

“《蓄德录》：都御使韩公雍，与夏公埙饮，各出酒令。公欲一字内，有大人小人，复以谚语二句证之，曰：‘傘字有五人。下列众小人，上侍一大人。所谓有福之人人服事，无福之人服事人。’夏曰：‘爽字有五人。旁列众小人，中藏一大人。所谓人前莫说人长短，始信人中更有人。’”②

“《归田琐记》：前明陈洵忤权贵，被谪，同僚送行，因饯席说令。陈循曰：‘轟字三个车，余斗字成斜，车车车，远上寒山石径斜。’高穀曰：‘品字三个口，水酉字成酒，口口口，劝君更尽一杯酒。’洵自言曰：‘矗字三个直，黑出字成黜，直直直，焉往而不三黜。’”③

还有一种更巧妙的语言艺术——“回文”，顺着念成句，倒着也成句。由于汉语的复合词主要是由实词和实词构成的合成词，汉语又依靠词序表示语法关系，所以许多合成词在字序颠倒后仍能成词，回文即利用汉语的这一特点而“翻新斗巧”。如有“天然居”茶楼，有回文对联云“客上天然居，居然天上

① （明）冯梦龙编著，栾保群点校《古今谭概》，北京：中华书局，2007：368。
② （清）俞敦培《酒令丛钞》卷一“大人小人令”。
③ （清）俞敦培《酒令丛钞》卷一“拆字贯成句”。

客”。这还是简单的。有的一首诗整个可顺着念、倒着念，俱成意义。例如，王安石的《梦长》诗“梦长随永漏，吟苦杂疏钟。动改荷风劲，沾裳菊露浓”，倒过来念也成诗。清代女诗人张芬的七律诗《寄怀素窗陆姊》“明窗半掩小庭幽，夜静灯残未得留；风冷结阴寒落叶，别离长望倚高楼。迟迟月影移梧竹，叠叠诗歌赋旅愁；将欲断肠随断梦，雁飞连阵几声秋”，倒过来竟可读成一首《虞美人》词：“秋声几阵连飞雁，梦断随肠断，欲将愁旅赋歌诗，叠叠竹梧移影、月迟迟。楼高倚望长离别，叶落寒阴结，冷风留得未残灯，静夜幽庭小掩、半窗明。”更有奇者，相传为东晋、前秦时期窦滔之妻苏蕙创作的八百四十字《璇玑图》，集回文之大成，绝妙无双。西方也有所谓 palindromes（回文），如英语“No x in Nixon”（对尼克松而言没有未知数），“A man，a plan，a canal——Panama!”（一个人，一个计划，造就一条运河——巴拿马运河!）在汉语的回文诗面前，这些就相形见绌、不值一提了。刘勰的《文心雕龙·明诗》说：“回文所兴，则道原为始”，道原何许人也，不得而知。文献记载，三国魏曹植，东晋傅咸、温峤，都有回文之作，可知回文当始于汉魏之间，并且可登大雅之堂。南宋桑世昌的《回文类聚》一书，以及后人的“补遗”、“续编”，聚集许多回文而成书，可见回文颇为盛行。在现代，回文仍然是汉语常用的修辞手法和文学创作的手段。

以上我们从诗、词曲和对联、酒令、回文四方面各举了一些例子谈了语言对文学形式的制约和影响。此外，还有从宋代苏轼的“长亭体”诗歌到现代的“形意诗”，则纯粹就是通过汉字字形变异和汉字排列方法以寓意的诗歌艺术。上述文学形式是汉语所决定的，它们只能产生在汉族文化中。诗歌是语言的艺术，是中国历史上主流的文学形式，它提高了语言的精密性和表现力；语言又制约和影响诗歌民族形式的形成。文学和语言就是这样互相影响、共同发展的。

三、语言对艺术形式的制约和影响

语言对于文化的影响是多方面的。语言中的词汇、语法和语音等语言因素都可以对文化产生影响。这里只论述汉语中的语音因素对汉民族文化形成的影响。

同其他语言相比，汉语中的同音现象特别突出。这是因为汉语音节结构简单，汉语中的单音节语素占绝大多数，平均每个音节要负载若干个不同意义的词或语素成分，因而形成了大量的同音词和语素。根据中古韵书、韵图的研究结果，隋、唐、宋代汉语共有 3603 个音节，而《宋本广韵》收字 26 194 个，平均每个音节要分担约 7.26 个意义单位。现代汉语音节数量更少，仅约 1178

个。若以《新华字典》所收约9000多个单音字计算，平均每个音节也要承担约7.63个意义单位。以上数据仅能得出一个大概印象。实际上，汉语的字词在音节上的分布很不均匀。有的一个音节包含数十个同音字，如《宋本广韵》东韵“同”小韵就包含45个读“徒红切”的同音字；《新华字典》“yì”音节下也收有72个同音字①。再加上音近的字，数量就更多了。

如此突出的同音现象在世界语言中是少见的。字词同音是一种消极的语言现象，在语言交际中容易造成歧义。但另一方面，正是汉语的这一突出特征，形成了汉族文化中极具特色的“言在此而意在彼”的谐音双关表现手法，与因语言的同音联想而产生的互渗感应、趋吉避凶的心理特征，积淀为一种彼此关联、具有共同语言基础的民族传统文化，而且突出地表现在最贴近社会现实生活、最能反映广大下层民众心理状态的民间文学、民间艺术和风俗习尚等民俗文化之中。

汉语基本上是一种单音节语言。同一音节可以包含许多不同的意义单位，意义完全不同的词可以拥有共同的语音形式，通过共同的语音形式可以把不同的意义贯穿起来，这是谐音双关表现手法的语言基础。

汉语中大量的同音现象为谐音双关提供了条件，引导、促使人们把不便于直接表露的深层意义通过一个与之同音的表层语音形式间接、含蓄、委婉地透露出来，使作品产生一种起先扑朔迷离、继而豁然开朗的美感和情趣。

“双关”指在一定的语言环境中，利用词的同音或多义条件，有意表达表层和隐含的双重意义，形成“言在此而意在彼”的艺术效果的修辞手法，它可使语言表达含蓄、幽默，加深寓意，给人以深刻印象。“双关”的语言表现手法在其他语言中也有，但双关中的“谐音双关”一类在其他多音节、同音现象较少的语言中不多见。与汉语中的双关相比，英语中的pun（双关）大致只相当于汉语双关中的词义兼指和句意暗示两种类型。莎士比亚戏剧中的双关语大多是这两类。富兰克林著名的双关语We must all hang together，or we shall hang separately（我们必须抱成团，否则将被分别绞死），其中，“hang”一词兼含“抱紧”和“绞死”两种意义。又如，A cannon-ball book off his legs，so he laid down his arms（一颗炮弹炸飞了他的腿，于是他放下了他的武器），其中，“arms”一词兼含有“手臂”和“武器”两义。这类形、音皆同而义不同的“意义双关”，实际上是一种运用多义词或同形词的技巧，与汉语的“相君之面，不过封侯；相君之背，贵乃不可言”（《史记·淮阴侯列传》），和“空对着，山中高士晶莹雪；终不忘，世外仙姝寂寞林”（《红楼梦》第五回），有

① 见《新华字典》（第10版），北京：商务印书馆，2007：567-571。

同工之妙。只有在同音现象特别丰富的汉语中，才能自由随意、得心应手地把音同而形、义不同的同音词巧妙地关联起来，形成一种以谐音双关为突出特征的文化现象。因此，可以说，我国“谐音文化”的出现与汉语的同音现象有着不可分割的关系。

汉语谐音双关的表现手法对汉族的绘画艺术有深刻的影响，并因而促成了一门独特的中国民间美术——民俗吉祥图案。

民俗吉祥图案是指具有“吉祥”含义的各种图画、图谱和装饰纹样，最有代表性的是年画。吉祥图案的渊源可溯至原始氏族社会的图腾，如龙、凤、夔、鹿等纹样，表达了人们的祈求与向往，成为氏族崇拜和保护者的象征。先秦时期的玉器青铜，以及秦砖汉瓦、石雕壁画，其纹样造型和题材内容，大多具有祝颂吉祥之意。而作为独立完整艺术形式的民俗吉祥图案，则兴于两宋，盛于明清。在年画壁画、窗花剪纸、藻井边饰、木器雕花、针织刺绣，以及园林门窗、商家招牌、家具什器、婚诞祝品中，吉祥图案作为表达人们美好愿望的艺术形式，渗透到民俗生活的各个方面，具有浓郁的民族特色。

民俗吉祥图案在题材和艺术手法上都与文人画“国画”有很大不同。在题材上，它以“福善之事、嘉庆之征”为主要内容，即始终把握着原始本源艺术的生命、生殖崇拜和阶级社会向往功名、富贵、好德、康宁的主题。旧时年画创作“三诀”中，有一诀是“出口要吉利，才能合人意”。吉祥图案在表现内容的标题上往往采用民间最熟悉顺口、含义吉利的四字成语，如一品联封、二仙和合、三阳开泰、四时吉庆、五谷丰登、六国封相、七子八婿、八仙上寿、九世同居、十全十美、百事大吉、千金如意、万代长春、祝报平安、欢天喜地、寿居耄耋、贵子兰孙、同偕到老、喜上眉梢、安居乐业、一统万年、平升三级、夫荣妻贵、洪福齐天、海晏河清等。图案的创作，就是将这些流畅顺口的语言、吉祥喜庆的内容，选择有形可象的画材进行物化、整合的过程。

民间艺术家在创作吉祥图案时主要运用了象征寓意和谐音双关两种表现手法。象征即把具有吉祥内容的抽象观念、情感，通过理性的关联、社会的约定，含寓在一些具体的物象上间接地表现出来，如长寿的桃、不老的松柏、多籽的石榴，都是可以象征长生不老和多子多孙的画材。而谐音双关，与它在“吴歌体”诗歌中的作用本质上一样，是在汉语同音现象的基础上，把具有吉祥内容的抽象的观念、情感与看不见的事物，通过语音的关联，寄托在与之同音的具体物象上间接地表现出来。因此，具象的猫、蝶、戟、磬，都可用作画材，以双关耄、耋、吉、庆等抽象观念。在传统的吉祥图案中，谐音双关是最常见的艺术手法。

钱钟书《管锥编（三）》（1979：1060-1061）说："吾国旧俗复以蝙蝠为吉祥之象，不知起于何时。蒋士铨《忠雅堂诗集》卷二二《费生天彭画〈耄耋图〉赠百泉》：'世人爱吉祥，画师工颂祷；谐声而取譬，隐语戛戛造。蝠、鹿与蜂、猴，戟、磬及花鸟。……到眼见猫、蝶，享意期寿考'；谓谐声隐寓'福禄'、'封侯'、'吉庆'。……孟超然《亦园亭全集·瓜棚避暑录》卷下：'虫之属最可厌莫如蝙蝠，而今之织绣图画皆用之，以与"丧"同音也；木之属最有利莫如桑，而今人家忌栽之，以与"丧"同音也。'余儿时居乡尚见人家每于新春在门上粘红纸剪蝠形者五，取'五福临门'之意。后寓沪见收藏家有清人《百福图》画诸蝠或翔或集，正如《双喜图》画喜鹊、《万利图》画荔枝，皆所谓以'谐声''同音'为'颂祷'耳。"在中国的吉祥图案特别是明清的年画中，"图必有意，意必吉祥"，谐音双关几乎成了一种艺术程式。如铜磬即"同庆"；九条鱼即"久余"；十枚古钱即"十全"；枣子、栗子或荔枝即"早立子"；雀、鹿、蜂、猴即"爵禄封侯"；竹、豹、苹果、鹌鹑即"祝报平安"；鹿、鹤、梧桐、椿树即"六合同春"；柏树、柿子、玉如意即"百事如意"；芙蓉花配桂花树即"夫荣妻贵"；五谷、灯笼即"五谷丰登"；露籽的石榴和藤蔓即"子孙万代"；回首望天的獾与下翔的喜鹊即"欢天喜地"；雄鹰屹立于岩石上即"英雄独立"；鹌鹑、菊花、飘落的枫叶即"安居乐业"；公鸡对着牡丹花（又名富贵花）引颈长鸣即"功名富贵"；莲花、笙、桂圆即"连生贵子"；花瓶内插着三枝戟、旁置一笙即"平升三级"；飞鸿与蝙蝠漫天飞舞即"洪福齐天"；荷花、海棠和燕子即"河清海晏"；寿石、丛菊、飞蝶和猫双关"寿居耄耋"；桶中一棵万年青双关"一统万年"。其他如"鸡"谐"吉"、"鲤"谐"利"、"虎"谐"富"、"鞍"谐"安"、"簪"谐"金"、"弓"谐"功"、"云"谐"运"、"藕"谐"偶"、"莲"谐"廉"等，丰富多样，不一而足。

人类自私有制和阶级出现后，原始本源文化便出现分化，一部分升华为统治阶级创造和享有的上层文化。另一部分直接继承了原始文化的传统而十分缓慢地变化和发展着，始终围绕爱情、吉祥、幸福的永恒主题，决定了民俗文化与民生紧密相连的朴素的功利性。吉祥图案中的儿童仕女、飞禽走兽、花草虫鱼，以及日常器具等生灵万物都不仅仅是客观物象的简单描绘，而是一个个可以分解的、独立的艺术符号，通过语音的联系，与一个个抽象的观念连接起来，并依题目的联合、偏正、主谓、动宾、述补等句法结构进行画面的排列整合，共同表达一个完整的潜在的理性意义，造成"视而可识，察而见意"的艺术效果。从某种意义上说，吉祥图案是一种具有规定性的观念的艺术。其生活形象、艺术形象和物象符号紧密连接在一起，表现出了出自闾阎的民间艺术家丰富的想象、高超的艺术技巧和对生活的肯定、憧憬、追求、渴望，充满了乐观向上的精神。其中，虽然不乏封建落后的内容，但仍有不可否定的思想意义和艺术价值，因而它能流传上千年、传播海内外，成为与衣冠贵胄、逸士高人的国画并驾齐驱的艺术形式。事实说明，作为视觉艺术的吉祥图案在表现手法上固然不完全依赖于语言，但是如果没有汉语语音特征为其基础，就不能形成吉祥图案中的谐音双关艺术手法，也就不可能形成这一完整、独立的艺术形式。因此，汉语的语音因素对于吉祥图案这一艺术形式的形成无疑起到了重要的促成作用。

四、语言对文化行为的制约和影响

帕默尔（1983：83）指出："语言不但用于传达信息，而且用于影响行为。"一种语言不仅直接影响一个民族的思维和认知，而且间接影响一个民族的文化行为。语言因素对文化行为的影响，主要表现在语言的禁忌和崇拜对社会风俗习尚、行为方式的干预上。

在原始思维中，语言是一种具有神秘超人力量的"灵物"，人们须依语言的指令从事某些社会活动。语言中的"词"即是客观存在的"物"，语义的表现形式——语音，即代表语义所指的客观实体。如果某一语音形式包含一个不祥的意义内容，那么这个语音本身就是客观存在的不祥，就会招来晦气，导致灾难，因而人们禁忌它，在社会生活中千方百计回避、抵制所有具有这一语音形式的客观实体；如果某一语音形式包含一个吉祥的意义内容，则这一语音本身就是客观存在的吉祥，就会招来好运、幸福，因而人们崇拜它，在社会生活中尽量地表现、接近和使用所有具有同一语音形式的客观实体。因此，自然界的某些事物、人的某些社会行为，其价值不在于事物和行为本身，而取决于事物的名称是否与某种含义吉利或不吉的语词在读音上相同或相近，人的行为是否遵循了由语言决定而约定俗成的社会规则。即使在现代社会，仍然存在这种原始思维根据相似律而产生的"模仿巫术"的痕迹。或者说，脱胎于原始思维的谐音联想心理，仍然决定着某些社会行为的价值取向，形成特定的风俗习惯。

语言的心理联想有时会对社会的发展和生产活动产生重大影响。帕默尔曾举例说，在第二次世界大战中，纳粹运动之所以在瑞典受阻，就是因为德语Nazi（纳粹）一词不巧与瑞典语 nasser（猪）谐音，引起了瑞典人的憎恶和抗拒。帕默尔（1983：145）说："显然，纳粹运动要想在瑞典取得进展，首先得审查自己的语言。"

世界上最早的家鱼是中国的鲤鱼，中国人工养殖鲤鱼已有 2400 多年的历史。但今天四大家鱼却是青鱼、草鱼、鲢鱼、鳙鱼，没有鲤鱼。原因是在唐代建国之初，因为唐代皇室姓李，李、鲤同音，鲤鱼遂被李唐王朝认作"本家"，并被封为“赤鲤公”。《唐律》规定禁食、禁养鲤鱼，百姓捕到鲤鱼必须放生，违者杖六十。[①] 鲤鱼“跳龙门”了，交好运了，而渔民、百姓倒了大霉，鲤鱼变成既不能吃又不能卖的东西，渔民只好另觅新的养殖品种，才逐渐培养出青鱼、草鱼、鲢鱼、鳙鱼四大家鱼，这一谐音联想引起了养鱼史上的一场变革。无独有偶，《明实录》和《万历野获编》等记载，因明朝皇室姓“朱”，与“猪”同音，明武帝朱厚照于正德十四年（1519）发布圣旨，严禁民间养猪、易卖宰杀，违者永戍边卫。旬日之间人心惶骇，数日之内各地所养之猪尽行减价贱售，一时无法脱手的猪只好偷偷埋掉或投之于水。[②] 只是这场闹剧历时不长，内阁大学士杨廷和上奏《请免禁杀猪疏》力谏，顽劣昏聩的朱厚照自知理亏，“禁猪令”只好草草收场。类似的行为还有宋徽宗崇宁年间，因徽宗生肖属狗而大肆屠狗[③]，明朝初年，朱元璋因鼋（扬子鳄）音同元人之“元”而“杀鼋几近”[④]。

在旧时男耕女织的农业社会，种树获利者莫大于桑。但因“桑”与“丧”同音，桑树的种植受到严重影响。各地民间都有忌种桑树之俗，俗语云“（门）前不栽桑，（门）后不栽槐”，“头不顶桑，脚不踩槐”。但刺槐（又称棘树）、杏、榆钱树，则因与“怀（吉）”、“幸”、“余钱”同音而备受青睐。

因语言而产生的禁忌和崇拜行为，在婚丧嫁娶、生老病死、岁时节日等贴近生活的民俗活动中表现得尤为突出。在汉族民间结婚、生子等喜庆活动中，枣子、栗子、荔枝、花生、莲子、桂圆、香蕉、百合、核桃、苹果、橘子等被称为“喜果”，获得了特别高的社会价值，就因为它们分别与“早、立、连、生、贵、招、合、平、吉”等含义吉利的词谐音，组成“早立子”、“连生贵子”、“和合”、“平安吉祥”的吉祥用语。而梨、桃等水果则因与“离”、“逃”谐音具有负面价值。民俗生活中遇喜事、节日忌食梨，更忌分梨而食。许多地

---

① （唐）段成式的《酉阳杂俎·鳞介》载：“国朝律，取得鲤鱼即宜放，仍不得吃，说赤鲤公，卖者杖六十，言李为鲤也。”（宋）方勺的《泊宅编》卷七：“《唐律》禁食鲤，违者杖六十。岂非李、鲤同音，彼自以为裔出老君，不敢斥言之，至号鲤为赤鲤公。”

② 《明实录·武宗实录》卷一百八十一：“正德十四年十二月乙子卯，上至仪真。时上巡幸所至，禁民间蓄猪，远近屠杀殆尽；田家有产者悉投诸水。是岁，仪真丁祀，有司以羊代之。”（明）沈德符《万历野获编》卷一《禁宰猪》：“时武宗南幸，至扬州行在。兵部左侍郎王，抄奉钦差总督军务、威武大将军、总兵官、后军都督府、太师镇国公朱（寿）钧帖：照得养豕宰猪，固寻常通事。但当爵本命，又姓字异音同。况食之随生疮疾，深为未便。为此省谕地方，除牛羊等不禁外，即将豕牲不许喂养，及易卖宰杀。如若故违，本犯并当房家小，发极边永远充军。”

③ 见（明）沈德符《万历野获编》卷一“禁宰猪”条。

④ （明）江盈科《雪涛小说·嫁祸》：“金陵上清河一带善崩，太祖患之。皆曰猪婆龙窟其下，故尔。工部欲闻于上，然疑‘猪’犯国姓，辄驾（诡）称大鼋为害。上恶其同‘元’字，因命渔者捕之，杀鼋几尽。”

方结婚时要在嫁妆中放上筷子，寓意“快”生子。有的地方方言“缘”、“铅”同音，新娘出嫁时要在肚兜里放上一块铅，表示有“缘”。有的送嫁时要吹笙，寓意“催生”。有的新娘进门下轿后要以两个布袋铺地，令步其上，辗转更替，谓之“传代”。有的地方小姑不能进新嫂洞房，因与“孤”同音。有的地方方言“财”、“柴”同音，因此大年初一要从大门外捧回一抱柴，寓意“进财、发财”。在北京忌讳用缎子做寿衣，因与“断子”同音。在广州，人死后其子女要把死者的裤子扯下来，叫作“扯富”。这些形形色色的民俗都建立在语言的基础上，只有通过谐音的中介，才能了解其行为的意义。

同一客观事物还会因其语音形式在各方言中的不同，或因谐音联想的方向不同，而具有完全不同的社会价值。苹果因“苹”与平安的“平”同音，在许多地方都是吉祥之物，但在上海“苹果”与“病故”谐音，所以不能带苹果看望病人。“梨”因谐音“离”，在许多地方是不祥之物，但闽方言凤梨（菠萝）与“旺来”、“风来”同音，因而在婚嫁聘礼中，凤梨是必不可少的吉祥水果，要用红纸包好，上书“旺来”或“凤凰来仪”字样，过年也要在大门外悬挂凤梨。就是普遍不受欢迎的桑树，在浙江某些方言中因与“双”发生联想而获得了较高的社会价值。棺材是不祥之物，但在江苏，人们却把棺材同“官财”联想起来而获得了积极的象征意义，大年初一把特制的微型棺材悬挂在门梁上，甚至把屋檐也造成棺材形状，以祈升官发财。古有“生在杭州，死在柳州”之说，柳州将棺材做成小巧玲珑的微型旅游商品，深受海外侨胞和港澳同胞的欢迎。很多地方送礼忌送钟——与“送终”同音。但在吴方言区，送钟再加一本书是再好不过的礼物了，它寓意“有始有终”。在大多数地方，“伞”与“散”同音，是不祥之物。但在台湾的客家人中，油纸伞是嫁妆中的吉祥物，因为“纸”与“子”同音，而且“伞”字繁体“傘”中上面是一个大“人”，下面是四个小“人”字，是多子多孙的象征。纸伞张开呈圆形，还有“圆满”的意思。在宗教仪式和庆典游行中，油纸伞也是主要角色：“伞”还与“闪”同音，妖魔鬼怪见伞即“闪”，百姓便能趋吉避凶，永保平安。

在现代文明社会，语言禁忌和崇拜仍然在相当程度上影响着人们的社会生活，制约着人们的文化行为，并表现出了新的特点。

现代社会突出的是因数字禁忌而导致的社会行为。在欧美基督教国家，普遍认为“13”是个不吉利的数字，并产生了一种被称为“数字 13 恐惧症”的社会病。在西方，古希腊的数学家就认为“13”是超越 12 进制的不完整、讨厌、危险的数字，产生了许多有关“13”的稗官野史，“13”成了魔鬼的毒眼和手杖。中古时期的西方，绞人的绞环为 13 个绳圈，绞台有 13 级台阶，刽子手的薪金是 13 个钱币。西方的门牌、楼层及各种事物的编号忌用 13。在 13

日不宜开始一项新的工作，新船不宜下水，远洋轮不宜起航，商店不宜开张，旅行者不宜启程。如果13日恰好又是星期五，就更充满晦气，最好待在家里什么也别干，以度过这一灾难性的日子。在1998年有三次13日与星期五重合，美国有人撰文指出这将是“邪恶势力再次得手”，人类将面临“世纪末的灾难”，呼吁人们“要经受住这次历法恶作剧的侵扰”。在中国、日本、朝鲜等东方国家，数字“4”的禁忌也导致了类似的社会行为。

以上风俗习惯、行为方式，均因语言因素形成，并随语言形式的不同而变化，语言因素起着直接的、决定性的作用。语言形式变成了真正的客观内容，而风俗习惯、行为方式，在这里只不过是表达语言内容的形式而已。人类创造了语言，运用语言，同时又不能涉足于某一特定社会约定俗成的语言禁区，受到语言的束缚和制约。语言犹如人类织就的无形罗网，制约着人们的言语交际，控制着人们的社会行为，形成各具特色的文化模式。

第四节　语言和文化生态

一、文化生态学

自从英国著名的生物学家、博物学家达尔文在《物种起源》（1859）一书中提出“物竞天择、适者生存”的自然选择学说和自然进化规律后，以研究物种间相互关系和物种与环境的适应为核心内容的生态学就应运而生了。

生态学（ecology）是研究生物体与其周围环境——包括非生物环境和生物环境相互关系的科学。人作为自然界最高层次的生物体，其生理习性和社会活动都与自然生态有着千丝万缕的联系。如果要研究人类自然特性与社会特性的相互作用，自然生态学就必须超越范围进入文化学的领域。

20世纪50年代，美国新进化主义人类学派的代表人物斯图尔德（Julian Haynes Steward，1902—1972）在1955年出版了他的名著《文化变迁的理论》，创立了“文化生态学”（cultural ecology）理论。这一理论立足于功能主义观点，认为人类是一定环境生命网络中的一部分，处于生命网络社会层的人类文化，与生物层相互作用、相互影响，存在共生关系。这种共生关系不仅影响人类一般的生存和发展，而且也影响文化的产生和形成，并发展为不同的文化类型和文化模式。任何文化都适应着特定的生态环境，表现出地域性变异，呈现出多线进化状态。生态环境制约和影响着每一文化的一般形貌。每一种文化就其对具体生态环境的相互适应而言，都是合理和成功的。判断和理解一种文化必须在它与其生态环境的相互关系中才能展开。

斯图尔德的文化生态学和以博厄斯为首的美国历史学派导致了 20 世纪 50 年代以美国人类学家赫斯科维茨（Melville Jean Herskovits，1895—1963）为代表的“文化相对论”的产生。赫斯科维茨 1949 年出版的《人类及其创造》一书，强调各个文化之间的认知差异，主张不同文化的价值具有不可比性，认为每一种民族文化都有独创性和充分的价值，都与各自的环境相适应。一切文化的价值都是相等的、相对的，无高低优劣之分，不存在判断不同文化高下优劣的普适性价值标准。

文化生态学和文化相对论都强调文化的多样性和差异的价值，反对欧美中心主义，尊重每种民族文化，主张多元共存，在反对暴力干涉弱势文化方面具有积极作用，是对以种族主义为理论基础的民族心理学派的反动，具有健康进步的内容，闪烁着文化平等、民族平等的思想火花。但是，以研究文化的形成、发展变化与自然生态之间相互关系为主要内容的“文化生态学”，应进一步拓展它的研究范围，开拓新的思路。我们认为，作为社会现象的文化生态，与作为自然现象的自然生态，两者间存在一定的相似性、可比性。我们可以把人类各种语言文化现象，当作一个总的“生态”系统来对待，进行逻辑类比，用生态学的理论、观点和研究方法，进行“文化生态学”的研究，用以说明各种形态的语言和文化之间共生共存的关系。

二、语言文化生态与自然生态

在生态学、文化生态学、文化相对论的理论基础上，我们从如下几个方面分析语言和文化的生态问题。

首先，自然环境对语言和文化的形成、发展和消亡有深刻影响。每个民族的语言和文化与从谋生手段到生活目标的万事万物都密切相关。山川河流、森林植被、鸟兽虫鱼、气候物候等，千百年来陶冶、养育出了各有特色的语言和文化。传统社会中自然环境的缓慢变化，使相应的语言和文化有充裕的时间进行自我调适，保持长久的活力。特定环境中的土著语言和文化，对适应相关的自然环境的知识文化，其丰富和深刻使现代文明社会无法比拟。例如，中亚游牧民族吉尔吉斯人对于“马”的名称和描写的语言，种玉米的荷匹人的“玉米”词汇，打野牛的平原印第安人的“野牛”词汇，其适应自然的种种知识“堪为科学之基础”——如美国著名人类学家路威（Robert Lowie，1883—1957）所说：“各处的野蛮人都有种种知识，堪为科学之基础。他认识那个地方的植物、动物、矿物，认得清清楚楚，为我们普通人所不及，只有博物学者才可以相敌。挑出任何一方面，只要是那个地方的土人关切着的，你将看见他们的语汇丰富而吃惊。他在语言方面已分辨得如此细密，就可以证明他观察事实之正确。”（路威，1984：265-267）但在工业化的现代社会，人类强大的科学技术和组织手段对环境的影响，就其规模和后果而言完全可以与天然的地质地理过程相比。高科技能在瞬间改变自然生态。森林、草原、海洋、雪地遭到破坏，生活在这些自然环境中的土著民族及其语言和文化就失去了存在的基础。大规模的语言和文化的消亡常常伴随着开发进程而出现，而这些失去了的人类语言和文化的宝贵资源将无法再生。

其次，人类社会乃生物圈合乎规律的产物。人类的语言和文化本身就是一个生态系统。语言和文化系统与生态系统有可比拟性：语言谱系分类的方法和术语，如亲属语言、语系、语族、语支等，借自于生物学；语言和文化交流与生态循环相似；参加语言和文化交流的各语言文化单元，相当于参加生态循环的各功能单位；文化圈理论与生物圈理论可以相比附；语言和文化的进步与生物进化有共同之处。因此，以生态理论为基础，我们就可以得出一幅“生态/语言和文化”相对应的图景：各种生物系统/语言和文化系统只有在参加循环/交流的前提下才能存在。参加循环/交流的功能单位/语言和文化单元越多，循环/交流就越活跃，也就越有生命力。循环/交流是由保护平衡的功能单位/语言和文化单元所组成的系统，参加循环/交流的每一功能单位/语言和文化单元都有自己特有的环境。每一种平衡失调都意味着这种或那种功能单位/语言和文化单元的恶化，这种恶化最终将导致这些功能/语言和文化单元脱离循环/交流而使循环系统/语言和文化交流系统发生变化。循环/交流失调还将影响生物圈/文化圈的发展速度，循环/交流的完全停止则意味着地球上各种生物进化/语言和文化进化过程的停止，从而意味着生命本身的结束。

更重要的是，生态理论为人类语言和文化的生存与发展提供了思考问题的方法与途径，例如，生物特殊化问题可启发我们思考语言和文化的特殊化问题。自然界的某些生物具有特殊的生存条件，如动物园里的动物。在不良的生存环境——如食物匮乏，气候改变中，特殊化程度越高的生物其适应能力越低，甚至因环境恶化而绝种。但非有特殊化的生物，如野生动物，其适应不良环境的能力要强得多，它们可以改吃另一种食物或换另一种生活方式而继续生存下去。这就提示我们，长期养尊处优的上层语言和文化、优势语言和文化可能比受歧视的下层语言和文化、劣势语言和文化适应社会的能力更弱，更缺乏生命力。如果没有后者作为补充资源，语言和文化将会枯竭。因此，较低层次的民族民间语言和文化常常是最有活力的，是语言和文化生命延续的源泉。这一点在我国文学体裁和风格的陵替演进上尤为突出。

生态简化问题也为人类语言和文化的发展前景提供了教训。改变自然生态以将就人类短期的经济效益，如把复杂的天然草原变成农田；以同种的速生针叶树代替种类繁杂的落叶林等，叫“生态简化”。地球上所有生物及地球表层的一切无生命物质，共同组成了一个复杂而有秩序的系统，即全球生态系统。简化生物，就等于从大自然织就的网络上抽去一些线股，使生态网出现破绽。要维持一个健康正常的生物群落，所有生物都是不可或缺的，无论它们对于人类的目标是有利还是不利。一个简化了的生物群落如果有些部分出了毛病，比多样化的群落出现同样毛病难以维持得多。人类语言和文化一如经纬相间的网络，每种语言和文化，无论大小、强弱，在这张网络上都有它应处的位置，有它存在的价值。任何语言和文化的消逝，都将对整个语言和文化系统产生影响，造成难以弥补的损失。

达尔文“物竞天择、适者生存”的进化理论具有不可磨灭的历史进步意义，但如果将它绝对化则失于片面。任何生物，包括动物和植物，都存在着相生和相克的关系，存在合作和竞争的关系。生态学的最近研究表明，对于物种的生存，彼此合作和相互依赖可能比你死我活的竞争更加重要，达尔文也认为在无数的动物社会里，个别的生物求生的斗争已经消失，合作取代了斗争，生物界并非全是爪牙相向，还可以互惠共生、偏利互生和寄生。少数民族语言和文化与主体语言和文化之间就是各种互惠共生的关系。没有任何单一的语言和文化可以脱离人类语言和文化的循环系统而自给自足，任何强大先进的语言和文化都要从其他语言和文化中不断吸收营养以丰富和发展自己。保护少数民族居住的自然环境，尊重、珍惜少数民族及其语言和文化的生存，也有利于人类语言和文化的整体繁荣和进步。

三、语言的生态危机和保护

人类的科技进步常常走在社会进步前面，导致生态问题的尖锐化和生态危机的威胁。生态危机主要表现为生态平衡的破坏，亦即生态失调：或是生态系统中局部资源的锐减，或是某一生物单元生产的产品在其环境中找不到消费者。前者反映了资源匮缺，后者反映了资源过剩。现代社会在面临越来越严重的自然资源匮乏的同时，也正面临着语言文化资源的日益减少。文化沙漠化正伴随着某种盲目、自发、没有预见性的经济开发而日益显示出来。

20 世纪 40 年代以前，殖民主义者以武力、疾病和金钱为手段，野蛮而迅速地摧毁了大量的土著民族及其语言和文化。在现代社会，森林、土地、矿产、海洋资源的大量开发改变了少数民族生存的自然环境，破坏了少数民族的文化生态。除此以外，少数民族面临的主要威胁还来自于语言和文化的被迫同化。民族学家指出，现阶段通过语言、文化和教育政策同化少数民族，是所有同化手段中最严重、最危险的手段，因为这意味着将取消一个民族共同体最重要的特征。出于经济发展、国家安定和民族统一的需要，许多国家正在有意或无意、直接或间接、公开或隐晦地迫使或诱导少数民族放弃自己的语言和文化传统而接受占主导地位的民族的语言文化。这种状况在民族众多的发展中国家尤为突出。在阿根廷，语言政策的目标就是除西班牙语外，禁止任何其他语言用作官方语言，整个教育体系都在促使民族自我意识的消除，保证对所有儿童进行民族统一情感的教育。智利在国家整个历史进程中坚定地推行一种语言政策以同化移民集团。巴西早在 20 世纪 30 年代就在法令中表现出对语言文化同化的政策，规定各类学校的教学工作都必须由出生在巴西的教师用葡萄牙语进行，所有工商企业只能以葡萄牙语命名，通过使少数民族集团掌握葡萄牙语、适应统一的文化以保证同化过程。

在“武化”和“文化”的双重威胁下，人类宝贵的语言和文化资源正在蒙受巨大损失，人类文化的生态自净能力和生成能力也在逐渐减弱。北美洲大陆的印第安土著语言正在以异乎寻常的速度消亡。人类学家指出，有时候人们竟可以确定某个现存的语言消亡的日子。例如，加利福尼亚州 yana 语 yahi 方言，说这种话的最后一个人在 1991 年 3 月 25 日死去。苏联高加索一个具有民族语言的乌贝赫部族到 1989 年也仅剩下最后一个人。俄罗斯哈卡斯共和国大约 18 000 人口的绍尔人在 1947 年前尚有文字，后来随着民族自治区的撤销，他们便迅速失去了自己的语言和文化传统。欧洲古老的克尔特语也逐渐让步于英语和法语。非洲古老的科伊桑语也正在被班图语所取代，现今幸存的科伊桑语仅通行于非洲的西南角。据语言学家最近的调查，在现今世界大约 6000 种语言中，大多数都是不为一般人所知的小语种。其中，有 3000 种因无人再学习和使用而濒临灭绝，只有 300 种语言的未来可以令人放心。1992 年在加拿大魁北克举行的第十五届国际语言学家大会，围绕“濒临消失的语言”这一中心议题发表了近 50 篇论文报告。世界各国的许多专家和学者对世界不同地区许多不同语言濒临迅速消失的状况表示出了极大忧虑。专家们指出，近两百年来语言消失的频率在加速，每年约有 12 种少数人讲的语言在消失，其中有些还从未被描写和记录过，因而已被遗忘殆尽。这种状况涉及大洋洲、非洲和南美洲、北美洲及其他不发达地区。即使在加拿大这种发达国家，现使用的 50 多种口语中有近一半估计不会再继续存在 50 年之久，其中有的只有数十人在继续使用。语言学家认为，一种语言体现了一种民族的文化，语言对于了解和描写一个社会的文化有着特别重要的作用。一种语言能够揭示出大量有关该民族人民观察事物的方式和方法，以及他们对本民族文化和其他民族文化的见解。任何一种语言都有其专门的语汇，反映出了该民族采集食物、治疗疾病，以及渔猎耕牧等种种生存技能，是该民族许多世纪积累遗留下来的智慧的结晶。巴西人类学家伦纳德·格林说：毁灭一种语言或一个民族，“无异于毁灭一个图书馆、信息库。正是一系列的文化丰富着我们大家。如果我们想消除这些人，我们实际上是要毁灭我们自身的一部分”（格林，1992）。储存在少数民族语言和文化中各种足以使现代西方科学相形见绌的传统知识技能，是人类智慧的极大宝藏，它们曾经、正在和仍将为科学的进步提供大量的启迪。然而，随着语言、文化和民族的消亡，这些存在于农夫、渔夫、猎人、牧人，以及巫医、产婆记忆中的各种知识和专门技能，正在一切为了满足本身暂时需要和欲望的世界中悄然逝去。

近数十年来，许多敏感的科学家已经体味到少数民族知识文化的价值，领悟到人类对于自身文化资源荒唐任性的后果，认识到伴随少数民族失去他们的文化传统，发达世界正在失去为数众多的基础研究，并为人类文化生态的失调付出代价。例如，在美国伯利兹的一个村社里，一些美国科学家拜倒在一位年长的巫医脚下，向他学习现代科学无法达到的神奇医术。西方的植物学家把世界各地马铃薯的健康遗传基因归功于克丘亚印第安人，是他们在南美洲安第斯山高原地区培植出50多种不同的品系，如果没有这些品系，全世界马铃薯种植业将会失去抵抗病虫害威胁的关键性防线。南美洲、北美洲大陆的科学家们预感到他们自己的文化正处于衰竭的边缘，而到北美洲丛林中古代印第安人创造的玛雅文化的中心蒂卡尔去朝圣，希望玛雅文化神秘的废墟能向他们提供某些有助于弄清现在疑难的启示……。

由于发展速度不同，许多民族处在不同的历史阶段中。平面的多民族文化格局向我们直观地显示了人类文化演进的历程。失去少数民族文化，人类在危及它的将来的同时还将失去它的过去。人类历史发展正强烈地表现出一种奇异的“橡皮筋效应”——橡皮筋的一端拴着它的过去，一端拴着它的现在。现代文化越向前发展，回归传统的拉力也就越强。在人类创造出威力无比的核电站时，人们更加怀念西班牙古老的风车；当人类制造出各种精良的射杀武器时，人们更体味到了原始弓箭在狩猎中的乐趣。许多发达国家年轻一代的学者正在打破传统的“同化”、“融合”的思维模式，多种语言、多种文化理论立足于多元哲学，与同化相对立，正成为越来越多的国家、机构和学者的共识。学者们认为，单一的世界文化将是枯燥乏味和缺乏活力的。统一的标准文化将导致文化适应能力的丧失，造成文化的板结和沙漠化。文化多元的可能性已被瑞士、加拿大、尼日利亚、厄瓜多尔等国家所证明：各民族文化相互适应而又没有失去独特的民族和文化同一性。对于少数民族语言文化的关注并非出于语言学家的职业爱好，更非出于搜神志怪的猎奇心理，而是为了全人类文化的未来。人类有责任保护各民族的语言文化，而不能把它们的消亡当作现代社会客观和必然的结果而无动于衷，否则就将失去属于全人类的财富。现代工业化带来的结果不是民族的衰退，而恰恰是民族的复活或活性化。任何语言，不论使用人口的多少，在涉及人类的精神领域方面都是同等重要的。语言学家和民族学家要有起码的职业道德和生态良心，像保护稀有动物一样，以保护世界各地少数民族语言为己任，为后代而保护地球上的语言文化遗产。

出于对少数民族语言和文化价值的重新认识，世界各地正在掀起保护文化生态的浪潮。面对印第安文化无法抵御飞速发展的现代文明而消亡的趋势，墨西哥的人类学家和语言学家制定了并执行着若干语言抢救规划。重要的有国立人类学和历史学研究院执行的“濒于消亡的语言抢救规划”；维拉克鲁斯大学执行的“人种语言学抢救规划”等。1966 年在伦敦成立的“幸存者国际”(Survivor International，或译为“生存国际”)，以“维护部落民的权利并向他们提供自我保护的方法……以削弱文明社会给部落民带来的毁灭性影响”为宗旨，发展成为世界范围的运动，在法国、意大利、西班牙和美国设有办事处，人员遍及 60 多个国家。总部设在波士顿的人类学资源中心（Anthropology Resource Center)，与哈佛大学人类学系联合，致力于搜集、培植和发展包括少数民族语言文化在内的人类文化资源。哥伦比亚圣马尔塔海拔 3000 米的内华达山区被联合国教育、科学及文化组织（以下简称联合国教科文组织）的一份宣言指定为“人类和自然生物圈保留地”，居住在那里的人口仅 2000 人的科吉人在这份宣言的保护下得以生存下来。在第十五届国际语言学家大会上，聚集在拉瓦尔大学的语言学家们认为，挽救最濒危的语言、保存文化的差异，是现代最富有冒险性的事业之一。他们建议制定一个国际性的十年研究规划，并紧急呼吁联合国教科文组织予以经济赞助，“要为后代保留地球上的语言遗产”。另外，一些弱小民族也纷纷为自身的生存而抗争。例如，生活在加拿大和美国纽约州之间沿劳伦斯河一带的易洛魁人面对“美国生活方式的污染”，而设立了幸存者学校以拯救他们的语言文化传统。居住在英国的威尔士人中的学者和爱国者面对被英格兰文化同化的危机，正在竭力挽救自古以来的民族语言，并借此重建与英格兰对抗的威尔士同一性。

在多民族国家，“多元一体化”理论为建立一种理想的国家模式而受到重视。以中国为例，正如费孝通先生所说：五十多个民族单位是多元，中华民族是一体。在这一格局中，各民族单元有充分发展自己个性的自由，一体化则保证了国家的团结安定和各民族的互相帮助与协调（费孝通，1989)。在多元一体格局中，不能放任打着赤脚的民族与穿着跑鞋的民族在同一起点线上竞争，否则前者将走上淘汰灭亡的道路。因此，先进民族应支持后进民族语言、文化等各方面的发展，通过专门措施来保留他们的不同文化和语言特点。“多元一体化”符合多民族国家内各民族的共同利益，更重要的是，它能为少数民族语言文化的生态保护提供良好的理论依据和外部环境。

第三章　语言与民族

第一节　语言与民族的关系

一、语言在民族共同体中的地位

在中国古代文献中，用来表达类似“民族”概念的词十分复杂，大致有“族”（包括族种、氏族、部族）、“民”（包括民户、民种）、“人”（包括种人、土人）、“种”（包括种族、种众、种类、种姓）、“类”（包括族类、部类）、“部”（包括部族）、“落”（包括部落、种落、聚落、附落）等不同称呼。

19 世纪受外来学术思潮的影响，“民族”一词作为中国近现代学术术语和概念在汉语中出现，20 世纪初期在中国普遍使用。西方学术界对“民族”概念代表性的表述，有意大利学者马奇 1851 年提出的观点：“民族是具有土地、起源（即有‘血统’含义）、习惯、语言的统一及生命和社会意识共同一致的人类的自然社会。”又如，瑞士学者伯伦知理（Johann Kaspar Bluntschli，1808—1881）在1852年认为民族主要的特点有八：一其始也同居于一地；二其始也同一血统；三同其肢体形状；四同其语言；五同其文字；六同其宗教；七同其风俗；八同其生计（韩锦春，李毅夫，1985：51）。斯大林在 1913 年《马克思主义和民族问题》中提出：“民族是人们在历史上形成的一个有共同语言、共同地域、共同经济生活以及表现于共同文化上的共同心理素质的稳定的共同体。”①

中国人最早对民族下定义的是汪兆铭。他在 1905 年《民族的国民》一文中提出民族“六要素”论：一同血系；二同语言文字；三同住所（自然之地域）；四同习惯；五同宗教；六同精神体质（韩锦春，李毅夫，1985：52）。柳亚子于1907年在《民权主义 民族主义》一文中，认为民族的要素是“血裔、风俗和言语”（韩锦春，李毅夫，1985：53）。而在民国时期，影响最大的是孙

---

① 《斯大林全集》第 11 卷，北京：人民出版社，1955：286。

中山在《三民主义》中提出的“五要素”民族定义：“我们研究许多不相同的人种，所以能结合成种种相同民族的道理，自然不能不归功于血统、生活、语言、宗教和风俗习惯这五种力。”[①] 中国早期的博物馆学家陈端志在1934年出版的《现代社会科学讲话》一书中，认为民族“是由共通的言语、共通的居住地域，共通的经济生活，以及表现于共通文化之中的共通的心理能力而结合起来的人类共同体”，基本上采用了斯大林的民族定义。此外，袁业裕1936年的《民族主义原论》、吕思勉1936年的《中国民族演进史》、沈志远1942年的《大众社会科学讲话》、许崇浩1943年的《中国政制概要》，以及1930年版《新术语词典》、1933年版《现代语词典》、1939年版《词源》（正续编合订本）、1947年版《新哲学社会学解释词典》、1948年版《辞海》等（韩锦春，李毅夫，1985：57-73），无不将语言作为民族的要素之一。

中华人民共和国成立后，采用了斯大林对“民族”的定义。在相当长的一段时间内，斯大林对“民族”的定义被奉为经典定义而不容置喙。改革开放以后，学术界对斯大林的定义开始有了不同观点。例如，民族学家阮西湖于1986年撰文提出：“构成民族的四个要素是：共同的民族意识、共同的文化、共同的语言和共同的历史渊源。”（阮西湖，1986：1-3）这一观点有独到的见解，被学术界称为阮氏定义。2005年5月，中央民族工作会议和《中共中央、国务院关于进一步加强民族工作，加快少数民族和民族地区经济社会发展的决定》提出中国共产党关于民族问题的基本理论和政策，包括十二个方面的内容（简称“十二条”），第一条即对“民族”的定义：“民族是在一定的历史发展阶段形成的稳定的人们共同体。一般来说，民族在历史渊源、生产方式、语言、文化、风俗习惯以及心理认同等方面具有共同的特征。有的民族在形成和发展的过程中，宗教起着重要作用。”这一定义吸收了斯大林对“民族”定义的合理要素，也吸收了我国学术界长期以来的研究成果，是对我国学术界“民族”定义讨论的一个总结。

以上我们之所以罗列这些近现代中外有影响的对“民族”的定义，目的是为了说明，不管各家对“民族”的定义如何不同，但有一点是共同的，即“共同语言”是民族不可缺少的要素。所谓共同语言，是指组成一个民族的人们在生产、生活中，彼此之间交流思想感情、交往联系所共同使用的同一语言。每个民族都有自己的共同语言，没有共同语言，人们就无法结合成为一个民族。

斯大林关于“民族”的经典性定义把“共同语言”作为民族共同体的首要特征，有人认为这一观点源于19世纪中叶在欧洲兴起的民族主义理论。这一

① 《孙中山选集》，北京：人民出版社，1981：620。

时期民族主义的代表理论家、德国哲学家菲希特（Johann Gottlieb Fichte，1762—1814）就认为，“不论在什么地方，只要你发现一种不同的语言，那就必定会有一个民族”（陈原，1983：359）。其实，语言作为民族的重要特征，是古今学术界的共识。早在18世纪末，德国思想家、语言学家赫尔德即认为语言与民族具有同一关系，认为民族是语言尤其是口头语言的共同体，并提出民族语言和民族精神等同的观点。欧洲普通语言学的奠基人、德国杰出的语言学家和政治家洪堡特继承并发挥了赫尔德的观点，进一步指出语言是民族的最大特征，是民族内聚和外分的主要标志。他的名言“民族的语言即民族的精神，民族的精神即民族的语言。二者的同一程度超过人们的任何想象”（胡明扬，1988：39），作为19世纪语言哲学的一面旗帜，深深影响了欧洲整整一代人类语言学的研究方向。无产阶级革命导师马克思吸收了18—19世纪欧洲语言哲学和人类语言学的科学成果，他在《政治经济学批判》中明确指出：“语言本身是一定共同体的产物，正像从另一方面说，语言本身就是这个共同体的存在，而且是它的不言而喻的存在一样。”① 列宁也曾在《关于民族问题的报告提纲》中指出：“民族不是文化共同体，不是命运共同体，而是语言共同体。”② 斯大林对语言在民族共同体中的地位予以如此高度的重视，正是对马克思主义民族理论的继承和发展，具有重要的理论价值和实践意义。

“民族”和“语言”具有同一性。在人类的语言中，“民族”和“语言”往往有共同的语源。例如，在古斯拉夫传统里，“民族”和“语言”的概念是一个词。俄语“异民族”一词，即源于“语言、舌头”；在捷克语中“语言”和“民族”也是同一个词。中世纪的拉丁语 Lingua 一词也有“语言”和“民族”两种意思。法语 Langage 一词也有“语言”和“说某种语言的人群”（即“民族”）两种含义。由此可见，在古代，一些民族是以语言作为标志来识别是否同族的。语言是民族形成的最重要的标志，是民族的核心。正如索绪尔（1980：311-312）所言：“一般地说，语言共同体可以用民族统一体来加以解释。……在民族统一体的问题上，我们首先应该过问的就是语言。语言的证据比其他任何证据都更重要。”在我国20世纪50年代进行的大规模民族调查和识别工作中，对每一族群的调查和识别都离不开语言学家，因为“语言的证据比其他任何证据都更重要”，民族识别离不开语言识别。

分析世界民族现状，语言共同体与民族共同体一般是对应的。但语言并非民族的唯一标志，语言与民族也不是单纯的一对一的关系，存在着同一民族使

① 《马克思恩格斯全集》第46卷上册，北京：人民出版社，1979：489。

② 《列宁全集》第24卷，北京：人民出版社，1990：292-293。

用不同语言和不同民族使用同一语言的交错关系。例如，英格兰人、美利坚人、爱尔兰人都说英语，但他们却是不同的民族。我国的汉族、回族，以及绝大部分的畲族、满族都讲汉语，但也不是同一个民族。云南的景颇族，不但具有共同的经济形态，在服饰、生活习惯上也是相同的，但是有的说景颇语，有的说载瓦语。我国的瑶族，有的说瑶语支的勉话，有的说苗语支的布努话，还有的说壮侗语族的拉珈话，但他们是一个民族。所以，有人认为语言不过是民族外在的表现，对于形成民族根本不重要。

我们应从四个方面来理解语言与民族不一致的问题。

首先，民族是一个历史概念。在民族形成及形成之后相当长的历史阶段，语言与民族完全一致，这是目前绝大多数民族的状况，可以叫作民族的“原生状态”。但在长期的历史发展过程中，不同民族之间的相互交流和接触，使少量在经济、政治、文化及人口上处于劣势的民族放弃了自己的民族语言，而仍然保持某些其他民族特征。处于这一阶段的民族，称为“次生状态”的民族。无可讳言，一个民族在非强迫条件下放弃了民族语言，便意味着归附、趋向于异族文化，意味着自然同化的开始，接着就是民族其他特征的消失和民族意识的改变。从同化的开始到结束，有的很快就会完成，有的则要经过相当长的历史。前者如我国历史上建立北魏政权的鲜卑族，后者如建立金王朝的女真族和建立清王朝的满族。自然同化是符合历史发展规律的民族融合，是民族自然选择权利的体现。与此相反，如果一个民族在异族统治下被强迫同化，统治者同化的首要目标就是语言，最难攻破的民族堡垒也是语言。被同化的民族虽然可能暂时放弃自己的语言，但民族语言仍然埋藏在民族意识深处，一有机会就会再次复兴。处于此种状态的民族，我们称为“衍生状态”的民族。第二次世界大战后殖民地民族纷纷宣布独立，独立的首要标志之一，就是恢复被压制的民族语言。由此可见，原生、次生和衍生状态的民族，无不以民族语言作为兴衰存亡的根本。根据某些民族在某种特定状态下放弃了民族语言，便认为民族可以脱离语言而存在，是缺乏历史观点、用静止的眼光看待民族语言的片面见解。

其次，由于历史、社会和政治因素的影响，语言与民族的关系变得错综复杂。例如，某些集团使用的语言是作为一种独立的民族语言，还是作为某一民族语言中的不同方言，有时得根据非语言因素来决定。也许同一民族使用的不同语言，本来就应是这个民族语言的不同方言；或者换一角度说，操不同语言的同一民族，可能应根据语言的不同而分别为不同民族。非语言因素的影响，加上对某些语言、民族的调查尚未深入，以及学术观点的不同，都可导致对同一客观现象进行不同的归类。例如，在蒙古人民共和国和俄罗斯，蒙古语族的喀尔喀、布里亚特和卡尔梅克语被当作三种不同的民族语言，而在我国，则被当作蒙古语的不同方言。

再次，不同民族使用同一语言，很多是由于殖民和移民的结果。例如，美利坚民族使用英语作为官方语言，是自 16 世纪以来英国殖民和移民的结果。在美国的现有居民中，有 80%来自英国。英国人在北美洲大陆建立家园，拥有新的共同地域和经济生活，但仍然使用英语，仍然保持着浓厚的欧洲文化特征，因而使得美利坚人的民族意识相当淡薄，有相当多的人还能追溯到原来的民族属性，具有双重民族意识。虽然如此，随着民族特点的逐渐形成和民族意识的增强，美利坚民族对于英语已逐渐表现出分离意识，美国式英语的权威在增强，因而有人认为美国英语应该换个名称，不是 English 而是 American 了。

最后，语言并非民族的唯一标志。除了语言之外，有时共同的经济生活、风俗习惯、宗教、民族意识等也会成为民族的决定性因素。例如，中国的回族，虽然没有自己的语言而转用汉语，但他们具有本民族共同的宗教、风俗和强烈的民族意识，这些因素使他们具有明显的区别性特征，保持着民族的独立性。

19 世纪俄国教育家、俄国教育心理学的奠基人乌申斯基（Константин Дмитриевич Ушинский，1824—1871）指出："人民一代跟着一代过去，但是每一代生活的成果都保留在语言里，成为传给后一代的遗产。一代跟着一代，把各种深刻而热烈的运动的结果、历史事件的结果、信仰、见解、生活中的忧患和欢乐的痕迹，全部积累在祖国语言的宝库里。总之，一个民族把自己全部精神生活的痕迹都珍藏在民族的语言里。语言是最生动、最丰富而巩固的一种联系，它把过去、现在和将来的各代人民联结成为一个伟大而富有历史意义的、生气勃勃的整体。语言不仅表现为一个民族的生命力，而且它正是民族生命的本身，民族的语言一旦消失，这个民族也就不复存在了！"[①] 语言是民族最重要的特征之一，在民族共同体中具有十分重要的地位，是构成民族不可缺少的主要因素，甚至是第一要素。语言与民族的不对等是在特殊的历史条件下形成的特殊现象。这种特殊现象毕竟是少数，绝大多数民族都有本民族的语言，我国 55 个少数民族中，就有 52 个民族有自己独特的语言，这是普遍的现象。没有这个普遍现象作为前提，共同语言就不能成为民族的一个特征。

二、语言感情与民族感情

语言是民族共同体的关键要素和主要特征。民族的其他特征，如共同的文

① 引自张焕庭主编《西方资产阶级教育论著选》，北京：人民教育出版社，1979：487。

化和共同的心理素质，往往要通过共同语言予以形成和体现。只有语言才能最直接地形成民族强大而持久的内聚力和排他力，语言积极参与民族的一切精神活动，是形成民族共同心理素质的重要前提。

民族感情是一个民族的成员对本民族历史、文化等方面的关切、热爱之情。民族的历史、文化都与语言密切相关，并通过语言具体体现。在多民族国家内，任何歧视、压制少数民族语言的行为，都会损害该民族人民的感情，激发民族矛盾，影响国家的安定。因此，正确理解语言在民族共同体中的地位、语言与民族感情的各种联系，对于避免民族矛盾、制定民族政策具有重要意义，是社会语言学特别关注的重大课题。

正因为语言与民族的关系是如此密切，所以一个民族对自己的语言的感情是非常深厚的。这种浓厚的感情是在这个民族长期的发展过程中建立起来的。可以说，语言在一定程度上是一个民族的生命。所以，争取民族的独立和平等，往往与争取民族语言文字的使用联系在一起，而征服、同化异民族的过程也常常伴随着语言的强迫同化。由于语言与民族有着不可分割的血肉联系，因而每一民族都有一种超越阶级、阶层和国界而忠于自己民族语言的始终不渝的感情，人们称之为“语言忠诚”。

异族的压迫和欺凌最能激发民族意识，体现出语言忠诚。19 世纪法国小说家都德的小说《最后一课》，就以生动的文学形式描写了这种语言忠诚。在普法战争中，普鲁士人占领了法国阿尔萨斯和洛林两省。占领者采取消灭法兰西民族最为毒辣的手段：消灭法兰西民族语言，禁止阿尔萨斯和洛林两省在学校教学自己的民族语言。调皮的小学生小弗朗茨以前总是迟到、早退、逃课，对法语中的各项规则深感头痛。但当普鲁士政府命令他们不准学习法语而改学德语时，小弗朗茨忽然觉得法兰西语言万分可爱，平时非常讨厌的文法书“现在就好像是多年的老友，离开他们会叫我十分伤心了”。顽皮的学生们在最后一堂法语课上，表现出前所未有的肃穆、安静和成熟。而他们的老师哈迈尔先生，在即将结束 40 年教学生涯、告别祖国语言的最后一课上，“竟穿着他那件绿色长礼服，领口上系着多折的细绸子球，头上戴着绣花的黑绸子碗托帽，那是只有上级来校视察，或是学期终了发奖的日子才穿戴的东西”，显得十分神圣庄重和沉痛悲哀。老成持重的哈迈尔先生检讨自己没有好好教学生，让学生放下书本替他浇园子，放了学生的假自己去钓鱼；调皮捣蛋的学生后悔浪费了光阴，逃课去掏鸟窝，到河上去滑冰。此时此刻，教师和学生都饱含着对法兰西语言的无限深情和留恋。小说写道：“接着哈迈尔就谈到法兰西的语言，他说这是世界上最美丽的语言，也是最清楚、最健康的语言；应该在我们自己人中间保住它，永远不可把它忘掉，因为，当一个民族沦为奴隶的时候，只要它好好保持住它的语言，就好像掌握了牢房的钥匙。”作者以文学的形式阐述了一个重要的道理：在民族危难之际，语言就是民族的生命。保存民族的语言，就能保持民族的一脉生机，就能争得最后的解放。

当一个民族遭受异族统治、歧视的时候，对民族语言的忠诚与否，常常成为判别有无民族气节和民族感情的标准，民族语言也成为激发民族感情、推翻异族统治的号召。在汉民族历史上，六朝教鲜卑语以媚外族的士大夫，五代“汉儿尽作胡儿语，争向城头骂汉人”① 的“胡奴”，都深为时人和后世所不齿。在辛亥革命前夕的 1909 年，柳亚子、高旭、陈去病等人在苏州发起成立的南社，就是由一批讲吴方言的铮铮铁骨之士组成的“反清”革命团体。柳亚子的《新南社成立布告》云：“它底宗旨是反抗满清，它底名字叫南社，就是反对北庭的标志了。”高旭的《南社启》云：“然则社以南名，何也？乐操南音，不忘其旧。”② 他们以“操南音，不忘本”为口号，鼓吹民族气节，砥砺民族操守，进行反清革命，为辛亥革命做了非常重要的舆论准备，在中国近代史上产生过重要影响。在国外，同样的现象也发生在被压迫的弱小民族中。例如，拉丁美洲印第安人中仅有 5000 人的雅基人，是被西班牙殖民者押解离开故地后奔散逃亡于北美洲各地的散居民族，但雅基人至今仍保存着他们的语言。在今天的雅基人中，“如果一个人在特定的场合不能使用雅基语（Yaqui），那么足以使他在社会中孤立起来。……以拒绝使用雅基语来否定自己是雅基人引起了其他雅基人的真正嘲讽”（格劳斯金，1987）。

对于处于不利环境中的移民集团来说，语言忠诚是他们加强内部团结、保持民族特征、抗拒外来同化的有力武器。在中国历史上有过多次大规模的民族迁徙，其中最为人注目的，是被称为中原汉族特殊“民系”的客家人。自东晋南北朝始，历经黄巢起义、元人南侵、满人入关等，原居中原一带的汉族大规模南迁。其中一支以江西为通道，经过赣南流向广东、广西、福建、台湾、香港和南洋诸地。1000 多年来，客家人把中原故地的汉语带到南方和海外，代代口耳相传，抵御了土著语言的同化，维系了内部的团结。在客家人中，至今仍流传着“宁卖祖宗田，不忘祖宗言”、“宁卖祖宗坑（山冲），不忘祖宗声”的格言。在 20 世纪初，当汉族人误以“客家”为异族而“非我族类”时，激起了客家人士强烈的民族情绪，纷起组织团体、创办刊物以寻其根，从语言追源溯本，以事实证明客家话为中原河洛旧音，客家人是源自中原的汉族，终于

---

① （唐）司空图《河湟有感》诗。

② 《左传·成公九年》：“晋侯观于军府，见钟仪，问之曰：‘南冠而絷者，谁也？’有司对曰：‘郑人所献楚囚也。’……使与之琴，操南音。……（范）文子曰：‘楚囚，君子也。言称先职，不背本也；乐操土风，不忘旧也。’”

赢得了世人的承认和尊敬。

在现代社会，语言忠诚是争取民族独立的号召，是维护民族尊严的具体表现。占英国人口1.3%的威尔士民族自13世纪末被盎格鲁-撒克逊人征服后，多少世纪以来一直为维护本民族的语言文化而斗争。在16世纪赢得将《圣经》译成威尔士文的自由后，21世纪又争得在幼儿机构讲威尔士语的权利。虽然许多威尔士人已讲英语，但是现在他们怀着赎罪的心情把自己的孩子送进讲威尔士语的幼儿机构接受威尔士语教育，希望后代纠正自己对本族文化传统的不忠。哥伦比亚考卡省保留地的印第安人为了确保自己的主权和生存而成立了哥伦比亚考卡地区印第安委员会，他们认为“印第安语言有比西班牙语更优美的辞藻和语汇。……正是我们自己的语言可以帮助我们更好地表达自己的感情和对世界的看法”。因此，他们在目前的斗争纲领中提出：“捍卫印第安人的历史、语言和风俗。我们的历史、语言和风俗习惯能够使我们保持团结和强大，并教育我们懂得不能卑躬屈膝而要起来斗争。因此了解自己的历史、语言和风俗习惯，不使它们失传，乃是至关重要的。”（九州同，1980）这是他们对历史经验和斗争实践的概括和总结，具有普遍的认识价值。人们还常常援引以色列失去了民族语言却仍保持民族意识，作为民族可以脱离民族语言而存在的例证。然而，事实是尽管从世界各地重新集中在一起的犹太民族大都丢掉了自己的希伯来语，但是建国后他们立即毫不犹豫地确定希伯来语为国语，进行人为的恢复，在犹太居民中推广。他们认为，这个曾经用来编写《圣经》的古代语言，能够恢复他们与过去历史文化的联系，相互传达共同的民族感情。

一个民族使用自己的语言是不可剥夺的权利。当这种权利受到侵犯的时候，语言忠诚能使全民族团结一致共御外侮，为之奔走呼号，为之流血牺牲，演化为激烈的民族冲突，从而引起国家和地区范围内的动荡不安。

第二节 语言冲突与民族矛盾

一、语言战争——“字句可能折断你的骨头”

正因为民族对于自己语言的感情和忠诚，所以在多民族国家和地区，民族语言问题总是充满了政治内容，是一个十分重要的社会问题，常常因语言问题处理不当而引起政治斗争和社会混乱，语言矛盾成为民族矛盾的触发点、导火线。

语言战争指民族之间因语言问题而引起的矛盾、摩擦以至于武力冲突。语言战争源于民族对本族语言的感情和忠诚，而这种感情和忠诚的实质在某种意义上就是对民族的感情和忠诚。因此，语言战争除语言因素外，还包含着复杂的历史、文化、教育、宗教、经济等内容。

马来西亚是以马来人、华人和印度人为主的多民族国家，1957 年独立后即废除英语的殖民统治地位，确立主体民族马来人的马来语作为国语，因而与其他民族在语言问题上发生了激烈冲突。马来人在推行作为国语的马来语时打出“语言是民族的灵魂”的旗帜，而华人政党“华工会”为维护华语的地位和权益，提出“语言是民族的影子”的斗争口号，语言矛盾导致国家出现了严重的骚乱和不安。的确，语言是民族的影子和灵魂。正如一些学者所言：语言之对于人，在一定程度上具有生物性，正如我们的器官一样，是一个民族自身不可分割的一部分。

墨西哥政府在 1981 年建立了一个“保卫西班牙语委员会”，目的是防止西班牙语遭受美国英语的侵蚀。该委员会宣告说：如果不防止美国英语在墨西哥的流行，也许会使波多黎各成为美国星条旗上的一颗新星。在比利时，布鲁塞尔市的佛来芒人抗议当局没有给佛来芒语以应有的地位；在英国，威尔士民族主义者在一些高速公路上涂去用英文书写的指路牌；在土耳其，爆发过一场有关语言的争议：一派主张推广使用现代土耳其语中已经普遍得到承认的土耳其语词，把它看成是凯末尔民族民主革命成果的一个组成部分；另一派则坚决要求恢复土耳其民主革命前存在于土耳其语中的阿拉伯语、波斯语词汇，政府制定的新宪法中要求成立一个土耳其语言研究院来与 1932 年凯末尔所创立的土耳其语言协会相抗衡。

语言问题充满着政治内容，甚至因语言而发动战争的例子也屡见不鲜。

第二次世界大战打破了少数帝国一统天下的局面。多民族国家在摆脱殖民统治、赢得国家独立之后，常常伴随着另一场新的战争——在确定哪个民族的语言作为官方语言或国语的问题上，发生民族矛盾和武力冲突。位于南亚次大陆的多民族国家斯里兰卡，在 1948 年获得独立后，国内民族矛盾迅速上升为主要矛盾，占全国人口 73.4％的主体民族僧伽罗人与占全国人口 18.9％的第二大民族泰米尔人在语言问题上互相对垒。1956 年 6 月 5 日，国会通过僧伽罗语为唯一官方语言，引起泰米尔人的愤怒；1958 年，政府又决定全国车辆一律采用标有僧伽罗文“斯里”的车牌，泰米尔人的民族情绪上升到极点。他们认为这是政府剥夺了泰米尔人的语言权利，于是涂抹车牌以示抗议。而僧伽罗人认为泰米尔人的行为是对僧伽罗语的侮辱，因而针锋相对，涂抹泰米尔文招牌，抢劫、焚烧泰米尔人的商店和住宅。冲突中数百人被打死，1000 多人流离失所，无家可归。语言冲突在僧伽罗、泰米尔民族之间埋下了仇恨的种子，此后历届政府无不为语言问题大伤脑筋，数次修改语言法规以求双方达成谅解，以至于1978年在规定僧伽罗语为官方语言的同时还规定僧伽罗语、泰米尔语两种语言同为国语。语言冲突使斯里兰卡独立以来的历史充满着骚动和不安。

在民族地位不平等的多民族国家，随着民族意识的觉醒和民族力量的增强，长期遭受歧视的民族为争取公平对待的地位，往往以语言平等作为斗争的主要内容。不同民族在语言地位问题上锱铢必较，甚至置民族感情于国家感情之上，成为语言战争的另一方面。比利时的两大民族，南部的法裔瓦隆人和北部的荷兰裔佛拉芒人之间，横亘着一条实实在在的语言分界线，成为两个民族之间难以逾越的鸿沟。1830年比利时独立后，宪法规定以法语作为全国的官方语言，佛拉芒语的地位受到损害。从1840年开始，佛拉芒人就为推翻这一不公平的语言法规而斗争，到1898年终于赢得佛拉芒语作为第二官方语言的地位。尔后两大官方语言之间的斗争越演越烈，互不相容，致使1932年的语言法规规定两种语言南北分立，佛拉芒语为北部法定语言，法语为南部法定语言，首都布鲁塞尔则宣布为双语区。国王和首相必须在政治生活中保持“语言中立”；内阁和其他政府官员必须在两大语言集团中平均分派；宪法规定议会中需两大语言集团各方的多数代表同意，立法才能生效。甚至两个民族的士兵同在一起操练时，只有用第三种语——英语下达口令。在非洲北部的阿尔及利亚，大多数是阿拉伯人，其次是约占人口20%的柏柏尔人。1962年阿尔及利亚独立后，掌权者强调阿尔及利亚的阿拉伯和伊斯兰属性，不承认柏柏尔语言和文化的合法地位，甚至禁止以柏柏尔语为新生儿命名。1980年，柏柏尔人掀起“柏柏尔之春”运动，要求政府承认其民族文化和语言。阿尔及利亚政府对柏柏尔人的运动采取镇压措施。1991年，普及阿拉伯语法令的颁布，再次激起了柏柏尔人的强烈反对，成千上万的柏柏尔人走上街头抗议。2001年，卡拜尔地区“黑色的春天”事件导致了全国范围内的动荡。

因语言冲突而分邦裂国，在印度和孟加拉已成为事实。1953年印度政府建立了第一个语言邦——安得拉邦。导致操旁遮普语的锡克人于1955年发起了大规模的旁遮普语邦运动，甚至有人为此发誓绝食致死；同时，操印地语的民族也采取行动，发起“拯救印地语运动”；孟买的沙文主义组织“湿婆军”也提出要把不讲马拉提语的人全部赶出孟买的城市。阿萨姆邦的语言沙文主义者更提出了“外国人滚回去”的口号，对住在该邦的所有非阿萨姆人采取全面的暴力行动。为争取孟加拉语成为阿萨姆邦的官方语言，在1961年5月19日，11位孟加拉人被政府当局射杀。在今天，印度的大多数邦都是依据语言集团划分的，每个邦都以本民族语言作为该邦的官方语言。以语言冲突为代表的民族矛盾，使印度大陆充满了动乱的因素。

孟加拉国原为英属印度的一个省，1947 年印巴分治后，归属巴基斯坦，被称为东巴基斯坦。自 1948 年开始，东巴基斯坦的孟加拉人就发起了维护孟加拉语的“语言运动”。1952 年 2 月 21 日，东巴基斯坦人民不满官方把乌尔都语作为唯一的官方语言，他们为要求将孟加拉语作为国语举行罢工示威活动，遭到当局镇压，26 人被打死，国际社会称他们是人类有史以来第一次为语言权利牺牲的“语言烈士”。持续近十年的语言运动唤醒了孟加拉族民众的民族意识，并最终奠定了孟加拉民族独立和解放的基石，争取孟加拉语平等地位的斗争构成了民族独立斗争的重要组成部分，最终导致 1971 年东巴基斯坦独立，建立孟加拉国。孟加拉建国后，为了缅怀为争取孟加拉语平等地位而牺牲的“语言烈士”，孟加拉国将每年的 2 月 21 日作为“烈士日”和全民公共假日，并建立了“语言烈士”纪念碑。纪念碑成为孟加拉国家统一的象征，也是孟加拉语言和文化传承的标志。联合国教科文组织为了纪念孟加拉国人民为争取使用本民族语言的权利而作出的牺牲，于 1999 年决定将每年的 2 月 21 日确定为“国际母语日”，以纪念孟加拉的“语言烈士”，促进语言和文化的多样性及语言多样化。

国际语言战争往往被其他现象所掩盖而变得不是很明显，但是用另一方式进行的语言较量却无时无刻不在进行。在欧洲，18 世纪法语占据统治地位。19 世纪以来英语取代法语的地位而独占鳌头。法国人对取代了他们语言统治地位的英国一直耿耿于怀，他们投入大量的人力、物力，力图恢复法语的世界威望。法国总统直接过问法语研究；国家经常召开特别会议以保持法语的纯洁和准确。1986年 2 月，在巴黎召开第一届法语国家首脑会议，主要目的之一就是联合国际法语国家，维持法语在国际上的地位，与逐渐成为世界通用语的英语相抗衡。20 世纪前半叶，德国人也试图使德语跻身于世界语言竞争行列，但两次世界大战的失败与国家的分裂使他们不敢再存在这种幻想。随着“欧洲一体化”的推进，语言问题成为欧洲共同体的一大难题：法国人强调他们的语言最有资格成为共同语言；而英国人一向认为他们没有学习别人语言的必要；其他成员国则愤怒地警告必须防止共同体内出现任何唯一语言的危险。在国际会议上，英语总是最重要的工作语言，引起了许多其他国家的不满，并由此产生了激烈的纷争。在世界其他地方，语言间的明争暗斗时有发生。1981 年，墨西哥政府专门成立一个“保卫西班牙语委员会”，以防止官方语言西班牙语遭受美国英语的侵蚀，而面对操西班牙语的墨西哥非法移民潮水般涌向美国的许多大中城市，形成不融于美国文化的社会集团，在电视、报纸、广播等公共传播媒介毫无顾忌地使用西班牙语，与英语并驾齐驱，美国政府不得不考虑采取措施阻止西班牙语在美国的势力扩张，并在有关地区颁布法规，郑重重申美国的官方语言是英语而非西班牙语。

由于民族对于语言的感情和忠诚，不同民族因语言问题而产生摩擦、冲突，在人类社会的现阶段是在所难免的。但是语言问题一旦超出正常的民族感情范围，把某一种语言凌驾于另一种语言之上，使民族语言成为语言沙文主义、狭隘的民族主义或狂热的宗教信徒手中的武器，就会引起非文明社会所期望的严重后果。著名的《经济学杂志》指出："欧洲的语言战争：字句可能折断你的骨头!"（陈原，1983：361）其实何止欧洲，只要世界上存在民族和民族矛盾，就会时刻引发语言纷争、语言冲突和语言战争。如何处理各民族之间的语言关系，已成为全球特别是多民族国家和地区特别关注的社会问题。

二、加拿大的语言冲突与多元文化主义进程

在北美洲大陆靠近北极圈的地方，有一片拥有 992 万平方千米、仅次于俄罗斯而居世界第二的广袤国土。无垠的雪原、奇丽的山川、绵延的草原和年代久远的森林构成了其壮丽而雄伟的自然风光。在它仅有的 2700 多万人的现代居民中，包含着 140 多种民族成分。丰富复杂的民族语言，形态各异的民族文化，构成了其生动活泼、绚丽多彩的人文风光。它就是人称"民族马赛克"的加拿大。

加拿大是一个多民族国家。民族成分有三种类型：印第安人和因纽特人是自古以来居住在这块土地上的土著民族。占人口 27%的法裔加拿大人和占人口 44%的英裔加拿大人，是 16 世纪后由法国、英国两国殖民加拿大并于 1867 年同建加拿大联邦的两大建国民族。其他 70 多个近现代民族集团构成民族成分的第三类。纷繁复杂的民族集团，色彩鲜明而富有活力的民族语言和文化，在加拿大历史上形成了绵延不断的民族冲突，从而导致了现代加拿大多元文化主义政策的诞生。我们不妨依时间线索，追溯加拿大民族冲突的主要方面——法裔和英裔加拿大人之间语言冲突的历史，探索风靡现代世界的多元文化主义诞生于加拿大的进程，以从中获得某些启示。

自从 1492 年哥伦布撩起美洲大陆神秘的面纱后，最先殖民加拿大的是法国人。1534 年，法国航海探险家卡蒂埃（Jacques Cartier，1491—1557）奉法王之命率船队远征北美洲，登陆今加拿大魁北克的加斯佩半岛，在岛上竖起一个 30 英尺[①]高的十字架，宣告对该岛的占领。翌年，卡蒂埃沿圣劳伦斯河深

① 1英尺=0.3048 米。

入加拿大内地奥什拉加，把这一片土地称为新法兰西，又用易洛魁语“Canada”（意为“一片房屋”）一词指称其中的一个易洛魁印第安部落，其后这一词逐渐扩大至周围其他地区，这就是今日“加拿大”这一国家名称的来源。卡蒂埃的到来标志着法国殖民加拿大的开始。

1608年，法国地理学家尚普兰（Samuel de Champlain，1567—1635）继卡蒂埃之后再度拓殖加拿大，在圣劳伦斯河畔建起魁北克城。其后法国人分别于1634年和1642年建起与魁北克鼎足而立的三河镇和蒙特利尔城，构成法兰西殖民加拿大的据点，其中北美洲最古老的城市——魁北克城，因其秀丽的风景和优良的地理位置，成为新法兰西人的首府和中心。

从17世纪初期开始，英国参与了对加拿大的争夺而与法国人发生对抗。到17世纪末，新法兰西与新英格兰的军事对抗日趋尖锐，新法兰西在战争中屡屡败北。1759年，英军在付出惨重代价后占领魁北克城，新法兰西首府陷落。1760年英军又攻占了蒙特利尔城。1763年，新法兰西全线崩溃，法属北美殖民地易手，英国根据《巴黎条约》控制了全部新法兰西领土，加拿大开始了一个英属北美殖民地的新时代。沦于英国统治下的6万名法兰西人面临着决定民族前途和命运的艰难选择：要么接受盎格鲁-撒克逊人的同化，放弃法兰西民族的语言和文化传统；要么为民族的生存而抗争，维护法兰西语言和文化传统。200多年来深深扎根于加拿大这块土地上并牢固地恪守法兰西语言和文化的新法兰西人选择了第二条道路。从此，“生存”、“奋斗”成为法语加拿大人的战斗口号，新英格兰人和新法兰西人的军事对抗转化为语言和文化的对抗，转化为同化与反同化的对抗。

在加拿大，最富有社会性的民族矛盾是语言问题。

1774年，面对不甘屈服的法语居民，英国政府被迫放弃推行了十年的“英国化”政策，颁布了《魁北克法案》，对居住在法兰西文化重镇的魁北克法语居民采取怀柔政策，规定法语和英语同为官方语言。这一法案被魁北克人视为捍卫法兰西语言文化在北美洲生存的重要法律武器，缓和了法语居民对新政府的敌对情绪。事实证明，在次年美国十三州爆发的独立战争中，魁北克人没有卷入其中而成为美国的第十四州，《魁北克法案》起了不可低估的作用。

自1775年美国独立战争爆发后，从美国及英国本土移居加拿大的英国人大量增加，大大提高了英语居民在加拿大人口中的比例。到19世纪初，英语居民已占全加拿大人口总数的2/3，而法语居民却由1776年占人口比例的2/3到1860年锐减至不足1/3，加拿大越来越带有浓厚的英国色彩。面对英格兰文化的巨大冲击和强烈影响，加拿大法语居民担心自己的语言和文化终将被同化，加上独立战争后英国政府在加拿大重新推行“英国化”政策，促使加拿大法语居民为维护法兰西民族的语言和文化而不断发起运动。

1852 年，加拿大在魁北克建立了第一所法语大学——拉瓦尔大学。这是法语居民顽强抗争的结果。它标志着新法兰西人捍卫自己的语言文化而进入一个更有理性、更高层次和具有更高理想的斗争阶段。

1867 年，根据《不列颠北美法》，加拿大魁北克、安大略、新斯科舍和不伦瑞克四省正式组成统一的联邦国家，成为英国的一个自治领。《不列颠北美法》对法语的使用虽制定了一系列保护政策，但随着英裔移民继续涌入和加拿大的不断扩张，以及现代化的迅速发展，加拿大政府加强推行其同化政策，法语面临着更加严重的危机。19 世纪末和 20 世纪初，一些公共法规有意抑制法语的使用。如1890年马尼托巴省废除法语作为官方语言使用。1912 年安大略省废除法语学校，其他省对法语教育也实行严格限制。英语居民聚居的安大略省反对在边区法裔学校进行法语教学，引发了魁北克人发动反对联邦征兵制的动乱。1927 年，法语居民因要求在邮票上使用法语而发动运动。1936 年，法语居民因要求在货币上使用法语而与联邦政府对垒。1962 年，法语居民又要求在支票上使用英法双语再一次与政府冲突。随着第二次世界大战结束后世界性的民族独立浪潮，法裔加拿大人的民族情绪日益高涨，终于在 20 世纪 60 年代形成一股势力强大的民族主义政治力量。

1960 年，魁北克自由党人勒萨热（Jean Lesage，1912—1980）执掌魁北克省总理职务后，将魁北克省所有高级职务交给法裔，并力争在魁北克省只使用法语。这一系列措施加剧了魁北克省与他们各省的对立，导致了魁北克省民族主义的进一步升级，语言冲突演变为暴力行动。1963 年，在世界第二大法语城市蒙特利尔接连发生震惊全国的邮筒爆炸事件。如火如荼的民族主义使联邦政府意识到了民族语言政策的重要性。针对法语地位前所未有的下降，联邦政府于 1963 年组织了研究双语和双重文化的皇家调查委员会，重新审定加拿大的语言政策。委员会在对加拿大的语言和文化冲突进行广泛而深入的调查研究后指出：加拿大已处于自联邦政府建立以来最严重的政治危机中。如果加拿大要继续生存，就必须在英语、法语两大民族语言和文化之间建立真正的平等伙伴关系。

1967 年，政府在拉瓦尔大学设立“国际双语现象研究中心”。同年，加拿大最终取消了种族歧视。然而这年 7 月，法国总统戴高乐应邀出席加拿大建国 100 周年庆典，当访问法语区魁北克省时，这位将军在古老的魁北克议会大楼的阳台上令人吃惊地对欢呼的人群高呼“自由的魁北克万岁！”像一颗火星落进了火药桶，引爆了魁北克人的民族情绪。大为恼怒的加拿大政府只得恭请这位出口不凡的贵宾提前归国。魁北克的民族主义者从此与原宗主国建立了起更加密切的联系。

1968年，魁北克民族主义者组建了一个新的政党——魁北克人党（以下简称“魁人党”）。该党的最终目标是促使魁北克人从加拿大分离出来，建立一个北美法语国家。魁人党的出现把加拿大的统一推向了更加危险的境地，也促使加拿大政府和人民进一步认识到，对法语的抑制将给加拿大带来国家分裂的严重后果，政府必须真正把法兰西人作为平等的一员，承认加拿大是两种语言文化的社会，承认法兰西人与英格兰人同是加拿大的主体民族。

基于上述认识，1969年联邦政府通过了一个“建立在平等概念上的加拿大官方语言宪章”——《加拿大官方语言法》。这一语言法的主要内容包括：英语、法语这两种语言都是加拿大的官方语言，在政府和官方机构内有同等使用价值；在使用英语、法语两种语言的大的少数民族地区，两种语言都应被承认和使用，该地区为双语区；联邦政府国内事务的某些单位应使用双语并雇佣双语人员；首都渥太华的所有学校都必须采用英语、法语双语教学，渥太华宣布为双语区。

然而，尚欠完善的《加拿大官方语言法》又引起了已占全加拿大人口25.28%的非英、法裔其他民族的不满，他们拒绝接受加拿大仅仅是一个“两种语言、二元文化”的国家这一概念，而且也未能缓和积怨已深的法兰西人。在渴望了150年之久的在加拿大“同等使用法语”的要求得以实现后，魁北克民族激进分子又提出在魁北克排除英语只用法语的更高要求。1970年10月，激进的魁北克解放阵线杀害了魁北克省劳工部长，绑架了英国领事，公开鼓吹用武力解放魁北克。针对这一联邦政府有史以来最严重的恐怖事件，温和而开明的特鲁多（Pierre Elliot Trudeau，1919—2000）政府不得不采取强硬手段，用武力平息了这场震惊全加拿大的“十月危机”。

尖锐的民族冲突表明，调整加拿大的民族政策已迫在眉睫。1971年10月8日，加拿大政府出台了“多元文化主义”（multiculturalism）政策，成为世界上第一个正式推行这一全新民族政策的国家。多元文化主义政策的主要内容包括：政府愿意帮助各弱小民族维护和发展其语言文化；政府将帮助各民族克服文化障碍，全面参与加拿大社会；政府在国家利益的前提下，促进各民族间的文化接触和交流；政府将继续帮助移民进行官方语言培训，以便使其全面进入加拿大社会。这一政策为保护少数民族语言文化使其免受同化具有重要的理论价值和实践意义，不仅很快得到了加拿大各民族的拥护，而且迅速风靡了西方世界，随后澳大利亚、瑞士、英国、美国，以及亚洲的新加坡等国也实行了多元文化主义内容的民族政策。专家认为，随着加拿大、澳大利亚民族政策模式的成功，将推动西方国家推行这一政策；多元文化主义政策是西方世界民族政策的未来模式，并将对第三世界国家产生影响，因而有可能成为21世纪多民族国家民族政策的模式。多元文化主义政策的诞生，标志着同化政策和熔炉政策的彻底失败。

但加拿大的语言冲突并未因此而停止。1976年6月，魁北克的英裔飞行员以罢工形式要求取消在空中使用两种语言的制度而与法裔加拿大人再度冲突。同年11月，公开主张魁北克独立的魁人党在选举中夺得了魁北克省政权，加拿大面临着新的民族危机。次年，魁北克省政府率先在最敏感的语言立法领域着手，通过了《101语言法》（又称《魁北克法语宪章》），这是魁人党执政后，为实现魁北克法兰西化的第一项重大举措。《101语言法》规定，在魁北克省，一切公共事务只能用法语进行；任何血统的移民须将其子女送入法语学校就读；一切私人机构须用法语为其顾客服务；所有户外广告、招贴只能使用法语。这一法案的公布引起了强烈的社会反响。一夜之间蒙特利尔所有的工厂招牌、商店广告和街道路标都换成了法语。绝大多数学童在学校念着法语。迁出蒙特利尔的英裔公司就有350多家，迁出魁北克的非法裔居民就有3万多人。英语失去了在魁北克的传统法定地位，只会讲英语的居民在入学、就业和生活方面遇到了无法克服的困难，因而激起了他们强烈的不满。对此联邦最高法院多次对法案的某些条款作出裁决，以缓和英、法裔之间的民族矛盾。

1980年，魁北克就“主权-联系”的方针举行第一次全民公决，以征得选民对于魁人党之宗旨“主权-联系”的支持，以便与政府就独立问题进行谈判。所谓“主权-联系”，是指魁北克省要在政治上成为享有主权的国家，以确保法裔文化的生存和发展；经济上则与加拿大保持共同市场的联系，并在国防和外交上与加拿大联邦保持一致。在公决中，59.5%的魁北克选民否决了省政府的主张，使“魁人党”在走向独立的道路上再次遭受重大挫折。

1981年，《加拿大宪法》规定：“英语和法语是加拿大的官方语言。这两种语言在加拿大政府和各机构具有同样地位、平等权利和享受同等特权。”从此任何人要在联邦政府部门谋职，都必须兼通英语、法语两种语言。例如，在首都渥太华各联邦机构，最底层的职员都必须会英语、法语双语才被录用。加拿大总理竞选，都必须同等熟练地运用英语、法语两种语言答辩。官方举行记者招待会，也必须使用英语、法语两种语言。

1982年，联邦政府通过了《权利与自由宪章》，重申英语和法语同为官方语言，限制了《101语言法》的权利，并将少数民族母语教育权利纳入人权范畴。同年，多元文化主义政策被写入加拿大宪法。政策增设了多元文化事务局，任命一位内阁部长主管多元文化事务，使多元文化的存在和发展更加合法化。在这一年，《加拿大官方语言法》作为一个重要的宪法性法律，被正式列入国家宪法中。政府成立“官方语言委员会”，以监督其贯彻执行。

1985 年，联邦政府召开专门会议，检讨多元文化主义政策实施 14 年来所取得的成绩和存在的问题。会议认为多元文化政策须进一步充实完善和加强贯彻执行。为此政府设立了多元文化事务委员会。

1987 年，联邦政府起草了多元文化原则、立法和具体政策的方案。新的原则主要内容有：多元文化主义政策不是专门针对少数民族的政策，它必须对所有加拿大人有利；提高多元文化政策在两种官方语言中的地位；多元文化政策必须保证所有加拿大人在社会、政治、经济、文化上平等；帮助保护和提高加拿大的多元文化传统，并承认多元文化和多元论是加拿大的特点；鼓励和保护所有加拿大的传统语言，承认多语言带来的文化和经济利益；帮助和鼓励移民集团的一体化而不是同化。重新制定的多元文化政策的主要内容有：确认加拿大所有成员有保护和享受其语言和文化传统的自由；多元文化主义是加拿大未来的社会模式；多种语言和多样文化是加拿大无可估价的宝贵资源；在加强官方语言的地位和使用时，保护和提高其他语言的使用；在与官方语言和睦相处的情况下，提高多元文化主义在加拿大的地位。很显然，较之 1971 年的多元文化政策，新的多元文化主义原则和政策扩大了这一政策的适应和受益范围，强调了民族多元和国家一体的辩证关系，认识到了多种语言和多样文化是社会的财富而不是负担，确认多元文化主义是未来的社会模式和追求理想而不是权宜之计，都体现出了它的进步、充实和完善。

1988 年 7 月 12 日，加拿大议会通过了《多元文化主义法》，加拿大多元文化主义进入一个新时期。多元文化政策作为一项法律在全国推行，从而巩固和提高了它的地位。经过 18 年的努力探索和实践，多元文化政策最终以完整系统的观点、理论、方法、措施为加拿大各民族集团所接受，并以法律形式予以确定和推行。多元文化政策是加拿大在经历了 300 多年法语、英语两大民族语言文化冲突的阵痛后诞生的新的民族政策，是加拿大各族人民长期共同斗争争取的结果，是加拿大实行同化政策和熔炉政策失败后的必然选择，是顺应历史潮流和人类理性精神的结晶。它为现代多民族国家和未来世界提供了一种可供试行而较为理想的社会模式。“多元文化”以其深厚的哲学内涵和新颖的理性意义，已成为一个时兴的概念而流行于世界社会人文科学领域。这是加拿大对文明社会的一大发明和对人类社会的重要贡献，它将作为人类社会的宝贵财富而为世界多民族国家所共享。

应注意的是，新的多元文化主义政策在加拿大的实行，并未给英裔、法裔民族之间的冲突画上句号。就在 1988 年年底，魁北克政府再次上诉联邦最高法院，依据《101 语言法》，要求在魁北克只能使用法语，其他语言一律不准正式使用。联邦最高法院驳回了这一上诉，重申使用双语在魁北克也不能例外，导致魁北克民族主义者上街游行，焚烧英文招牌。1993 年，魁北克的独立危机导致联邦总理辞职。

1995 年 10 月 30 日，加拿大魁北克 500 万合法选民就魁北克独立问题举行继 1980 年以来的第二次全民公决。在这次使加拿大人为之屏息、世界各国拭目以待的全民公决中，联邦派以 50.6%对 49.4%的微弱多数险胜独立派。

魁北克省的议会选举结果事关加拿大的统一。联邦派的自由党与独立派的魁人党在议会省选中展开了拉锯战。根据加拿大联邦宪法，选举获胜的党将组成魁北克省政府，决定魁北克省统独的走向。魁人党在 1976 年首次获得省选胜利后，逐渐成为主导魁北克省政坛的政党，其后分别在 1981 年、1985 年、1994 年、1998 年、2001 年、2012年获得省选胜利。2014 年 4 日，自由党在省选中再次获胜，魁人党又一次遭受挫败，魁北克独立之路漫漫而修远。

魁北克的分离运动给我们提出了一个问题：多元化文化主义政策在加拿大究竟有无效果？它能否阻止魁北克的分离，维持加拿大联邦的统一？

回答应当是肯定的。“冰冻三尺，非一日之寒。”300 多年来英裔与法裔加拿大人之间形成的积怨难以在短期内消除，甚至在将来相当一段时间内还会继续存在，这并不奇怪。加拿大民族冲突有着多方面的复杂原因，法兰西语言和文化在曾经属于新法兰西的这块土地上长期处于屈辱和被损害的地位，而法兰西民族是一个酷爱自己语言和文化传统的民族，素以语言忠诚著称于世，加上第二次世界大战后世界“民族热”浪潮的冲击，法兰西人激发出了强烈的民族情绪，大有扳平英语、一洗宿怨之势，这也情有可原。但因历史的原因，英裔加拿大人在经济、人口、文化等方面的优势已不可改变，在国际上英语也明显成为第一通用语言，更重要的是，多元文化主义政策已经给加拿大法语的生存和发展提供了前所未有的社会条件和有力的法律保护，从根本上解除了法裔居民对法语前途的忧虑。在这种国际国内形势下，魁北克的民族主义者仍在语言问题上锱铢必较、咄咄逼人，就未免有点堂吉诃德式的不切实际和感情用事了。这不仅不利于加拿大的团结和统一，也不利于魁北克的前途和发展，因而不可能获得包括大多数法裔居民在内的加拿大人，以及国际社会的同情和支持。加上魁北克与加拿大在政治和经济上存在不可分割的联系，现阶段及在可以预见的将来，魁北克难以从加拿大联邦分离出去。多元文化主义政策推行 20 多年来，在缓和民族矛盾、维护国家统一方面已大见成效。加拿大能度过 1995 年全民公决的惊涛骇浪，多元文化主义政策发挥了不可忽视的作用。加拿大联邦政府总理克雷蒂安（Joseph Jacques Jean Chrétien，1934—　）在此次公决尘埃落定之后，即向全国发表电视讲话，再次保证支持修改联邦宪法，以承认魁北克法语居民语言及文化的特殊性，这表明了政府对多元文化主义政策所获成效的切身体会和继续推行这一政策的决心。近20年来，“魁独”的激情正在逐渐消退，坚冰必将打破，航道必将开通，在多元文化主义政策的引导下，加拿大民族团结、国家统一的前景是乐观的。

在世界多民族国家的语言冲突中，加拿大的语言冲突具有典型性。加拿大民族冲突的历史告诉我们，民族语言是民族及其文化生存的命脉。在多民族国家，语言问题是一个十分敏感的社会和政治问题。建立在不平等基础上的同化或熔炉政策在过去的殖民时期行不通，在现代社会更是注定要失败。多元文化主义不仅是一种具体的民族政策，同时也是一种新的民主理论。民族多元、国家一体，是多元文化主义的核心，也是一对辩证的哲学范畴。国家的活力来自文化多元，一体化又能维护国家的团结统一。加拿大多元文化主义成功的尝试，为世界多民族国家提供了良好的范例，它将走出加拿大，走向世界，为民族平等、国家安定和世界和平作出更大的贡献。

第三节 语言对民族文化的反映

一、词汇密度显示民族生活环境

语言是人类认识和反映客观世界的重要工具。按照简单的道理，对于一个民族来说越是重要的事物，理解、认识就越深刻，反映、表达就越充分、全面和完整，其语言中关于该类事物的词汇就越丰富。反过来，对于一个民族来说越是不重要的事物，理解、认识就越欠缺、片面和肤浅，反映、表达就越简略、粗疏和模糊，其语言中对于该类事物的词汇就越贫乏。所以，语言中不同义类词汇密度的高低，就成了评判语言对不同事物的认知、观察语言与民族的生活环境的一项重要指标。

语言中词的形成与其生活的自然环境和社会环境有很大的关系。有许多例子说明，某一社会所生存的环境，通常能在语言的词汇中得到反映，区别的方式是使用不同单词，形成密度高低不一的词汇场。语言中的词汇系统是由一个个表示同类客观对象的词汇场构成的。不同语言对于表示同类事物的词汇场中词汇的密度不同，这与他们生活的社会对该类事物的关注度密切相关。关注度越高的事物，它的语言分割就越是细密。位于文化中心的词汇肯定比处在文化边缘的词汇更加详尽，所以词汇密度与它在某种文化上的重要性是成正比的。美国人类学家林顿（Ralph Linton，1893—1953）指出：“语言的差别在于：社会是否对某一思想熟悉到一定的程度，或关注到一定的程度，以至于要造出一个单词来表达这一思想。因此，用澳洲土语传达飞机的观念也许要数百个单词，而英语中一个单词就足以说明问题。但是，用英语来表达阿尔丘林格（Alchuringa）‘祖先’这一概念同样需要几百个词，而澳洲土语用一个单词就足够了。”（林顿，1989：8）很明显，如果某一语言在某一词汇场中词汇分布的密度越高，就说明这个词汇场中所指代的对象与操这种语言的民族有密切关系。反过来说，如果语言中某些词汇场中密度很低甚或没有某些词汇，就说明这些词汇场所指代的对象对于操这种语言的民族来说关系很疏远或没有关系。比如，“雪”在英语只有一个词 snow。然而居于北极冰天雪地的爱斯基摩语却有好几个词；北欧的拉伯人语言中有 20 个词表示不同的冰，有 11 个词表示不同程度的冷，有 41 个词指称各种形式的雪，有 26 个动词表现上冻和解冻。之所以如此，原因很简单，对于生活在冰天雪地的民族来说，能够有效地区分各种各样的冰、雪、冷、冻是生活和生存所必需的。即使同一民族，也会因环境不同而产生词汇的差异。南方广东、香港汉族生活在亚热带地区，气候常年高于北方，很难看见下雪结冰，因而对冰、雪分不清。屈大均的《广东新语》卷一《天语》说：“粤无冰，其民罕知有南风合冰、东风解冻之说。”“即或有微冰，辄以为雪；或有微雪，以为冰。人至白首，有冰雪不能辨者。”这种自然环境致使广东人把“冰冻啤酒”叫作“雪藏啤酒”，把“冰棒”叫作“雪条”、“雪批”，把“冰淇淋”叫作“雪糕”，香港人称“冰箱”为“雪柜”。而北方汉族地区罕产柑和橘，因而对柑和橘往往分不清。各民族对于他们经常接触的事物区别很细，各以特定的词汇予以表示，从而形成不同的词汇现象，反映了不同的文化环境。

拉法格（1964：2）指出：“任何文明语言中的词都保留着原始人林莽生活的痕迹。”我国的少数民族，或游牧于西北高原旷野之上，或渔猎于东北白山黑水之间，或采集于西南深山老林之中，或耕种于中南平原丘陵之域。在他们的词汇中，自然会反映其游牧文化、渔猎文化、山林文化和农耕文化。居住在我国西北新疆、甘肃一带的游牧民族哈萨克族，语言中反映畜牧业的词汇场密度极高，各种牲畜如马、牛、羊、骆驼等不但有各自的通称，而且还有按年龄、性别等区分的特称。例如，马，除有通称外，又有一岁马、二岁马的分称；三四岁的马又按公母分称，四岁以上成年的马又按公马、母马、阉马分称。这些词汇说明在哈萨克族的畜牧文化中，一二岁的幼畜尚在成长期，所以在词汇中没有分别公、母的必要；三四岁的牲畜则具备了生育能力，而四岁以上的成年公畜有的要被阉割掉，因而产生了相应的特称词汇。除此以外，哈萨克族人对于牲畜的各种毛色、马匹行走的步伐、不同季节和不同用途的牧场、各种奶制品、对各种牲畜的呼叫，以及牲畜发出的不同叫声都严加区别，各有专门词汇表示，甚至连牛粪都有四五种名称。从这些词汇中可见畜牧业在哈萨克族的生活中占有极重要的地位，说明哈萨克族是一个以畜牧业为主的民族，生活在适于游牧的大草原上。

分布于黑龙江省的同江、抚远、饶河等县的赫哲族，世居黑龙江、松花江、乌苏里江流域，在语言词汇中，有各种各样表示渔猎工具的名词，鱼名也有几十种，还有由各种神的名称组成的词汇场，如打猎领路神、石头男神、石头女神、小木神、小铅神、小铁神、仆神、马神、鹰神、熊神等。这些反映出赫哲族人民过着渔猎生活，居住在险山恶水之中，生命和生活资料都没有保障，为了人身安全和渔猎收获，把希望寄托在神的身上，因而产生出了各种神的名称。从这些词汇中，我们可以看出赫哲族居住的自然环境、生活类型和心理状态。

在云南独龙族的语言中有许多动植物的名称，有好几十种蛇的名称，另外如野芋、竹子、野果，以及菌子都能叫出几十甚至上百种的名称。至于各种鸟兽如飞鼠、布谷、喜鹊、野鸡的叫声都有专门的词汇。原来独龙族人居住在云南独龙河流域，东倚高黎贡山，亚热带植物生长茂密，并以蛇为患。1949 年前仍保留着浓厚的原始社会残余，常以采集补充生活资源。这种生存环境在他们的语言中留下了深深的烙印。

居住于云南德宏傣族景颇族自治州山区的景颇族的语言中，有关“砍”这个动作的动词特别丰富，有“砍”、“平砍”、“横砍”、“斜砍”、“齐根砍”、“砍削”、“砍柴”、“砍成节”等。对旱地的分类也很细，“丢荒的旱地”、“熟荒地”、“种了一年丢荒的地”、“正在耕种的地”各有单独的词来指称。景颇语中对于“砍”这一动作和旱地的细致区别，可推知不久前景颇人仍然过着刀耕火种的生活。

对于落后民族语言对事物具体细致的区分，人类学家和语言学家都有十分深切的共识。人类学家路威（1984：265-267)指出：“中央亚细亚的游牧民族吉尔吉斯人叫马有多种名称：纯白的叫 kysyl；口旁及两胁无毛地方作黑色的叫 kok，头部，臀后部，鬃毛及马尾作浅棕色的叫 kysy kok；倘若这几处地方带上一层深灰色便叫 kara kok。棕马而白腹者名 schbdir；鬃毛及马尾作黑色者名 ker。白马而周身有大黑斑者名 ala；有小斑者名 schybar。我们会预期他们对于种马，骟马，牝马、小马等各有特殊名称。可是吉尔吉斯人决不如此简单。初生小马叫 kulun；两岁的叫 tai；三岁的叫 kunun；四岁的叫 donon。牝马没有生育过的叫 baital；已经生育过小马的叫 bia；倘若夏季没有生小马，就叫 kyssyr bia；倘生育已绝，就叫 tu bia。举一隅以三隅反；加上鞍辔羁勒等物以及与宰马，骑马，牧马，取奶等相关的字眼，那总数真是惊人。种玉米的荷匹人的玉米语汇，打野牛的平原印第安人的野牛语汇，无不与此事相同。这些民族各自以一定的方式适应自然，对于和他们有重要关系的事物作出精密的观察。”可见世界各地的民族都以高密度的词汇场来表示与他们有重要关系的事物，这些词汇成为我们了解各民族文化环境的可靠资料。

法国著名语言学家房德里耶斯（Joseph Vendryés，1875—1960）在《语言论》中也同样认为，“考察野蛮人的语言可以证实我们从历史中取得的知识。这些语言里呈现的语言情况是我们所称的文明所决不反映或极少反映的。它们富于具体的和特殊的范畴，这和我们的开化的语言形成鲜明的对照，因为在我们的语言里，这类范畴已经消失，愈来愈多地具有抽象的和一般的范畴。野蛮人以罕有的精确性表达许多我们茫无所知的具体细节。例如他们对于空间的考虑也许比我们的语言对于时间的考虑更为注意。在他们的心目中，任何动作都固定于空间的某一点上，人和物的空间关系在他们的语言里都有特殊的范畴表示出来，比之时间上的关系有过之而无不及。时间比空间是高一级的抽象。我们开化的人在形态中放弃了空间的具体概念，更乐意表达时间的抽象概念。这是文明的一种表现”（胡明扬，1988：260）。

确实如此，文明程度相对较低的少数民族语言关于空间的范畴比较特殊。在我国南方一些民族语言中，方位范畴、趋向范畴和与之相关的方位名词、指示代词、趋向动词就远比“文明语言”复杂。四川北部的嘉戎语表示垂直空间上下和地势河流上下的方位名词和趋向动词就有六种：

	直上方	直下方	上游方	下游方	趋山方	趋水方
方位名词：	a-ta	a-na	a-ku	a-di	a-to	a-re
趋向动词：	ka-tho	ka-jə	ka-go	ka-də	ka-ro	ka-rə

同样，生活在川北的羌族，其语言中表示垂直空间上下和地势河流上下的方位名词还因空间的远近而分出了泛指、近指、中指、远指四种：

	泛指	近指	中指	远指
上　方：	məq	tsuməq	mə*ta*	mə∶*ta*
下　方：	qəl	tsuqəl	qəll*a*	qə∶ll*a*
上游方：	niz	tsuniz	niz*ta*	ni∶z*ta*
下游方：	khsiz	tsukhsiz	khsiz*ta*	khsi∶z*ta*

羌语的趋向动词，也根据空间上下、河流上下、向里向外、向此向彼等“空间的某一点”而细加区别。嘉戎语、羌语复杂的方位名词和趋向动词是因其生活在川北高山大川的复杂自然环境中，为准确辨识方向、方位而形成的一套特殊的系统。根据这套系统的复杂性，我们可以了解到使用这些语言的民族

认识事物的具体性和精确性，以及其生存的自然环境的复杂性。

二、词的早期意义是民族文化的沉积

词在历史发展的过程中通过引申的方式可以产生相近和相关的多种意义，古今词义有内在的联系，共存于同一词中。因此，研究一个词前后关联的意义，可以看出古今不同事物的关联，从现行词汇的早期意义上可看出它所保存的历史文化。

在汉藏语系侗台语族泰语中，“医生”和“巫师”是同一个词，读 mɔ。由此可知，在泰民族语言中医生和巫师的职业是有联系的，在早期医即是巫，现代的医是从古代的巫演化而来的。这个词与汉语的“巫”音义同源，它所反映的现象恰好与汉族早期巫、医合一的史实相吻合。汉语中“巫”和“医”早就没有关系了，但泰语中早期的“巫”与现代的“医”仍是一个词，从中可证巫、医之间的历史关系。

彝语表示“钱”和“牲畜”两个意义的是一个词，藏语表示“钱财”和“牛”两个意义的是一个词。这两种意义看起来似乎没有任何关联性，但是研究表明，在人类历史上牲畜是最早的货币形态，曾经作为原始货币使用并且具有相当的普遍性。在产生于公元前 9 世纪的荷马史诗《伊利亚特》中，就有用牛作价值尺度的描写，如“铠甲值九头牛”，“（工艺）女奴值四头牛”等，说明当时希腊可能是用牛作货币的。在古代欧洲的雅利安民族，在古波斯、印度、意大利等地，都有用牛、羊作货币的记载。拉丁文的 Pecunia（钱）来源于 Pecus（牲畜）；英语中的 fee（金钱）来源于盎格鲁-撒克逊民族的哥特语 faihu(牲畜)；印度现代货币名称 Rupee（卢比）来源于“牲畜”的古文 Rupye。中国约在 4000 多年前的新石器时代晚期开始出现以牲畜作为实物货币。彝语、藏语中“钱”与“牲畜”、“牛”同词，说明彝族、藏族早期曾以牲畜作为货币形式在商品交换中流通，它印证了曾经存在过的一个普遍事实，并为恩格斯在著名的《家庭、私有制和国家的起源》中的观点“牲畜获得了货币的职能”提供了佐证。

在朝鲜语中，səpang 一词本是汉语借词“西房”，指西边的房子。但这个词后来产生出“女婿”义。从前后意义的联系，可推知朝鲜族西边的房子或是女婿所居，因而由“西房”借代“女婿”，与汉语以“东床”借代“女婿”相类；朝鲜语 sɯsɯŋ 原指“僧人”，后来产生出“师傅、老师”的意义。不难看出，朝鲜族的教育与佛教有密切的关系，历史上曾经是由僧人承担教育、培养职能的。

在纳西语西部方言中，“母”有“大”义，“男”有“小”义。如大树为“树母”，小树为“树男”；祖房为“房母”，小房为“房男”。在湘西苗语中“母”、“大”是一个词。布衣语中 meeh（母）也有“大”的意思，如 meeh-naz（大田）、meeh-dah（大河）、meeh-raangz（大竹笋）、meeh-faix（大木棒）。这种意义联系背后隐含着深刻的文化内涵，记载了在母权社会时期女性的社会地位高于男性、女尊男卑的历史。而在鄂伦春语中，“氏族”一词直译为汉语就是“女人”，保留了早期母系氏族社会的某些痕迹。与之印证的是，鄂伦春族的妇女可以说“这是我的家”，而男人只能说“这是家”，或者说“这是我妻子的家”、“这是我妈妈的家”，不能用“我的”作为“家”的修饰语，因为只有女人才有家，男人是没有家的。语言显示了该民族妇女的崇高地位。

三、合成词是探索民族文化的珍贵资源

美国著名汉藏语研究专家马提索夫指出：“复合词的研究对我们计划就非常重要。在我们的工作中，如找到多音节的复合词，而每个音节都有意义，我们就特别感兴趣。因为透过这些复合词，可以根据研究语义比喻（metapher），探讨说这些语言的人的思维方式。”（戴庆厦，1990）

合成词或词组是由两个以上有意义的词素或词按照一定语法结构组成的语言单位。合成词和词组对于词素与词的选择和组合，依赖于不同民族的文化背景。通过合成词和词组的分解，可以探讨使用语言民族的生存环境和思维认知方式。

例如，云南的傈僳语把北方叫作“水头”，把南方叫作“水尾”，说明当地河流的走向不是由西到东，而是由北向南。与之相同的是，云南纳西族图画文字中，有两个类似于汉语“川”字的形体，一个把三竖行的上头连在一起而下头张开，另一个把三竖行的下头连在一起而上头张开。据傅懋勣（1984）的考证，这两个字都取自于纳西族图画文字“水”的形体，前者取“水”字的上半表示水源部分，意为“北方”；后者取“水”字的下半表示水尾部分，意为“南方”。文字形式反映了当地河流由北向南的走向。而云南白语大理、剑川、碧江方言却用“江头”表示“南”，“江尾”表示“北”，又反映了碧江当地水流的走向恰恰相反，是由南向北。

表示“结婚”意义的词，独龙语中由“买”和“女人”两个词素构成，布依语由“卖”和“姑娘”构成，在景颇语中由“拿”和“女人”构成，体现了买卖婚姻和抢亲遗风。

在游牧民族哈萨克族的语言中，表示“男孩”的词直译为汉语是“牧羊人”，表示“女孩”的词直译为汉语是“有马人”。因为在哈萨克族，男子娶妻必须给女方家中送去马匹作为聘礼。

蒙古语中表示“接生”的词是由“捉”、“母亲”两词构成，可见蒙古族在医学不发达的时候，女人分娩因痛苦而挣扎，而接生的主要工作就是抓住产妇不让其动弹，类似于汉语方言把接生婆叫作“稳婆”。

水语表示“镜子”的词直译成汉语是“亮水”，说明水族也经历过“以水为镜”的历史，可与汉语《书·酒诰》中“古人有言曰：‘人无于水监，当于民监’”相比证。

黔东南苗语把玉米叫作“汉饭”，把洋布叫作“汉布”，可知这种粮食作物和布料是从汉族地区引进的。傈僳语把土豆说成“汉芋头”，把花生叫作“汉豆”，都表明了汉族文明对少数民族的影响。

嘉戎语把温泉叫作“药水”，说明操嘉戎语的川北藏族地区有着丰富的温泉，而且当地的藏族民众很早就认识到了温泉的药用价值和治病功能。

藏语中由“宗教”和“火”构成“酥油灯”一词，可见酥油灯主要是用于宗教活动的。

在合成词词序上，词的先后顺序也能体现出事物在社会中的轻重主次。僜人达让语和格曼语，以及布努语、阿昌语、苗语、京语、土家语、彝语等对于“夫妻”、“父母”、“男女”、“公婆”等并列词组都把表示女性的词放在前面，说成“妻夫”、“母父”、“女男”、“婆公”，反映了女尊男卑、女主男次的深层文化。

由上可见，合成词和词组反映的民族文化是多方面的。如果把一种民族语言中合成词和词组进行详细分析，就能呈现一幅相当可观的文化图景。要注意的是，词汇反映的文化现象有时是直接明显的，如水语把镜子叫“亮水”，景颇语把玉米叫“主要的作物”；有时是间接隐晦的，如台湾高山族阿眉斯语把流星叫“说媒的星”，把虹说成“依特克（神名）的圈套”，应是寓含了高山族人民的神话传说。蒙古语把灭族说作“摸肚脐”，其深层的文化含义单从字面上很难理解，需借助其他材料才能得到诠释。

四、底层成分是民族历史的化石

语言的底层理论对于研究我国复杂的民族关系史具有重要的意义。上古中原汉族向四周扩张，迫使四周的少数民族或迁徙到更边远的地方，或同化于汉族。四方的少数民族，特别是南方的百越，其语言中的某些成分残留在汉语中，成为汉语的底层成分。底层成分可以是词、语音和语法，而底层词的探索具有更大的价值。

罗常培（1989：52）曾说：“被征服民族的文化借字残余在征服者的语言里的，大部分是地名。”在我国，早先少数民族居住的地方，人迁走了，他们的地名却留在那里，成为他们历史的化石，从这些地名上可以探索早先少数民族定居和迁徙的痕迹。例如，现代著名地理学家陈桥驿（1983）根据东汉袁康所著《越绝书》卷八《越人谓盐曰余》的记载，考证出浙江省沿海地名像余杭、余姚、余暨中的“余”都是古代越语“盐”的意思，这些地方曾经是都古越族的故地。地名显示古代南方百越民族的分布，到达了东海之滨。

在云南南部普洱市宁洱县，有个名叫“磨黑”的古镇，素有“滇南盐都”之称，现为汉人居住。但这个地名却是傣语地名，是傣语词的汉语音译，“黑”是傣语“开采”的意思，“磨”是“盐矿”的意思。这个地名证明此处原是傣族开采盐矿的地方。

在湘鄂西地区，有很多土家语的底层地名。许多以“李”、“利”、“澧”等为地名的都源自土家语“虎”。《方言》卷八有“虎，陈魏宋楚之间或谓之李父，江淮南楚之间谓之李耳”，张永言（1983）认为，“这是古代属于藏缅语族彝语支的一种语言里的两个词”。李父、李耳实际上就是土家语“公虎”和“母虎”的音译词。今湘西石门县有“李耳岗”，慈利有“李二溪”，鄂西恩施市有“李爸沟”和“李儿沟”，鹤峰县有“李虎坡”（方言“李虎”与“李父”音近），即是土家语“公老虎沟”和“母老虎沟”。今湘西土家语称公老虎为li pa，转写为汉字即为“李爸”、“李父”；称母老虎为li ni ka，转写为汉字即为“李耳”或“李二”、“李儿”。土家语的li，与纳西语、傈僳语、彝语、阿昌语称“虎”的词音义同源。《山海经·海外北经》载：“有青兽焉，状如虎，名曰罗罗。”这个“罗”可能就是藏缅语族彝语支所称的“虎”。在今土家族分布的湘鄂西地区，还有许多带“车”的地名，“车”即土家语表示“水、河流”意义的底层词。鄂西来凤县土家语地名“革勒车”直译为汉语就是“可怕的水”。还有以“舍”为名的地名，来自土家语“猴”；以“湖”为名的地名，来自土家语“沟”。鄂西土家族苗族自治州来凤县地名“舍米湖”，即土家语“猴子沟”。

除地名外，有些汉语方言的核心词也可能是民族语言的底层。例如，汉语方言人称代词“侬”，古代广泛分布于江南，现代主要分布于吴、闽方言，在徽、赣、粤诸方言中也有分布，其地理分布跟古代百越人分布的地区重合。今壮侗语族和苗瑶语族的自称或族称，音、义类似于汉语方言的“侬”，如壮语、布努语、花垣吉伟苗语的自称，龙胜、蒙山瑶语和宗地苗语的称人量词。因此，有学者认为，汉语方言词“侬”可能是古百越语的底层词（李如龙，2005）。

除词语外，语法现象也可能是民族语言的底层。例如，汉语湘、赣、客、闽、粤等南方方言中，“鸡公”、“牛牯”、“狗婆”、“人客”、“菜干”、“菜蔬”、“鱼生”、“饭焦”、“鞋拖”等合成词，是“中心词＋修饰语”，与北方汉语所指相同，但与北方“修饰语＋中心词”的词序恰好相反，在这一点上，南北方言形成了鲜明的地域区别。岑麒祥、桥本万太郎、余霭芹等均认为南方汉语“中心词＋修饰语”的构词法是壮侗语族的语言沉淀在汉语中的底层。①

语言中的底层成分往往被层层覆盖，沉淀在一种语言的最底层，其真实面目很难发现。因年代久远，它被湮没、掩埋在语言历史的深层，犹如在漫长的地质年代里，生活在遥远过去的生物遗体、遗迹变成的“化石”。但是它们原来的形态、结构依然保留着，那些逝去了的民族彼时生活的情状也得以保留下来。通过挖掘、分析、研究语言的底层成分，语言学家可以逐渐认识遥远的古代民族的形态、结构、类别，可以推测出千万年来民族的起源、分布、演化的过程，可以一窥漫长的历史时期民族之间的接触、交流和影响。因此，语言的底层成分是十分难得的古代民族历史考古材料。

五、概念隐喻是洞察民族心理认知的窗口

概念隐喻是根据“相似”的原则根据已知命名未知的表达手段。与修辞学上的隐喻不尽相同，概念隐喻不是临时运用的、带主观感情的简单类比，而是从人的心理状态和知识程度出发对所指对象进行评价的纯客观认识的体现，认识的结果一旦以词的形式确定下来，就具有全民性和稳定性。

美国认知语言学家莱考夫（George Lakoff，1941—　）认为，概念隐喻在我们的生活中无所不在，不仅存在于人类的语言之中，而且也存在于人类的思维和行动之中；它不是语言的表面现象，而是一种深层的认知机制，它组建了我们的思维，形成了我们对世界的判断（Lakoff，Johnsen，2003)。概念隐喻同时还是蕴含和传递文化的载体，不同的文化在表达同一意义时可能会用不同的隐喻去理解人类所共有的知识和经验。因为语言所指的对象具有多方面的特性，可以从不同方面多角度地去认识，所以不同民族就能根据各自的认知、心理对同一对象命名，而所命之名就反映了命名者的心理状态、认识水平和思维方式。

从词源学的角度来看，一种民族语言隐喻式的词源结构，对另一民族来说往往感到新奇甚至不可理解，不同的形象思维赋予了想象的空间，彰显着语言的鲜活生动，体现了语言的陌生化和张力，形成了文化上的差异。例如，表示

---

① 参见岑麒祥《从广东方言中体察语言的交流和发展》，《中国语文》，1953（4）：9-12；［美］余霭芹 *Comparative Chinese Dialectal Grammar*，EHESS，Paris，1983；［日］桥本万太郎著，余志鸿译《语言类型地理学》，北京：北京大学出版社，1985：379-383。

“悲伤”，汉语说“肠断”或“断肠”，而苏丹的哈白族说“肝痛”，庞巴拉部落说“眼黑”，乌杜克人说“胃沉”，黄金海岸以北的莫西人说“心烂”。悲伤对人体的刺激从生理学的角度来看全人类都一样，但从文化的角度看可以有不同的感知。又如，表示“无所畏惧”，汉语说“胆大”，而满语说“肝大”；汉语中的“没胆量”，满语说“无肝”。汉语中的“心慌”，壮语叫“肚惊”。汉语基于心理活动的词，水语往往以“肚”相应，如“性急”，水语说“肚短”；“舒畅”，水语说“肚甜”；“合意”，水语说“合肚”。对于“忌妒”，壮语和汉语说成“眼红”，而瑶族勉语则说“眼黑”，京语说“眼热”。“生气”，载瓦语叫“心痒”，而独龙语叫“鼻子辣”，壮语则叫“喉咙热”。

汉族认为“胃”是人身上装食物和水的地方，《说文》说“胃，谷府也”，《黄帝内经》说“胃为水谷之海”。塔塔尔语、哈萨克语和乌孜别克语均说成“饭锅”，土家语则说成“屎袋”。

草原游牧民族蒙古族把圆形的板栗叫“兔子的睾丸”，是基于畜牧文化背景。而具有山林文化特征的少数民族，往往把圆形的物体认作“果”。如景颇语把辣椒叫“辣果”，把眼睛叫“脸果”；佤语把手榴弹叫“炸果”，把纽扣叫“衣果”；基诺语把陀螺叫“转果”；阿昌语把子弹叫“枪果”。

仡佬语把木柴刚刚燃烧过后剩下的渣滓，叫“火屎”，与汉语赣方言中的崇阳方言词源结构完全相同。这个隐喻为我们呈现了这样一幅图景：熊熊大火吞噬了木柴，留下的残渣犹如人或动物饱食之后排出来的粪便。

侗语的“醉”是用“酒”和“死”两个词素来表示的。用“死”来隐喻“醉”，表现喝醉了酒昏迷如死的状态，不能不说是十分独特、新颖、形象的表述。由此我们联想到汉语的“醉”字，“酉”就是酒，“卒”也许就是“死”的意思。汉语的“醉”与侗语的“酒死”词源结构相同。许慎的《说文》说“醉，卒也。卒其度量，不至于乱也。从酉从卒”，所谓“卒其度量，不至于乱”，不过是代圣人释字的说教而已。

“故乡”，汉语的意思是“故人（祖先）世代居住的地方”，具有永久性，表现了农耕民族安土重迁的文化传统；而维吾尔语把“故乡”说成“脐带的血流下的地方”，具有瞬间性，反映了游牧民族居无定地的文化背景。

在汉藏语系壮侗语族一些语言，如布依语、壮语、傣语、水语、侗语、黎语中，以及可能与其同源的印度尼西亚语中，“太阳”的词源结构是“白天的眼睛”。英语中“太阳”的别称是Day’s eye（天的眼睛），英语中Daisy（雏菊，又称“小向日葵”）一词来源于Day’s eye。可知在原始思维中，这些民族大概以为发亮的太阳，有如天的眼睛，这与一些民族古老的传说或文献记载相符。

布依语中的 wanl 一词有“魂”和“种子”两种意义，如 wanl wenz（人魂）、wanl haux（谷种）、wanl faix（树种）等。wanl 的本义应是“魂”，由“魂”引申出“种子”的意思。“魂”和“种子”意义的关联，说明布依族先民认为植物的种子犹如人的灵魂，人有魂则生，无魂则死，人死魂又托体而生，而植物有了种子才会发芽生长，成熟老死后又变为种子，死而复生。于是，wanl 一词就有“魂”和“种子”两种意义。布依族以“灵魂”隐喻“种子”，深刻揭示了他们对于动物和植物两种不同的生命体在生命本质上具有一致性的认知。

六、借词是民族文化交流的重要证据

语言像文化一样，很少是自给自足的。文化交流必然会产生语言的相互影响，语言必须通过交流而丰富自己。语言的影响和交流主要反映在词汇的借用上。语言之间词汇的借用犹如贸易上的输出与输入。不过这种交易是不平等的，语言的输出同文化的辐射能力成正比，文化程度高的民族对文化程度低的民族影响更大，而较少接受文化程度低的民族的影响。所以，“仔细研究这样的借词，可以为文化史作有意味的注疏。留意各民族的词汇渗入别的民族的词汇的程度，就差不多可以估计他们在发展和传播文化思想方面所起的作用”（萨丕尔，1964：121）。

萨丕尔（1964：121-122）指出：早期的中国文化、佛教和古典地中海文明在世界历史上起过巨大的作用，“只有五种语言在传布文化上有过压倒优势。它们是古典汉语、梵语、阿拉伯语、希腊语和拉丁语。和它们比起来，甚至像希伯来语和法语这样的文化上很重要的语言，都落到次要地位”。东南亚地区各民族深受古代汉族文明的巨大影响，在语言上有显而易见的标志。朝鲜、日本、越南等域外民族且不说，概观国内各民族，过去接受现在仍然接受着汉族文明的长久影响。因此，我们只要看看少数民族语言从汉语中借用了哪些词，就可以了解他们从汉族吸收了哪些文化。

例如，独龙语中的汉语借词约占全部借词的 80%，可见其接触汉文化之广、受汉文化影响之深。早期汉语借词大多是他们日常生活中本民族不生产的用品或食品的名称，如“锁”、“灶”、“板凳”、“萝卜”、“腊肉”、“馍馍”、“墨”等。近期汉语借词则涉及政治、经济、文化、生产生活各方面的内容，如“总理”、“工业”、“电影”、“火柴”、“拖拉机”等。

苗语养蒿话和瑶族布努语方位词“东”和“西”都以太阳的升和落为依据构成本族固有词，但“南”和“北”却是汉词借词，说明原本他们只有前两个方位概念，后两个方位概念是后来受汉文化影响而产生的。

壮语中表示度量衡单位的词如“尺”、“寸”、“分”、“亩”等都借自汉语，说明其度量衡是受汉文化的影响而产生的。

畲语、瑶语、黎语中的“金”、“银”、“铜”、“锡”、“钢”等金属都是汉语借词，唯有“铁”是本族固有词，说明这些民族炼铁早于其他金属，是自源文化，其他则是后来受汉族文化影响而产生的文化。

居住在山地的云南景颇族，有关稻作的词汇如“水田”、“板田”、“犁”、“秧”等多借自汉语和傣语，证明他们的稻作耕种文化是从农耕民族汉族、傣族学来的。

游牧民族哈萨克族主要的蔬菜名称如“萝卜”、“白菜”、“茄子”、“豆角”、“韭菜”、“青菜”等都借自汉语，可以看出游牧民族以肉食为主、缺少蔬菜的特点，“萝卜”、“白菜”等词是受汉族文化影响而进入游牧民族的。

在国内各民族中，汉语居于最高文化地位而向其他民族输出自己的语言文化，从而形成一个大的汉文化圈。此外，在少数民族较多的局部地区，还会有以某一文化层次相对较高的少数民族为中心形成次文化圈。在少数民族较集中的云南省，就存在一个以傣族为中心形成的次文化圈，周围的少数民族如布朗族、阿昌族、德昂族、景颇族、拉祜族、基诺族、佤族等都接受傣族文化的影响并借用其词汇。如属南亚语系的布朗语，1949年前借入的词主要来自傣语。景颇族载瓦语有关水田耕作的词也大都借自傣语。阿昌语、基诺语借入最多的除汉语外就是傣语。而傣语很少从上述语言中借入词汇。这就说明在这个次文化圈中，傣族文化要高于其他民族，文化交流主要是以傣族单向输出的形式进行。同样，在西南，有以藏族为中心的次文化圈，在北方，有以蒙古族为中心的次文化圈等。

以上我们从词汇的角度论述了语言对于民族文化的认知作用。除此以外，一些特定的语法范畴也能反映特定的民族文化。例如，羌语、嘉戎语、普米语和载瓦语动词和名词的方位范畴，汉藏语系中的民族语言大量存在的指示代词三分和多分范畴，以及不同民族语言中数词递进方式的差异等，都具有深层的文化背景。

总而言之，语言是探索民族文化不可缺少，有时甚至是非常重要的工具，对于史前文化的考察尤其具有重要意义。我们只要看摩尔根在《古代社会》中从语言的角度考察部落和氏族分化的时间和路线，从家畜的名称找到畜牧生活的证据，就会理解语言与文化的密切关系。运用正确的理论和分析方法，我们能通过语言这面镜子透视各民族的文化内容，发掘民族文化的珍贵资料。

第四节 民族语言的濒危和消亡

一、已经和即将沉寂的声音

现代化的迅猛发展而导致的自然环境恶化、物种消亡、生物多样性锐减已成为众所周知的事实，并已引起人类对自己生存环境退化的忧虑。然而，另外一种更为险恶的人文环境的变化，却没能引起人类社会普遍或足够的关注，那就是我们原本丰富多样的人类语言正随着现代化的进程而迅速消亡，人类的语言和文化生态正处在急剧恶化之中。

据语言学家估计，10 000 年前地球上约有 15 000 种语言，到公元元年消亡了约 5000 种，平均约两年消亡 1 种；到 15 世纪消亡了约 1000 种，平均约一年半消亡 1 种；到 20 世纪消亡了 2000 多种，仅剩下约 6000 多种，平均约每年消亡 5 种。

语言的自然消亡似乎是一种不可避免的趋势，个别语言的消亡并不值得大惊小怪。但语言越来越快的加速度消亡却非同小可，今天面临的大规模少数民族语言的灭绝更是前所未有。

2003 年，联合国教科文组织发表的《濒临消失的世界语言地图》(*The Atlas of the World's Languages in Danger of Disappearing*)指出，在过去 300 年间地球上语言消亡的速度一直在加快，目前联合国登记在册的全球 6000 多种语言中至少有 3000 多种受到严重威胁或濒临灭绝，平均每个月就有两种语言消亡。英国《卫报》公布曼彻斯特大学一个科学小组的研究报告同样表明，目前全世界约有 6800 种语言，其中一半将于 21 世纪中叶消失，90%左右将于 21 世纪末消失。

目前，语言消亡的速度比自然界物种消亡的速度更快。美国语言学家、美洲土著语言研究会主席、阿拉斯加大学阿拉斯加土著语言中心主任克劳斯(Michael Krauss)指出，人类语言正以两倍于哺乳动物和四倍于鸟类的速率消失。2003 年东英吉利大学的人口生态学家萨瑟兰（Willian J. Sutherland）研究了语言消亡和物种灭绝的关系。他利用生物学家在评价一个物种濒临灭亡的程度时所采用的统计学方法，比较了语言、鸟类和哺乳动物灭绝过程的异同，并对 6809 种人类语言的濒危程度进行了分类。他的研究表明：人类语言消亡的速度快于鸟类和哺乳动物的灭绝速度；在那些语言濒危和消亡现象最严重的国家，濒临灭绝的鸟类和哺乳动物也要多于其他国家；将近 1/3 的现有语言已经处在非常危险的地步。

语言濒危或消亡最明显的表现是语言使用人数绝少或消失。目前，世界上60多亿人口与6000多种语言之间的使用分布极不均衡，全世界有96%的人口仅使用4%的语言，换言之，世界上96%的语言只被4%的人口使用。英国语言学家克里斯托（David Crystal）在其《语言的死亡》一书中，对有确切资料的6059种语言按使用人数进行统计排序后指出，目前使用人数超过1亿人口的语言就有8种，依次为汉语、英语、西班牙语、印地语、孟加拉语、葡萄牙语、俄语、日语。这8种语言的使用人数总计高达24亿。如果再扩大到前20种语言，使用人口总数将达34亿，超过世界人口的50%。而在另一方面，使用人数不到10 000人的语言占人类语言一半以上，使用人数不到1000人的语言有1000多种，超过语言总数的25%；使用人数不到100人的语言有近500种，此外还有100多种语言使用人数只有几人甚至一人。英国《展望》月刊1999年2月发表的美国萨默语言学研究所的一项调查同样表明，全世界有51种语言的使用者只有1人，50种语言的使用者不到10人，350多种语言的使用者不到50人，近500种语言的使用者不到100人，约1500种语言的使用者不到1000人，约3500多种语言的使用者不到10 000人，约5000种语言的使用者不到100 000人。克劳斯认为使用者超过100 000人的语言才算安全。如果按这一标准来看全世界的语言，顶多600种，占5%～10%的语言仍广泛为人使用或拥有官方语言地位而暂无灭绝之虞，其余的6000多种、多达90%～95%的语言都面临消亡危机，不幸的是这些语言几乎都是土著少数民族语言。

历史上语言的消亡一直在人们的视野之外，以不为人知的方式悄悄发生着。在15世纪中叶，一位到访克里米亚的威尼斯商人还听到并记录下哥特语，但不久后哥特语就完全消失了。库洛内恩语在1600年前后被立陶宛语和拉脱维亚语取代而完全消失。17世纪晚期古普鲁士语完全消失，1700年有人在一本教义问答手册的扉页上用古普鲁士语写道："这种古普鲁士语现在已经永远地完全消失掉了"，并说明懂这种语言的老人住在库尔兰海角，但他于1677年逝世。易北河沿岸的斯拉夫民族使用的波拉比语消失于18世纪中叶。据记载，在1542年，英国的康沃尔人许多人只会说康沃尔语，连一个英语单词都不会说。但到了1600年，说康沃尔语的人数减少到约20 000人，1700年减少到约5000人，而最后一个会说康沃尔语的人死于1777年，把这种语言永远带到了另一世界（伯克，2007：99-100）。

19世纪以来美洲与大洋洲是语言消失最严重的地方。在哥伦布发现美洲大陆时，美洲约有2000多种语言。自欧洲人进入北美洲500多年来，印第安土著语言已有一半左右消失。根据克劳斯20世纪90年代的调查，以及美国

“国际暑期语言研究所”1999 年和 2002 年所提供的资料，美国境内现存的印第安语言约有 155 种，语言人口为 361 978 人，占美国印第安总人口 2 475 956（2000 年人口普查数据）的 14.6%。其中使用人口 10 000 人以上的语言只有 8 种，1000～10 000 人的有 28 种，100～1000 的有 36 种，100 人以下的有 82 种。在说这 82 种语言的人口中，有 20～99 人说的只有 31 种，20 人以下的却有 51 种。而在这 51 种语言中，只有 10 人说的有 16 种，5 人说的有 7 种，2 人说的有 2 种，1 人说的有 7 种。到 21 世纪中叶，除非采取非常措施或者出现奇迹，否则美国境内现存的 150 多种印第安语将只剩下 20 种。同样，自欧洲人移民澳大利亚以来的 200 多年间，澳大利亚已有 150 种土著语言消失。根据克劳斯 1992 年的统计，现在澳大利亚原住民的语言估计还有 260 种，但其中 90%已经没有生命迹象，目前还有一些人使用的 50 种语言中，有 500 人以上的已不超过 18 种，澳大利亚原住民使用母语的人口有 30 000 人，而这 18 种语言的使用总人口虽然有 25 000 人，但是其日常生活中或一些稍具规模的社团活动中却完全听不到原住民的语言，因此这 18 种仅有的语言今后能够勉强活下来的估计只剩二三种。

中国的语言生存状况也不容乐观。在历史上，我国有许多语言由于种种原因消亡了。一些在历史舞台上起过重要作用的，如鲜卑语、契丹语、西夏语等都早已音沉响绝。其他已知消失的语言还有和阗语、粟特语、吐火罗语、哥巴语、东巴语、女真语、于阗语、巴思巴语、察合台语、鄂尔浑-叶尼塞语等。中国迄今已经发现的语言有 128 种，在这些语言中，有近一半处于功能衰退状态，有相当一批语言濒临消亡，甚至有的刚刚被发现的小语种，时隔几年后专家们再次考察时就已不复存在，如贵州在 20 世纪 80 年代还有人使用的羿语，现在已经消亡。在这 128 种语言中，近期已经消亡的有 2 种，使用人数在 100 人以下的有 7 种，在 101～1000 人的有 15 种，在 1001～10 000 人的有 41 种，在 10 001～100 000 人的有 34 种。100 000 人以下的“非安全语言”多达 99 种，约占中国语言总数的 77%。剩下约占 23%的“安全语言”仅 29 种（孙宏开，2001)。像语言使用人口在千人以下的满语（几人)，普标语（约十几人)，拉基语（约 20 人)，仙岛语（约 70 人)，赫哲语、土尔克语（约 100 人)，格曼登语（约 200 人)，阿侬语（约 300 人)，康家语（约 400 人)，波拉语、布兴语（约 500 人)，莽语（约 600 人)，俫语、达让登语（约 700 人)，怒苏语（约 800 人)，土家语南部方言、炯奈语（约 1000 人)，可以预料，再过若干年，现在会使用上述语言的老人去世，这些语言就必将消亡。而木雅语（约 1500 人)、基诺语（约 10 000 人）也都处于消亡的边缘。

二、语言濒危和消亡的含义

一切自然语言及其所属语系、语族都与其所在地域的自然和文化环境相适应，只要环境、条件不变，就能长期生存。即使发生扩散或缩减，其历程也是缓慢和渐变的。然而人类活动的大量介入打破了语言自然的消息盈虚规律，破坏了语言的生存状态，导致语言的消亡。

根据 2000 年 2 月在德国科隆召开的濒危语言学会议所拟订的标准，语言的生存状态可分为七个等级，分别如下：

1）安全（safe）的语言：前景非常乐观、群体内所有成员包括儿童都在学习和使用的语言。

2）稳定但受到威胁（stable but threatened）的语言：群体内所有成员包括儿童都在学习和使用，但使用总人数很少的语言。

3）受到侵蚀（eroding）的语言：群体内部的部分成员已转用其他语言，另一部分成员包括儿童仍在学习和使用的语言。

4）濒危（endangered）的语言：所有的使用者都在 20 岁以上，而且群体内部的儿童已不再学习和使用的语言。

5）严重濒危（severely endangered）的语言：所有的使用者都在 40 岁以上，而群体内部的儿童和年轻人都已不再学习和使用的语言。

6）濒临消亡（critically endangered）的语言：只有少数 70 岁以上老人还在使用，而群体内几乎所有其他的成员都已放弃使用的语言。

7）消亡（extinct）的语言：失去了所有使用者的语言。

从以上标准来看，判断一种语言的安全与否主要取决于两个因素：语言的世代传承和学习并使用该语言的人数。一种安全的语言应兼备这两个因素。其中，最核心的要素是语言的世代传承。如果一种语言有较强的代际传承，即使这种语言使用人数并不多、使用范围并不广，但也有较强的稳定性，短期内不会消亡。但一种语言不再由上一代传授给下一代，或者代际传承的人口比率迅速下降，即使这种语言使用人数再多、使用范围再广，都有可能快速消亡。居住在云南中缅边境仅 5000 余人的独龙族，使用的独龙语有较强的传承性，在较长时间内还不会消失；冰岛语只有 100 000 人使用，但由于年轻一代也在学习和使用，就没有消亡的危险。而在密克罗尼西亚，最濒危的两种语言却是使用人数最多的语言，因为多数儿童都不学习这两种语言。

语言的消亡与生物的灭绝有极大的相似性。地球上自出现生命以来，原有的生物就大多已经灭绝。物种灭绝作为地球上生命进化的自然现象，是正常的。但地质地理时代物种灭绝的速度极为缓慢，鸟类平均 300 年灭绝 1 种，兽类平均8000年灭绝1种。自人类进入工业社会后，物种灭绝的速度大大加快。到1600—1700年，物种灭绝速度加快到每10年灭绝1种；而到了1850—1950年的100年间，平均灭绝速度变为每年1种了，而且灭绝还在以加速度的趋势进行。“灭绝”最基本的含义是指当今世界任何地方都没有该种的成员存在，也即绝种，这与语言的消亡完全相同。此外，“灭绝”还有“野生灭绝”、“局部灭绝”、“亚种灭绝”，“生态性灭绝”等含义。

“野生灭绝”是指某物种没有野生状态下的个体，仅被笼养或在人为控制下而存活。这与自然语言消失、仅保留在人为划定的保留地相当。例如，哥伦比亚圣马尔塔海拔3000米的内华达山区，被联合国教科文组织的一份宣言指定为“人与自然生物圈保留地”，居住在那里的人口仅2000人的科吉人及其语言在这份宣言保护下得以生存下来，供保护和研究之用。

“局部灭绝”是指某物种在局部地区的灭绝。语言的“局部灭绝”是语言濒危直至消亡过程中最常见的现象。它又可以分为萎缩性的局部消亡和破碎性的局部消亡两种常见情况。萎缩性的局部消亡是弱势语言受到强势语言的挤压，在地域上由边缘向中心收缩，或在使用层面上由整体向局部退让。破碎性的局部消亡是弱势语言受强势语言挤压，而裂变成多个小型或相对孤立的地域碎块，其中某些失去了整体依赖性的语言碎块就会迅速消亡。

“亚种灭绝”与语言中的方言消亡相似。生物学上的亚种是指同一物种内占据不同地理分布区或宿主、互不重叠、生殖隔离不完善，并具有一定形态差异的生物类群。语言中的方言就相当于生物学上的亚种，是语言野生状态的存在，是语言中最丰富而有活力的因素。没有方言的语言生态是脆弱的。现代社会民族共同语的大力推行促使方言衰绝消亡，结果将削弱语言的生命力，最终导致语言的衰绝乃至消亡。

“生态性灭绝”是从生态角度来说的灭绝。由于物种的数量太少、种群过小、遗传变异性丧失而僵死，基本丧失了种群繁殖的生态性功能，被称为“活着的死物种”。这与濒临消亡的语言相似。就对语言生态的影响而言，那些使用人数极少、使用者年龄极高的语言，因遗传性丧失而僵死，已经没有激发生命活力的可能，实际上已经消亡。

三、语言濒危和消亡的原因

语言消亡的第一个原因是同化。当一种文化被另一种更具优势的文化所影响时，这种文化就开始失掉原有的个性，原有文化的语言渐渐退化并最终消失，被优势文化的语言所取代。随着近现代文明的交流和冲突，大量土著、少数民族语言面临着退出历史舞台的危险。某些弱小民族虽然得以幸存，但他们的语言却因文化同化而消失。

目前，欧洲的语言危机很大程度上源于500年前开始的强迫同化运动。例如，1567年，西班牙国王菲利普二世禁止在西班牙使用阿拉伯语；1582年，芒斯特省省长佩罗特爵士向伊丽莎白呈文，主张“扩大英语的使用，消灭爱尔兰语”；1640年，西班牙殖民危地马拉时，法院宣布只有会说西班牙语的印第安人才能穿长外衣和骑马；1641年，荷兰的印度总督发布法令，规定只有懂荷兰语的奴隶才能戴帽子；1659年，科伦坡总督下令奴隶必须学荷兰语；1678年，瑞典国王卡尔十一世下令，在斯康纳和其他新近从丹麦占领的南部省份使用瑞典语，作为推动斯康纳瑞典化的一个组成部分；1695年，英国议会通过一项法令“根除爱尔兰语”；在法国，路易十四的大臣科尔贝尔建议把推行法语作为一种手段，以“让那些根据威斯特伐利亚条约割让给国王的国土上的居民习惯我们的礼仪和风俗”；1735年，法国阿尔萨斯总督的秘书主张“强令这个地区的居民说国王陛下的语言”（伯克,2007：106-107,115-116)。

西方殖民主义者充当了语言杀手的角色，强迫殖民地的土著民族学习殖民者的语言，使土著民族“文明化”的运动直接导致了土著语言的迅速消亡：在北美洲和澳大利亚，英语取代了许多土著语言；在南美洲，西班牙语和葡萄牙语成为主要语言；在非洲，法语替换了众多的当地语言；在亚洲北部，占统治地位的语言是俄语。

政治和政策上的选择也导致了语言的消亡。统治集团要同化少数民族，就以国家团结和统一语言的名义，禁止他们在学校和公共场所使用自己的语言。政府的刻意行为与政治相关，国家中强势民族的语言扩张吞并弱势民族的语言。如法语的扩张牺牲了南方语，英语的扩张牺牲了威尔士语，西班牙语的扩张牺牲了卡斯提尔语，德语的扩张牺牲了捷克语，波兰语的扩张牺牲了罗塞尼亚语，丹麦语的扩张牺牲了挪威语，等等。历史上已有不少这样的例子：土耳其的库尔德人就遭受过这样的对待，而几乎整个20世纪澳大利亚政府和教会都用英语教育当地澳大利亚原住民的孩子，以使他们能够“正确地”成长。

与殖民者、征服者的强迫同化相应的是，语言使用者语言态度的改变。对外族强势语言的盲目崇拜和引进，在很大程度上削减了原语者对自己母语的自信，促使许多语言的濒危和消亡。语言使用者内心认为自己的语言是劣等的，尤其重要的是家长给孩子施加压力，要他们学习、使用声望更高的语言以获得更多的机会。例如，16世纪威尔士人将孩子送去英格兰的学校读书。人们有时会完全抛弃自己的母语，从威尔士语或爱尔兰语向英语转向，或从布列塔尼亚语向法语转向，或从加泰罗尼亚语向西班牙语转向，等等。语言入侵犹如外来物种的入侵，一种弱小语言受强大的外来语威胁，如果它没有足够多或年轻的人口使用，就可能被湮没或被人忘却。尤其是在贫困和偏僻的地区，外来语就像潜伏的病毒，能迅速使当地人厌倦自己的母语，使母语在两三代之内灭绝。

语言消亡的第二个原因是种族灭绝。当原语者因为各种原因而遭遇种族灭绝时，语言也就消亡了。导致种族灭绝的原因大致有以下几种：

1）战争杀戮。早期的西方殖民者对殖民地的原住民采取从肉体上消灭的“武化”政策，导致土著语言随民族的灭绝而消亡。例如，历史上澳大利亚南部的原住民塔斯马尼亚人据说有16个部族和多样的语言，19世纪初英国殖民者对塔斯马尼亚人实施种族杀戮，到1876年全族灭绝，许多语言就此消亡。1857年西方入侵澳大利亚时，居住在昆士兰一带的依曼族被灭族，他们的语言也没有片语只言留存下来。澳大利亚殖民主义者在过去的200多年时间就促成了150多种土著语言的灭亡，还有100多种目前也已濒危。

2）外来疾病。200多年前欧洲人来到拉丁美洲时，除遭受战争的杀戮外，高达90%的原住民死于殖民者带来的疾病。例如，1518年，西班牙人来到拉丁美洲时，墨西哥中部的人口超过2500万。但受外来传染病的摧残，到1620年，人口降至160万。当然，新的疾病也会造成种族灭绝。委内瑞拉库卢埃尼河下游仅一个村使用的特鲁迈（Trumai）语，1962年一场流行性感冒就把讲这种语言的人数减至不足10人。

3）自然灾难。封闭孤立、人口稀少的族群很容易被地震、火山、海啸和其他灾难一举摧毁。例如，1998年7月17日，巴布亚新几内亚东桑道思省海域，一场7.1级的地震使锡萨诺、瓦拉普、阿罗普和马洛尔等4个村庄被摧毁，约有80%的村民在地震中丧生，少数幸存者背井离乡。这4个村庄使用4种不同的语言，这4种语言消亡了。

语言消亡的第三个原因是经济全球化和现代信息的传播。在语言消亡的过程中，全球化浪潮起了催化作用。从一定意义上说，如果在经济交流活动中一种少数语言不再被使用，那么这种语言也将难以存活。现在的全球化市场使地理位置上的隔绝已不复存在。城市化和全球化导致了全球化的语言和支配性的文化模式，年轻一代会觉得自己的土语已经没有什么用处了，于是他们放弃母语，开始学习主流语言。同时，族群的离散和迁移可以迅速摧毁一个语言部落。城市和发达地区富裕的经济前景像磁铁一样吸引着很多土著民族的年轻人离家而去，他们失去了本民族传统的生活环境，生活方式和家庭模式也随之发生变化，民族语言的存在渐渐被视为融入现代社会的障碍，因此很多人放弃母语，改学一门更加实用的语言。

现代信息技术是促使语言消亡的第四个原因。信息技术使世界变得越来越小，主流文化的语言渗透到世界各个角落。西方文化正在以网络、电影、电视、书籍等各种各样的方式，蚕食着少数民族文化和土著文化，现代传媒强化了主流语言，民众趋于学习被媒体广泛使用的语言，使用地方语言的人数正在惊人地减少，一些与世隔绝的语言在强大的现代传媒面前迅速消亡。

四、语言濒危和消亡的后果

世界语言的多样性大都由弱小族群语言、土著语言构成。语言的消亡将打破语言的生态平衡，对人类知识和人类文化造成无法挽回的损失，对未来社会产生灾难性的影响。

语言是文化学研究的重要对象。伯克（2007：11-12）指出："从人类的角度来看，每一种语言都可以看作一笔财富，都为文化的共同积淀做出了一定贡献。但是，对一个特定的地区来看，这种财富并不一定是一种优势，至少从经济上讲不一定是优势。确实，有些例子可以证明事实恰恰相反，即贫穷地区有丰富的语言，反之亦然。"

人类千万年创造的文化资源包括他们的各种知识和经验，都沉积、蕴含在他们的语言中，并依赖语言代代相传。任何一种语言的消失都将是人类思想和知识宝库的损失，都意味着当地人民世代相传的独具特色的地域文化将永远丧失，科学家们就无法探索人类尚未弄清楚的文化现象，人类也就永远摧毁了尚未了解的东西。正如奇异的植物往往具有罕见的药物价值一样，濒危的土著民族语言往往蕴藏着独特的知识内涵和文化基因。语言消亡了，那种文化特有的知识也就丧失了，观察世界的一扇窗户就被关上了。

语言是语言科学的实验材料。濒危语言蕴藏着罕见的语言特征，可供语言研究的内容深奥而丰富。由于我们对语言研究的历史还十分短暂，对语言的了解还十分肤浅，所以每一种语言的消失都会带走重要的语言学信息，使我们失去一个研究的样本，失去一个理解语言本质的机会，意味着我们将更难了解语言的真谛。例如，哥伦比亚北部的少数民族语言衣卡语中没有"你"、"我"、"他"等人称代词，如果没有衣卡语，我们会以为人称代词是所有语言的必然现象。又如，主—谓—宾和主—宾—谓被认为是最常见的"普遍语法"，但在亚马孙丛林的少数语言中，句子成分的顺序却是宾—谓—主。如果没有这些语言，我们会认为宾—谓—主结构为不可能。

语言是人类认知与思维的工具和结果。人类对世界的认知需通过语言表达出来，各民族在独特的自然和社会环境中产生的认知成果是人类知识的宝贵财富。语言的消失就意味着人类认知信息、思维方式的丧失，意味着失去了对人类生存意义的不同诠释。例如，澳大利亚一种土著语 Guugu Yimithirr，用一种以固定物为中心的“绝对”系统，而不是用以说话人为中心的“相对”系统来说明空间的位置，如说“朝东边的那棵树”，而不是说“我左边的那棵树”。这种非人称的、用竭力回忆的方法进行定位的方式，对于普遍存在于东西方人思维中的不可知论和相对主义观而言是一个反证，对于当代语言哲学所认为的语言和思维的模糊性也是一个反证。

语言的多样性有助于社会的和谐与稳定。只有具有多样性，才会有稳定性。就像生物多样性对地球生态环境的重要性一样，丰富的语言充分展示了人类的天性和丰富多彩的精神世界，可使人的思想意识更加开放、更加包容。不同族群语言文化的差异会产生彼此间的新奇感和吸引力。同时，每一门语言都通过自己独特的方式植根于它所处的社会环境中，一个群体的语言是同他们的自我认同感紧密地联系在一起的，不亚于他们的宗教。丧失了母语的人会找不到文化的归属感和群体的自我认同感，反而更难融入强势文化，更容易出现心理问题，从而引起社会动荡不安。正如美国全国地理学会的人类学家戴维斯（Wade Davis，1953— ）所说：“文化是社会稳定的根本。如果剥去语言和语言所包含的文化，人们剩下的就只有孤僻、绝望和极大的愤怒了。”① 一个单一语言的世界不会和平，一个单一语言的国家也难以安定。近几十年来，单语国家大多出现剧烈的社会动荡就是证明。

语言是民族的象征，是民族的核心要素。一种民族语言就是一个独立的精神体系，它提供给人类观察和思考世界与自身的独特角度。尤其是古老的、很少有人使用的语言，是一种极其脆弱的非物质文化，它们多半没有有形的文物那样可见的价值。当一种族群的语言消失时，使用它的族群就会失去自身的特征，产生认同危机。对于讲那种语言的族群来说，语言的消失等于是他们的文化被连根拔起。而对于民族学来说，民族失去了语言，民族学就失去了最重要的研究对象和学科基础，就无从研究民族的历史，无法了解民族的文化，也无法深入民族的精神世界。

语言还与生态学和环境科学息息相关。保护珍贵的生态资源与维护语言的多样性密不可分。土著民族对他们生存环境内的动植物有着丰富的知识，保留着他们对生活在周围的动植物及环境的重要认知。这些知识蕴藏在他们独特的语言中。当一种土著民族语言消亡时，一些关于这个土著民族所生活地区的独特动物和植物，以及气候、物候的信息也就消亡了。语言的消亡实际上是全球生态系统几近崩溃的一部分，都源自于自然生态和现代文明的冲突。联合国环

① 参见新华网专稿：人类语言六千八百多种，近三分之一濒临危境，http：//big5. xinhuanet. com/gate/big5/news. xinhuanet. com/world/2003-06/04/content _ 903001. htm [2003-06-04]。

境规划署在2001年发布的一项报告中就警告说：随着数千种地方语言走向消亡，我们正在失去与自然世界的密切联系，我们会永远失去那些隐藏在各地人们口头创作的歌曲、故事中的大自然的秘密。这不仅使我们的文化和传统受到威胁，同时也使我们的环境受到威胁。

土著民族传统的医学和药学知识是人类宝贵的文化遗产。尽管传统医药基于天然物产，但同样是人类知识和智慧的产物。土著民族生活环境的特定性，使他们有更多的机会利用传统药用资源，比如，奎宁就是南美洲印第安盖丘亚部族最早发现其药用价值并以其语言命名的。土著民族人民尤其是民间巫医，掌握着十分丰富的植物、动物、矿物医药性能等方面的知识。美国哈佛大学著名植物学家舒尔特施（Richard Evans Schultes）曾经说过：每死去这样一个土著巫医，就好比毁掉了一座文库。舒尔特施培养的许多年轻民族植物学家，正赶在那些巫医消失之前抢救出了尽可能多的医学和药学秘诀。许多现代生物药学家为了寻找有重要价值的药用成分，不得不回过头来向民间的草医求助，通过土著民族搜寻他们所知的药用植物，帮助其鉴定有助于药物产品开发的植物和其他自然资源。由于大多数土著民族的语言和文化都在消失中，土著医学和药学知识也正随着他们的语言一同消失。

语言的濒危和消亡除了对以上科学领域造成危害外，在文学、法学、哲学、农学、数学、天文学、地理学等学科都将会造成无法挽回的损失。语言中蕴藏的各类资源共同构成了人类丰富多彩的文化宝藏，每一种语言文化资源都是珍贵的不可再生资源。失去这些宝贵的资源，人类不仅抛弃了它的过去，还将威胁到它的现在，并将失去它的未来。在费希曼（Fishman，2001）编辑的*Can Threatened Languages be Saved*?（《人类可以拯救濒危的语言吗?》）一书中，有一段话说道：When the words of all people become one, then the world will come to an end. Our language is holy, and when it is gone, the good in life will be gone with it.（人类语言统一之日，就是世界末日来临之时。我们的语言是神圣的，当它一旦消亡，生命中的精华也将与之偕亡。）看了这一警世名言，我们不应再有什么理由忽视语言的濒危和消亡了。

第四章　语言与地理

第一节　语言的地域变体——方言

一种语言的使用与地域和族群具有对应关系。也就是说，一种语言往往适用于一个民族和一个特定的地区，同一地方的人说同一种语言，不同地方的人说不同的语言。地理距离越近，语言的差异就越小；地理距离越远，语言的差异就越大，语言的差异就是地域的差异。同一语言的地域变体——方言，也大多是因为地域的差异而产生的。

同一语言因不同地域而产生的变体叫作“方言”，是某一语言中由于所使用的地域不同而产生语音、词汇、语法上的差异，并据此对该语言进行的下位划分。方言相对于共同语而言，只限于在某一地区使用。在社会语言学领域，准确地说，应该叫作“地域方言”，以与“社会方言”相区别。汉语中的“方言”一词通常对应于英语的 dialect，但 dialect 除了指“地域方言”外，有时还指“社会方言”，甚至指同一语系或语族、语支中的各种“亲属语言”。

一、古代汉语方言与社会

大约 6000 年前，我国分散着大大小小的母系氏族部落。到公元前 3000 年左右，在黄河流域先后形成了一些较大的父系部落和部落联盟，逐步发展为原始的民族。传说中主要有西北部的黄帝族、中部的炎帝族及东方夷族，经过斗争和融合，在唐尧、虞舜和夏禹时代发展为华夏族，以华夏为中心进行民族融合，逐鹿中原的结果是华夏族取代诸夷，夏、商、周三代逐步形成了较稳定的政治、经济、文化中心，汉民族初步形成。语言随着社会的发展，也由氏族语言演变为部落语，然后发展成雏形的汉民族语言。相传黄帝时中原有万国，夏朝为三千，西周初期还分封八百诸侯，可以想见上古时期汉语方言的复杂多样。但到商、周时代，应已形成一种与方言相对的汉民族共同语，即所谓的“雅言”。据传世文献所载，春秋时代就有“雅言”、“齐言”、“楚语”等记载，“雅言”即是西周和春秋时代汉民族的共同语，“齐言”即北方齐鲁一带的方言，“楚语”就是南方楚国的方言。当时方言与雅言并存。有相当多的一批人，如公卿、行人（外交官员）、士人、商贾等，大概都能使用“双言”，即日常说本地话，在典礼、教学、贸易等场合则使用雅言。《论语·述而》：“子所雅言，《诗》、《书》、执礼，皆雅言也。”可见“雅言”是高于方言之上的共同语，孔子会“双言”，在较高的语域，即在颂诗、书，行礼仪等严肃、庄重的场合使用“雅言”，同时说明在一般的日常生活等较低语域，孔子则可能使用他的齐鲁方言，这在社会语言学上叫作“语码”转换，《论语》的记载说明孔子善于运用“雅言”和“方言”的语码转换表达态度和情感。在先秦时期，楚语和齐语是南北两大具有代表性的方言，常常用作方言差异和文化差异的对比。齐语是代表先秦先进文化的优势方言，而楚国是南方蛮夷之地，楚语是代表落后文化的劣势方言。孔子和孟子都是鲁国人，《孟子·滕文公上》蔑称楚国许行是“非先王之道”的“南蛮鴃舌之人”，《孟子·滕文公下》又说：“孟子谓戴不胜曰：‘子欲子之王善与？我明告子。有楚大夫于此，欲其子之齐语也，则使齐人傅诸？使楚人傅诸？’曰：‘使齐人傅之。’曰：‘一齐人傅之，众楚人咻之，虽日挞而求其齐也，不可得矣。引而置之庄岳之间数年，虽日挞而求其楚，亦不可得矣。’”这反映了古人对于语言的社会性和环境对于语言习得之重要性的深刻认识，同时也反映了孟子自恃优势文化、蔑视楚国方言的“语言沙文主义”态度。

秦始皇统一天下后，面对战国“言语异声，文字异形”的语言文字分歧，实行了包括“书同文”的统一政策，在一定程度上制约了方言的发展，但并未实行“语同音”，方言的分歧依然存在。西汉扬雄所著《輶轩使者绝代语释别国方言》（简称《方言》），是一本方言比较词汇集，从书中记录的“殊方异语”，可以看出西汉方言分布的大体情形。20 世纪以来中外学者根据《方言》划分汉代方言区域，有六、七、十二、十三、十四区等不同结果，比较有代表性的有刘君惠等的《扬雄方言研究》一书，将汉代方言划分为秦晋、周韩郑、赵魏、卫宋、齐鲁、东齐海岱、燕代、北燕朝鲜、楚、南楚、南越、吴越等十二个方言区。与方言相对的汉代共同语，在《方言》中称“通语”或“凡语”。周祖谟的《方言校释·序》指出：《方言》所记汉代的语词以“秦晋”为最多，在语义的说明上也最细，有些甚至以秦晋语为标准比较其他的方言，“由此可以看出秦晋语在汉代的政治文化上所处的地位了。进一步来说，汉代的普通语恐怕是以秦、晋语为主的”（周祖谟，1988：701）。根据秦朝和西汉建都咸阳、西安的历史，秦朝和西汉时期汉民族的共同语以秦晋方言为基础方言是完全可能的。

汉末以后南北悬殊，江南吴、楚方言与北方中原方言大相径庭。东汉、魏、晋均建都洛阳，以洛阳为中心的中原文化和方言自然成为天下之正，洛阳士族依仗身处首都的优越感，以华夏中心自居，视南方为蛮荒之地、南人为亡国之余，对南方方言和文化持明显的轻蔑鄙视态度。南人北往，常因方言而被讥笑、歧视和羞辱。西晋武帝太康十年（289），出生东吴高门显族的少年英才陆机（士衡）、陆云（士龙）兄弟来到京师洛阳交游求仕，却因其“音楚”而被讥为“吴儿”、“伧夫”。刘勰的《文心雕龙·声律》引用张华的评价说“士衡多楚”，“携灵均之声余，失黄钟之正响”。为免遭轻侮嘲笑，陆氏兄弟不得不“结使说音”，向中原的使役学说洛阳话，学习北方方言。中原人士对江东最杰出的才俊尚且轻贱如此，对其他人的语言态度由此可知。

魏、晋、南北朝时期中国社会发生了剧烈的动乱，北方匈奴、鲜卑、羯、氐、羌等民族骚乱中原，有的建立政权。西晋末年，大批汉人因社会动乱而纷纷迁往长江中下游，南渡名士如过江之鲫，以洛阳为中心的中原文明和中原政权也相随南迁，中国文化中心开始南移。东晋在江南建康（今南京）建都立国后，衣冠南渡的士大夫多是中原旧族，仍保留着西晋帝都洛阳的方言，“洛下咏”具有较高的社会地位，所以故籍江南者，也多以能作“洛下咏”为荣，甚至“乃有遭丧者而学中国哭者”（东晋葛洪《抱朴子·外篇三·讥惑篇》）。此后南朝的宋、齐、梁几代也都是北人当皇帝，高官显贵大都是北人，所以东晋到南朝时期，说北方话表示较高的身份地位，南方人也就以学会北方方言为时髦。北方人把北方汉语带到江南，跟当地的汉语方言相互影响和渗透。在北方，在北朝，汉语和异族统治者的语言发生了融合。这样南北汉语面貌发生了的重大变化，出现了“南染吴越，北杂夷虏”（颜之推《颜氏家训·音辞篇》）的混杂局面。“南染吴越”的结果，造就了一种新的方言——江淮方言（又称江淮官话、南京官话、下江官话），是“金陵与洛下”方言融合而成的新的南方官话；“北杂夷虏”的时间长达数百年，推动了北方汉语方言与北方少数民族语言的交汇和融合，加深了与南方汉语的异化。南、北方言的融合与分化，形成了“楚夏声异，南北语殊”（唐陆德明《经典释文·序》）的方言差异，以及汉语基础方言南方与北方并存的局面。

隋唐时期格律诗兴起，并且用作科举考试的试帖诗。而“江东取韵与河北复殊”，“诸家取舍亦复不同”（隋陆法言《切韵·序》），方言的差异使作诗押韵和平仄没有判别的标准。为“广文路”和“赏知音”，陆法言等编撰了《切韵》一书，唐代增订为《唐韵》，宋代增订为《广韵》，用作当时写诗押韵遵循、判别的统一标准，推动了格律诗词的发展，满足了科举试帖的需求，也在一定程度上规范了汉语的书面语音。元代的《中原音韵》和明代的《洪武正韵》，分别代表了元、明之际北方中原地区中原官话的口语标准音和书面语标准音。元、明定都北京后，中国政治、文化的中心由中原北迁，北京官话逐渐取代中原官话，成为汉语基础方言中地位最高、最有影响的方言。清代雍正六年（1728），雍正皇帝颁发中国历史上第一篇“正音”上谕：

> 凡官员有莅民之责，其语言必使人人共晓，然后可以通达民情，熟悉地方事宜，而办理无误。是以，古者六书之制，必使谐声、会意，娴习语音，皆所以成遵道之风，著同文之治也。朕每引见大小臣工，凡陈奏履历之时，惟有福建、广东两省之人仍系乡音，不可通晓。夫伊等以现登仕籍之人，经赴部演礼之后，其敷奏对扬，尚有不可通晓之话，则赴任他省，又安能宣读训谕，审断词讼，皆历历清楚，使小民共知而共解乎？官民上下语言不通，必使吏胥从中代为传述，于是添饰假借，百弊丛生，而事理之贻误者多矣。且此两省之人，其语言既皆不可通晓，不但伊等历任他省不能深悉下民之情，即伊等身为编氓亦必不能明白官长之意。是上下之情扞格不通，其为不便实甚。但语言自幼习成，骤难改易，必徐加训导，庶几历久可通。应令福建、广东两省督抚转饬所属府、州、县有司及教官，遍为传示，多方教导，务期语言明白，使人通晓，不得仍前习为乡音。则伊等将来引见殿陛，奏对可得详明，而出仕地方，民情亦易通达矣。（邓洪波，1994）

相关部门朝臣根据上谕，拟订具体实施措施，以部议下达闽、粤，并通令“凡有乡音之省，一体遵行”：

> 雍正六年（1728）议准：伏读上谕，广东、福建人多不谙官话，著地方官训导，仰见圣天子睿虑周详，无微弗照，欲令远僻海疆，共臻一道同风之盛。查五方乡语不同，而字音则四海如一，只因用乡语读书，以致字音读惯后，虽学习官话，亦觉舌音难转。应令该督抚、学政，于凡系乡音读书之处，谕令有力之家，先于邻近延请官话读书之师，教其子弟，转相授受，以八年为限。八年之外，如生员贡监不能官话者，暂停其乡试，学政不准取送科举；举人不能官语者，暂停其会试，布政使不准起文送部；童生不能官话者，府州县不准取送学政考试，俟学习通晓官话之时，再准其应试。通行凡有乡音之省，一体遵行。（邓洪波，1994）

上谕和部议作为推行北方官话的正式官方文件下达各省，此后中央和地方还不断有文件、措施进行补充、调整、跟进，一场正乡音、习官话的运动迅速开展。福建、广东两省所属府、州、县纷纷设立“正音书院（馆）”、“正音社学”，选派本地或外地娴熟官话之人充任正音教职，教各类士子学习京音（北京语音），限期八年达标，否则不得参加科举考试、进入仕途，并将正音的效果与当地官员的政绩和升迁挂钩。清朝的正音运动声势浩大，前后延续近百年，是自秦始皇实行“书同文”的文字政策之后，近2000年来的封建时代唯一为“语同音”而颁发的谕令和官方发起的语言运动，动作凌厉有力，比秦朝的“书同文”有过之而无不及。然而在方言复杂的中国社会，“语同音”的难度远非“书同文”可比。各地汉语方言的差异已使“官民上下语言不通”，以致“百弊丛生”，已严重影响到国家的统治。清朝的正音运动虽然没有收到预期的效果，但它确立了汉语作为“国语”的地位，确立了北方方言作为“官话”的基础方言，北京方音作为“官话”的语音标准，在一定程度上加速了北方官话的流行，促进了满族官员汉化的速度，为现代汉民族共同语的形成、民族的融合、社会管理的规范通畅起到了十分重要的积极作用。

汉民族的共同语从先秦的“雅言”、汉代的“通语”，再到后来的“官话”、“国语”，以至于现在的“普通话”，都反映了汉语共同语近3000年间发展的大体过程。历史上国家的首都是政治、文化的中心，首都所在地的方言大致就是民族共同语的基础方言。随着朝代的更迭，建都地点的变易，汉语共同语的基础方言也在不断地变化。先秦时期汉语共同语的基础方言已不可详考，夏商时期中原河洛一带是政治、文化的中心，西周的中心则迁移到了西北渭水流域关中平原，建都丰镐，同时营建东都成周洛邑（今河南洛阳）。东周和春秋时期又迁移到河洛中原，春秋晚期到战国时代社会分裂，各自为中心，言语异声，文字异形，没有统一的共同语。因此，先秦时期的“雅言”（即“夏言”）应是中原地区黄河洛阳地区的汉语方言。汉代以后，中国社会经历魏、晋、南北朝长时期的社会变动，汉语发生了重大变化，共同语的基础方言随着政治、经济、文化重心的南迁，它的中心也逐渐移至汴洛以至于江苏金陵一带。辽、金、元、明、清各朝近千年间，中国政治、经济、文化的重心又逐步回归中原并北迁，汉语共同的基础方言的通行区域不断扩大，达到东北和西南各省，基础方言的中心也进一步东移至中原、北迁至北京一带。汉语方言的形成和发展跟社会的发展和变化息息相关，只有密切联系汉族和中国社会发展的历史进行研究，才有可能了解汉语方言形成和发展的具体过程。

二、现代汉语方言的差异

假如我们从北京出发，沿着京广铁路南下，到河北的石家庄，会发现语言与北京有点不一样，到河南郑州，就会发现与北京语言上的差别更大，一直往南，到湖北武汉、湖南长沙，就会发现与北京音的差别越来越大，最后到达广州，一个北京人就完全听不懂广州话了。

现代汉语方言复杂，差异非常大，大体上可分为七大方言，即北方方言、湘方言、赣方言、闽方言、吴方言、粤方言、客家方言。其中，除客家方言外，其他方言名称都是地域概念，每一种方言基本上通行于一个共同的、毗连的地域，如北方方言基本上在长江以北及长江上、中游，湘方言在湖南，赣方言在江西，闽方言在福建，吴方言在江西、浙江、上海，粤方言在广东、香港、广西。方言的名称均以方言流行的地理区域名称命名，本身就说明了方言与地理区域的密切关系。汉语方言在地理上的分布格局，呈现出长江以北地区较为单一、长江以南则变异极大的现象。走进南方，犹如走进了一片“百鸟争鸣”的森林。

方言的形成有多方面的原因，社会的裂变分化、不同语言的影响融合都会导致方言的产生。其中最重要的原因，是社会的分化伴随人口的迁徙形成的地域差异导致语言发生变异，形成方言。

社会集团在空间上的裂变、分化，必然伴随着地理的差异，而随之而来的是语言的变异。举例说，以前在甲地聚集着一个原始部落，人口不多，共同说着一种没有任何差别的话。后来由于人口日益增多，甲地已经容纳不下这么多人口了，于是部落开始分家、向其他地方扩散，有的迁移到乙地，有的迁移到丙地。这样原本是甲地的一个社会，就分化成为甲、乙、丙几个地域上的分支，分居在不同的地域。由于地理上的差距，或路途遥远，或山川阻隔，互相之间的交往就日益减少，说的话也慢慢不一样了，这样就形成了同一种语言中的不同方言。如果甲、乙、丙之间的社会交流继续减弱甚至断绝，语言将进一步异化，方言的差异会日益扩大、加深，最后在基本词汇和语法结构等决定语言本质的要素上都发生了根本性的变化，在语音形式上也变得迥然不同，那么原本是同一语言的不同方言，就成为具有亲属关系的不同语言了。

现代汉语客家方言、闽方言乃至赣方言的形成和发展，都跟古代人口的大规模集体迁移密切相关。完全因民系的迁徙而形成的汉语方言首推客家方言。客家方言是现代汉语七大方言中唯一不以地理区域名称命名的方言，也是唯一不以省会城市为中心的方言，还是在地理上呈现碎块性、跳跃性、穿插性分布的方言。客家方言主要通行于“客家四州”，即江西赣州，广东梅州、惠州，福建汀州，以梅州话为代表。客家方言除了主要分布在赣南、粤东、闽西交界的赣闽粤客家地区外，还广泛分布于中国南方如湖南、四川、广西、香港、台湾等地，以及南洋群岛一些华人社区。据历史记载，客家先民祖籍在河南、山西一带，河、洛流域，经西晋永嘉之乱、唐代安史之乱和黄巢起义、宋末元蒙南下、明末满族入主中原，以及太平天国失败后清朝统治者对客家人的追杀，他们大规模南迁，首至赣南，继之入粤，由粤迁闽，然后分散于南方多省，以至海南、台湾、香港，远播于南洋群岛，形成今日异于南方汉人、汉语的客家民系和客家方言。

汉语方言的差异，首先体现在语音上。方音是方言差异最直接、最显性的体现。汉语方音南腔北调，在地理环境复杂的南方甚至“五里不同音，十里不同调”，有的地方隔一座山或一条河语音就大不相同。有人举例说，“日本”一词在沈阳音近“一本”，在汉口音近“二本”，在成都音近“四本”，在镇江音近“六本”，在杭州音近“十本”，令人惊奇。粤方言“下楼”与“下流”、“久等”与“狗等”、“少数”与“小数”、“通知”与“通缉”、“同志”与“同济”同音，“街道”与“鸡窦”（妓院）同音；湘方言“发烧”与“发骚”同音；赣方言“分配”与“分屁”同音；湖北孝感建始话“发钱”与“发情”同音。试用上海话和广州话读“制止自己”、“西施死时四十四”、“四十四棵柿子树”，大多读成声、韵相同，仅调不同的一串音节。有广东老师在讲政治经济学时多次提到“西游记”，让学生一头雾水，原来他说的是“私有制”。俗话说：“天不怕，地不怕，就怕广东人说官话”，在20世纪改革开放初期，广东人说“官话”似乎已经积淀为一种“艺术符号”，经常在相声和小品中塑造富得流油却素质不高的“土豪”形象。

其次体现在词汇上。词汇差异的表现，一是“同词异义”。例如，“落水”一词，普通话指掉入水中，而粤方言、客家方言指“下雨”，湖北崇阳话指“（太阳）下山”。普通话“听”，唐山方言用来指“闻”。“豆油”，普通话指大豆榨出的油，而厦门话指“酱油”。“贼”，普通话和大多数方言用作名词，指“小偷”，武汉话用作形容词，形容人“狡黠”、“聪明”，如“真贼”、“贼得很”，而北京话用作副词，意为“非常”、“特别”。据说一位南方人到北京，下了火车后问当地人附近有没有旅馆，当地人说“附近旅馆贼多”，吓得这位南方人赶紧溜之大吉。大陆汉语“爱人”是指配偶，台湾汉语方言却指“情人”。二是“同义异词”。例如，普通话“花生”，吴方言叫“长生果”，客家方言叫“番豆”，闽方言叫“地豆”或“土豆”；“妻子”，很多地方叫“老婆”，西安叫“女人”，成都叫“婆娘”，南昌叫“女客”，扬州叫“堂客”，苏州叫“家主婆”，福州叫“老妈”。“脸”，在南方一些方言中叫“面”，洗脸叫“洗面”，洗脸水叫“面汤”。普通话“热水”，吴方言叫“汤”。大陆汉语“花篮”，台湾汉语方言却叫“花圈”。

再次体现在语法上。方言语法上的差异较为隐性，在交际中理解的难度也没有语音、词汇大。在词法上，现代汉语普通话修饰语与中心词的语法关系是修饰语在前、中心词在后，如“公鸡”，但是在南方很多方言中都叫“鸡公”，变成中心词在前、修饰语在后。河南信阳有座风景名山，叫“鸡公山”，是一个“语言类型地理学”上的地理坐标：鸡公山以北地区的汉语都叫“公鸡”，以南的则多叫“鸡公”。鸡公山以南的武汉，“鸡公”受北方汉语影响，也说“公鸡”，“鸡公”和“公鸡”正在博弈之中。再往南，则大多只叫“鸡公”了。南方汉语湘方言、赣方言、客家方言、闽方言、吴方言、粤方言中“牛牯”、“狗婆”、“人客”、“菜干”、“菜蔬”、“菜咸”、“鱼生”、“饭焦”、“鞋拖”等合成词的构词法均属此类。句法的差异，如普通话副词作状语是放在谓语的前面，如“我先走”，但粤方言却把副词状语后置，说成“我行先”。普通话的比较句是把比较的对象放在主语后面，如“坐飞机比坐火车快”，“猫比狗小”，而粤方言是把比较的对象放在句子末尾，如“坐飞机快过坐火车”，“猫细过狗”。

另外，方言的差异还体现在文字上。某一方言区的人创造出来的、记录当地方言音、义的汉字，叫方言字，如粤方言字“嘢”（东西）、“乜”（什么）、“奀”（瘦弱）、“煲”（煨）、“冧”（哄）、“孖”（孪生子）、“睇”（看）、“乸”（母的、雌性的），吴方言字“囡”（女儿）、“呒”（没有）、“汏”（洗）、“嗰”（那）、“覅”（不曾）、“覅”（不要），闽方言字“囝”（儿子），武汉方言字“杮”（楼）、“艼”（菜）、“氿”（酒），北方方言字“俺”、“甭”、“孬”等。方言字有的是方言词的书面形式，如“嘢”、“乜”、“囡”、“囝”，也有的是通用汉字的方言变体，如“楼”写作“杮”、“菜”写作“艼”。有的是方言区根据“六书”原理自创的俗字，如“孖”、“嗰”、“甭”，也有的是借用或偶合于古代的汉字，如“睇”、“氿”①。

从社会交际的角度而言，方言是一种消极的语言现象。在同一个民族、同一种语言的社会中，由于方言的存在，不同方言区之间产生交际的困难，形成思想和感情交流的无形屏障，切断了与外乡人的交流，从而形成区域性、排外性的文化群体，不能达到跨方言交流信息和感情的作用。从政治上来说，方言容易形成同一民族共同体中文化、心理情感的地域隔阂，容易强化地域观念、弱化民族和国家观念，滋生地域主义和分离意识，不利于社会的团结、统一、进步与发展。在现代社会，随着传统地域概念的淡化，跨地域、跨民族、跨国家的交流日益频繁，方言的局限性也日益显现出来。在信息时代，统一的民族语言具有更强的竞争力，有利于促进民族和国家信息化的发展，而内部一致性差、方言分歧严重的语言则不利于国家和民族软实力的竞争。因而统一的民族共同语的作用将会越来越重要。

① 《说文·目部》：“睇，目小视也。南楚谓眄曰睇。”《尔雅·释水》：“氿，泉穴出。”

第二节　方言的文化属性和功能

一、方言的社会声望

每种语言都是一个存在差异的系统，这种差异反映了事实上的社会性差别和阶层体系等。从这个意义上说，对语言差异的价值判断，依据的是社会标准而不是语言学标准。

一种民族共同语可以因地域的差异依次形成方言、次方言、土语等不同层次，并且与不同的阶级、阶层和教育、经历、身份、地位紧密相关。层次越高则社会声望就越高，反之亦然。汉语方言以前多叫“乡谈”[①]，现代多叫乡下话、土话，总与土里土气的乡巴佬、乡下人、下等人相关联，象征着较低的社会身份和地位，越土的方言社会地位越低。与之相反，讲雅言、官话、共同语则象征着较高的社会身份和地位。在官方领域、公开场合、上流社会，人们更倾向于选择说共同语。由于偏僻的地理位置、相对落后的经济实力、方言本身晦涩难懂等，说方言者会产生自卑、自闭倾向，受到说共同语的人的轻视、歧视，任何时代都是如此。据《南史·胡谐之传》载：“胡谐之，豫章南昌人也。……上（齐武帝）方欲奖以贵族盛姻，以谐之家人语傒音不正，乃遣宫内四五人往谐之家教子女语。”[②] 这里的“傒音”，当指南方江西一带一种汉族贱民“傒人”所操的方音。可见就是皇上做媒的贵族婚姻，也会因一方较低声望的方言而告吹，可见南方方言地位的低下。现代著名诗人臧克家在《罪恶的黑手》一诗中写道：“他们用土语放浪的调笑，杂一些低级的诙谐来解疲劳；各人口中抽一缕长烟，烟丝中杂着深味的乡谈。”诗歌描写和刻画了20世纪30年代为帝国主义修建教堂的中国建筑工人的言语形象，使用“土语”、“乡谈”等低层言语形式，与“放浪的调笑”、“低级的诙谐”的粗犷行为正好形成平行对应，描绘了一种言语和身份、行为相统一的底层建筑工人形象。

---

① 宋元时期杂艺有“学乡谈”一种，模仿各地方音俗语娱悦观众。《朱子语类》卷一四〇：“且如北人居婺州，后来皆做出婺州文章，间有婺州乡谈在里面者，如吕子约辈是也。”《水浒传》第六一回：“〔燕青〕亦是说的诸路乡谈，省的诸行百艺的市语。”王统照的《春雨之夜·山道之侧》：“他一边吃着一边打乡谈，同山店的主妇谈起来。”今江浙一带的曲种如苏州评弹亦称方言为“乡谈”。

② 《南史》卷四十七《湖谐之传》。

语言层次与社会地位平行对应的绝好例证，是英国著名剧作家萧伯纳（George Bernard Shaw，1856—1950）1916年创作的著名剧作《卖花女》[①]。这部社会讽刺喜剧演绎了一位学识渊博的语言学教授如何通过语言层次的提升，把一位贫穷而土气的伦敦卖花姑娘培养成一个上流社会文雅淑女的故事：天生丽质而出身卑微、在伦敦街头叫卖鲜花的年轻姑娘伊莉莎，操着满腔的伦敦土话"cockney"[②]，衣衫褴褛，头上沾满伦敦的尘土和煤烟，头发像灰老鼠一样的颜色，似乎从来没洗过。剧中主人公、语言学家希金斯[③]对朋友皮克林打赌说：她满口的土话会让她一辈子受穷。我用不了六个月就能让她讲话像个公爵夫人，能出席大使的宴会。果然，经过这位语言学家的精心训练、调教，"麻雀"蜕变成了"凤凰"，卖花姑娘改操一口流利的标准英语，具有优雅的外表，完全脱离了出身贫寒、言行粗俗的卖花女形象，完成了从一个"满嘴土话的家伙"到类似于"匈牙利王族公主"的转变，成了上流社会谈吐高雅的淑女、在任何场合都引人瞩目的贵族小姐，不光贵族子弟对她一见钟情，就连语言学家希金斯和皮克林教授也为其倾倒。在师生反目成仇后，华丽转身的伊莉莎成功地运用上流社会礼貌而又犀利的高雅言语对希金斯进行反击，而气急败坏的希金斯暴露出一系列不符合他高贵身份的语言和行为，被视为贵族阶级、上流社会道德模范的希金斯，在卖花女面前却变成了一个语言粗野低俗、毫无礼貌的小市民，与卖花女优雅的谈吐形成了巨大的对比。《卖花女》成功地以萧伯纳式的风格展示了语言转变命运、改变地位的魔力，通过伊莉莎和希金斯语言角色的转换，对以希金斯为代表的虚伪的上流社会进行了辛辣的讽刺，对当时英国腐朽保守的等级意识进行了有力的抨击。

方言的社会声望是与其在民族共同体和国家共同体中所处的政治、经济和文化地位紧密对应的，其强弱、存亡的命运与其能呈现的社会力量紧密相关。一般而言，一个国家持续、稳定的首都往往是全国政治、经济和文化的中心，首都所在地的方言往往就是国家的国语和官方语言，具有最高的社会声望，如民国时期的国语、现在的普通话，即以首都北京方言为标准。首都以下，省（自治区、直辖市）的行政首府又是辖区内的中心，在辖区内具有较高的社会

① 剧作原名 *Pygmalion*，汉译音译作"皮格马利翁"，后改编为音乐剧，译作"窈窕淑女"。

② 轻蔑用语，原意为"公鸡蛋"，指形状不好的小鸡蛋，引申指愚蠢的小孩、宠坏的孩子，传统上指居住在伦敦东部商业区特有腔调的人特有的腔调；伦敦佬、伦敦东区佬；伦敦东区土话、伦敦方言。

③ 希金斯的原型，即萧伯纳的朋友、英国著名语言学家和语音学家亨利·斯威特（H. Sweet，1845—1912）和丹尼尔·琼斯（D. Jones，1881—1967）。

声望，如湖北省省府所在地的武汉方言、上海的沪方言。省、市以下，县、市的行政首府又是辖区内的中心，其方言在辖区内具有较高的社会声望，如湖北省崇阳县县府所在地天城镇方言。笔者籍贯湖北崇阳，崇阳方言又有几种土话，在崇阳县内，天城镇方言具有较高的社会声望，乡下的土话常常成为人们轻蔑、调笑的对象。而在县内的官方场合，或者面对县外、省内的交际对象，人们会放弃崇阳方言，转用声望更高的武汉方言。而面对省外的官方场合及学校的教学用语，则多使用声望最高的普通话。

如果首都以外的某一地域经济、文化的影响力超过首都地区，则该地域方言的社会声望有时会超过首都地区的方言，甚至取而代之成为民族共同语的基础方言。清代中期以迄民国时期，江浙、上海一带的经济和文化的影响力超过北方，以上海为核心的金融贸易，以及吴地的方言文学和艺术，代表着先进和文明，吴方言自然就成为中国最显要的方言，具有较高的社会声望，操吴方言的人普遍不屑于学习“京腔”，甚至称北京话为“老妈子的话”。近 30 多年来，粤方言凭着珠江三角洲地区经济的蓬勃发展及其雄厚的经济实力而获得了较高的社会声望，成为两广和香港等粤方言区的文化堡垒和象征，也成为其他地区一些人学习和模仿的方言。

罗马是有着悠久历史和辉煌文明的欧洲古城，是意大利的首都。但是现在意大利的民族共同语却不是罗马方言，而是托斯卡纳地区、以首府佛罗伦萨语音为标准的托斯卡纳方言。这是由于文学的巨大力量使然。在 13—14 世纪文艺复兴初期，意大利的托斯卡纳地区出现了但丁（Alighieri Dante，1265—1321）、彼特拉克（Francesco Petrarca，1304—1374）和薄伽丘（Giovanni Boccaccio，1313—1375）三个文学巨匠，他们均出生于佛罗伦萨或附近地区，志同道合，共同成为意大利文艺复兴的先驱，被誉为“文艺复兴之父”。意大利的古典文学语言是拉丁语（相当于汉语古代的“文言”）。但丁是最早使用活的托斯卡纳方言口语（相当于汉语现代的“白话”）写作并获得巨大成功的文学巨匠，他用托斯卡纳方言撰写的巨著——史诗《神曲》产生了广泛而深远的影响，推动了托斯卡纳方言的迅速传播，使托斯卡纳方言赢得了极高的社会声望，为现代意大利标准语奠定了基础。彼特拉克、薄伽丘的文学作品也都是使用托斯卡纳方言尤其是首府佛罗伦萨方言创作的。薄伽丘的《十日谈》和彼特拉克的《抒情诗集》，分别成为意大利甚至欧洲叙述体文学和抒情诗的典范。对于但丁等三个文学大师托斯卡纳方言的模仿，成为意大利语言史的重要篇章，对现代意大利语以托斯卡纳方言为基础的方言起到了极大的作用。虽然从 1870 年以来，罗马方言已经取得了相当的地位，但迄今仍然不及托斯卡纳标准语的声望。现在绝大多数意大利人都能说托斯卡纳标准语，托斯卡纳标准语就相当于中国的普通话。

二、方言的情感功能

一个人出生后最先习得的语言或语言变体称为“母语”，后来掌握的其他语言或语言变体称为第二语言。一个人生下来后最初学会的语言，一般是本民族的语言。在有方言分歧的民族语言中，母语通常就是民族语言中的某一方言，或称为“母言”[①]。从理论上说，一种民族共同语都会产生若干种地域变体——方言，因此在某种意义上来说，母语就是方言。母语是相对于第二语言而言的。在我国自古以来就有方言与方言，以及方言与民族共同语的差异，因此自古以来就存在双语人，双语社会是语言生活的常态环境。在现代社会，只会说单一方言的“单语”者将越来越少，越来越多的人将成为会说多种方言（包括共同语）的“双语（多语）”人。在同一个民族组成的双语社会，最常见的双语形态应该是“母语方言”与“民族共同语”双语。对于双语人来说，作为母语的方言与民族共同语是两种不同的语码，适应于不同的语境，表现不同的情感，具有不同的功能。可以说，作为母语自然习得的方言是一种感性的语码，适合于日常生活、口语交流和亲情的表达，而共同语则是一种理性的语码，适合于正规场合、书面交际和思想的交流。

由于人在婴幼儿时期接触最多的是母亲，最初教给他语言的是母亲，所以最先习得的语言称为“母语”，英语叫作“mother tongue”，法语叫作“langue maternelle”。因为英语的“tongue”和法语的“langue”除了“语言”的意思之外，还有“舌头”的意思，所以“母语”也就是“妈妈的舌头”。现代文学家俞平伯曾在《吴歌甲集·序》中称扬母语方言说：“我觉得最便宜的工具毕竟是‘母舌’，这是牙牙学语后和小兄弟朋友们抢夺泥人竹马的话。惟有它，和我最亲切稔熟；惟有它，于我无纤毫的隔膜；惟有它，可以流露我的性情面目于诸君之前。”（顾颉刚，1999：17）一个人对母语，犹如对母亲一样，有着与生俱来的深厚感情。作为母语的方言，是双语人最好的感情表达工具。常常会出现这样一种现象：当一个人的情感达到高兴或者愤怒的极点时，往往会情不自禁地冒出自己的方言来。人说梦话时，肯定是说方言，那是人的意识失控时的自然流露，是不加掩饰的本性的回归。

方言最大的特点就是能够给同一地方的人带来亲切感。方言与乡土、乡亲、乡情联系在一起，是一个人文化的根。人与人之间的割裂不断的乡情，会

---

① 联合国教科文组织1951年把母语也称为“本族语”，认为母语或本族语是指“人在幼年时习得的语言”。《现代汉语词典》对“母语”的解释是：“一个人最初学会的一种语言，在一般情况下是本民族的标准语或某一种方言。”参见李宇明（2003）。

在相同的方言间流露出来，心领神会的方言会消除素不相识的人彼此之间的戒备和陌生感，拉近彼此之间的距离，产生亲近感和认同感。唐代诗人贺知章《回乡偶书》的“少小离家老大回，乡音未改鬓毛衰”，宋代文人苏轼《答子由诗》的“犹胜相逢不相识，形容变尽语音存”，道尽了人们虽经年漂泊、历经风霜，至老而乡音不改的一往情深，表现了“近乡情更怯”而又急切投身于母亲故土怀抱的痛快，是一种只能用故乡的母语才能实现的陶醉和享受。

在方言区，方言是最好的交际工具。当人们回到自己的故乡时，最能与家乡人打成一片、融为一体的就是方言。宋文莹的《湘山野录》卷中记载：唐末吴越王钱镠衣锦还乡，回到故乡临安（杭州），宴饮乡亲时高歌一曲《还乡歌》：“三节还乡挂锦衣，吴越一王驷马归，临安道上列旌旗。碧天明明兮爱日辉，父老远近来相随。家山乡眷兮会时稀，斗牛光起兮天无欺。”钱镠唱完后发现父老乡亲只管喝酒吃菜，根本没人搭理他，觉得不对头，于是放开他那吴地的歌喉，又唱了一支山歌：“尔辈见侬底欢喜，别是一般滋味子，永在我侬心子里。”这时吃饭的人都停了下来，大家一起敞开嗓子同声相和，一时欢笑声震天。吴越王钱镠只有放下架子，放弃典雅高贵的“官话”，使用地道的方言，才赢得了父老乡亲的认同，融入故乡亲情之中，浑然一体亲密无间。这就是方言的感情弥合功能。

在人们远离家乡的时候，在陌生的地方，方言的情感功能会越加明显和强烈，方言就代表着故乡、亲人和温情，闻乡音如回故乡、如见亲人。俗话说“老乡见老乡，两眼泪汪汪”，“老乡见老乡，废话一箩筐”，所说的“废话”一定不会是其他语言，而是彼此熟悉的方言。《史记·项羽本纪》记载：在楚汉相争时，刘邦的汉军将项羽的楚军包围在垓下，刘邦以方言为武器，令部下用楚地的方言土语唱起歌来。楚军战士听到家乡的楚歌后，倍加思念故乡，身心俱疲，因而士气低落，大量逃亡，“四面楚歌”瞬间瓦解了项羽的楚军，这就是方言力敌千军的巨大力量。

在家庭生活中，感情最私密浓烈的是夫妻，相同的方言最能表达男女之间最私密的感情。方言不一有时会影响男女的婚姻。20 世纪 30 年代，夏丏尊先生在《先使白话文成文》中说：“我有一个朋友，未曾讨老婆，别人给他做媒的时候，他总要问：‘那个女子是否同乡人?’他不愿意同外省的女子结婚，理由是：如果老婆不是同乡人，家里情话彼此都须用蓝青官话来对付，趣味是很少的。这话很妙。”① 在 20 世纪 80 年代，上海的社会学家发现，上海人的语言感情的对立影响到了社会的和谐团结，说吴方言的上海人瞧不起说北方话的外

① 见宣浩平编《大众语文论战》，上海：启智书局，1935：74。

来人，甚至说北方话的上海人在上海找不到老婆。因为上海人认为夫妻间如果不能用上海话，而要用不同的方言来交流最亲昵的感情，无异于隔靴搔痒，或者像穿着雨衣洗澡，感觉是十分难受的。

方言既然是情感的纽带，所以外地人要融入本地方言社会，获得方言群体的认同，最好的方法就是学会其方言。伟大的德国思想家、革命导师恩格斯非常善于运用语言沟通感情，他在英国的时候，能在街头用地道的英语方言同马车夫交谈，建立感情。在古代中国东晋政权南渡建康之初，立足未稳，江南士族不大顺服，东晋的宰相王导为此十分忧虑。王导是中原人，不通吴地方言，为了融入当地文化，以加强与江东人士的感情联系，王导以方言为统战工具，自学吴语并用以与江东名士交流，终于感动了江东士族，赢得了他们的支持，成为支持司马氏政权的一支重要力量。20 世纪 50 年代初，在重庆主持西南局工作的邓小平，就曾要求所有外省入川的干部要学讲四川话，以拉近与当地群众的距离，更好地与当地人民融为一体。

方言蕴含着强烈的本土意识和乡土感情。现代作家李準曾经在《乡音》一文中，用“亲切的”、“热乎乎的”、“甜滋滋的”、“沁人心脾的”、“质朴憨厚的”、“难以忘怀的”、“美妙动听的”等词语赞扬乡音，对方言的情感功能给予了极高的评价。[①] 方言是质朴而纯真的，它让你感受到不用设防的亲近。方言是最具亲和力的，它能拉近人与人之间的距离，建立信任，促进相互间的有效交流。方言是方言区人们的通行证，它使人产生群体归属感——无论走到哪里，只要听到熟悉的方言，就会不自觉地走入方言群体之中，而这群体中的任何一个人，都会把你当作兄弟一般地接纳下来。在人们越来越多地离开本土的现代社会，在双重或多重语言生活中，人们越来越深刻地体会到了方言的情感魅力。

三、方言是地域文化的载体

方言作为母语的情感功能，是因为个人语言习得的顺序而获得的，方言的文化功能则是因为方言群体在长期的历史传承中积淀而成。汉语方言是各个地域文化的载体，是我国丰富灿烂的历史文化的重要组成部分。各地的戏曲、剧种、民间故事、歌谣等文化事项，均产生于地域的土壤，并以当地方言为其表现形式。

根据 20 世纪 80 年代初中国艺术研究院调查的统计，中国的地方戏曲剧种共有 317 种，如东北的二人转，黑龙江的龙江剧，吉林的吉剧，京津的评剧，

① 见 1979 年 9 月 12 日《人民日报》。

内蒙古的蒙剧，甘肃的陇剧，陕西的秦腔，山西的晋剧，山东的吕剧，河北的评剧，河南的豫剧，安徽的徽剧、黄梅戏，湖北的汉剧、楚剧，湖南的湘剧、花鼓戏，江西的赣剧、弋阳腔，四川的川剧、清音，贵州的黔剧，云南的滇剧，福建的闽剧，上海的沪剧，江苏的越剧、昆曲，浙江的绍剧、婺剧，广东的粤剧、潮剧，广西的桂剧，海南的琼剧，台湾的歌仔戏等。这些还只是较大的戏曲剧种，一些在较小地域流行的戏曲剧种，如湖北崇阳县的提琴戏、阳新县的采茶戏等都不在此列。如果包括这些小的戏曲剧种在内，中国的戏曲剧种总数当在千种以上。这些戏曲剧种大多都是“带着地名儿”的，都以当地的方言说唱，主要供当地人欣赏。清代李渔在《闲情偶寄》之《声容部·习技第四》中刻意强调“选女乐者，必自吴门是已”，“乡音一转而即合昆调者，惟姑苏一郡”，说明了昆曲与吴门姑苏方音的关系。侯宝林创作的相声《戏剧与方言》，更是以非常生动的艺术形式阐释了戏曲剧种与方言的密切关系，指出“地方戏都有地方色彩和方言”，“各地有各地的方言，各地有各地的艺术”；说相声、演京剧就得用北京话，而沪剧、越剧等南方的艺术就得用南方话。大部分的戏曲都是在特定的区域里流行起来的，与当时当地的文化有很大的联系，方言是地方戏曲剧种构成的重要元素，地方戏曲剧种的精妙之处就在于只有通过本地方言才能得到完美的体现。不说方言，妙趣纷呈的地方戏曲剧种就失去了它的特色、韵味和地方文化魅力；没有方言，丰富多彩的地方戏曲剧种就没有了扎根的土壤。现代社会地方戏曲剧种走向衰落，就是伴随着方言的日渐式微发生的。

方言可以创造出优美无比的文学作品。在欧洲文艺复兴之初的意大利，出生于托斯卡纳地区的但丁、彼特拉克和薄伽丘三位文学巨匠，一反运用典雅的拉丁语写作的古老传统，而用活的托斯卡纳方言创作诗歌和小说，取得了巨大的成功，带来了欧洲文学的繁荣。方言文学是一国文学的重要组成部分，而且是魅力无限、不可取代的部分。在我国先秦时代，《诗经》是“雅言”的文学，而《楚辞》即是方言的文学。在“五四”新文化运动后的一段时间里，方言文学被提到了一个前所未有的高度。胡适在《吴歌甲集·序》中指出：“方言的文学越多，国语的文学越有取材的资料，越有浓富的内容和活泼的生命”，“国语的文学造成之后，有了标准，不但不怕方言的文学与他争长，并且还要倚靠各地方言供给他新材料、新血脉”，“国语不过是最优胜的一种方言；今日的国语文学在多少年前都不过是方言的文学”，“国语的文学从方言的文学里出来，仍须要向方言的文学里去寻他的新材料，新血液，新生命”（顾颉刚，1999：9）。在汉语方言的创作实践上，最有代表性的是吴方言文学。历史上吴地文人十分活跃，吴方言文学在中国文学史上写下了绚丽的一笔。胡适说：除北方方言文学之外，“吴语文学要算是最有势力又最有希望的方言文学”（顾颉刚，1999：11）。远自春秋战国时代的“吴歈越吟”，继之魏晋南朝时期的“吴声歌曲”，冯梦龙辑录的宋元明时期的吴歌《挂枝儿》和《山歌》，以迄“五四”运动后陆续编辑出版的《吴歌甲集》至《吴歌已集》共六集，在中国文学史上都占有重要地位。自清末以来，吴方言小说一枝独秀，代表性的就有张南庄的《何典》、韩邦庆的《海上花列传》、李伯元的《官场现形记》和《海天鸿雪记》、张春帆的《九尾龟》等。民国时期以来，“五四”新文化运动先驱之一刘半农，曾用自己的母语江苏江阴方言写作出版了一部民歌体新诗集《瓦釜集》(1926)，在中国现代文学史上具有重要的意义。还有文字改革活动家、语言学家倪海曙在 1949 前创作的苏州话《新山歌》、《寓言诗》和《苏州话诗经》，实在是读来妙趣横生、令人忍俊不禁的方言文学佳作。刘半农在《瓦釜集·代自序》中说：“集名叫做‘瓦釜’，是因为我觉得中国的‘黄钟’实在太多了。”“我们做文做诗，我们所摆脱不了，而且是能于运用到最高等最真挚的一步的，便是我们抱在我们母亲膝上时所学的语言；同时能使我们受最深切的感动，觉得比一切别种语言分外的亲密有味的，也就是这种我们的母亲说过的语言。这种语言，因为传布的区域很小，我们叫作方言。从这上面看，可见一种语言传布的区域的大小，和他感动力的大小，恰恰成了一个反比例。这是文艺上无可奈何的事。”① 文学的要旨是情感的抒发，并以抒发的情感感动人心。方言文学的魅力就在于作者是用自己最熟悉的母语进行形象思维，用自己最亲切的母语抒发人性中最真挚、细腻的情感。方言最能表现人的神理，更具表现力和吸引力，因而方言文学也最具有感动力，最能获得方言区读者的心领神会。使用范围越小的方言感动力越大，这是言语交际和文学创作中的普遍现象。

方言极其微妙的趣韵，往往是其他方言难以表述的。在使用民族共同语的文学创作中适当使用方言，把方言当作文学创作中的“色素”和“味精”，往往可使作品更加生动、幽默、有趣、传神，既能扩大作品的传播范围，又能体现出地域文化的特色，是文学创作比较普遍的做法。鲁迅在《门外文谈》中说：“方言土语里，很有些意味深长的话，我们那里叫‘炼话’，用起来是很有意思的，恰如文言的用古典，听者也觉得趣味津津。”② 鲁迅在《唐代的盯梢》一文中引唐末张泌《浣溪沙》中的词“消息未通何计是，便须佯醉且随行，依稀闻道‘太狂生’”，说：“倘要译成白话诗，大概可以是这样：难以扳谈有什

① 见《中国现代散文经典文库》编委会编，《中国现代散文经典·刘半农卷》，北京：大众文艺出版社，2005：85-86。

② 《鲁迅全集》第六卷《且介亭杂文》，北京：人民文学出版社，2005：100。

么法子呢？只能带着油腔滑调且盯梢，好像听得骂道‘杀千刀’。”① “杀千刀”是吴方言女性对情人的昵骂，相当于西南一带的“砍脑壳”，也类似于今天女性对男性所言的“该死的”、“讨厌”，用在这里惟妙惟肖，如闻其声，如见其人，真是神来之笔。在现代文学中，无论是早先老舍的京味、沈从文的湘味、赵树理的晋味小说，还是当前贾平凹的陕味、金宇澄的沪味、池莉的汉味小说，都因其方言的使用而独具艺术魅力。没有方言的“着色”、“调味”，作品将会大为逊色、寡味。

方言是传统文化、地域文化的载体。在很多文化领域，方言是其主要载体，没有了方言，文化魅力将会黯然失色。被列为世界非物质文化遗产的昆曲，是通过苏州方言表现的，没有了苏州方言，也就没有了昆曲。其他越剧、沪剧、粤剧、楚剧、秦腔等地方戏曲剧种，无不依赖于方言才得以生存和发展。方言的消亡必然导致依附于其上而存在的地域文化的消失，将使主流文化呈现出单一化、同质化的趋势，将损害主流文化的丰富性，降低主流文化的竞争力和生命力，这对任何民族和国家的文化都会带来无法挽回的损失。在追求文化多样性的现代社会，人们都认为“只有民族的才是世界的”，那么我们也可以说只有地域的才是民族的。从这一点上看，方言对地域文化的保持具有至关重要的作用。

第三节　语言中的地名

地名是人们对具有特定位置、范围及形态特征的地方约定俗成的语言代号，是人们赋予某一特定空间位置上自然或人文地理实体的专有名称。研究地名的学科叫地名学。地名学是综合研究地名起源、含义、演变和分布规律及其应用的学科，是近代以来出现的交叉学科，与地理学、语言学、历史学有不可分割的联系。

地名具有社会性，地名是社会的产物，它的命名、发展、演变始终受社会各方面的制约。地名具有时代性，地名的命名通常反映了命名的时代特征。地名具有民族性，不同民族分布区域内的地名，一般总是由生息在当地的居民以其语言命名，反映了一个民族的心理状态、风俗习惯和其他文化特征。地名具有地域性，它的命名常反映当地当时的某些自然或人文地理特征。地名具有稳固性，许多不同历史时期的地名能保持久远，一般不轻易改变，因此，具有独

① 《鲁迅全集》第四卷《二心集》，北京：人民文学出版社，2005：339。

特的历史文献学、史料学价值，可以用作我们研究古代社会的可靠资料。

地名既是地理学的一部分，又是语言学的研究对象。通过地名研究社会，是社会语言学的内容。社会语言学研究的是地名的语源、分布、更替、命名等背后的社会因素，通过地名可以探索民族的历史、分布、迁徙、习俗、心理、信仰等社会现象。

一、地名的历史价值

地名大多是历史上形成的对于相关地域的称谓或命名，历史地名是历史的产物，显示了历史上人们对该地自然形貌或社会人文环境的认知和表述，记录着不同历史时期人类活动颇有价值的许多信息。由于地理名称具有稳固性，因此历史地名可反映民族历史上的各种活动，这是地名对于社会研究的重要价值之一。帕默尔（1983：134）说："地名的考查实在是令人神往的语言学研究工作之一，因为地名往往能提供出重要的证据来补充并证实历史学家和考古学家的论点。"尘元（1991：51）也认为，"研究地名，往往如读一部社会史或民族史"。或者形象地说，地名是人类留在地球上的历史足迹，是书写在地球上的历史。

历史上民族的活动，包括居住和迁徙，都或多或少会在地名上留下某些痕迹，成为今天研究民族历史文化的宝贵资料。有的民族迁走了，一切文化均为后来者覆盖，而以前者的语言命名的某些地名却保留下来，沉淀于后来者语言的底层，成为考证民族历史的语言化石。从底层地名的探索中，我们可发现古代民族定居和迁徙的痕迹。例如，广东现在有许多用"那"，或用"六"、"禄"开头的地名，如"那伏"（新会）、"那落"（清远）、"那乌"（阳春）、那霍（电白）、那洲（珠海）、那加（徐闻）、那稔（海康）、那良（廉江），吴川的"那罗"、"那蒙"、"那寮"，信宜的"那蓝"、"那雾"、"那林"，以及"六朴"（合浦）、"六冲"（德庆）、"六寮"（阳江）、"六黎"（湛江）、"禄马"（台山）、"禄步"（肇庆）、"禄宜"（揭阳）、"禄围"（中山）等，较多出现在湛江、茂名、阳江、江门等古代高凉郡一带。在壮侗语语族的语言中，"那"是水田的意思，"六"和"禄"是山地的意思，都是壮侗语词的汉字记音，这些遗留下来的壮语语族地名，揭示这些地方曾经是壮侗民族居住的地方。

在民国时期，民族学家徐松石运用"地名考证法"分析华南及东南亚地区大量的原生地名和次生地名，构拟文献失载的民族迁移的历史图景，揭示南方不同历史时期的民族分布及民族关系，为南方民族的研究作出了贡献，产生了深远的影响。例如，北宋文人宋祁所撰《宋景文公笔记·释俗》最早指出中国河流名称有"南江北河"的地域特征："南方之人谓水皆曰江，北方之人谓水皆曰河，随方言之便”，汉代以后“事已相乱，后人宜不能分别言之也”。徐松石在《粤江流域人民史》和《泰族僮族粤族考》中，全面分析了地理通名“江”的分布，率先指出南方河流名称“江”是来自泰语的底层地名，源于泰语河流的名称 kjiang、klong 或 khong。这种观点得到了美国语言学家罗杰瑞、梅祖麟和日本语言学家桥本万太郎的基本认同。罗杰瑞、梅祖麟认为，“江”并非汉语固有的基本词，而是源自古代越语（刘振前，庄会彬，2011）。泰语属于壮侗语族，来自于古代百越语言。根据这一观点，“江”是古代百越民族语言遗留在汉语中的底层地名，中国南方古代以“江”为水名的地方，都是古代百越民族居住之地。又如，《尚书・禹贡》载：“岷山导江，东别为沱。”《说文・水部》有“沱，江别流也。出岷山，东别为沱”，《尔雅・释水》有“水自江出为沱”，“沱”究为何处水名，或是通名还是专名，1000 多年来众说纷纭，未能论定。徐松石（1939：64）认为，“称河为沱为汰为驮，原是僮人的方言。……现在鄂西和四川以沱字为名的水湾尚多。《水经注》谓四川又有开明所凿的沱，又湖南凤凰县的沲水亦称沱水。沱的名称在这些地方非常众多。原来这些地域乃是古代僮人的渊薮。国语沱字之出于僮，读者恐怕都瞭然了”。今壮侗语族“河”或“码头”、“渡口”的读音，壮语、布依语、傣语音［ta］，临高话音［to］，泰语音［tha］。“沱”应是上古越语“河”在汉语中的底层地名。壮族、傣族、临高族、布依族及泰族人都是古越族的后裔，他们虽迁离了四川和湘鄂西地区，但其地名却保留至今，成为勾勒其远古历史的线索。[①]

美国语言学家布龙菲尔德（Leonard Bloomfield，1887—1949）指出：“在征服的情况下，保留在继存的优势语言里的文化借词主要是些地名”，“地名给已消亡了的语言提供了宝贵的证据”（布龙菲尔德，1980：571—572）。在美国，当年白人殖民者赶走了土著印第安人、占领了印第安人的地盘后，印第安语中的许多地名却被保留下来。美国一半以上的州名源于被征服者印第安人的语言，如Arizona（亚利桑那）、Arkansas（阿肯色）、Idaho（爱达荷）、Kentucky（肯塔基）、Massachusetts（马萨诸塞）、Michigan（密执安）、Mississippi（密西西比）、Ohio（俄亥俄）、Texas（得克萨斯）、Minnesota（明尼苏达）、Utah（犹他）、Tennessee（田纳西）等。

而征服者的占领失败或占领活动消失后，有时也会在被征服的土地上留下语言的足迹。例如，恩格斯曾对英国许多带“斯特”的城市名称进行过考证，认为它们是 1000 多年前罗马人占领不列颠后留下的痕迹。恩格斯在《野营》

---

① 一些学者认为壮侗语族表示“河”或“码头”、“渡口”意义的 ta、tha 与汉语“沱”是同源关系，如罗美珍的《试论台语的系属问题》，《民族语文》，1983（2）：30-40。

一文中写道："罗马人征服不列颠最永久的纪念碑是把拉丁字 Castra（野营）保留为最初曾是罗马军队驻地的许多城市的名称或名称的一部分，例如当卡斯特、莱斯特、伍斯特、切斯特、温切斯特等。"① 公元 43 年罗马军队入侵不列颠，开始了英国历史上的罗马占领时期，大不列颠成为罗马帝国的一个行省。在罗马统治不列颠近 400 年期间，罗马人以其先进的建筑技术，在他们最初扎营驻军的地方——Castra（军事营地、军事防御阵地及建筑）建设城市，并以 Castra 命名所建的城市，以保留至今，成为罗马统治不列颠永不磨灭的印迹。

历史上人口迁徙，人们还往往将原居留地的名称带到新的居住地，以寄托对故乡的感情和铭记。历史上龟兹国在新疆库车县，而在陕西有龟兹县，乃龟兹国人迁居于此，所认命认故地之名。西晋末年五胡乱华，中原沦陷，元帝南渡，在建康立国，中原人民不堪异族蹂躏，相率迁往南方。来自中原同县之人往往聚于一地，设立侨郡侨县，而以北方故地之名命名侨居之地，以表明对祖籍故地的感情和收复失地、回归故土的心愿。《隋书·食货志》载："晋自中原丧乱，元帝寓居江左，百姓之自拔南奔者，并谓之侨人。皆取旧壤之名，侨立郡县。"所以，在长江南北，往往有同名的郡县。如魏晋有司州，辖今山西西南部及河南西北部。东晋南迁后，在淮南地区设司州，即《晋书·地理志上》所说"元帝渡江，亦侨置司州于徐，非本所也"。一些非专设的侨置政区，也多以故地之名命名新地。例如，永嘉之乱，西晋都城洛阳受到严重破坏，大批洛阳人携家带口，来到现在河南南阳和湖北襄樊、随州一带。在今湖北随州，有洛河、洛阳桥、洛阳镇的地名，即是其时避乱南来的洛阳人所命之名。宋元之际，疆土分裂，南北对峙，也曾设侨州。宋端平二年（1235）蒙古人将邓（今河南邓州市）、均（今湖北丹江口市西北）、唐（今河南唐河）三州之民，迁徙到洛阳以西，侨置邓州于长水县（治今河南洛宁西），均州于永宁县（治今河南洛宁），唐州于福昌县（治今河南宜阳西）。这些移民本抱着侨居的思想，打算重返故乡，然而大多因为社会的长期分裂而不能回归故土，他们及其后裔就只好在侨居之地定居下来。历史上侨置郡、县、州的地名与原地名之间，就直接体现了故地与侨地人民的历史关系。

在 16—17 世纪，美洲大陆出现许多冠以"新"的地名，如新尼德兰（原荷兰殖民地，荷兰语 Nieuw-Nederland），新西班牙（原西班牙殖民地，西班牙语 Nueva Espa，英文 New Spain），新法兰西（原法属殖民地，法语 La Nouvelle-France），新奥尔良（原法属殖民地，法语 La Nouvelle-Orléans），新

① 《马克思恩格斯全集》第 14 卷，北京：人民出版社，1979：279-280。文中地名的英文分别是 Doncaster、Leicester、Worcester、Chester、Winchester。

加利多尼亚（原法属殖民地，法语 La Nouvelle-Calédonie），新英格兰（原英属殖民地，英语 New England）。美国的新泽西（New Jersey），源于英国地名泽西（Jersey）；纽约（New York），源于英国地名约克（York）；新罕布什尔（New Hampshire），源于英国地名罕布什尔（Hampshire）。英国殖民者还将原欧洲地名直接用作其殖民地地名，如英国地名纽卡斯尔（New Castle），在澳大利亚、加拿大、南非、美国宾夕法尼亚州和特拉华州竟有五个完全同名的地名；英国地名罗切斯特（Rochester），在美国的纽约和明尼苏达两个州都有同名地名；英国地名曼彻斯特（Manchester），在加拿大、牙买加、美国都有同名地名。连英国首都伦敦（London），在加拿大、美国也有同名的地名。很显然，这都是英帝国殖民或移民在这些地方留下的痕迹。这一现象记录了欧洲殖民者对美洲，以及世界其他地方的殖民扩张，因为这些名字都是欧洲原有的，殖民者到了美洲之后，出于对故乡的思念或景象的相似，或用故土的地名增加一个“新”字，或者直接照搬原地名来命名殖民地。

二、地名的文化意义

地名的文化价值是与其历史价值紧密相连的。按照地名学的一般原理，最初的地名是依据当时的自然地理环境和文化环境来命名的。从地名的语源、命名的理据中可以看到历史上人们赖以生存的空间及当时的背景。地名既是人类历史的脚印，又是文化现象、文化景观、文化符号，其美学意义、历史价值、文化价值乃至经济价值都是无形和无价的。五年一届的联合国地名标准化会议（United Nations Conferences on the Standardization of Geographical Names, UNCSGN），在 1987 年以来召开的五届会议上，就有四届提到地名的历史意义和文化意义：1987 年第五届会议 6 号决议认为“地名是民族文化遗产”，1992 年第六届会议 9 号决议指出“地名有重要的文化和历史意义”，2002 年第八届会议 9 号决议重申“地名作为国家历史和文化遗产一部分的重要性”，2007 年第九届会议认定“地名属非物质文化遗产”。2004 年 6 月，中国地名标准化技术委员会发出《关于加强地名文化遗产保护的通知》，开始将“老地名”的保护作为社会发展中延续历史命脉的系统工程。由此可见，国际国内对于地名意义和价值的重视。

具有悠久历史的古城，其地名的文化价值尤为彰显。城市的文化生命往往通过地名得以延续，一个地名，往往连接着一段历史、一个故事、一位名人、一则民俗。曾为六朝古都的南京，每一个历史地名都是一张古城文化的名片：“乌衣巷”与东晋王谢的风流倜傥，“秦淮河”与桨声灯影中南朝商女的婉转歌喉，“邀笛步”与六朝教坊的盈盈乐音，“杏花村”与杜牧的把酒销魂，“桃叶渡”与王献之的浪漫传说，“莫愁湖”与梁武帝的辣手摧花，“长干里”与崔颢的《长干曲》和李白的《长干行》诗歌，“夫子庙”与江南的贡院文化，还有洪武街、孝陵卫、朝天宫、花牌楼、龙蟠里、虎踞关、唱经楼、凤凰台、仁孝里、吉祥街、燕子矶、雨花台……，每一个地名都记录着这座文化名城律动的历史脉搏。在古城苏州，沧浪区、干将路、莫邪路、专诸巷、盘蠡桥、阊门、胥门和胥江路，以及低吟浅唱的桃花坞，天淡云舒的闾邱坊，深酌浅饮的丁香巷，雪映海棠的海红坊，这些诗情画意的历史地名，每一个都能勾起对吴城姑苏的历史记忆，引发人们思古的幽情，吸引人们亲睹历史的容颜。

然而，地名的历史性与社会的现实性并不完全像上述例子一样可以和谐共存于同一时代平面上。地名具有纪实性，在过去特定文化背景下产生的一些粗鄙、俗气、平庸而带有时代烙印的老地名，有时与该地现代先进、文明、高雅的形象格格不入，两种不同时代层面文化的交汇，常常形成矛盾、冲突，使人们陷于顾此失彼的窘状，在保持历史文化和维护现代形象之间难以取舍。从历史和文化的角度来说希望保护历史地名以继承文化，从现代形象和心理的角度来说则希望地名脱俗而树立良好的形象。

老地名并非绝对不可改，但切不可妄改。一些存之无所益、改之不可惜的历史地名、老地名，两者相较当取重舍轻。武汉大学所在地原名罗家山，1928年闻一多首任该校文学院院长时，以诗人和文学家的灵性和美感，将其改名珞珈山。一名之改，境界顿出，蓬荜生辉。虽然闻一多在武汉大学任职不到两年，竟受排挤不欢而去，但他留给武汉大学的这一“非物质文化遗产”，使武汉大学“民至于今受其赐”。这是地名可改、改得更加“文化”、毫无遗憾的典型例子。

中国历史上不乏更改地名的现象，大多是统治者出于政治的原因。因为文化的原因而更改老地名，最大规模的发生在民国时期之后的北京。如果将乾隆十五年（1750）记载北京地名的《乾隆京城全图》与民国十九年（1930）的《北平市全图》比较，可以看到民国时期之后对北京不雅老地名的大量改造。改名的方式是取其谐音、以雅代俗。改动最多的是胡同名，如张秃子胡同改“长图治”，屎壳郎胡同改“时刻亮”，猪巴巴胡同改“珠八宝”，哑巴胡同改“雅宝”，蝎虎胡同改“协和”，鸡爪胡同改“吉兆”，母猪胡同改“墨竹”，驴市胡同改“礼士”，王八胡同改“万宝”，棺材胡同改“光彩”，裤裆胡同改“库藏”，粪场胡同改“奋章”，臭皮胡同改“寿比”，烧酒胡同改“韶九”。其他如罗锅巷改“锣鼓”，赶尸桥改“甘石”，中官村改“中关”，猪市口改“珠市口”，苦水井改“福绥”，窑台改“瑶台”，鞑子营改“达智”，猪营改“珠营”，羊坊改“阳坊”。

对北京老地名的这种更改，鲁迅曾在杂文《咬文嚼字》中说道："在北京常看见各样好地名：辟才胡同，乃兹府，丞相胡同，协资庙，高义伯胡同，贵人关。但探起底细来，据说原来是劈柴胡同，奶子府，绳匠胡同，蝎子庙，狗尾巴胡同，鬼门关。字面虽然改了，涵义还依旧。这很使我失望；否则，我将鼓吹改奴隶二字为'弩理'，或是'努礼'，使大家可以永远放心打盹儿，不再愁什么。"[①] 表达了对做表面文章行为的讽刺和挖苦。诗人朱湘（2005：34）也在散文《胡同》一文中说："破坏的风沙，卷过这全个古都，甚至不与人争韬声匿影如街名的物件，都不能免于此厄。那富于暗示力的劈柴胡同，被改作辟才胡同了；那有传说作背景的烂面胡同，被改作烂漫胡同了；那地方色彩浓厚的蝎子庙，被改作协资庙了。没有一个不是由新奇降为平庸，由优美流为劣下。"表达了作者对地名更改而失去的乡土味儿的惋惜，代表了民国时期不少的文人对于更改历史原生态地名的排斥、反对态度。

我们说地名具有稳固性，主要是针对传统社会和相对封闭的地区而言的。在现代社会和发展较快的城市，地名又是十分脆弱的文化现象。古城中的历史地名极容易在城市现代化中失去，随时被更改而淡出人们的记忆。历史地名的消失或将割断与传统文化的纽带，抹去城市最后的记忆。1992 年联合国第六届地名标准化会议 9 号决议指出："地名有重要的文化和历史意义，随意改变地名将造成继承文化和历史传统方面的损失。"然而，在现代化进程中，城市中所谓"粗俗"的老地名，犹如陈旧的老建筑一样，在推土机式的政治强权和经济驱动下很难逃脱被摧毁的厄运。

中国历史上最让人扼腕叹息的古地名的丢失，莫过于改长安为西安。长安与雅典、开罗、罗马并列为世界的四大古都，在长安 2000 多年的建城史中，有 15 个王朝在此定都近 1400 年，其中以"长安"作国都的就有 12 个王朝，单是其中的西汉和盛唐这两个中国历史上最为辉煌的朝代，就足以让人无限缅怀那时的古都长安。它让我们联想到无数与之相关的历史、故事和名人，联想到"秋风吹渭水，落叶满长安"，"长安一片月，万户捣衣声"，"长相思，在长安"等诗歌和诗人。长安，已经凝结成中国文学中一个意味悠长的意象，中国文人一个挥之不去的情节，中国文化中一个含义丰富的符号。然而，公元 1369 年明朝改长安为西安，长安这个价值无法估量的历史文化商标，就与我们渐行渐远，成为一个历史的背影，永远消失在中国的地理版图之中，"长安不见使人愁"。

在湖北的荆州，20 世纪末差点重演了长安式的悲剧。荆州之名源于《尚

① 《鲁迅全集》第三卷《华盖集》，北京：人民文学出版社，2005：10。

书·禹贡》，为古代九州之一，是自古以来兵家必争的战略要地，建城历史长达2600多年，是春秋战国时楚国都城、楚文化的发祥地和三国文化的中心。《三国演义》2/3的回合涉及荆州，“刘备借荆州”、“周瑜夺荆州”、“关羽失荆州”等脍炙人口的故事，就发生在这块古老的土地上。谁知湖北的官员们甚不珍惜，在1994年奏请国务院撤销荆州地区、沙市市和江陵县，改立地级荆沙市。1994年9月，国务院（国函〔1994〕99号）批准撤销荆州地区，改立地级荆沙市，市府设在原沙市，具有2000多年历史的地名荆州一夜之间消失。这一行政行为激起了当地民众和国内外有识之士的强烈反应，舆论惊呼“中原从此失荆州”，人们顿足痛心，认为不伦不类的“荆沙市”割断了地名与历史文化的联系，伤害了荆州和沙市两地人民的感情，也无助于当地现实和未来的发展。在强烈的民意反对下，两年后地方政府不得不奏请国务院将地名改回。1996年11月，国务院（国函〔1996〕99号）批准将荆沙市更名为荆州市，无形、无价的文化遗产——地名“荆州”失而复得，避免了“大意失荆州”悲剧的重演。然而，这一番愚蠢的折腾对社会人心和政府公信的伤害，以及造成的巨大经济损失，却无法挽回。这就是妄改历史地名的沉痛教训。

这种大煞文化风景、糟蹋历史地名的事至今仍然时有发生。北京四大中心城区之中的崇文区和宣武区，因明代修建的崇文门和宣武门而得名。命名遵循了古代“东文西武”和“左文右武”的礼制，取“文治武安，江山永固”之意。2010年，北京市因政区的调整，将极富历史文化意义的崇文区、宣武区分别并入东城区和西城区，引起舆论的一片哗然和民众的惋惜和吐槽，有网民嘲弄“丢文弃武，只剩东西”，“不能崇文宣武，徒留混账东西”。崇文区和宣武区的撤销，完全无视老地名的文化分量和历史内涵，为地名去历史化又添一败笔，对于古城的历史文化，首都的文化形象，无疑是一大损失。

有些庸人自扰的地名改造使人哭笑不得甚至无法容忍。2011年湖北改“鄂商”为“楚商”，以湖北省企业发展促进会、湖北商会为代表的始作俑者一是无知的拆字找茬：“鄂”字两“口”代表着吵架，一只耳朵意味着偏听偏信，结果只能是“亏”；二是无端的谐音联想：“鄂”字通“噩”，又谐音“恶”。商人重利少文犹可理解，而荆楚文化研究会的一干“学者”们也随之起舞、推波助澜，就不可理喻了。据称省府也正在考虑将本省简称为楚。如果照此推理，则“楚”亦谐音“丑”，“楚省”正好谐音“畜生”。其他省的简称，如浙与“折”，琼与“穷”，皖与“完”，滇与“癫”，甘与“干”都谐音，“黑”、“鲁”、“蒙”更是直接谐义“黑暗”、“鲁莽”和“蒙人”，“闽”、“蜀”字里边还有“虫”，岂不都得改名？如此比附，岂不天下大乱？如此无知无畏的折腾，岂非鄂籍哲学大师熊十力先生所谓“道之将废也，文不在兹乎？”真是“天丧斯文”，愧对“唯楚有才”的盛誉，令楚人蒙羞了。

还是在“唯楚有才”的湖北，省会武汉市东湖风景区也差点失去了著名的“听涛”景区名。听涛景区是东湖风景区中最早建成开放的景区。2003 年“荆楚在线消息”报道：提起东湖，不少市民误以为就是听涛景区。为消除这种误解，有关人士建议听涛景区更名，东湖风景区管理局有意将“听涛景区”更名为“梨园景区”。放下“梨园”之名如何背离了中国传统的文化心理且不说，“听涛”一名是多么令人遐想、神思，是多么富有韵味、美感和文化含义的好地名。所幸托听涛区行吟阁的屈子之福，听涛区终于未被改掉，否则武昌黄鹤楼的鹤、汉阳钟子期的琴，这些老祖宗留下的宝贵遗产，真要被一些荒唐无知的“楚人”烹尽烧光了。

有人说：地理是横向的历史，历史是纵向的地理，地名便是这纵横网络上状如繁星般的自然和人文实体的标记。就像城市的建筑地标，一些有影响的历史地名就是城市的精神地标。在现代社会，老地名在不断消失，新地名又很无趣，快餐式文化使人们无暇顾及地名的诗情画意和文史掌故，城市越来越豪华，品位却越来越低劣。千篇一律、千城一面的地名使城市缺乏个性。像“东南西北”之类的方位式地名，“一二三四”之类的数字式地名，“人民”、“和平”、“新华”、“解放”之类的政治概念式地名，“创业”、“迎宾”、“工业”、“世纪”之类的骨感地名，以及“曼哈顿”、“威尼斯”、“维多利亚”、“罗马假日”之类自诩高雅的洋地名，在许多城市都不难找到孪生兄弟。江郎才尽式的重复，肤廓浮词类的空虚，巫祝颂祷般的现代迷信，消耗了城市本可以创造的审美情趣和个性、感性。即使如此，许多城市仍在“高雅”的名义下努力地为地名“脱俗”，力求消除“坪”、“湾”、“沟”、“堡”等乡土气息，重塑大都市的现代化“形象”。殊不知所谓“脱俗”，脱掉的是恰恰是城市的文化品位和特点、个性。而在另外一些城市，则意识到历史地名的文化价值后回归历史，恢复已经消失的老地名。2009 年南京恢复了产生“新亭对泣”典故的地名“新亭”等，据悉今后南京每年都将恢复一批老地名。杭州、扬州、无锡、济南、珠海都在恢复老地名。

地名是文化的表达，是历史的凝结，它包含了人类灵性对地理实体的感悟和寄托。像武汉市老地名三层楼、六渡桥、八大家、十里铺、百步亭、千家街、万松园、得胜桥、清风巷、司门口、阅马场、昙华林、玉带门、烟波楼、楚材街、粮道街、宝善堂、王府口、武泰闸、卓刀泉、胭脂路、花楼街、水果湖、吉庆街，螃蟹甲，对武汉人是亲切，对外地人是新鲜，就连中山大道上的“老鼠街”，都显得颇有情趣，引起人们的遐想。珍惜历史地名，创造具有美好情趣的现代地名，营造一个“有文化”的生存环境，是现代社会的责任和义务。

三、地名的政治色彩

地名是一种社会现象，社会发生重大变化，就可能更改一些地名。历史的变迁，朝代的更替，思潮的转变，时尚的不同，常常会通过改变地名予以体现，其中最明显的就是政治。地名是被用来当作表达政治立场、政治观点和政治诉求的惯常手段，是政治气候的晴雨表，具有鲜明的政治性。

地名在中国历史上一直带有浓厚的政治色彩，体现出了明显的政治性。江山易主，朝代更替，常常以地名的更改，当作变革天命的标志、树威立信的手段，用以表达除旧布新的立场，反映祈求江山稳固、社会平安的心理。远者如战国时代楚国灭了鲁国后，就将鲁国首都曲阜改名“楚县”；秦始皇在东巡丹阳时，将疑有“王气”的云阳改为“曲阿”。近者如“中华民国”建立后，遍地的“中山路”、“民权路”、“民生路”、“民族路”，将孙中山和“三民主义”扎扎实实地写在地球上。新中国成立之后，到处都有“解放”、“新华”、“人民”、“民主”、“建国”、“八一”、“前进”等路名，成为新中国政治观念的鲜明印记。国外也有类似现象，俄国十月革命胜利后，许多具有时代特征、意识形态特色鲜明的新地名取代了旧地名。一大批地名以“红军”、“十月”、“五一”、“赤卫队”、“苏维埃”、“十月革命”、“共青团员”、“布尔什维克”、“共产主义”等命名，或直接以领袖或著名人物的名字为新时代城市更名，如列宁格勒、斯大林格勒等，染上了俄国大革命时期浓烈的政治色彩。

中国历史上最有代表性的政治性地名更改，当在西汉末年新莽时代。王莽建立新朝后，以政治手段为各地地名“正名”，掀起了空前绝后的改名运动，通过地名的更易为其代汉改制和巩固新朝的政治服务。例如，在地名上去“汉”立“新”，改安汉为安新，西河为归新，新息为新德，淮阳为新平等。把许多郡县名改为带有“善”、“美”、“德”、“仁”、“义”等儒学概念的地名，改南昌为宜善，曲阿为风美，敦煌为敦德，假儒学之名确立自己的“正统”地位，巩固新朝的思想统治。面对当时日益尖锐的阶级矛盾和民族矛盾，把更改地名作为“厌胜”的法宝，改长沙为填（镇）蛮、陇西为厌戎、白狼为伏狄、平邑为平胡、洛都为卑顺、云中为受降等。这些地名的更改与王莽的代汉改制和巩固新朝的统治有着密切的关系，它反映了王莽代汉改制中的政治倾向、思想动态、心理活动，以及改制面临的各种矛盾和社会问题（曹金华，1991）。

中国历史上第二次大的政治性地名更改，当推20世纪“文化大革命”时期，在极“左”路线的指导下对城市地名主要是街道名称的更改。在“政治挂帅”和“全国山河一片红”的背景下，各地被改为红色地名的不计其数，在政治中心北京尤为突出：东扬威路是苏联驻华大使馆所在地，岂能让其“扬威”?于是改为“反修路”。东交民巷是旧时帝国主义租界地所在，有殖民色彩，改为“反帝路”；王府井有封建色彩，改为“人民路”；龙潭湖有迷信色彩，改为“红湖北路”；夕照寺大街有日薄西山之感，改为“光明路”。南北中轴线上的地安门大街，改为“总路线路”，平行于它东、西的安定门内大街和德胜门内大街，分别改为“大跃进路”和“人民公社路”。“革命圣地”地名则安排在长安街南北的主要干线上：东单北大街叫瑞金路，西单北大街叫延安路，宣武门内大街叫遵义路，崇文门外大街叫南昌路，府右街叫韶山路。其他如红日路、红旗路、育红路、红光路、红卫路、宇宙红路、灯塔路、文革路、志远路、为公路、向东路、赞东街、东风路、永进路、四季红路、普红胡同、光明路、曙光路、大寨路、翻身街、秋收起义路、人民公社路、工农兵大街等，不胜枚举。据1974年11月14日《关于整顿城近郊区街道名称的材料》透露，“文化大革命”初期北京412条街道胡同改了名，占全市街道、胡同总数的8.6%。这类反映政治风云变幻的地名，大多“其兴也勃，其亡也忽”，缺乏生命力。政治风潮一过，就风流云散、销声匿迹了。

中国历史上大汉族主义和大国沙文主义政治，也留下了不少色彩浓厚的政治性地名。在少数民族地区、国家的边陲以及其他社会不稳定的地区，大量存在含有“靖”、“绥”、“平”、“安”、“镇”、“武”、“化”、“定”、“威”等威胁、侮辱、歧视之类字眼的地名，如西南云贵民族地区的武定、宣威、镇雄、镇远、镇宁、威宁，黑龙江的绥化、抚远、东宁、北安，新疆的迪化，塞北的绥远，内蒙古的归绥，河北的遵化、宣化，湘鄂西的怀化、宣恩、恩施等。对外则在中越边界有“镇南关”，中朝边界有“安东”。1951年5月16日，政务院发布《关于处理带有歧视或侮辱少数民族性质的称谓、地名、碑碣、匾联的指示》：为加强民族团结，禁止民族间的歧视与侮辱，对于历史上留遗下来的加于少数民族的称谓及有关少数民族的地名、碑碣、匾联等，如带有歧视和侮辱少数民族意思者，应分别予以禁止、更改、封存或收管。根据该指示，我国对此类地名进行了逆向或中性意义的改造，以消除民族、国家之间隔阂和冲突的历史痕迹，建立和谐友好的民族和国家关系。例如，将清代命名的迪化改为乌鲁木齐；将北洋政府命名的归绥改为呼和浩特；将明代命名的镇南关改为睦南关，1965年又改为友谊关；将清朝命名的安东改为丹东。

在国际上，地名常常成为政治斗争的工具。

地名可以揭示民族、国家之间的权力博弈，可以唤起不同族群的情感与记忆，也是强化和操纵政治话语权的工具。在19世纪的犹太复国运动中，为获得犹太人移民巴勒斯坦的合法性，当务之急就是将犹太民族的历史和记忆与巴勒斯坦的地理名称联系起来，用希伯来语命名巴勒斯坦地名，把犹太复国的意识镌刻在地图上，使犹太人认为巴勒斯坦就是上帝给予犹太人的土地。1948年以色列建国后，发动了一场以希伯来语命名整个以色列地理的“地图希伯来化”运动。政府成立地名委员会，把大部分阿拉伯地名改为《圣经》上或犹太法典上的名字，使得3/4的阿拉伯语原生态村名在地图上消失。通过重建国家地名标志，强化犹太复国与所在土地的联系，给以色列建国提供合法性，迫使阿拉伯人接受犹太人占领的事实。而巴勒斯坦人则从不承认犹太人重返家园的合法性，指责犹太人为殖民者，在被驱离后仍然使用原住地名称为新的定居点命名，并传之后代，希望通过阿拉伯人祖籍的地名，建立穿越时空的民族记忆。在他们的心目中，故地的名称已不再是地理符号，而是转化成了一种政治信念，一种反抗和报复的力量（王炎，2011）。

地名也是国际政治斗争的工具。在中国发动“文化大革命”的1966年，由于中国和苏联之间存在严重的政治对立和意识形态斗争，北京激进的红卫兵不顾基本的外交礼仪，将苏联驻北京大使馆外的“扬威路”改名为“反修路”。20世纪80年代，美国将苏联驻美国大使馆门前的“第十六街道”，以苏联持不同政见者、诺贝尔和平奖得主安德烈·萨哈罗夫之名，命名为“安德烈·萨哈罗夫广场”。2014年6月24日，美国众议院拨款委员会故伎重演，表决通过将华盛顿国际路中国驻美国大使馆前的一段改名为“刘晓波路”，这样中国驻美国大使馆的地址就将变成“刘晓波路1号”。刘晓波是受到依法审判并正在中国监狱里服刑的罪犯。美国众议院这一改名事件极富蕴意，意图通过道路的改名来表达自己的政治观点，妄图借助所谓人权问题恶意炒作刘晓波来侮辱、抹黑和恶心中国。如果说中国“文化大革命”时期改名“反修路”的行为是出自特定时代政治狂热的幼稚行为，那么美国众议院的衮衮诸公就不是“狂热”和“幼稚”所能解释的了。这是美国反华势力针对一个主权国家内政无所不用其极的敌对行为，是严重违反外交准则、明目张胆的政治挑衅，是外交上相当“龌龊”的小人之举。

地名还是反映国家主权的象征和国家尊严的体现。

从地名的语源看，一个国家的外国语地名，往往与历史上的军事入侵和殖民统治有关。17世纪荷兰侵略者占领我国台湾时，将台湾叫作“福尔摩沙”（葡萄牙语 Fermosa），这个带有强烈殖民色彩的地名充满了中华民族屈辱的历史。这个外语地名连同它的音译，现在被“台独”分子频频利用，用以割断台湾和祖国大陆的关系。我国台湾省至今还有少量日本占领期间遗留下的日本地名，例如，新竹县原称“咸菜瓮”的地名，在日治时期改名为“关西”；台中县原称“葫芦墩”的地名，改为日本地名“丰原”；台中县原称“牛骂头”的地名，改为日本地名“清水”。这些用汉字记录的日源地名，见证了日本军国主义罪恶的侵台历史。

一些有国际争议的地理实体，相关国家都会用本国语源的地名表述该地，以表明对该地的主权诉求。用西班牙语拼写的 Islas Malvinas（“马尔维纳斯群岛”），与用英语拼写的 Falkland Islands（“福克兰群岛”），体现了阿根廷与英国之间对该岛的主权归属之争。日本、俄罗斯之间有主权纠纷的国后、择捉、齿舞、色丹四个岛屿，俄罗斯称为“南千岛群岛”，日本则称为“北方四岛”。我国的钓鱼岛，日本称为“尖阁列岛”。韩国、日本之间也有独岛（日本称竹岛）之争。这些不同的名称体现了各自的主权要求。对于这些主权归属存在纠纷的领土，争议之外的国家采用哪一方的地理名称，就体现承认、支持哪一方的领土诉求，反映政府的立场，这是一个十分敏感的政治问题。比如，中国承认阿根廷、韩国的领土诉求，故而采用阿根廷“马尔维纳斯群岛”、韩国“独岛”的地名。

第五章　语言与阶级

第一节　语言的阶级性与全民性

一、阶级、阶层的划分

在现代社会学理论中，“阶级”或“阶层”都是指按一定标准来区分的社会群体。阶级（class）是指由于经济地位、社会身份、政治态度等原因而分成的社会群体，如无产阶级、资产阶级。“经济地位”，包括与生产资料的关系，在社会劳动组织中所起的作用，占有社会财富的方式和多少，是划分阶级的核心要素。社会身份、政治态度都是由经济地位决定的。阶层（state 或 stratum）是指同一个阶级里再根据社会经济地位和生产活动方式等的不同分为阶层，如工人阶级中的知识分子阶层。一般而言，阶层是阶级的下位概念。阶级与阶层的关系，犹如语言与方言的关系。

阶级和阶层是密切相关的两个概念。在不同的社会背景下，人们对阶级和阶层的理解是不一样的。根据不同的理论和不同的研究目的，也有不同的划分标准和方法。西方理论界常用阶级来代替阶层，如德国著名社会学家马克斯·韦伯（Max Weber，1864—1920）把社会分为“上、中、下”三个阶级，每个阶级又分“上、下”，即上上阶级（老财阀）、上下阶级（新财阀）、中上阶级（教授、医生、律师、经理等高等白领）、中下阶级（秘书、一般职员等普通白领）、下上阶级（技术工人等蓝领）、下下阶级（没有技术、文化程度很低的普通体力劳动者），其中的“阶级”实即“阶层”。

在中国，改革开放后随着社会政治、经济的发展，阶级意识逐渐淡化，社会学界一般用社会阶层来替代阶级。目前，中国的社会阶层已经发生结构性改变，由新中国成立初期的“两个阶级一个阶层”——工人阶级、农民阶级和知识分子阶层的社会结构，变成了 10 个阶层——国家与社会管理者阶层、经理人员阶层、私营企业主阶层、专业技术人员阶层、办事人员阶层、个体工商户阶层、商业服务人员阶层、产业工人阶层、农业劳动者阶层和城乡无业失业半失业者阶层。这10个阶层又可分成5种社会等级，即上层、中上层、中中层、中下层、底层。阶级具有历史特征，在不同的历史时期，阶级结构会发生变化。

阶级和阶层既有上下位种属关系，又有互相交叉的关系。同一阶层的人可以是来自于不同阶级。不同阶级往往是以政治上、经济关系上对立的形式出现。而阶层往往是以职业性质（从事体力劳动或脑力劳动）、文化程度、居住环境（城市、农村）等不同来予以区别。但是一定的阶层与一定的阶级往往有内在联系，如我国1949年前的工人阶层往往与无产阶级相联系，知识阶层往往与资产阶级相联系。1949年后我国在社会主义制度下，从经济上消灭了对立的阶级，如无产阶级与资产阶级，社会集团的分类就以阶层的形式出现。所以，从我国目前的情况来看，语言与阶级的关系，实际上就是语言与阶层的关系。

社会阶层是经济收入、政治倾向、职业、教育等综合因素形成的结果，同一社会阶层的成员具有类似的价值观、兴趣爱好和行为方式，也具有类似的语言变异、语言特征。这种变异属于社会方言，或具体称为“阶级方言”。

二、语言与阶级和阶层的关系

不同阶级和阶层具有的不同经济地位、社会身份和政治态度，决定了他们不同的观念意识、教育程度、职业性质、思想情感，也决定了他们不同的言行举止。不同的阶级和阶层的言语形式和意义内容都有所不同，他们在各自的社会环境、特定的阶级圈子中形成阶级方言。这种阶级方言大多会随着言语者阶级身份的改变而改变，但也有些自幼习得的语言特征，如特别的发音、词语或表达方式，就像阶级的胎记，难以改变和掩饰。语言之于阶级阶层，类似于衣着打扮之于人，可以据此看出其身份地位、所属阶级、阶层。

语言因社会的阶级、阶层不同而产生变异是十分明显的，古今中外莫不如此。在西方，英国社会对阶级方言的强调颇有代表性。英国人的阶级意识根深蒂固，对于阶级方言也格外注重，语言与阶级的关系特殊而微妙。帕默尔（1983：112）指出：“英国人对于表明社会阶层的方言差别特别敏感。萧伯纳甚至说：任何一个英国人，只要一开口，不是招来有些同胞的憎恨，就是受到有些同胞的鄙视。”英国现代人类学家福克斯（Kate Fox）在《英国人的言行潜规则》一书中专设“语言的阶级密码”一章，饶有趣味地分析了英国社会阶级和阶层与英语的密切关系。福克斯认为英国是“阳光下最有阶级性的国度”（福克斯，2010：100）。福克斯（2010：85）说：“英国的阶级划分与钱无关，与职业的关系也不大。语言是最重要的。一位操上层口音、用上层用语的人，会被人认作上层阶级，即使他挣的工资仅够维持生计，即使他做着卑贱的工作，住着破旧的公寓。甚至即使他失业了，贫困潦倒了，无家可归了，他还是上层阶级。同样地，一个操着下层阶级口音，把他家的沙发称作 settee，他的午餐叫做 dinner 的人，即使他数百万身价，住在宽大的乡村别墅中，他也是个下层阶级。”“我们的阶级划分更多地依赖于语言标志，而不是财富和职业。……无论你达到什么样的成就高度，除非你费尽心机要去掌握另外一个不同阶级的发音和词汇，否则你在阶级体系中的地位就早已被你的语言所掌握。”以语言而不是其他特征作为阶级标志，揭示了英国文化不以地位、身份和成就划分阶级的特点，说明语言与阶级的关系是何等重要、直接和难以改变。

除英国外，在中世纪之后的近代欧洲，新兴的资产阶级登上政治舞台，他们凭借强大的经济势力一跃而成为社会上层贵族阶级，与宫廷贵族一起刻意划分与下层平民阶级的界限，凸显自己的贵族身份，其身份的重要标志就是他们的阶级方言。在法国，17 世纪的学者将宫廷和上层阶级与其他一般人的说话方式和书写方式区别开来。在 17—18 世纪的英国、俄国和德国，宫廷贵族和上流社会流行使用法语，其语言动机和心理就是在说话方式上必须把自己和普通民众区分开，以表明他们是受过高等教育、掌握了当时世界通用语言的“有闲阶级”。西班牙学者和诗人德莱昂（Luis de León，1527—1591）对“智者和尊者”的语言与“卑贱者和普通人”的语言进行了严格的区分；另一位西班牙剧作家比西亚纳（Martin Viziana）则认为每种语言都有学者、贵族和平民三种说话的方式。在葡萄牙，有的语言学家曾列出一份词表，提醒“有教养的人不宜使用”而仅供“平民百姓”使用的词语。伯克（2007：41，45）指出：“语言的等级制反映并维系着社会的等级制。”“反映”的是客观存在，而“维系”的则是上流社会贵族阶级意识的主观追求和表现。对于西方各国宫廷的廷臣和上流社会贵族而言，说典雅得体、彬彬有礼的阶级方言，就好比穿一件得体的燕尾服，最能区别于平民百姓，显示出高贵的身份地位。

在亚洲，日本社会语言学家真田信治说，日本幕藩封建体制下的德川时期，社会上存在士、农、工、商四民等级制度，各阶层之间的尊卑主从关系明确，不同的社会阶层使用完全不同的语体。明治时期的福泽渝吉在《旧藩情》一书中描述旧中津藩士、农、工、商阶层言行的不同时说：“上士举止文雅却迂阔，下士则粗俗而开朗。这种习俗各异的现象同样也反映在语言习惯上。”（真田信治，2002：14）甚至“听到了隔壁有人说话，不看人也可以知道其身份是上士、下士、商人还是农民”，这与《颜氏家训·音辞》所记载的“易服而与之谈，南方士庶数言可辨”是一样的。在种姓制度十分严格的印度，高等种姓如婆罗门、刹帝利，曾经以使用古老的梵语作为自己政治地位的象征。在流传下来的印度古典戏剧中，高等种姓说梵语，低等种姓则说一种一般的语言——普拉克利特语。在中国，古代的雅言、官话具有一定的阶级色彩，它们与平民百姓的方言、俗语相对，是官僚贵族士大夫阶级掌握和使用的阶级方言。明清时期的“官话”就是“满大人”（Mandarin）——官吏阶级使用的语言。汉语所谓“官腔”，也就是官僚阶级拿腔捏调以显示身份地位的阶级方言。

不同的阶级方言具有不同的语言声望。一般而言，较高的阶级阶层具有较高的社会地位和声望，他们的阶级方言也具有较高的语言声望，例如，官话在中国、法语在普罗旺斯、英语在爱尔兰。人类的社会行为都具有“趋上性”，人们总是有意识或无意识地以高于本阶级的阶级方言当作榜样，模仿他们说话的特点，这种模仿在中下等阶级特别是女性中表现得尤为突出，甚至出现“矫枉过正”的现象。美国语言学家爱切生（Jean Aitchison，1938—　）引用拉波夫的话说：“中下层阶级的过分纠正行为应该看做是正在发生中的共时标志。”（爱切生，1997：66）因为中下层阶级在社会和语言上都有不安全的忧虑，他们急于改善低下的地位，试图挤进上层阶级的行列，因而努力学习具有上等声望的语言。例如，在近代早期的西班牙，语言是阶级的明显标志，会说宫廷语言卡斯提尔语是提高社会地位的必要条件。因而乡绅们以宫廷贵族为榜样，通过使用宫廷语言提高社会地位，把自己和平民区分开来。“这种选择在整个西班牙贵族当中推动了贵族共同体的意识”，“拉大了贵族和普通民众的社会距离”（伯克，2007：120）。

三、语言的全民性

语言因阶级而产生变异，形成阶级特征，但这种特征和变异不属于语言的本质，不可能改变语言的本质属性。换言之，语言的阶级变异只是同一种共同语的社会变体，就像地域方言只是一种共同语的地域变体，又像属于同一音位的不同音位变体。语言是全民的而非阶级的，一种民族语言是包括属于本民族而阶级不同的人在内的全民族共同语。只有同一语言中因阶级而变异的“社会方言”，不存在专属于某一特定阶级如无产阶级、资产阶级、地主阶级、农民阶级等专用的“阶级语言”。

在20世纪50年代初，苏联语言学界有过一场关于“阶级语言”的大辩论。苏联科学院院士马尔（Николай Яковлевич Марр，1865—1934）及其追随者的“语言新学说”认为语言属于上层建筑，语言是阶级的，阶级之外没有语言。反对意见认为是全民的、社会的，从来没有某一阶级的专用语言。斯大林在《马克思主义与语言学问题》中对这一观点进行了非常深刻的阐述。毛泽东对语言的阶级性的问题也有更加鲜明、精辟的论述：“大字报是没有阶级性的，等于语言没有阶级性一样。白话没有阶级性，我们这些人演说讲白话，蒋介石也讲白话。”“无产阶级讲白话，资产阶级也讲白话。”[①] 斯大林、毛泽东的观点是完全正确的。不但语言连研究语言的学问——语言学，都没有阶级性。其道理如下：一是语言是在无阶级的社会全民共同创造产生的，天生就没有阶级性。即使在阶级社会里，也不具有阶级性。二是只有上层建筑才具有阶级性，而语言既不属于上层建筑，又不属于经济基础，是一种特殊的社会现象。三是语言的结构要素，尤其是语法结构和基本词汇等本质要素，是根本没有阶级性可言的。四是语言是民族的，阶级是跨民族的。没有属于同一阶级而跨越民族的语言，各个民族的无产阶级说的是不同的民族语言；也没有属于同一民族而分别属于不同阶级的语言，同一民族的无产阶级、资产阶级等不同阶级说的都是同一民族语言。人类历史上找不到一种只属于某一阶级的语言。所谓无产阶级的语言、资产阶级的语言、地主阶级和农民阶级之间没有共同语言之类，都是一种比喻性的说法，就像蜜蜂的语言、狼的语言一样，“语言”一词是应加引号的。

一个民族一般都有一种民族语言。这种民族的语言是全民族成员共同创造、发展和运用的符号系统，是为全社会、全民服务的，对这一民族中不同的阶级、阶层、行业和各种社会集团，对该民族的任何人都一视同仁。民族的语言不是一个民族中的某一阶级或其他社会集团创造发明并仅仅为其服务的。

但是我们不能否定语言与阶级、阶层的密切关系，不能排除阶级对语言的深刻影响。语言中的阶级方言是客观存在的，是阶级、阶层在语言中留下的阶级烙印或者阶级特征而不是语言的阶级性。因为这种语言的阶级变异只是涉及语言的表层，动摇不了语言的本质，改变不了语言的社会性和全民性。

第二节　语言阶级变异的表现形式

就语言形式上的表现而言，阶级方言在语音、词汇、语法，以及语体、语言风格等方面都存在变异，而以语音和词汇的变异最为突出和明显。福克斯（2010：75）认为，语言的阶级变异主要涉及“用语和发音”两个因素，“也就是你使用什么样的词以及你如何使用它们。发音是更加可靠的一个因素，因为另一个阶级的发音较之于用语更难模仿”。下面分别从语音和语词两种主要的

① 毛泽东《打退资产阶级右派的进攻》，见《毛泽东选集》第5卷，北京：人民出版社，1977：447-448。

表现形式谈谈阶级方言在语言形式上的变异。

一、语音变异

语言的阶层差异较多体现为语音的差异，形成各种“阶级方音”。

有“美国社会语言学之父”称誉的拉波夫开创了社会语言学中的“城市方言学”学派，他最擅长的就是对城市阶级方音的研究。拉波夫最为经典的研究，是在纽约市曼哈顿选择三家高、中、低档百货商店，对店员中就元音后的[r]（如 fourth floor 中的-r）是否发音进行调查。调查显示，高级、中级、低级百货店店员发［r］的分别占 62%、51%和 20%；元音后的［r］是否发音和社会阶层有一定关系，社会阶层越高，发［r］的比例也越高，反之越低。在另一项对纽约市民的发音调查中，拉波夫发现，不同社团或社会阶层的人在 this、that、these、them 等词中 th 的发音上存在明显差异，代表美国“下层阶级发音”的黑人英语把应发为齿间擦音［θ]、［ð］的 th 发成了舌尖中塞音[t]、[d]。类似的现象在其他国家也同样存在。“城市方言学”的另一代表人物、英国语言学家特鲁吉尔的调查发现，在英国诺里奇市人的英语中，像 walking、laughing 等词中的 ng 有［n］和［ŋ］两种发音，下层工人阶级发非标准音［n］的比例最高，而中层阶级则倾向于发标准音［ŋ]。

由于英国文化清醒的阶级意识和英国人特殊的阶级敏感性，他们对于“阶级方音”的识别和区分十分注重，英国的社会阶层分化由方音而起。在 17 世纪英国人就常常“以音取人”，认为“音如其人”，可以折射出一个人的家庭背景和教育水平。标准英语发音“RP”（received pronunciation）是上流社会身份的标签，是良好的出身背景和教育程度的表现。RP 的作用主要不在于交流，而是作为一种“阶级方音”将一小部分上流社会的人和其他人区隔开来。其他带强烈地方特色的方音大多暗示着说话者来自社会底层。例如，伦敦腔代表“圆滑”、“狡诈”，西部口音代表“乡下人”、“缺乏文化素养”，北部口音代表“不值得信赖”，西密德兰口音则意味着“愚蠢”。在这里，平面空间、物质形态上的地域方音，转化成了显示地位高低、意识形态上的阶级方音，两者互为因果，既有联系又有区别。福克斯（2010：75）形象地指出：“一个人一旦说话，他必定会在第一时间内暴露出他的社会阶层地位。这一点在某种程度上算是普世真理”，“所有的英国人，不管他们承认还是不承认，都会落入某种社会全球阶级卫星定位系统之中，一旦他或她开口说话，这个系统便能立即告诉我们该人在阶级地图中所处的位置”。

赵元任在 1928 年出版的《现代吴语的研究》一书中较早地注意到了汉语中的阶级方音。该书记录了清末民初常州话绅谈与街谈在声调上的区别：“声调分绅谈乡谈截然不同的两派。绅谈阳上白话变阳平（我＝鹅），文言变高平的阴上。街谈上声一律读中升的阴上，其余声调单读时虽一样，连起来也不同；两字相连，第一字是阳平（黄佬）的时候，绅谈第一字低平，街谈第一字往往变中升。第一字阴去（睏来）的时候，绅谈第一字往往高平，街谈第一字降，跟去声单字读法一样。”（赵元任，1956：80-81）声调的差异成为常州乡绅阶层与乡民阶层的标志性区别，这个调查结果成为我国阶级方言的经典案例。赵元任在后来其他著作，如《方言记录中汉字的功用》（1959）、《常州吟诗的乐调十七例》（1961）、《常州方言》（1970）等文章中，均提到常州方言中存在的声调的阶级特征，可见赵元任对于这种阶级方音的关注和重视。在后来的演变中，常州方言中大众的市井街谈逐渐取得常州城里话的正统地位，而少数乡绅贵族的绅谈在常州城里的社会地位逐渐降低并消失，某些旧时官绅的口音反而被认作了乡下口音（金丽藻，2008，2011）。现当代市民阶层势力壮大、地位提升，乡绅贵族阶层逐渐衰弱、消失时，阶级势力强弱的转化带来了语言阶级变体地位的升降变化，这是语言与阶级同命运、共兴衰的很好例子。

二、语词变异

阶级方言的语词变异主要体现在对语词的选择上，即不同的阶级阶层对表达相同意义的词，具有不同的选择倾向。下层阶级多选择一些感性、激烈、冲动、易懂、通俗的词语，而上层阶级则多选择一些理性、含蓄、高雅、不大通俗的词语。陈松岑（1985：105-106）曾举说明北京的知识分子和工人两个阶层对于上一辈非亲属称谓的差别：工人较多用富于感性色彩的称谓，而知识分子较多用富于理性色彩的称谓。工人和出身于工人家庭的人比知识分子及其子女更多地使用“大爷”、“大妈”等带有较浓感情色彩的亲属称谓词来称呼非亲属，知识分子则更多地使用“伯父”、“伯母”这些感情色彩较淡、较文雅的称谓词。当前流行的称呼“师傅”和“先生”也存在这种不同阶层的选择差别。

在我国历史上，在封建制度等级森严的社会背景下，有很多表现等级观念的同义词，适用于不同的阶级阶层，如“死”，帝王叫“崩”，诸侯叫“薨”，大夫叫“卒”，士叫“不禄”，庶人叫“死”；“女性配偶”，天子称“后”，诸侯称“夫人”，大夫称“孺人”，士称“妇人”，庶民称“妻”。君王才能自称“寡人”、“孤家”，而臣子只能自称“奴才”、“臣”，均反映了不同阶级之间“语言身份”的区别。在人称代词上，秦朝统一天下后，将先秦普通的第一人称代词“朕”，专门用于皇帝自称，别人一概不能称“朕”，并一直延续到整个封建帝制时代。人称代词的阶级性似乎是一种普遍现象，许多民族语言中都有敬称和谦称两套代词系统，有的不仅仅是表明尊敬、客气的态度，而是不平等的社会地位造成的言语准则。例如，在英国，福克斯（2010：76）指出：“上层阶级尽量不说‘我’（I）这个字，他们更喜欢用‘一个人’（one）来代替。事实上，他们对代词都不那么感兴趣，尽量省略代词。”

在西方，典型的阶级方言是所谓的“沙龙语言”。在17世纪的法国，贵族阶级为了与一般人区别开来，显示自己的高雅和与众不同，特意创造了一套“沙龙语言”，即在客厅会客时使用的语言。其主要特点是对一些含义消极或平常普通大众化的俗语、粗话，运用委婉、隐喻的修辞术变成短语甚至句子，使其意义变得典雅、含蓄、隐晦、小众化和特殊化，显示自己不同于平民百姓的身份地位。比如，把“日历”叫作“未来的记忆”，“森林”叫作“乡村的装饰”、“田园的美景”，“耳朵”叫作“智力之门”，“衬衫”叫作“生死者永恒的伴侣”，“狗”叫作“主人忠实的朋友”，“镜子”叫作“风韵的顾问”，“哑巴”叫作“丢失了语言的人”，将“喝水”说成是“一次内部的洗澡”，“请坐”说成“请您满足这把椅子要想拥抱您的愿望吧”，等等。在英国，上流社会的名媛贵妇们认为，“裤子”这样的词语不雅，要改说成“不能够描写的东西”、“绝不可以提及的东西”、“别说出来的东西”、“供你垫着坐的东西”。在俄国，果戈理的小说《死魂灵》写道：“N城的贵妇们像彼得堡的贵妇们一样，在措词用语上都是非常谨慎和文雅的。她们从来不说：‘我擤了鼻涕，我出了汗，我吐了痰’，而是说，‘我轻松了一下鼻子，我用了用手帕’。”这种贵族阶级所使用的沙龙词语，对于该阶级之外的人来说就像隐语、黑话，以致须查阅《时髦秘书》、《女雅士大词典》之类的工具书才能理解。

在阶级方言十分明显的英国，阶级方言词就像阶级方音一样，时刻都会暴露一个人无法掩饰的阶级身份。福克斯（2010：78-80）曾挑选了7个典型的单词作为英国社会检验阶级身份的“试金石”——pardon、toilet、serviette、dinner、settee、lounge和sweet。福克斯形象地指出：这7个词“绝对是被英国上层阶级和中产阶级上层视作绝对禁忌的词。一旦有人胆敢在上流社会人士面前说出这‘七宗罪’之任何一项，那么听者的即时阶级雷达装置会立刻启动，并且开始亮起红灯，发出鸣叫，你会立即被他们‘放逐’到中产阶级中层……可能还会更低，有时，你就会被自动列为下层阶级了。”比如，福克斯分析说：

> Pardon（“请原谅”）——“这个词臭名昭著，受到上层阶级和中产阶级上层的深恶痛绝”。甚至比“Fuck”还要难听。“使用这样一个明显属于下层阶级的术语真是比诅骂娘还糟糕。有些人甚至称中下层聚集的郊区为‘帕多尼亚（Pardonia）’。”当没有听清楚别人的话时，“中产阶级的中下层人士会问你‘Pardon?’而中产阶级上层则会说‘Sorry?’或者也可能是‘Sorry-what?’或者‘What-sorry?’。但上层阶级和下层阶级说的

却都一样，都是‘What?’”

toilet（“厕所”）——这是另一个令上流阶级避犹不及的词。“正确的上层阶级和中产阶级上层的词汇是‘loo’或是‘lavatory’。”只有下层阶级及大部分的中产阶级的中下层才说“toilet”。

serviette（“餐巾”）——“‘serviette’一词是帕多尼亚人对餐巾的称呼。……至今仍然被视为绝对下层。如果上层阶级和中产阶级上层的孩子从他们那慈祥的下层阶级保姆口中学会了这个词，他们的母亲一定会非常忧虑，而且一定会费尽心机将孩子扳回来”。

dinner（“晚餐”）——“如果你用这个词指代正午的那顿饭，那么，它便摇身一变成为下层阶级的标志，因为我们一般认为这顿饭本该叫做‘午餐’（lunch）。……上流社会将晚上那顿饭称作dinner‘正餐’或是supper。”因此，可以“根据你把正午的那顿饭称作‘lunch’还是‘dinner’来判断你的阶级”。

除了语音、语词的阶级变异之外，在语法、修辞、语言风格及所使用的语体上，都会体现出阶级、阶层的变异，在此就不一一分析了。

第三节　贱民阶层的语言变异

与贵族相对的另一个极端是贱民。贱民是阶级社会中处于社会最底层的一种特殊阶层。世界许多地方都存在过贱民。英语中贱民叫“dalit”，指在阶级、种姓、种族、语言、文化中处于最低地位的边缘从属群体。可替换词有doggery、ragtag和untouchable等。印度的贱民叫“旃陀罗”或“旃荼罗”，已存在数千年，是印度种姓制度中最低贱的一个阶级，在传统的印度社会只允许从事处理人类及动物尸体，担任刽子手或屠夫，以及其他肮脏、不洁、下贱的工作，是untouchable——“不可接触的人”[①]。朝鲜的贱民“천민”包括奴婢、娼妓、屠夫、巫师、罪犯和他们的家属、某些僧侣和某些地区（如平安道）的所有人民及他们的后代。日本的贱民“せんみん”在律令制时代称“五色之贱”，包括陵户、官户、家人、公奴婢、私奴婢五者，在封建时代称为部落民，包括从事屠宰、制革及殡葬的“秽多”和以乞丐为主的“非人”。

中国古代社会等级森严，民有“良”、“贱”之分。贱民可分为两大类：一

① 东晋高僧法显《佛国记》中记载：“旃荼罗名为恶人。与人别居，若入城市则击木以自异。人则识而避之，不相唐突。”

类是从事下贱职业的全国普遍性的贱民，如奴仆、倡优、衙门皂隶等；另一类是局部地域性的卑贱民系，他们往往也只能从事卑贱的职业，像南北朝时期江西被贬称为“傒”、“溪狗”的民系。元明以后，山西、陕西的乐户，江苏、浙江的堕民，钱塘江、新安江、兰江一带的九姓渔户，广东、福建的疍民，安徽的世仆、伴当，皖南的棚户，浙江金华的小姓，江苏、河南的丐户等，跟印度、朝鲜、日本的贱民是同一类。我们在这里所涉及的是第二类贱民。在传统社会贱民不得入士农工商“正户”之籍，只能入“贱籍”。在以前汉人多把他们视作异族，但是他们不是少数民族，也不是汉族的某一宗族，而是封建制度下汉族中被打入另类的一个特殊阶层。在清代，雍正曾下诏豁除贱民的贱籍，改贱为良，编入正户与平民同列，但效果有限，贱民仍然存在。民国时期，政府一再重申贱民应享有一切平等的地位与权利，立法予以保障，“贱民”才真正成为历史名词，但与其他平民的界线，直到新中国成立后才完全消失。下面择举中国贱民阶层中的堕民、九姓渔民、疍民与其语言变异进行分析和说明。

一、堕民及其语言

堕民又称“惰民”、“堕贫”、“大贫”、“怯怜户”，是中国历史上形成的一个贱民阶层，主要分布在上海、江浙一带，其中大部分聚居在浙东的绍兴、宁波。堕民是社会中最低下的阶层，遭受非人的待遇——不准读书考官、耕种经商、昂首阔步、高声说话、成群结队、聚众集议，不准与平民婚配，只能从事理发、捕蛙、收货、抬轿、吹鼓、演戏、鐓鸡、阉猪等贱业。1933 年浙江籍著名作家唐弢、鲁迅都在《申报·自由谈》发表杂文谈及堕民。唐弢在《堕民》中写道：“浙东有一种被人轻视的民族，他们的声音笑貌，完全和当地居民一样；可是两者中间，却深深地隔着一条鸿沟。他们叫做堕民……七百余年来，他们就在悲苦和被人轻蔑的环境下过日子。”鲁迅在《我谈“堕民”》中也对“幼小时候所常见的”堕民表达了“哀其不幸，怒其不争”的观点。

随着历史的变迁和社会的进步，堕民的社会特征和文化遗迹已经消失，他们的语言状况如何，不是十分清楚，但某些异于常人的语言变异，却仍有迹可寻。1928 年赵元任在《现代吴语的研究》一书中记载了清末民初堕民的一种语音现象：“绍兴宁波等处有一种阶级叫‘堕民’，前清时不许入场考试，清末解放过后他们也可以进学堂。绍兴的同仁学校是专门为他们设的。他们的语音与所在地一般的语音不同，在绍兴者名叫‘凡（音）字眼’。但是因为这种学校的教员都是普通人，所以他们的‘凡字眼’也渐渐的失掉了。据普通阶级人所说，跟同仁学校学生局部的证明只能得到一种发音特别的地方，就是‘tz’系齐撮（西，须）不变颚化音（绍兴普通音都变，西＝希，须＝虚）而仍读舌尖音，如苏州上海。"（赵元任，1956：84）堕民"发音特别的地方"，就是仍保留着尖音和团音的区分，而绍兴普通音已经由原先分尖团而演变为不分尖团了。这是我们目前所能见到的"堕民"语音的唯一记录。"堕民"的这一语音特点说明了两点：一是至少晚至清末民初，绍兴的堕民阶层与非堕民阶层的语音是有区别的，堕民与普通绍兴民众有不同的语言标志可以识别彼此的社会身份；二是堕民音在历史的演变上滞后于普通音，这种滞后说明堕民在社会发展中处于相对落后和边缘的地位。

在宁波慈城县，保留着一个比较完整的堕民村。宁波籍作家王静的《中国的吉普赛人——慈城堕民田野调查》一书，在第一章"特殊语言"一节，记录了慈城堕民特有的语言——"堕民隐语"，简称"堕语"，如男人叫"雄佬"，女人叫"私佬"，顾客叫"老焦"，头叫"顶宫"，脸叫"残盘"，手叫"爬沙"，脚叫"踢土"，耳叫"顺风"，嘴叫"樱桃"，理发叫"扫苗"，辫子叫"龙身"，衣裳叫"片片"，毛巾叫"秋条"，扁担叫"天平"，调羹叫"驼背"，裙叫"矮墙"，裤叫"叉子"，鞋叫"拖泥"，茶叶叫"百片"，蟹叫"横爬"，米叫"砻糠核"，房屋叫"洞子"，油灯叫"透光"，吃饭叫"斗翻"，睡觉叫"拖条"，等等。

堕语是历史上堕民为保护自己、苟求生存，用于堕民内部沟通、联络感情的交际工具，同时也是社会身份识别的语言符号。堕语是堕民之间的"通行证"，不管走到哪里，只要会说堕语，都会得到同类的帮助，找到食宿的地方。慈城堕语口口相传，代代相承，在维系堕民感情、保护堕民利益、缓解苦闷不平等方面起到了重要作用。堕语是阶级社会的产物，它随堕民阶层的产生而产生，也随堕民阶层的消失而消失。随着时代的进步，往日的堕民如今已绝迹，堕民隐语也早已完成自己的使命，逐渐被慈城方言同化而濒于消亡。

二、九姓渔民及其语言

"九姓渔民"又称"九姓渔户"，是历史上分布于浙江、安徽的兰江、富春江、新安江三江流域水上的一种贱民。"九姓"指陈、钱、林、李、袁、孙、叶、许、何九个姓。九姓渔民浮家泛宅，依江漂流，社会地位与堕民一样，长期深受社会歧视，只能住在船上，不准上岸定居，不准与岸上人通婚，不准上学、应试，不准穿长衫、马褂和鞋子，即使穿鞋也得把鞋后跟踩下去拖着穿。现代方言学家曹志耘的论文《浙江的九姓渔民》和刘倩的博士论文《九姓渔民方言研究》，对九姓渔民的阶层特征和语言变异做了深入调查、详细分析，为我们保留了一份即将消失的阶级语言的样品。

九姓渔民至今还保留着某些生产生活方式和具有自身特点的"船上话"。

"船上话"既是当地的一种汉语地域方言，同时又是仅限于九姓渔民这一贱民阶层中的社会方言。它跟浙江建德市梅城镇一带的梅城话很相近而又有区别，九姓渔民和当地人都能够区分船上话和梅城话。九姓渔民在家里说船上话，跟当地人交往用梅城话。但非九姓渔民只会梅城话，不会船上话。现在只有少量七八十岁的老年人还会说地道的船上话。

船上话在语音、词汇、语法上都跟梅城话有所不同。在语音上，船上话声母分尖团，梅城话不分尖团；"爬马八法"等字韵母船上话读［ɑ］，梅城话读［o］；山摄合口一等帮组字如"半满"的韵母船上话读［ou］，端系字如"短酸"韵母船上话读［ei］，梅城话均读［ɛ］；船上话有七个声调，梅城话只有六个。在词汇上，船上话第一人称单数说"我"和"我农"，梅城话说"党"；复数代词船上话为"我拉"、"尔拉"、"渠拉"，梅城话第一人称复数由单数形式重叠而成，第二、第三人称复数为"尔带"、"渠带"；第一人称包括式，船上话说"我尔"，梅城话说"尔夏"；亲属称谓多带词头"阿"，如阿婶、阿哥、阿姊，梅城话没有词头；"左手、右手"船上话分别叫"大手"、"小手"，梅城话分别叫"反手"、"顺手"；"玉米"船上话叫"六谷"，梅城话叫"包萝"；方位词"上"船上话叫"浪"，梅城话说"上"；动词"说"船上话用"话"，梅城话用"讲"。在语法上，程度补语船上话有"酸得紧"的形式，梅城话说"酸得很"。可能补语船上话"吃得"、"吃了得"两种形式并用，梅城话只说"吃得"，等等。

九姓渔民的阶层属性、社会地位催生了一种独特的阶级方言——船上话。随着时代的进步、社会的变化，九姓渔民这一社会阶层现在已经消失，船上话也随之发生巨大变化。加上九姓渔民虽然在历史上为人所不齿，生活在一个相对独立的社会里，但他们以捕鱼为业的生产方式，使他们必须跟岸上人进行贸易以维持生计。另外，岸上人要吃鱼、乘船也不得不跟九姓渔民打交道。因此，九姓渔民必须学会岸上方言梅城话才能与岸上人交际，因为岸上人是绝对不会学船上话的。九姓渔民长期处于船上话和梅城话的双语生活中，这一社会环境也导致船上话本身发生了深刻变化，逐渐融入梅城话而濒临消亡，留给我们的是一个渐渐远去的阶级方言的背影。

三、疍民及其语言

疍（或写作蛋、蜑、蜒）民是分布在南方广东、广西、海南和福建沿海海域及内河流域，以江海捕捞为生的水上居民。关于疍民的文献记载历史久远，自东晋以来不绝如缕，史称獽蜑、夷蜑、蛮蜑、洞蜑、水蜑、蜑人、蜑民、疍族、疍户、疍家、龙户、獭家等。或谓疍民是古越族的后代遗民；或说是蒙古族或色目人后裔，在元朝被推翻后逃到沿海水面上舟居生存；也有人说是秦汉时期被官军所迫逃入江海居住的汉人。其实疍民应该是对闽、广一带水上流动民系的统称，他们具有多元来历，逐渐融合而成。长期以来他们的民族意识逐渐消失，早已同化于汉族，是汉族贱民中最主要的一个群体。他们与九姓渔民有相同之处，以舟为宅，在江海水面上从事捕鱼、割蠔、拾贝、采珠、跑船等劳作，被社会视为“鲸鲵之族”，地位卑贱。明太祖朱元璋将“蛋户”与渔户、教坊及敌国大臣之子孙妻女等列为贱民，“不与齐民齿”，疍民群体跌入社会最底层，被排除在“市民工商”四民之外，不准读书识字，不准穿鞋上岸，不准建屋陆居，不准与岸上人通婚。雍正七年（1729）曾发布上谕，豁除疍民贱籍：“粤东地方，四民之外，另有一种名为蜑户。即猺蛮之类。以船为家，以捕鱼为业……。粤民视蜑户为卑贱之流，不容登岸居住，蜑户亦不敢与平民抗衡，畏威隐忍，局蹐舟中。终身不获安居之乐，深可悯恻。蜑户本属良民，无可轻贱摈弃之处，且彼输纳鱼课，与齐民一体，安得因地方积习，强为区别、而使之飘荡靡宁乎?”[①] 责令广东督抚和朝廷有关部门，通行晓谕疍民“与齐民一同编列甲户”，“不得借端欺凌驱逐”[②]。

从现有文献来看，疍民没有单独的语言，他们使用的是闽、广当地的汉语方言，但存在语言的阶层变异。历史上对疍家语言有些零星的记述，如宋周去非的《岭外代答》卷三“五民”条云：蜑人“以舟为室，浮海而生，语似福、广，杂以广东、西之音”。清阮元的《广东通志》卷九十三卷引《大清一统志》说：廉州蜑户“舟居穴处，亦能汉音，以采海为生”。乾隆《海丰县志》记载：疍民“海丰七港，在在有之，言语与土音略异”。光绪《惠州府志》亦谓疍民“语言与土人微异”。现代一些学者有关疍家的论著中也注意到了疍家的语言。徐松石（1939：153）说：“岭南蜑人没有特殊的言语，但蜑户对于广东白话的传播非常有功。广西现有一种叫做百姓话的，只存在于西北部通舟地方附近之处，大约与蜑户极有关系，因为这百姓话乃白话与土话的混合体。”陈序经（1946：30）也指出：“疍家之在某一地方者，多说这个地方的方言。”以上文献都说明，历史上疍民与齐民使用的语言是相同的，但存在阶层变异。近现代疍民主要分为福建和两广（含海南）两支，他们分别使用粤方言和闽方言，在客家地区的疍民，则使用客家方言，不过由于社会阶级、生存环境和生产方式的不同，疍民使用的汉语方言多少具有一些自身的特点。

两广疍民的语言，也称为“船上话”、“船话”、“虿婆声”。据庄初升（2009）的研究，珠江三角洲和港澳的疍家话与广州话大同小异，因此也被称

① 见《清世宗实录》卷81，雍正七年（1729）五月壬申。

② 见《清世宗实录》卷81，雍正七年（1729）五月壬申。

为“水上广东话”。庄初升引1933年岭南社会研究所《沙南蛋民调查》对沙南（在今广州二沙岛）疍民言语的描述说：“沙南和广州相接近，所以言语方面也是大同小异的”，如“我读婀，艾读挨；路读怒，卢读奴，床读常，羌读江，脚读角”。这些记音表明沙南疍民将广州话的［ŋ］声母字读为零声母，鼻音［n］与边音［l］不分，某些合口韵读成了开口韵，齐齿呼读成了开口呼，以及将广州话中以［œ］为主元音的韵母读成了以［ɔ］为主元音的韵母等不同于广州话的语音变异。

白云（2006）观察分析了广西象州县疍家在现代社会的语言生活。象州疍家之间使用疍家话，跟外人交往则使用柳州方言，非疍家人则不懂疍家话。现在只有50岁以上的人能说地道的疍家话，三四十岁的中年人受柳州方言的影响较大，青少年则少说或不说疍家话了。随着疍家人不断告别船居生活，与“岸上人”杂居，使用疍家话的机会越来越少，使用疍家话的人也越来越少，象州疍家话正趋于消失。

还有一种保留较好的疍民船话叫“虱婆声”。“虱婆声”是粤北韶关等地方言中一种系属未明的方言土语，同时也是粤北疍民的阶级方言。“虱婆声”处于当地粤方言和客家方言之中，受其影响较大，但仍然保持着一些自身的特点。例如，在词汇上，就与粤方言、客家方言有所不同，如虱子叫“虱婆”，下雨叫“落水”，扫墓叫“醮地”，回（家）叫“归”，妻子叫“妇娘”，叔叔叫“细叔”，瞎子叫“盲佬”，等等。“虱婆声”是一种社会声望极低的方言，在粤方言、客家方言的挤压下处于劣势，正在逐渐萎缩、消亡。说“虱婆声”的居民，一般都是双方言者或多方言者。为了跟外界沟通，他们不得不学习周边的方言。周边说客家话或粤方言的居民，绝大多数人听不懂虱婆声。在与周边非虱婆声地区的人交际时，常常是说“虱婆声”的人主动顺应对方，使用对方所说的方言，否则就无法交际。60岁以上的人还坚持使用虱婆声，50岁左右的人不一定使用，年轻人则大多转用客家话或粤方言（林立芳等，1995）。

第四节　特殊社会群体的语言变异

一、隐语

隐语（secret dialect）是指某些社会集团、行业为了避免局外人的了解而创造，并限于内部使用的秘密语。由于某些集团、行业具有很大的社会封闭性，其行为不能让外人所知，所以需创造出秘密性的隐语用来交际。隐语只为本集团、行业成员所了解，用作成员之间的交流工具，也是各集团、行业人员身份识别的语言符号，具有严密的内部一致性、隐秘性和强烈的排他性。

隐语是一种特殊的社会方言，是一种远离主流语言的社会边缘话语。隐语的创造和使用者，一是社会中反社会、反主流、反现实的次文化群体，二是社会的弱势阶层和群体，三是一些独立性、保守性、排他性较强的行业或阶层。他们通过偏离主流语言的表达形式，构建同一群体的社会特征和社会身份，获得自身的依附感、归属感和安全感。隐语既是一种语言现象，又是一种社会现象，它反映了社会不同阶级、阶层的矛盾、冲突，以及不同群体的对立、隔阂等现实社会问题。

就交际的性质而言，隐语大致包括“黑话”和“行话”两个大的类别。黑话是反社会的特殊群体所使用的隐语，是与社会现实、主流文化相对抗的亚文化群体的交际工具。其交际目的是群体内秘密传递反社会的有害信息，获得成员的归属感，增进内部的认同感和亲密度。其使用者主要是黑帮、土匪、流氓、盗贼等有害于社会的群体或集团。“行话”是社会上某些行业、职业或阶层、身份的人，出于商业竞争或其他原因所使用的意义隐蔽的话语。其交际目的是保障其行当或群体的存在与发展，他们的言语和行为不危害社会。另外，介于两者之间，一些社会的弱势阶层和群体，例如，贱民、丐帮，他们有的也有自己的隐语，不大好归入黑话或行话之中，一般就用中性的“隐语”一词来指代。当然，各种秘密语有时因社会的价值判断不同而归类不一，如丐帮、同性恋者的秘密语。

隐语是一种世界性现象，在各个社会、各种语言中都会有隐语。几乎每一种主要的欧洲语言都有“隐语”一词。例如，英语 argot，西班牙语 germanía，葡萄牙语 calão，德语 rotwelsch，俄语 жаргон，它们的意思都是指“很难理解的语言”、“某一特殊群体使用的语言”、“天书”。其中，英语的 argot 和俄语的 жаргон 均来源于法语的“argot”，意思是“偷儿的语言”、“歪曲的语言”。所以，英语的 argot 又被称为“小贩的法语”或“小偷的黑话”。在英语中，argot 的替代词还有 cant、lingo、slang，或者 dark tongues 等。

西方对隐语的文献记载最早可以追溯到 1455 年的法国。当时在审判一帮自称 Coquillars 的匪徒时，指控他们使用“一种别人听不懂的语言”密谋犯罪，在保存至今的法律文件里，还有一个这帮匪徒使用的主要词汇的清单，如 vendengeur 的意思是“抢包贼”，pipeur 意指“玩骰子的人”，to do a King David 则是“打开和关上保险柜”的意思。1479 年有德国人编辑了一份 *Rotwelsch*（《切口》），列出乞丐使用的德语词汇（伯克，2007：43）。在 1528 年左右，德国宗教学家马丁·路德（Martin Luther，1483—1546）在为《流浪乞讨者之书》所作的序中，诉说自己被“这些流浪者和撒谎成性的家伙”的隐语弄得晕头转向、苦不堪言。1566 年，作家哈曼（Thomas Harman）在 *A Caveat or Warning for Common Curestors，Vuglarly Called Vagabonds*（《告诫游民》）中首次将英国社会中窃贼、流氓、乞丐和流浪汉使用的含义隐晦的秘密语称为“Peddler's French”（“小贩的法语”），认为这种隐语来源于“卑贱，狡诈，到处游荡的流浪者”吉普赛人，使用这种语言的目的是“让他们的欺诈活动深藏不露”。还有英国伊丽莎白时期流浪汉的语言 peltingspeech、波兰监狱中囚犯使用的语言 grypserka 等，都是有代表性的隐语。现代社会同样如此，各种反社会的刑事犯罪集团，如贩毒吸毒团体、偷盗抢劫团伙、黑社会帮派，都需要创造隐秘程度更高的黑话来隐瞒自己的身份和行踪，避免被主流社会发现和剿灭。这些黑话就是他们的职业标志和身份证明。

世界各地各行各业的商人们都是创造行话的行家，他们都会创造出独特的行话来隐藏他们的行业本质和交易秘密，如中国的商人，法国的屠夫，爱尔兰的石匠，犹太的牛贩子，他们的行话一直流传到 20 世纪。除了商人外，某些特殊群体也会创造和使用行话以保守秘密。例如，在玻利维亚安第斯山脉，有一种被称为 Kallawaya 的巫医，使用一种叫作 Machaj Juyai 的秘密语，使他们独特的医疗知识在行医的家庭里代代相传而不外泄。

一些受歧视的弱势群体，如各国的贱民、流浪的吉普赛人、同性恋者、丐帮，以及美国内战后的流浪工人等，也会创造隐语以自保图存。美国的黑人文化中就有着极丰富的隐语。历史上大多美国黑人都群居在黑人社区，遭受种族偏见和歧视，地位低下，生活贫困，因此他们有较强的反社会意识。为了自卫和生存，他们用隐语进行群体内的交际。

汉族社会中的隐语产生时间之早、数量之多、构造方式之丰富，是其他各国的同行们都无法企及的。在旧中国，各地的市井商贩、江湖杂流、犯罪团伙等通常都有隐语，隐语有市语、切口、暗语、术语、春点、锦语、方语、杂话、查语等许多不同的称谓。例如，旧时滇西的马帮把眼睛叫“灯笼”，柴叫“站竿儿”，吃肉叫“下素”。山西的理发行把茶叶叫“水上漂”，脸叫“盘子”，酒叫“火山”，辣椒叫“霸王”，黄瓜叫“刺条”，兵叫“滴水”。广东的盗贼集团把糖叫“甜砖”，茶叶叫“青莲”，轿叫“黑马”，笔叫“茅枪”，鱼叫“摆尾”，药叫“太平”。云南的盗贼集团把露天宿营叫“望星星”，屁股叫“琵琶轱辘子”，我叫“俄罗斯”，你叫“呢毕”，他叫“塔拉”，姐叫“节节高”，父叫“八叉”，等等。

隐语的特点，从其社会功能来说具有隐蔽性，从其语言特点来说具有形象性。

隐语具有语义上的隐喻性，最突出的特点是以隐喻作为构词手段，进行语意的隐蔽和掩饰。它是为了适应秘密活动、秘密交易的需要而产生的，因而具有极大的隐蔽性，否则就失去了它产生和存在的意义。因此，对于隐语来说，保密是第一位的安全考量。隐语力求对通用语言中的词语进行异化、改造，赋予某一通常意义全新的秘密意义，外人茫然不解其意，而内部却能声气相通，这就是隐语要达到的目的和效果。

隐语的创造者都是修辞的高手，在表达手法上善于利用各种修辞手段隐含意义。例如，

析字，如父叫“八叉”，男叫“田力头”，女叫“妄脱冒”；

变形，如三叫“横川”，四叫“睡目”，十叫“田心”；

比喻，如裤兜叫“后门”，打群架叫“群英会”，卖血盲流叫“酱油贩子”；

借代，如钱包叫“皮子”，外国人叫“高鼻子”；

摹状，如鱼叫“摆尾”，手帕叫“彩方”，茶叶叫“水上漂”；

谐音，如卖淫叫“卖银子”，农村姑娘叫“香菇”；

藏词，如东叫“倒”，西叫“歪”，马叫“高头大”，腿叫“金华火”；

委婉，如受伤叫“挂彩”，妓女叫“凤姐”，偷盗叫“借钱”；

反语，如复仇叫“孝敬父母”，抢劫叫“慰问”；

反切，如团叫“突栾”，妈叫“买旮”，台叫“桃来”。

有时是几种手法的综合运用。例如，由隐语“冰雪”联想到“寒”，再谐音指“韩”；由隐语“黄粱”藏词“梦”，再谐音指“孟”；由隐语“哑口无”藏词“言”，再谐音指“盐”；由隐语“小伙子剃光头”歇后“清皮”，再谐音指“青啤（青岛啤酒）”。这些隐语初听时莫名其妙，当明白其意后，其高超的语言技巧、形象生动的意义表述、独具匠心的内部形式，充满了机智和幽默，确实令人叫绝。有人说隐语是“语言规范外的流浪汉”、“地狱中的语言艺术”，是有一定道理的。

隐语是社会的晴雨表。在20世纪50—70年代的中国，随着公有制的建立、私有行业的消灭，在中国存在了千余年的商业行话失去了生存的社会基础而归于消失。改革开放后，虽然私营行业逐渐恢复，但开放式的社会环境、现代化的经营模式也没有使用行话的必要，所以极少有新产生的商业行话。新中国成立后，经过肃清盗匪、打击流氓、查禁烟毒、取缔帮会，荡涤了旧社会的残渣余孽、污泥浊水，社会黑暗现象消失，黑话也基本消亡。但是在改革开放以后，随着政治社会向经济社会的转变，抢劫、偷盗、赌博、卖淫、贩毒、走私等各种丑恶现象又沉渣泛起，曾经消失的黑话又复活并且泛滥一时。

新时期的隐语主要是反社会、反主流、反现实群体的黑话，它是新时期社

会阴暗面和丑恶现象的反映，是社会堕落、腐败、不公的产物，具有鲜明的时代特点。像把女人叫“面”，处女叫“三鲜面”，玩女人叫“吃面”，被人玩过的女人叫“过水面”，自己的老婆叫“方便面”，向外国人卖淫叫“磨洋枪”，等等，反映了淫靡放荡、色情泛滥、追求肉欲的社会风气。把送礼叫“打狗”，居民叫“兔子”，民房叫“老鼠洞”，政府大楼叫“鸟窝”，太阳叫“驴粪蛋”，月亮叫“羊屎蛋”，人民币叫“卫生纸”，偷公家的东西叫“吃奶”，升为处级叫“牲畜”，处级往上升叫“畜生”，等等，反映了社会腐败、不公背景下愤世的情绪和仇官的心理。把医生叫“行凶者”，反映了医患关系紧张的社会现实。黑话是社会发展到特定阶段相对于特定阶层的产物。部分社会人无法利用普通的语言形式在主流社会中达到排遣压力、抒发感想、寻找认同的目的时，便会创造一种独特的语言形式来抒发自己的痛苦、失望、无奈、困惑、矛盾的情绪，表达轻蔑、仇视、警惕、抗拒主流社会的情感。黑话的存在进一步验证了语言与社会结构的关系，在一定程度上暴露了社会问题，社会学家可以通过黑话来了解社情，把握社会动向。

英国当代语言学家韩礼德（Michael Alexander Kirkwood Halliday，1925—　）为类似于隐语的社会方言，如流浪汉、流氓、异教徒、囚犯、黑帮，以及其他犯罪集团的语言，创造了一个新的专门术语——“反语言”（anti-language）。反语言是一种相对于主流语言而言的具有不同词汇特征的语言形式。1976 年韩礼德在《美国人类学家》杂志上发表《反语言》一文，通过具体例子分析探讨了反语言的构词特点和方法，认为反语言是因“反社会”（anti-society）而产生的一种特殊的语言形式，它维系着“反社会”的存在，是“反社会”这一特殊存在对主流社会的一种反抗形式。

隐语——反语言是主流语言的阶级阶层变体，是处于社会边缘地位和不稳定地位的群体构建其内部社会结构的重要工具，是反社会群体用来反抗、抵制、扰乱、远离主流社会的一种话语实践。隐语与反社会具有紧密相连的关系。反社会群体游离于法律之外，或者有意识地规避主流社会的权力控制，与主流社会存在敌对关系。因此，隐语致力于构建不同于主流社会的社会结构和社会身份，以维护自身利益。隐语与其所对应的另类世界之间存在千丝万缕的联系，其话语者通过使用隐语来构建一个另类的现实，表达他们的社会态度。对隐语的分析为理解阶级方言背后隐藏的另类世界提供了切入点。对隐语的考察有助于了解亚群体的一般情况和他们对社会的态度，有助于从社会的特定角度理解产生隐语的社会背景。

二、隐语与共同语

隐语是偏离于共同语的另类表达形式，是共同语的相对存在，是共同语中的阶级阶层变异，而不是与共同语平行的另外一种语言，不能脱离母体——共同语而独立存在，世界上不存在以隐语为母语的社会群体。因此，隐语除了偏离共同语的变异性外，还有依赖、寄附于共同语的共生性。

韩礼德（1976）认为反语言具有寄生性。寄生性是指反语言依附于普通语言，从普通语言中汲取营养，并具有自己的繁殖能力。反语言的寄生性产生了两种语言现象，即重新词汇化和过度词汇化。重新词汇化有两种表现形式：一是新的意义用旧的词来表达；二是旧的意义换上新的词来表达。重新词汇化的基本原则是遵守共同语的语法规则和语音规则，而变化共同语的部分词汇。

特殊集团的隐语有的还会社会化，即隐语从社会方言形态转变为共同语或者地域方言。某些隐语流传时间长了，会被一般民众识破、熟悉——隐语叫“醒了”，它就失去了秘密性，“醒了”的隐语就必须淘汰，用新的隐语来替代。少数失去了秘密性的隐语会社会化，会成为普通词语，进入全民共同语词汇系统。因此，隐语与古语词、方言词、外来词、行业语等一样，是共同语一般词汇的来源之一。隐语的社会化在一定程度上充实了共同语的词汇，促进了共同语的发展，丰富了共同语的形象色彩和表现力。明代田汝成的《西湖游览志余》卷二十五《委巷丛谈》记载了杭州的“梨园市语”，云“有谋未成曰扫兴”，“无言默坐曰出神”，“言涉败兴曰煞风景”，“言胡说曰扯淡”。由此可知，我们今天的常用词“扫兴”等原来都是梨园界的隐语。现代汉语普通话还有相当一些普通词语来源于隐语。“绑票”是旧时东北地区盗匪集团隐语，指抢劫人质以勒索，该词及由此繁殖的“肉票”（被绑架的人）、“撕票”（杀死被绑架者）等词现在都进入全民语言。旧时江湖隐语“结梁子”（结仇）、“挂彩”（受伤）、“卧底”（潜伏的内应），帮会隐语“教主”（帮会内的头目、首领）、“出点子”（出主意）、“撑腰”（指主使、支持），娼妓业隐语“小白脸”（指美少年）、“倒贴”（妓女反给嫖客或爱她的男人钱财）、“下三烂”（最下等的妓女）、“恩客”（妓女所钟情的嫖客）、“回头客”（因有新欢离去后又回来与妓女相好的嫖客），戏曲行隐语“下海”（业余演员转而从事专业演出）、“海报”（戏院公告上演戏码的招贴）、“班底”（戏班的基本人员）等，其原义或者转义都已进入全民语言。根据钟敬文主编的《语海·秘密语分册》，有许多人们平常习焉不察的常用词都来自隐语，如水货、蛇头、大款、三只手（扒手）、大姨妈（月经）、写照、走光、坐台、鸡（妓女）、口碑、跳槽、拉皮条、凑份子、马仔、叫板、出马、行头、单飞、单挑、洗钱、通吃、猫腻、望风、摆平、踩点、反串、正点、抬杠、爷们、半吊子、线人、线报、敲定、上司、走穴、打下手等。这些隐语的社会化对现代汉语起到了很好的补充作用，同时也因其隐喻性的词源结构，使其意义具有生动、形象的色彩，并且含义特别，耐人寻味。

美国社会的特殊阶层和集团中所流行的隐语层出不穷，呈现出了生机勃勃的局面。有些隐语广为流传发展成为俚语，在书面上得到了普遍的应用，特别是在小说、戏剧、影视与报刊中。有些隐语已被大众所接受，如进入中产阶级的词汇，黑人的隐语有很多就是这样。由此可见，隐语与共同语之间并不存在不可逾越的鸿沟，隐语寄生、依赖于共同语，共同语也从隐语中获得新的词汇而不断丰富自身。

第六章　语言与宗教

第一节　语言与宗教的关系

一、语言与宗教共生

语言是交际的体系，宗教是信仰的体系，两者不在一个社会层面上。但语言与宗教有着密切的关系。宗教作为一种重要的社会因素，与作为文化载体的语言之间有着不可分割的联系。宗教既会对语言产生深刻影响，又深受语言的影响。就宗教而言，语言是表达宗教信仰和情感必需的工具，宗教是靠着对语言的崇拜和利用而得以形成和发展的，如果没有语言文字，宗教就无法建立。就语言而言，宗教是发展和丰富语言、推动文字产生和传播的重要动力。

语言在产生之初就与原始宗教密切相关。吕叔湘在《语言作为一种社会现象——陈原〈语言与社会生活〉读后》(1980b）一文中曾经生动地描述了原始人类对语言神秘力量的认识："野蛮人相信语言有神秘力量，是不难理解的。一个人说一声'集合!'，一群人就站成一排；那个人说'立正!''向右转!''齐步走!'每说一声，那群人就做出一种动作，让一个'原始'时代的人第一次看到这个场面，怎么能不以为这一串串声音具有不可抗拒的神力呢?"

对于原始人类来说，自然和社会都具有生命。卡西尔（1985：142）认为，"在原始人心中，在无数情况下所体验到的语词的社会力量，成了一种自然的甚至超自然的力量"。在生存的险境中，他们无法仅仅以"物理的手段"来克服危险，于是用语言向自然提出请求，他们相信自然世界能够"倾听和理解"语言的祈求。"没有什么东西能抗拒巫术的语词"，所以"人们试图凭借巫术词语来征服自然"。语言有神秘的力量，有直接的物理或超自然的影响力，可以改变事物的本性，左右诸神或魔鬼的意志。正因为如此，原始的宗教普遍把语言虔诚地视为一种可沟通人、神的宗教力量。例如，中国的萨满教，一个萨满巫师法力的大小取决于他熟练使用某种独特语言的能力。宗教咒语如《西游记》中唐僧的"紧箍咒"，更是针对诅咒对象施加的宗教暴力。现代社会上的诅咒发誓，也是源自于宗教对于语言神力的迷信，是一种无意识的巫术行为。

在古代，人们就已经认识到语言与宗教有着十分密切的联系。《圣经·约翰福音》中的一段话“In the beginning was the Word，and the Word was with God，and the Word was God”，一般翻译为“太初有道，道与上帝同在，道就是上帝”；同时也可译为“太初有语言，语言与上帝同在，语言就是上帝”。这里的 Word（“词、语言”）等同于 God（“上帝”）这个超自然的神秘实体（陈登，2002）。《圣经》接着说：“所有的东西都是由语言制造的；生命存在于语言之中。人不仅是靠面包来生存，也靠神所说的每一句话来生活。”这进一步申述了“语言、上帝、人”三者之间共生共存的关系。伊斯兰教贝克塔希派认为，语言是以阿拉伯字母来表达的，这些字母包含了关于真主、人类和永恒的一切神秘（邢福义，2000：248）。不光如此，对语言的研究也与宗教有联系。众所周知，在古印度，对语言的研究最初是为力求正确地解读与吟诵古代宗教经典《吠陀》而产生的。

语言中的词大多是隐喻的。隐喻是人类思维认知的重要方式，人类语言凭借隐喻由己及物、由已知表述未知、由具体表达抽象，根据有生命事物与无生命事物之间的某种相似而产生“互渗”，即互相渗透、互相感知、互相影响。例如，由动物的“口”、“脚”、“头”、“尾”，而产生出“山口”、“桌脚”、“江头”、“巷尾”之类的词，物我相渗，天人合一，赋予无生命的山、桌等物体以生物体的特征，并在原始思维中获得了生命。因此，语言的隐喻为“模仿巫术”提供了认知的指向和产生的前提。卡西尔（1985：141-142）认为，巫术与语言是同时产生的，语言的起源与巫术的产生并行不悖；尘元（1991：115）也指出，“语言与巫术是共生的”，而巫术即是宗教的起源和产生的基础。

语言的隐喻同时还与神话的产生具有密切的关系。如果说巫术是人类在困境中出于祈福禳灾的实用目的，神话则是人类在顺境中对世界产生的浪漫想象，它们是因语言的隐喻而生的双翼。卡西尔（1985：140）认为，“语言与神话乃是近亲。在人类文化的早期阶段，它们二者的联系是如此密切，它们的协作是如此明显，以致几乎不可能把它们彼此分离开来：它们乃是同根而生的两股分支”。卡西尔（1985：112）进一步指出：“神话思想与宗教思想之间没有什么根本的区别。它们二者都来源于人类生活的同一基本现象。”因此，神话“就是潜在的宗教”。

不光语言与原始宗教密切相关，在人类文明史上，语言的书面形式——文字，更是与宗教有着不解之缘。文字在诞生之后即与宗教相依存。早期的人类不仅通过语言向神灵表达愿望和要求，同时也需要用其他的符号形式与神灵交流。因此，在人类社会的早期，与神灵之间的沟通和交流通常是创制文字的第一需要，是促使文字产生和流播的重要动力。很多文字在它们产生初期，以及后来的很长一段时期，最重要的社会功能大都体现在宗教方面。汉族的甲骨文基本上是用于占卜；历史上西藏只有两类人享有掌握文字的特权：世俗权利阶层和喇嘛等藏传佛教的神职人员；彝文是由彝族原始宗教的祭师毕摩创造、传承并主要应用于书写经文的文字；纳西族象形文字东巴文基本上是东巴教徒书写和传授东巴经文的专用文字；新发现的四川凉山耳苏人的沙巴图形文字，据传是耳苏人的造物主“觉木阿布”创造、写在巫师“沙巴”的经典上的文字（刘尧汉，1981）；藏文、老傣文主要用来书写佛教经典；水族的图画象形文字“水书”也主要用于巫术和占卜。有学者由此得出结论说：“文字的发明与掌握在早年同样也应作为巫的一个功绩”，“文字的发明在很大程度上是为了巫术的需要。无巫则无字，无字则无史”（马德邻等，1987：53-54）。

有不少后起的文字也纯粹是宗教的传播而催生的产物。例如，随着小乘佛教渗透到东南亚，导致了藏文、缅文、泰文、傣文、景颇文及高棉文等一系列文字的出现；随着伊斯兰教传入中国，新生了一系列用阿拉伯字母拼写的民族文字——维吾尔文、哈萨克文、柯尔克孜文、塔塔尔文等；随着近代基督教传入中国，在清朝末年和民国时期开始出现一些拉丁化文字，如布依拼音文字、伯格里苗文等。

在世界其他地方，宗教同样在历史上深刻地影响了文字的产生和发展。例如，古代玛雅文就一直为祭师所垄断，普通民众对文字不得问津。这种文字垄断带来了灾难性的后果——当祭师被入侵的西班牙人屠杀殆尽以后，玛雅文便成了无人能识的“天书”。欧洲近代各国的拼音文字都起源于《圣经》的翻译或注释，如法文、意大利文、西班牙文、爱尔兰文、英文。就大部分文字而言，宗教的影响体现在字母文字的传播上。字母大多是随着一种宗教的传播而四处传播的，如拉丁字母随基督教传播，斯拉夫字母随东正教传播，阿拉伯字母随伊斯兰教传播。395 年罗马帝国分裂成东西两半，西罗马信奉天主教，用拉丁字母；东罗马信奉东正教，用斯拉夫字母。这样在欧洲中东部从北而南就形成了一条有趣的字母和宗教的分界线，线西用拉丁字母，线东用斯拉夫字母。在斯拉夫民族中，又有一半信奉天主教，用拉丁字母，如波兰、捷克、斯洛伐克；另一半信奉东正教，用斯拉夫字母，如保加利亚、俄罗斯、乌克兰、白俄罗斯。南斯拉夫分裂后，塞尔维亚、波斯尼亚和黑塞哥维那信奉东正教，用斯拉夫字母；克罗地亚和斯洛文尼亚信奉天主教，用拉丁字母（伍安东，2001）。欧洲语言学界有句名言——“字母跟着宗教走”，在这里得到了最鲜明的体现。丹麦语言学家汤姆逊（Vilhelm Thomsen，1842—1927）认为，“把文字推广到古代语言，基督教起了很大的推动作用。它要在不同的民族当中进行宣传，这就只有使用那些民族自己的语言才能办到。于是这些语言就开始使用文字了”，“基督教所激起的对民族语言的兴趣，则在很大程度上帮助了近代的语言科学”（汤姆逊，2009：36-37）。

语言的宗教神力还在某些民族的神庙中有专门的神予以体现。例如，在散得维齿（Sandwich）群岛上的土著加纳加人（Canaque）的长舌神（柯恩，1959：12），就是语言之神。古代玛雅人的宗教中也有专司语言的语言之神。

二、宗教对汉语的影响

宗教的力量是巨大的。在宗教和语言的相互影响中，宗教总是处在主动的地位，对语言施加影响。在中国历史上，本土产生的道教和外来的佛教、基督教、伊斯兰教都对汉语产生过影响，其中佛教和基督教的影响尤为深远。

佛教对汉语的影响，主要体现在丰富汉语的词汇和触发汉语语音的研究上。

佛教传入中国，在大规模的佛经翻译过程中，大量表示新事物和新观念的词汇得以进入汉译佛典，然后渗入到日常语言，成为日常语言的重要组成部分。在丁福保 1922 年出版的《佛学大词典》中，收录的汉译佛学词目就有35 000多条。有人估计，在古代汉语外来借词中，佛教外来借词至少占 90%左右，足见佛教对于汉语词汇的影响之大。这些词语大多只用于佛教领域，如“般若”、“度母”、“优婆塞”、“优婆夷”、“阿兰若”、“阿修罗”等，只保留在佛教经典或佛学领域，没有进入日常语言。但是也有相当多的佛教词语进入了日常语言，有的已经成为汉语中的基本词汇，如果不是专门的研究，就完全意识不到它们的宗教来源。在现代汉语中，有许多词语来源于佛教概念的音译和意译，尤其是意译，如塔、佛、劫、禅、魔鬼、衣钵、方便、安详、智慧、真实、道具、实际、平等、火坑、世界、现在、过去、将来、心意、化身、大众、相对、绝对、功课、导师、微妙、解脱、默契、正宗、烦恼、欲火、悲观、真理、正宗、自觉、妄想、口头禅、门外汉、大无畏、开眼界、清规戒律、一针见血、三生有幸、八面玲珑、十字街头、大千世界、抛砖引玉、心领神会、打成一片、借花献佛、不可思议、神通广大、唯我独尊、自由自在、自作自受、做贼心虚、拂袖而去、手忙脚乱、水泄不通、天衣无缝、话不投机等。中国佛教文化研究所的《俗语佛源》一书，收录了进入文学、哲学、史籍中的“俗语”就有 500 多条。这些俗语绝大多数都“活泼泼”——这也是一个佛教词语——存在于现代汉语中。所以，赵朴初先生在《俗语佛缘·序》中，针对一些否定佛教是中国文化一部分的人说：“可是他一张嘴说话，其实就包含着佛教成分。语言是一种最普遍最直接的文化吧！……如果真要摒弃佛教文化的话，恐怕他们连话都说不周全了。”确实如此，如果将日常语言中的佛教词汇全部抹去的话，我们的日常语言将是十分苍白、乏味的，甚至无法张口说话。

佛教对汉语的影响，还体现在影响了汉语音韵学的产生。由于汉字是表意文字，对于音的表现既不准确又不周全，更无法像拼音文字那样体现不同的音素，假如没有外来的影响，对于汉语语音的研究就容易忽略，而佛教最擅长的正是对语音的分析研究。宋代郑樵在《通志·七音略》序文中说：“释氏以参禅为大悟，通音为小悟。”可见“通音”在佛教中的地位。可以说，由于佛教梵语的语音学知识的输入，汉语音韵学才奠定了基础。佛教对汉语音韵学的贡献，主要有四个方面。

一是反切法的产生。反切标音法出现于东汉。赵朴初（1988）指出：“过去中国字典上通行的反切，就是受梵文拼音的影响而发展起来的。”东汉初佛教传入中国，为了学习佛经，中国的沙门和学者要懂得梵文，反切就是受悉昙（梵文 Siddham）的直接影响而产生的。僧徒在传授和学习梵文悉昙的过程中，从梵文拼音跟汉字读音的对比中悟出了汉字拼音的原理，先是用双声叠韵法来分析汉字字音，进而发明了用两个汉字分别取其声母和韵母来拼读另一字的反切注音法。反切法的产生，使人们认识到汉语的每个音节，都可以切分为声母和韵母两个部分，这是对汉语语音认知的一个巨大进步。有了声、韵的概念，再加上后来发现的声调，真正的韵书就开始产生了，汉语音韵学才初步建立起来。

二是四声的发现。四声之学起于齐永明年间（483—493）。陈寅恪的《四声三问》认为，汉语平、上、去三声的分别，实在是依据和模拟中国当时转读佛经之三声，而转读佛经之三声又出于印度古时声明论之三声。佛教分析语音的声明之学，将语音的高低分为 Udātta（“提升”，高调）、Anudātta（“不提升”，低调）和 Svarita（“扬抑”，降调）三种。当佛教输入中国后，其教徒在转读经典时，对这三种音高的区别也随之输入中土，启发了永明年间“善识声韵”的文士周颙、沈约、谢朓、王融和“善声沙门”王斌等人，“以气类相推毂”，在有音高特征的汉语中识别区分出了平、上、去三声，再加上具有音高特征而兼附［p］、［t］、［k］韵尾的入声，则为四声（陈寅恪，2001b）。所以，虽然汉语的四声早已存在，但四声的发现，却是受转读佛经声调的影响而识别出来的。

三是声母的归纳分析。陈澧的《切韵考外篇·序》说：“盖自汉末以来，用双声叠韵为切语。韵有东冬钟江之目，而声无之。唐末沙门始标举三十六字，谓之字母。”字母是指汉语音节开端的辅音声母。上古汉人由于作诗押韵的关系，对韵的认知较早，而对声的认识却是朦胧无知。直到唐末，字母才由和尚归纳出来。目前所见最早的字母，是敦煌莫高窟发现的韵学残卷中的三十字母，上面写着“南梁汉比丘守温述”，这就是历史上所谓的“首温字母”。郑樵的《通志·七音略·序》载：“七音之韵，起自西域，流入诸夏，梵僧欲以其教传之天下，故为此书，虽重百译之远，一字不通之处，而音义可传。华僧从而定之，以三十六为之母，重轻清浊，不失其伦，天地万物之音，备于此矣。”字母的来源，一般认为源于《华严经》中的华严字母或《涅槃经》，是首温和尚参照梵文而归纳创造出来的。

四是韵图的编制。宋代开始产生的等韵图，如《韵镜》、《七音略》、《四声等子》等，“取韵书之字，依字母之次第而为之图，定为开合四等，纵横交贯”（陈澧《切韵考外篇·序》），是一种以声、韵为经、纬，纵横排列，体现一种音系音节结构的图表。究其体式，实源于梵文悉昙章。悉昙是梵语辅音与元音的配合表，是一门学习梵文拼音的入门学问。宋张麟之在《韵镜》序中说《韵镜》乃“释子之所撰”。在郑樵《通志·七音略》中序说：“七音之作，起自西域，流入诸夏。梵僧欲以其教传之天下，故为此书。”可见最初的等韵图均出于佛家。古代不少等韵学家也是佛教徒，韵图中所用的一些术语也源于佛教，如“转”，即出于佛家之“咏经则称为转读”。在音韵学中，等韵之学“于古来韵书切语之外，别成一家之学”（陈澧《切韵考外篇·序》），最为深奥精细。罗常培（2004）认为，字母的发明，韵图的编列等，“是中国音韵学接触外来文化后的第一度演进”。如果没有佛教的影响，这一门精深的学问恐难在中古时期产生。

基督教对汉语的影响，则主要体现在文字和语体的改革上。

基督徒来华传教，早在唐代就已出现，而真正对汉文化产生重大影响的是在明清时期。汉字的拉丁化，就是意大利耶稣会士利玛窦（Mathew Ricci，1552—1610）率先发起的。利玛窦来华传教后，于明万历三十三年（1606）在北京出版了《西字奇迹》一书，这是第一部用拼音文字拉丁文拼写汉字的著作。明天启六年（1626）法国耶稣会士金尼阁（Nicolas Trigault，1577—1629）将此书扩充为《西儒耳目资》。这些著作用拉丁文分析、标注汉语的声韵调，对汉语的音节作音素的分析，为汉语制订了拉丁文注音方案，开启了汉字拼音化之先河。中国的学者由此形成了拼音文字的概念，拼音文字遂成为中国学者改革汉字的努力方向，形成后来推行注音字母或拼音字母的潮流。利玛窦、金尼阁之后的传教士们为进一步扩展传教范围，还将《圣经》翻译成为各地口语，出现了很多方言拼音版《圣经》，对中国文字改革起到了推波助澜的作用。可以说，汉字拉丁化运动是西方传教士发起的，是他们提出了最初的设想，进行了初步的实践。

各种宗教都有一个共同的特点——为了便于普通民众更好地理解和接受深奥的宗教教义，通常都会采用“文化适应”（acculturation）的传教策略，选择浅显明白、通俗易懂的语言形式作为传教的工具。唐代讲述佛经故事的变文就是汉语早期的白话，开启了平话、小说、戏曲等通俗语言和文学的源头。佛教禅师活泼、自由的谈话和开示的记录，被宋明理学家效仿而产生了接近白话的语录体。明清时期西方传教士为了在中国普通老百姓中间传播教义，开始将汉语书面语言通俗化。1801 年来华的英国传教士马礼逊（Robert Morrison，1782—1834），第一次完整地把《圣经》翻译为中文。他极力主张用白话取代文言来传达基督教教义，认为一种新观念的传达，须使用浅近的白话。如果用深奥的文言翻译《圣经》，除少数知识分子能懂之外，大多数的普通民众看不懂也听不懂。因此，宁愿采用易认易解的语文而舍弃深奥罕见的语文；宁愿被人视为俚俗不雅而不愿令人难读难解。他在翻译《圣经》时，就充分实践了自己的宗教传播理论，采用了类似于中国章回小说、十分接近白话的语体，用浅近明白的语言进行翻译，文笔流畅，通俗易懂。马礼逊是最早提出中文书面语使用“白话文”的倡导者，他的《圣经》中文白话全译本为后来的宗教信徒从事《圣经》的汉译提供了蓝本。后来德国传教士郭实腊（Charles Gutzlaff，1803—1851）在 1840 年翻译出版的《圣经》，继承了马礼逊的理论，所使用的语言已经接近于现代的白话文。此外，西方传教士还用欧化的白话文翻译西方学术著作，撰写中文著述，编辑华文报刊，编撰双语词典，深刻地影响了中国人的语言观念，促进了中国的语言文字变革运动，推动了中国书面语体由文言向白话的转变，为中国近现代语体的变革奠定了基础。

第二节　语言拜物教

一、语言拜物教的宗教属性

Fetishism（“拜物教”），又称“物神崇拜”，是原始社会最早的宗教信仰形式之一。通常认为，是法国著名学者布罗斯（Charles de Brosses，1709—1777）在 1760 年出版的《论物神崇拜》一书中首次将“拜物教”一词用于比较宗教学。在原始社会，人类由于对自然现象缺乏理解，征服自然的能力极其低弱，以为许多自然事物如石头、树枝、毛发，甚至人工制品如木棒、铁环、弓箭等，都具有灵性，从而赋予它们神秘的、超自然的性质和支配人的命运的力量，将其当作神灵来崇拜，这就是拜物教。法国哲学家孔德（Isidore Marie Auguste François Xavier Comte，1798—1857）认为，拜物教是人类历史上神学时期最早阶段的宗教，一般原始宗教的特点均为拜物教，即将非人的物体赋予人的精神特性。英国人类学家泰勒（2005：519）则把上述一般特性称为万物有灵论，认为拜物教是万物有灵论的退化形态，是对自然万物有选择性的崇拜。

语言拜物教（Word Fetishism），或叫“语言灵物崇拜”，即把无生命的语言当作“物”来崇拜，认为语言跟“物”一样，具有超自然的神秘力量，能给人类带来福祉和灾难，因而希望通过语言来沟通人和自然的关系，通过对语言的禁忌和崇拜，来回避自然对人的祸害，祈求自然给人带来福利。在中国社会语言学界，最先将人们对语言的这种宗教信仰与拜物教联系起来的应是陈原。陈原在《语言与社会生活》中专门有“语言灵物崇拜”一章，对语言拜物教进行了初步的分析和研究。陈原（1980：38-39）以民间十分常见的一种语言揭帖来说明语言拜物教：“天皇皇，地皇皇，吾家有个哭儿郎；四方君子看一眼，吾家儿郎一夜睡到大天光。”这类帖子在民间曾经普遍存在，至今仍然常见。吕叔湘在《语言作为一种社会现象》（1980b）一文中对陈原提到的语言揭贴补充了一个例子，说：“我在家乡也曾经见过，并且除遣送‘夜哭’的以外还有遣送‘夜尿’的，词句大体相同：天皇皇，地皇皇，我家有个射尿郎。过路君子念一遍，小儿病去得安康。”笔者小时候在家乡湖北崇阳也见过类似的歌谣，是用作治疗小儿夜哭和夜尿的招数。民间的“巫医”也将这种语言揭贴用作治病的土方。语言学家魏建功 1924 年在《歌谣》周刊第 65 期《医事用的歌谣》一文中曾说：“他们总相信小孩不夜啼，就是这一纸秘方的奏效。有一次，我的表弟得了夜啼症，他们家请医生诊治；这位医生就教他们这样治法，这种纸条，据说贴的时候要在深夜人静，教人不知道才行。”又如，小孩摔跤后，教他就地撒泡尿和土成泥，敷涂按摩跌伤的地方，边按边说“揉揉，不长瘤……”；如果婴幼儿洗澡受了惊吓，就边拍边念“拍拍背，不伤肺；拍拍胸，不伤风。前拍拍，后拍拍，伢伢洗澡不受吓”。这些民间信仰认为语言是能治病的药，把语言当作有灵性的“物”来崇拜，乞灵于语言来解决面临的问题，这就是语言拜物教。

不仅语言是神奇的灵物，文字也会产生奇迹。陈原（1980：40）举了两个不太常见而很有意思的例子：“在旧社会里丢了小孩子，到处张贴无头揭帖，其标题是‘寻人’，而这‘人’字也得倒过来，写作‘寻Y!’据说只有这样写法，才有可能寻到你要找寻的人，如果不然，‘人’字不倒过来写，则所要寻的人就会越走越远。”“乔迁新屋，贴上一张红纸，写上‘进伙大吉’四个大字。而这个‘伙’字非得倒过来写不可，即，要写成‘进伙大吉’那样子——否则你的屋子反而会受到火神的光临。因为‘伙’即‘火’，‘火’就代表火神。”类似而在民间普遍常见的是将“福”字倒贴在门上，寓意“福到了”。尘元（1991：114）说：“要福到，即将福字倒写——这里保存着典型的语言灵物崇拜，即语言拜物教。”

语言拜物教的强势表现形式是语言巫术，其宗教色彩十分明显。在中国巫术和道教文化传统中，语言巫术主要表现为符箓和咒语。陈原（1980：41）指出：“语言灵物崇拜发展到极端是符咒。符是书面语（文字）的物神化，咒是口头语（言语）的物神化。”在封建时代神秘色彩笼罩下的民间乡野，符咒具有无所不在的普遍性。明清时期在木匠行当流行的《鲁班经》，其中有种种的厌胜之法，有的就有用语言文字作为符咒。例如，在三片连接的竹叶上分别写上“大吉”、“平安”和“太平”，藏于屋顶椽梁上，可保家宅平安；在门槛的合缝中写上“囚”字，居住者就会锒铛入狱；把一幅刻有“冰消”两字的竹片图和四句诗藏在正梁的合缝处，可使住家妻离子散、家破人亡。民间还有一种“化骨法”，当骨刺卡在喉咙中时，用筷子在水杯中书写“丹”字，边写边默念，写第一笔时念“左转天地动”，写第二笔时念“右转天地动”，写第三笔（横）时念“丹下横一索”，写第四笔（点）时念“一点鬼神惊”，然后用筷子在水中左右各搅拌三圈，再把这杯水让喉中有骨刺的人喝下去，骨刺就会化掉。很显然，这是毫无科学意义的语言巫术。

语言拜物教就其目的性而言主要体现在相对的两个方面：一是对语言的禁忌，即对表示神圣事物和与灾祸相关的字词不可涉及；二是对语言的崇拜，即对表示祥瑞事物的字词强烈趋附追求。禁忌在英语中叫作 Taboo 或 Tabu（“塔布”）[1]，意指对某些被认为具有超自然力量的事物不可接近、触摸或称述。崇拜则是与英语 Mana（“马那”）相接近的一种原始宗教观念。[2] 就宗教的起源而言，塔布和马那观念的普遍存在为万物有灵论和拜物教提供了论据。泰勒和后来的英国著名人类学家、民族学家、宗教史学家弗雷泽（James George Frazer，1854—1941）都用“相似律”和“接触律”两大原理来分别解释他们宗教性的“万物有灵论”和前宗教性的“交感巫术”：凡相似或互为因果的东西必相同，能互相影响，如人的影像即等于真人，斫伤或烧掉影像就能

① Taboo 或 Tabu 有不同音译。最先严复翻译《社会通诠》时译为“答布”。后人陆续译为“头布”、“达波”、“太步”、“沓布”、“大不”、“他不”、“塔怖”、“塔布”等。后两个译名较通行。

② Mana 译为马那，或译为马拉、玛那、玛纳、摩那、魔那、曼那、曼纳等。汉语没有意义完全对等的词可意译。有人译为“灵力”或“魔力”，都与原义不是很切合。唯闻一多在《神话与诗》一文中译为“法力”，庶几近之。

置真人于死地。凡接触过的东西在分开后仍有联系，能隔着距离互相影响，如拥有某人剪下的头发或指甲，就能控制对方。

弗雷泽在他的名著《金枝——巫术与宗教之研究》中，将原始人类的宗教禁忌分为“禁忌的行为”、“禁忌的人”、“禁忌的物”、“禁忌的词汇”（包括个人、亲戚、死者、国王及神圣人物、神灵的名字）四类。英语 Taboo（“塔布”）主要指语言禁忌。由于语言在人类社会生活中不可须臾或缺，语言塔布就最为显露而常见。如同影像之于原形、灵魂之于肉体，在朴素的原始思维中，语言与它所指对象之间的联系绝非“完全外在的”，而是完全等同。“相似、相关即相同”的原始思维反映在语言中就是名、实不分。人类曾普遍认为人名即是人的灵魂的载体，或者简直就是人的肉体的一部分。掌握了某人的名字就能控制对方，呼叫人的名字就能使之灵魂出窍，诅咒一个人的名字会使对方身体瘦削、生病、出血甚至死亡。帕默尔（1983：79-80）说：“对于原始人来说，词被赋予了一种可怕的力量。‘名’与‘物’是密不可分的，谁要是知道了‘名’，谁就有了支配这‘名’所指的‘物’的力量。我们听说，在一些野蛮部落中，禁止女人使用任何同她们丈夫的名字相似的词，因为怕使用起来会导致对他们的伤害。”因此，对人名或神名的回避就成为人身、神身保护的重要措施。

古代犹太人相信，如果活着的人把自己的名字给了别人，就意味着把生命给予了别人而获得再生；如果活人起了死者的名字，死者在天堂就会不得安宁。犹太教的法典规定，有四件事可以使人逢凶化吉、遇难呈祥，其中之一就是改名。因此，犹太人重病缠身时往往改名以祈求摆脱疾病，以为换了名字死神就找不到他了。自然，与病人同名的人也要改名，以免死神找错了对象。

吕叔湘（1980b）同样认为，“历史地说，‘塔布’跟语言拜物教是一个来源，都是源于对自然界的不理解”。“在一切祝福和诅咒中，名字是关键。一个人的名字跟他的人身或灵魂是神秘地连在一起的，一定要小心保护。”例如，《红楼梦》第二十五回写赵姨娘要马道婆替她作法整治贾宝玉和王熙凤，马道婆就用纸剪了两个纸人，将他二人的年庚写在上面，又剪了五个青面鬼与他们两人钉在一起，果然将两人弄得死去活来，后来请了一个道士作法才击败了马道婆的妖法。

在伊斯兰教教规中，禁止雕塑、绘制任何神、人及动物像，因为神及其他活物像就等同于活物本身，而创造活物是神独揽的权柄。这一神学禁忌严重地影响了雕塑和人像绘画艺术在伊斯兰国家的发展。直到近代，阿拉伯造型艺术仍没有肖像画，中世纪中东的艺术郢匠们只得把注意力集中到花卉竹木的绘画和雕塑上。无独有偶，语言“塔布”在某些地方同样影响到了历史的进程。弗雷泽（1987：377）曾引用研究者们的描述说，在尼科巴群岛的土人中，流行着一种严禁提及死者名字的习俗。如果死者是以普通名词如鸡、鸭、山、土、水、火等命名时，这些普通名词也必须一并停止使用。这种习俗“不仅给他们的语言增加了不稳定因素，同时也破坏了他们政治生活的连续性，使过去历史事件的记载含糊不清或不太可靠”，以致“成了‘创造历史’的最大阻力，或者无论如何也是记叙历史进程的最大障碍”。在北美印第安克拉马特人中，没有超过100年的历史记述，因为他们同样严禁提及死者的名字，加利福尼亚人和俄勒冈人也是如此规定，违者甚至会被处以极刑。“这就足以隐匿一个民族内部的一切历史知识。”研究者认为，“不让写出人名，怎么能写出历史？”（弗雷泽，1987：378）

二、语言拜物教形成的心理原因

语言拜物教既是一种古老的原始宗教，又是现代社会的一种语言文化现象；既带有浓厚的宗教色彩，又是社会心理的反映；既有消极的负面影响，又有积极的社会整合功能。

宗教是一种社会意识，反映的是人类的精神世界，与人类的心理活动密切相关。语言巫术即以语言文字的崇拜为心理基础，幻想通过语言的超自然神力来实现自己的愿望、支配客观世界。因此，语言拜物教除了具有宗教属性之外，从其生存的社会环境来看又与语言对人的心理刺激和心理反应相关。如果说语言拜物教的宗教属性是源于原始思维偏差的话，那么现代社会的语言拜物教就是人类共同的心理定势的结果，起到了精神安慰的重要作用，具有保持心理健康的重要功能。它既有消极的一面，即有时它是迷信、虚伪的，也有积极的一面，即避免语言引起的不利刺激所带来的心理伤害和消极情感的产生，控制、整合人们的语言行为和社会行为，警示人们什么能说、能做，什么不能说、不能做，使人们在共同的社会生活中避开语言不良刺激的伤害，朝着文明、和谐、积极的方向发展。

语言是一种复杂的信号刺激，是人类特有的第二信号，即具体事物信号的信号。有利的信号刺激可以产生积极兴奋、昂扬向上的情绪，形成健康的心理状态；不利的信号刺激则会产生消极厌恶、没落低沉的情绪。因此，人们自然地将某些语音形式与有积极意义的内容进行相关联想，以得到积极的心理安慰；同时，回避与有消极意义内容的语音形式接触，以免产生心理甚至生理的损害。

语言拜物教的心理原因，主要表现在语言中的谐音词所引起的心理联想。人们通过谐音联想，既可以给一些最普通、最平凡的事物涂上喜庆色彩，寄托自己的美好愿望；也可以给一些认为会给自己带来灾难的事物换个名称，用另外一种语音形式来表达，以此获得心理上的满足与安慰。

现代社会的语言拜物教，更多地表现为对所指不洁（如屎、尿、屁、血之类）、不雅（如人体某些隐秘部位）和含义不吉（如死、丧、病、凶）的语言形式的回避。在现代社会生活中，涉及人体性器官、性行为及排泄物的所谓“猥亵语”、“色情词”、“脏话”容易引起不良的心理联想，是最为严厉的语言禁忌，在文明社会的公众场合，不能宣之唇吻、形之笔墨而被排除在言语交际之外。在英语中，有关性及排泄物的“脏词”大多由四个字母构成，因而被称为 four-letter word（四字母词），如 fuck（性交）、cunt（女阴）、cock（男阴）、arse（屁股）、shit（屎）、piss（尿）、fart（屁）之类最为禁忌的“脏词”，通常是绝对不能说的，违者将处以罚款甚至科以刑律。①

汉语中具有上述意义的词同样是极为严厉的禁忌，尤其是表示男女性器官和性关系的两个名词和一个动词。试以其中一个名词“鸟”为例。在上古，“鸟”既是飞禽的通称，又是男阴的隐喻。中古韵书反切注音为“都了切”，折合成现代汉语应读为［tiǎo］。大约到唐代，“鸟”所隐喻的意义逐渐公开化并开始用作骂人话。据唐代高仲武辑《唐中兴闲气集》记载，才女李秀兰曾与诗人刘长卿等相会，李秀兰知刘长卿患有疝气，就借陶潜诗“山气日夕佳”相嘲（用“山”谐音“疝”），刘长卿亦借陶潜诗“众鸟欣有托”相谑，引得举座大笑，可见其时“鸟”已经产生了“男阴”的意义。宋代王楙的《野客丛书》“以僧对鸟”条，列举唐诗中数例以“僧”对“鸟”的句子，认为是对僧人的侮辱。明代赵南星的《笑赞》中有一则笑话：东坡对文友佛印和尚说：“古人常以“僧”对“鸟”，如云‘鸟宿池边树，僧敲月下门’，又云‘时闻啄木鸟，疑是扣门僧’。佛印曰：‘今日老僧却与相公相对’。”这些都是用猥亵语相嘲谑的故事。至于元明戏曲和通俗小说中“鸟人”、“鸟刀”、“鸟男女”之类的詈语更是屡见不鲜。在元、明之际，随着“羞耻阈”和“窘迫阈”的产生②，“鸟”逐渐演变为一个可怕的强势塔布。“鸟”的读音［tiǎo］被表示“男阴”的意义所占，而表示“飞禽”的“鸟”在现代汉语中只得避开原音，或改读为［n］声母（北方话），或改读为［ts］声母（闽方言），或改读为［ŋ］声母（赣方言），或改读为阴平调的［tiāo］（客家方言）。表示飞禽意义的“鸟”上海话读与“吊”同音，温州话读与“打”同音，平阳话读与“典”同音。或者干脆

① 美国在 20 世纪 70 年代曾通过一项法令，禁止在广播电视上使用 7 个“四字母词”。其中三个并非四个字母，可见“四字母词”已变为塔布词的通称。

② “鸟”及“人”、“龟”、“雀”等词的禁忌均发生在元、明之际，可能元、明之际就类似于英国的维多利亚女皇时期，是由于统治阶级推崇文化修养和绅士风度所形成的时代风尚。

替换其词汇形式——不称“鸟”而称“雀”。总之，一切都是为了避开那个“不能说”的强势塔布。至于“蛋”（隐喻睾丸）、“破鞋”（隐喻乱搞两性关系的女人）、“野鸡”（隐喻“逐巢而居”的妓女）、“乌龟”（隐喻有“红杏出墙”的男人）等，在某些地方、某些场合、面对某些对象，都是须小心提防而“不能说”的语言禁忌。

含有“死亡、疾病、灾祸”等不祥意义的词语也是对人类心理极具“杀伤力”的语言塔布。尤其是直指“死”的词更是“放之四海而皆同”的语言禁忌。所谓“黄泉路上无贵人”，无论贵贱，无一能幸免于死，因此对于“死”的语言禁忌就具有了最广泛的社会性，以致形成难以抗拒的社会心理。人们或以昵称取悦，或以美言献媚，或以华装遮掩，或以谑语调侃，创造出各种各样相对于“死”的 euphemism（“幽费默”）来①。英语中对于“死”的各种委婉语，少说也有300种左右（刘纯豹，1992）。汉语中有关“死”的委婉语，从古到今，从普通话到各地方言，从词、词组到句子，少说也有数百种。旧的委婉语消失了，新的就会产生。新的不“委婉”了，更新的就会产生。到底有多少委婉的说法，恐怕永远都无法穷尽。更有甚者，与“死”音同音近的其他词也受株连而成为禁忌。早在中古《广韵》中，“死”就驱逐了所有与它同音的字而独占一个音节。在现代汉语各方言中，许多地方不能说“四”，要说成“两双”或“三加一”；将“史师傅”念成了“喜师傅”，将“施先生”读成了“胜先生”，姓“冼”的也改读“显”音。

俗话说：“一朝被蛇咬，十年怕井绳。”井绳与蛇并无任何实质联系，但形似于蛇的井绳却能引起人们对蛇的联想和自身曾经遭受不幸的回忆。所指的灾祸、不吉与能指的语言形式犹如蛇和井绳的关系，“蛇”的语音形式也就成了不能提及的禁忌。以前龙、蛇、虎、豹等自然灾祸对人类的虐害，使人们对这些动物及其语言形式有着特别的恐惧。1949年以前，湖南一些地方就不能说蛇，要说成“长虫”。不能说龙，要说成“溜子”，灯笼说成“亮壳子”，连带同音的“脓”也要说成“瘤子”。不能提到“虎”及与之同音的“腐斧抚府”等词，虎要说成“猫”，斧头称为“猫头”或“爬山子”，腐乳称为“猫乳”，巡抚称为“大爬山子”，知府则称“小爬山子”。旧时长沙一条府正街也被改称为“猫正街”。只有长沙府未曾改称“长沙猫”，有人认为这实在是一大奇迹。至于船夫忌言“陈”（谐“沉”）、“帆”（谐“翻”）、“箸”（谐“住”），商客讳言“舌”（谐“蚀”）、“书”（谐“输”）、“肝”（谐“干”），蚕农不说“温”（谐“瘟”）、“葱”（谐“冲”）、“酱”（谐“僵”），戏班禁提“鼠”、“龟”、“狐”；对

① 英语 euphemism 的音译，意为“好听的言语”，即委婉语。

山东人不能称“大哥”（武大郎），对晋南人不能称“老师傅”（喻指狗的生殖器）；对司机不能说“搭（方言音同‘跌’）车”，对商人不能说“关门”。就连号称最为自由的美国，也宣布18种言论自由不受法律保护，如有谁要在机场上大呼“Hi，Jack!”（嗨，杰克!），警察就会立刻予以拘留——就因与“Hijack”（劫机）同音。可见语言的罗网遍布于社会生活的各个方面，如不慎触犯，就会影响交际的和谐正常，产生不愉快的结果。

就日常言语交际而论，上述社会生活中的语言禁忌，基于人们趋雅避俗、趋吉避凶的社会心理，具有净化语言、缓解不利语言对心理产生不利刺激的功能，符合语言文明和谐的社会要求，无可非议，甚至是必要的。而就语言研究而言，则不应存在禁区。但实际上正如语言学家李荣（1982，1994）所言：“研究语言的人常常排斥‘性’的字眼，编辑字典跟研究方言都是这样。”这就不利于学术研究了。其实，“研究的时候是不必排斥的，并且是不能排斥的。就学问本身来说，这类禁忌字常常引起字音的更改与词汇的变化。前者造成语音演变规律的例外，后者导致方言间说法的差别”。语言学家伍铁平（1994）认为，“对语言学家来说，雅词和不雅的词具有同等研究价值。对研究语言变异的社会语言学家来说，不雅的词具有特殊的价值”。波兰语言学家、音位学创始人库尔德内（Baudouin de Courtenay，1845—1929）更形象地指出：“对语言学家来说，‘屁股’和‘玫瑰’一样美好。”（伍铁平，1994）在英国、美国诸国，所谓“四字母词”是难以进入词典的。即使有时网开一面，也常在前面加上“⚠”或者“＊”以示其不良身份。在汉语中，吕叔湘在《语言作为一种社会现象》中曾就《康熙字典》、《辞海》、《汉语词典》、《现代汉语词典》四部辞书中对有关“性”的几个禁忌词“屌”、“屄”、“肏”的收录情况进行了比较，发现除《汉语词典》全都收入外，其他辞书都只收两个。吕叔湘先生说：“《现代汉语词典》出版在《汉语词典》之后，但是比后者保守。”可惜吕叔湘先生在1983年编《吕叔湘语文论集》收录该文时，却删去了对这几个禁忌词的举例和比较，可见清雅如吕先生者，也尚有未能免“俗”的时候。这例可发一噱的文化现象，说明语言的禁忌在人们心目中是何等根深蒂固!

三、语言拜物教与“格氏定律”

语言拜物教导致语言的变化，有一种类似于经济学中“格氏定律”的普遍现象，尤其值得注意。“格氏定律”（Gresham's Law）全称“格雷欣定律”，又称“劣币驱逐良币定律”，是经济学中货币的流通规律，指货币流通过程中一种货币排斥另一种货币的现象。它是以16世纪英国金融家和商人格雷欣（Thomas Gresham，1519—1579）的名字命名的。其内容是：在复本位货币制度下，当实际价值不同而名义价值相同的金属货币被赋予同等法律偿还、支付能力并同时流通时，由贵金属铸造、实际价值较高的货币，即所谓的“良币”，必然会被熔化、收藏或输出，从而退出流通领域；而由贱金属铸造、实际价值较低的货币，即所谓的“劣币”，反而会占领流通市场。

在语言学中存在类似的现象：语言中的某一个词如果同时具有良义、褒义和劣义、贬义时，在交际过程中，劣义、贬义将会继续存在，而良义、褒义则在该词中被停止使用或转移到其他语言形式上。例如，汉语北方话“勺子”一词，是指舀饭菜和汤水的工具，但在天津方言中，“勺子”还同时具有“男性生殖器”的意义，这是一个禁忌的劣义。因此，在交际过程中，“勺子”逐渐不再具有“舀东西的工具”这一良义，而专用以指“男性生殖器”。又如，糙米的“糙”，《广韵》读“七到切”，按语音的演变，在现代北京话中应读去声，但实际读为平声，这是因为北京话中表示性行为的骂人话“操”是与“糙”同音的去声，“糙”为回避这一劣义而例外改读为平声。

一个词的良义为劣义所驱逐，必然会引起该词词义的变化。被驱逐的良义所表示的客观内容却不会因此而消失，必然要寻找一个新的词来表达，重新进入交际领域，这样就引起词的替换和革新。这是格氏定律影响语言变异的一个重要方面。我们试从几个主要方面举例分析格氏定律在词义及词汇变化中所起的作用。

首先是人名。前面已经提到，世界上许多民族在原始阶段都认为人的名字是人体不可分割的一部分，是灵魂的载体，呼叫人名就会损害对方的身体甚至摄去他的灵魂。在我国古代汉民族文化中，一直保留着这种原始思维的遗迹。只是人名的禁忌已从原始的宗教灵魂观念逐渐转化为权势地位的象征，禁忌的对象缩小到帝王将相、王公大臣和家族尊长的范围。

当汉语中一个普通的词一旦被帝王或尊长等用作名字时，这个词本身甚至与之音同、音近的其他词就会成为神圣不可侵犯的“塔布”。作为人名的特殊意义（劣义）驱逐了它的一般意义（良义），后者就暂时或永久性地退出了交际领域。例如，“雉”本是鸟名，自从汉代吕雉成为太后之后，它作为鸟名的意义便在言语交际中消失了，“野鸡”一词代替了它的原义。同样，传说中的月中仙女姮娥，因汉文帝名恒而改称为“嫦娥”。晋郑太妃名春，故凡“春”字悉以“阳”字易之，改“春秋”为“阳秋”，至今仍有“皮里阳秋”之语。唐太宗名世民，因而凡“民”改为“人”，“世”改为“代”，观世音也得省称“观音”。山药本名“薯蓣”，因唐代宗名豫，改名“薯药”，又因宋英宗名曙，遂名“山药”，秦观的名句“杜鹃声里斜阳树”也因与“曙”音近而改为“杜鹃声里斜阳暮”。清圣祖名玄烨，玄岳便改名“武当山”。太平天国对“爷火华”、“秀全”，以至于“皇、帝、王、国、祖、宗”等字一并讳之，因而在太平天国文书中出现了“三方五氐”（三皇五帝）、“文狂武狂”（文王武王）、“冲亮”（发火）、“花人”（华人）、“莠士”（秀才）、“梁惠相”（梁惠王）、“唐太俫”（唐太宗）、“曾郭藩”（曾国藩）等奇异怪诞的词语，造成了语言文字的严重混乱。至于王羲之父名正，故每书正月为“初月”；苏轼祖父名序，因为人作序辄改为“叙”或“引”。如此等等，不胜枚举。

其次是灾祸。在人类还不能控制、抵御自然灾祸时，人们对灾祸的恐惧也体现在语言上，对语言产生了灵物崇拜，在语言交际中禁止提及表示灾祸意义的词，排斥与之音同、音近的良义词。企图借此逃避灾祸的降临，求得心理的平衡。因此，在语言的词汇中就出现了各种委婉语词。

在很多方言中，将“死、输、折、丧”等劣义词都视为禁忌，因而与之音同音近的良义词“洗四、书丝、伞、空、舌、桑霜”也受无辜牵连。吴方言中“死”白读与“洗”同音，因而在上海、苏州等地的日常生活中，人们从不使用“洗”字，而用“净、揩、汰”等词代替：洗手叫“净手”，洗脸叫“揩面”，洗衣叫“汰衣”。许多方言把四个说成“两双”，四弟说成“五弟”，就因为“四”与“死”语音相近。在湖北崇阳方言中，过年杀猪时不能说“猪死了”，而要说“过了三”，过了三就是“四”，也就是“死”。在粤方言区，通书（音同“输”）叫“通胜”或“通赢”，丝（音同“输”）瓜叫“胜瓜”。有趣的是，香港领带大王曾宪梓的“金狮”牌名牌领带在粤语区总是卖不出去，只因粤语“金狮”与“金输”同音。后改名为“金利来”（英文商标仍是 Gold Lion——金狮），才销路大开。

此类词汇替换，主要是基于劣义词与良义词语音上的联系而改变良义词的词汇形式，与同一词汇形式同时具有良义和劣义而产生词汇更替稍有不同。此类词汇现象具有浓厚的时代、地域和行业色彩，并与人类生存的自然环境、生产力和人的心理素质密切相关。自然环境越恶劣，人类征服自然的能力越低，此类词汇的更替就越多。在生产力逐渐进步之后，仍能从这类词汇现象中看到自然对于人类曾经有过的威胁。人的心理素质与生产力有很大关系，但没有必然的内在联系。即使在生产力高度发达的社会，人的心理素质也未必能完全适应社会及自然的发展规律。当自然或者现状不能满足社会部分脆弱心理的要求时，现代社会仍会存在这种语言禁忌，我们可以由此透视不同时代、地域的自然环境、社会生产力、人的心理素质，以及其他种种文化现象。

最后是隐私。人们将表示人体某些部位、生理行为，以及相关内容的词义视为劣义加以禁忌，并使与之形式相同相近的良义停止使用或用委婉语词替代，是人类文明进化而产生羞耻心理的结果。在社会交际中避免使用或委婉地涉及这类词，是语言文明的要求。因为这类禁忌现象影响了语义和词汇的非规则变异，反映了一定的文化心理，所以它是语言学特别是社会语言学研究的一个重要内容。

在许多方言中，“蛋”被赋予男性睾丸的劣义，因而作为“鸡蛋”的良义受到排斥，由此而产生了一系列替代词汇。北方汉语把鸡蛋叫作“鸡子儿”，皮蛋叫“松花”，炒蛋叫“摊黄菜”，煮熟的鸡蛋叫“卧果儿”，蛋花汤叫“木樨汤”，蛋糕叫“糟糕”。在南方，广州称鸡蛋为“鸡春”，潮州叫“鸡仁”，阳江叫“红银”，温州叫“鸡卵”。劣义的“蛋”则仍然称“蛋”不变。

欧美国家对于涉及人体某些器官及生理现象的词语似乎特别敏感。例如，英语 arse（屁股），美国英语因避讳改读为 ass，结果又与原有的 ass（“驴子”）同音，于是又将“驴子”改称为 donkey。Fanny 原本是 France（弗朗茨）这个名字的昵称，后来莫名其妙地成了 arse 的委婉语。自从沾上这一劣义后，叫 France 的人就不愿别人以 Fanny 相称了。

在英语中，cock 兼有“公鸡”和“男性生殖器”两义。结果凡以“cock”作为词素或与“cock”同音的良义词都纷纷改变词形。cock（公鸡）改为 rooster 或 he-biddy，turkey cock（雄火鸡）变为 gentleman turkey，haycocks（干草堆）改成 haystacks，cockroaches（蟑螂）简化为 roaches，连姓 Alcox 的也改姓 Alcott；cocktail（鸡尾酒）变为 rooster'shirt——连 tail（尾巴，禁忌!）也避开了；美国民主党党徽是一只公鸡，过去叫 the cock，20 世纪末也改称为 the rooster 了，真可谓牵一发而动全身。鉴于英语国家对 cock 的普遍禁忌，我国作家高玉宝的小说《半夜鸡叫》英译名中的“鸡”（当然是公鸡）也不能用 cock 而改用 rooster。否则 cock 高叫而又恰恰是 at midnight，由此产生的联想岂不令人尴尬难堪?

在美国俚语中，gun（枪）也因沾上了与 cock 同样的劣义，结果美国的水兵不准把枪叫 gun 而要叫 rifle。cony（成年兔）因与 cunt（女阴）谐音而被 rabbit（幼兔）取而代之。至于其他直接表示怀孕、出汗、行经、排便，以及肚、胸、腿、厕所等的词均属禁忌，都有相当的委婉词语。有人竟然提议：以人的肚脐为中心画一半径为 1.5 尺①的圆，圆圈内除胃以外的所有部位都属禁止提及的范围。禁止提及自然不是消除有关这些部位的概念，只不过是在语言上这些劣义独占一词而将良义赶跑罢了。

劣义驱逐良义，除因语义的重新调整而出现词汇形式的替代或更新外，还表现在语音形式的特殊变异上。

① 1 尺≈0.33 米。

语音的演变有严整的规律，它取决于人的生理上的发音机制，不受社会因素的影响。一般来说，任何一个词语的语音形式都必须服从于其所属语音系统内部演变规律的支配，不得游离于规律之外。但语言禁忌往往影响某些词语的读音不受内部规律的制约而产生例外变异，不过这种例外也受例外规律的支配，这个规律就是格氏定律。

在汉语（包括方言）的例外音变中，有不少劣义驱逐良义引起的例外音变。有的甚至是在音同、音近的一组词中，一个劣义词使其他所有同音、音近词改变读音。汉语对于“死”的回避，除了运用委婉语词外，还运用了语音变换手段。中古支、脂、之三韵的平声心母字如“斯、司、思”北京音平声［sɿ］，去声“伺”北京音去声［sɿ］，符合音变规律。唯独上声“玺、徙、葸、枲”不按规律读上声［sɿ］而读上声［ɕi］，这显然是为回避与上声“死”［sɿ］同音。江苏南通“史”、“死”同音，“历史”还可以读“历死”，但“史老师”就要读“喜老师”。《广韵》中“息姊切”就仅一个“死”字，很可能中古以前人们就为禁忌与“死”同音而把其他字改读他音了。

在崇明及上海、苏州附近的方言中，凡是“十”和“五”相连的复合数词如十五、三十五、七十五、一百四十五等（只有二十五读为“廿五”除外），其中的“十五”都要读同“舍五”［so n̩］。“十”读同“舍”是不合语言演变规律的，按规律应读为［zəʔ］，与“人”同音。“五”在崇明方言中读音同“你”，在上海方言中读音同“我”。如果“十”不改读“舍”，则十、五作为数词连读时，发音就像一个动宾词组“入你”或者“入我”，这是万万不能的，所以“入”的劣义驱逐了良义“十”的读音。崇明方言“棉”字单读或在“棉布”、“棉袄”等词组中都规则地读［mie］，但在“棉花”中却被例外变读为［mi］，其原因原来是“棉花”，若按规则读音，就与“眠花宿柳”中的“眠花”同音。

在其他方言中也大都有因禁忌而发生例外音变的现象。福州方言的“雨”字以前读为［huo］，现在则改读为［y］，是因为旧读“雨”与“祸”同音；如果按演变规律，广州话“钩勾沟鸠”同音，但由于俗称男性生殖器为“鸠”，所以前三字的声母读音［k］被劣义驱逐，改读为不合规律的［kh］或［ŋ］声母；广东一带说闽南话的渔民把应读［thian］的“甜”字读为［t，hi］，因为前一音与“沉”音近；在四川话中，“皱绉咒”本应同读为［tsou］，但因“咒”在四川话中是个强势语言塔布，“皱绉”就改读为［tsoŋ］了。

此类音变在历史上也有不少痕迹。例如，秦始皇名嬴政而改去声“正”读平声；三国时孙权即位，将与其父名“坚”同音的“甄”改读“真”音。南朝梁武帝佞佛，因而将与“佛”字同音的“悖”改读“倍”音。五代梁太祖因曾祖名茂琳而将与茂同音的“戊”改读为“武”，后俗读为“务”音。唐公孙罗《文选音决》注陆士衡《挽歌诗三首》“妍姿夷泯”云：“泯，避讳，亡巾反。又泯之去声。他皆仿此。”“民泯”属中古平声真韵重纽四等，“亡巾反”为真韵三等。为避“民”字，“泯”由重纽四等改读为三等，或由平声改读为去声。又《文选音决》注《与山巨源绝交书》“自以嗜臭腐”云：“腐，避声，芳宇反。”中古“父釜腐辅”同音。为避“父”字，“釜腐辅”都由原并母改读为滂母的“芳宇反”一音，因而后来没有随“浊上变去”的规则与“父”一起变为去声。加拿大著名汉学家蒲立本（Edwin George Pulleyblank，1922—2013）在讨论“甄”字为避吴王孙坚的“坚”而改读时，曾对这类音变疑惑不解：“中国一部分地区的短时期避讳就能使这个字在整个中国的读音发生永久性的改变，这好像有点不大可能。”（蒲立本，1999：62）然而，面对古今许多避讳改音获得成功的事实，我们能对影响如此深广的格氏定律提出怀疑吗？

格氏定律对于语音的影响比其对于词汇的影响要隐晦得多，所以往往不易引起人们的注意。其实汉语比其他语言更善于运用语音变异手段回避劣义。我们根据有关资料对英语中 40 个禁忌专题近 1000 个替换词语进行随机分析，发现其中仅有 God（上帝）和 Jesus（耶稣）两个禁忌名词是通过语音变异用作其他意义的。而在汉语的历时音韵研究和现代方言的语音分析中，都可以发现一些格氏定律影响语音变异的现象。可以说，运用格氏定律分析汉语例外音变是行之有效、不可缺少的手段。

格氏定律对于语言演变的影响，还体现在语言的符号形式——文字形体上。在我国古代文献中，因语言禁忌而引起文字形体的替换或改动字形，形式复杂多样。归纳起来，主要有以下几种情况。

一是采用异体，即用一个与禁忌字音、义均同而形体不同的正体汉字替代禁忌字。例如，《说文・日部》：“昏，日冥也，从日，氐省声。氐者下也。一曰民声。”“民声”字即“昬”。“昏”、“昬”异体，后世多用“昬”。至唐初因避李世民讳，凡“昬”字改用其异体“昏”，“昬”字便退出交际领域。清圣祖名玄烨，通用的“玄”改为《说文》“玄”字的古文“𢆯”。清宣宗字旻宁，通用的“寧”便改为“寧”的异体字“寍”。

二是起用俗体，即用一个与禁忌字音、义均同而形体不同的俗体汉字，来替代禁忌字。例如，《说文・虫部》：“強，蚚也，从虫，弘声。”后讹变为俗体“强”，清高宗字弘历，为避“強”中作为声符的“弘”，于是采用俗体“强”字。台湾民间风俗在为死者办理丧事时免不了要用到“靈”字，但此字中有三个“口”，讲究的人家生恐死去一口不足，还要死去两口，因而禁用此字，而用“灵”字代替。“灵”为大陆简体，源于古代俗体。《正字通》载“灵，俗靈字”。“強”、“靈”被“强”、“灵”驱逐，至今犹然。

三是另造形体，即造一个新字代替禁忌字。如南朝宋明帝见“騧”字形似“祸”，便将之改写为“騳”。唐代为避李世民讳，除了改“世”为“代”外，还把偏旁中的“世”改为“云”或“曳”，如“喋”字右上的“世”改为“云”，“泄绁”中的“世”字悉改为“曳”。清文宗名奕詝，故“宁”或“佇”、“貯”均得敬缺末笔，写作“宀”。太平天国常用“天”称上帝，其他意义的“天”字要写成上画比下画长；又以“王”字为禁忌，凡王姓之“王”要在上面加三点，或加在左边写成“汪”；又为避“爷火华”的“火”，将双火头的“榮”、“營”等改为“荣”、“营”。以上所改之字均不见于前代，乃特为禁忌而造。

四是变形混类，是指因回避禁忌字符而改变形体，结果与另一已有的形体相同，成为读音和意义毫无关系的同形字。例如，《说文·肉部》：“隋，裂肉也，从肉，隓省声”，徒果切。隋文帝杨坚立国时以原封地“隨”作为国号，但“隨”字中有“辵”。辵，走也。杨坚深恐江山不固，因而去掉“隨”中的“辵”而写成“隋”，但仍读“隨”字的音，结果与徒果切的“隋”字形相同而音、义均异。唐避“民”字，“泯”字或写作“汦”，音义不变。但“泯”写成“汦”后又与《说文》训为“箸止”、音诸氏切的“汦”相混了。

五是临文缺笔。如“世”是缺中间一横，“丘”字缺中间一竖，“中”字中竖不到头。此类现象因其不成为字，不与其他文字相混淆，对于交际尚不成为大的障碍。但其字非牛非马，缺胳膊少腿，不堪入目，损害了汉字的健康。

从以上分析可知，格氏定律对于文字结构形式的影响主要是封建时代帝王将相的人名用字上。这种强制性的语言禁忌与其他自身感知性的语言禁忌有不同的文化背景，但从其表现形式及其对语言的影响来看，它们又有共同遵循的规律，即劣义排斥良义造成良义表达形式的转移和改造。

为什么劣义必然排斥良义而不是相反？这也只能从心理学的角度进行解释。

劣义排斥良义的基础主要是人的心理刺激和联想。联想即“观念的联合”，是由一事物的观念想到另一事物的观念的心理过程。联想乃由刺激产生。语言中代表一定具体事物及其属性的词语作为人类特有的第二信号和复杂刺激物，能够刺激人的大脑，形成反应，并产生理性程度较低的情感联想。情感联想可分为积极情感联想（如振奋、热情、高亢等）和消极情感联想（如颓丧、冷淡、低沉等）。心理学家认为，出于安全和自我保护的心理，人们总是有意识地避免那些不愿接受或者厌恶的事物在自己面前出现，或者将它降至次要地位，从而避免或远离不利刺激。“在人们对不利刺激作出回避反应之前，对某一个体来说，不利刺激往往是刺激的全部，这是个体根本不能接受的。”（林传鼎，1986：148）由于不利刺激是高强度的，人类对于不利刺激特别敏感，因而长期文化心理的沉积形成了惯常的回避本能。体现在语言上，人们总是力图回避词的不良意义，以免遭受不利刺激，产生消极情感联想，或者招致真正的人身危险（如对帝王名号的禁忌与否）。因此，劣义总是驱逐良义，具有比良义更强韧得多的生命力。也正因为如此，只有对某一事物、某一对象产生仇视和敌对情绪时，人们在咒语中才特别多地运用劣义词以表达强烈的敌意，达到损害对方心理的目的。

第七章　语言与政治

第一节　语言的政治属性

一、语言与政治的关系

在中国古代，“政”与“治”常常作为两个单音词分开使用。“政”指国家的权力、制度、秩序和法令，相当于今天的“政治”，如《论语·为政》中的“为政以德”之“政”；“治”则主要指统治国家、管理社会、教化人民等治理活动。《尚书·毕命》有“道洽政治，泽润生民”之语，“政治”虽然连用，但仍然是两个单音词。至《周礼·地官·遂人》“掌其政治禁令”，“政治”才逐渐合成为一个双音节词。

古今中外对于“政治”本质的理解有所不同。马克思主义认为，政治是阶级社会的产物，阶级性是政治的基本特性。政治的实质就是阶级关系，包括阶级内部的关系、阶级间的关系、民族关系和国际关系。政治是管理国家的艺术，政治的核心是政治权力，政治权力的中心问题是国家。

语言本身没有阶级性，也不属于上层建筑，因此语言与属于上层建筑的、具有阶级性的政治没有必然的联系。但是语言的意义内容，以及人们如何去使用语言工具，却具有明显的政治性。在语言的内容方面，语言既是思想的直接现实，又是文化的容器和载体，而思想和文化都是有阶级性的。语言中的政治名词既是思想的直接现实，更是意识形态、政治观念的符号，这就决定了语言与政治的密不可分的关系。在阶级社会中，语言表达的一些特定的思想内容有阶级性，它在特定条件下被赋予了一定的阶级性含义。因此，对于特定语境中的特定语言，我们不仅要关注词意的表象，更要关注表达者在词意背后已经赋予它所承载的实际内容。

根据法国社会学家福柯（Michel Foucault，1926—1984）关于话语与社会权力关系的理论，语言不仅仅是思维和交际的工具，而且是社会斗争的手段，具有争夺权力和利益的功能。掌握了话语权的阶级或政治集团，就可以利用语言建立起一套为其政治服务的话语体系，用强势话语灌输自己的政治观念，塑造社会的意识形态。可以说，话语权在本质上是一种政治权利，反映了人们或国家在社会或世界中不同的政治地位。例如，在现代中国改革开放的政治语境中，“改革”成为政治中的主流意识和主流话语，并逐渐被某些人建构为象征进步、新生、神圣不可侵犯的政治图腾。各种政治势力都竞相争夺“改革”的封号。谁要是披上“改革”的外衣，谁就掌握了话语权，占据了政治高地，具有了政治上的正当性与道义性，“反对改革”自然就成为掷向政治对手的“咒语”，足以置对方于死地。由此可见，语言威力巨大，在政治生活中甚至具有毁灭性的杀伤力。

许多哲学家、思想家、政治家和语言学家都充分认识到了语言和政治的密切关系。哲学家卡西尔（1985：146）指出：“在伟大的政治斗争中语言是最有力的武器。没有这个武器任何人都别想［在政治生活中］扮演主角。正确地运用语言并不断地加以改进和磨炼，具有生死攸关的重要性。”现代政治语言学家切尔顿（Chilton）说：“一方面没有语言政治就无法实施，另一方面很可能由于语言的应用才产生广义的‘政治’。”语言学家莱考夫说得更加直接：“政治即是语言，同时语言也是政治。”（田海龙，2002）美国语言学家彭尼库克（Pennycook）对语言与政治的关系进行了具体深入的阐述：政治是“权力或者权势通过语言的运作”，“权力在人们的生活领域运转就意味着权力与知识和语言有紧密的联系。权力不仅影响知识的建构，而且以不同的形式影响语言的使用，并通过语言影响意识形态，从而达到权力控制意识的目的。”（李丽生，2005）这些观点表明，语言是政治的表达工具，也是政治得以存在和延续的必要条件；而政治就是以语言为符号存在形式的一项社会活动。

语言反映了政治，政治也规定了语言——如语言立法、语言政策、语言规划、语言教育、语言传播等，都是实施政治的重要内容。语言的书面形式——文字同样具有政治性。东汉许慎在《说文·叙》中就高度概括了文字的两大功能：“盖文字者，经艺之本，王政之始。”“经艺之本”是文字的书写记录功能，“王政之始”则是文字的政治功能。秦始皇“书同文”就是为其统一天下的政治服务的。近代以来的汉字改革，包括清末民初以来的汉字拼音化运动和1949年以后的汉字简化，无不服务于一定的政治目的。

语言与政治的密切联系可以从两个方面进行研究：一方面是研究语言中的政治；另一方面是研究政治中的语言。前者研究语言要素表现的政治内容，后者研究政治生活中的语言运用。

二、语言中的政治

语言中的政治，我们认为主要体现在语言的本体要素之一——词汇，以及语言本体要素之外的修辞上，我们分别称之为“词语的政治学”和“政治的修辞学”。

(一) 词语的政治学

“词语的政治学”是指在一种语言的词汇中，词语的兴衰更替，或者词义的变化所体现的政治内容。一切的语言史都是文化史的一部分，而词的历史又是语言史中最能反映文化的部分。政治作为人类文化的重要组成部分，必然也通过词语的“文化”得以体现，在词语的发展中表现出政治和价值观的变化。

词语的变化及对词语的理解反映政治内容，可以用现代英国著名的文化学家威廉斯（Raymond Williams，1921—1988）的《关键词：文化与社会的词汇》一书作为代表。威廉斯在 1941 年从剑桥大学应征入伍，到 1945 年第二次世界大战结束重返剑桥恢复学业时，惊异地发现在短短的四年半时间内，人们使用的语言已经发生了巨大的变化，以致让他感到十分陌生。于是他选取涉及政治、宗教、经济等领域的 142 个“关键词”，按照词典中字母编排的顺序，逐一考察其词源和词义的变化，以及其社会价值的变化和差异性，并在诠释过程中渗透作者的政治观念，表达自己的政治倾向，因而写成了《关键词》一书。该书在英国的政治界产生了广泛的影响，中国学者陆建德在该书中译本的“代序”中，称之为“词语背后的政治学”。

类似于威廉斯的“词语政治学”，有中国著名作家余华的《十个词汇里的中国》。[①] 该书选择新中国 60 多年中 10 个“关键词”——“人民”、“领袖”、“阅读”、“写作”、“鲁迅”、“差距”、“革命”、“草根”、“山寨”、“忽悠”，“将当代中国的滔滔不绝，缩写到这十个简单的词汇之中”，勾勒出中国社会和政治的主要形象，表明了对社会和政治问题的鲜明态度。这些词大都是占据和塑造人们政治想象空间的关键词。不过与威廉斯不同的是，余华是以文学家的眼光、情感和笔调来描写“词语中的政治”的，少不了“小说家言”铺排恣肆的文学叙事风格，与韩少功的小说《马桥词典》又有了几分相似。

陈寅恪说过：“凡研究一字即是作一部文化史。”这里的“字”和“文化史”也可以替换为“词”和“政治史”。历史学家黄兴涛的《“她”字的文化史——女性新代词的发明与认同研究》一书，就是对陈寅恪先生观点的典型诠释。作者做得更绝的是，他仅仅选择一个“关键词”——表示女性第三人称的“她”，围绕“五四”前后汉语这一性别代词的产生过程，展示了那一特定时代东方与西方、中国旧派与新派政治和文化观念的交汇和碰撞。通过对一个汉语

① 2011 年在台北麦田出版社出版。

字词的微观研究，展现了一幅宏观的、波澜壮阔的政治和社会图景，既是词语的文化学，也是词语的政治学和社会学。

词语是政治风云的晴雨表，是政治气候的温度计。每一个政治“关键词”都是一部政治史。试以汉语中的“同志”为例。

“同志”最早见于《国语·晋语四》：“同德则同心，同心则同志”，是“同心同德、志趣相投”的意思，没有政治内涵。到辛亥革命前后，“同志”开始具有了政治色彩，最有名的是孙中山的遗训“革命尚未成功，同志仍需努力”。自中国共产党建党以后，这种政治色彩更加明显，以“同志”为党内成员的互称，一声“同志”蕴含着无上的尊敬、信任、神圣的革命情感和政治归属感。1949 年后，“同志”泛化成通用称谓，不分年龄、性别、职业、职位，只要不是阶级敌人，均可称“同志”。这一语义的转变充分体现了社会成员之间的平等，以及建设社会主义新中国的共同任务和志向，是共产党整合意识形态、建立全民所有经济体制、减少社会群体差异、使全社会成为高度意识形态化的社会主义政治的反映。“文化大革命”期间，“同志”的适用范围和功能又随着“以阶级斗争为纲”的政治形势发生了变化，出现了小心慎用“同志”的现象，称人“同志”与否成了判断称呼对象为敌或为友的重要标志。改革开放后，随着社会从政治向经济的转型，“同志”的政治色彩迅速淡化，在政治话语中被回避、冷落、抛弃，成为一个陈旧的不合时宜的政治符号。20 世纪 90 年代以后，受西方文化和我国香港汉语的影响，“同志”更沦落成为“同性恋”的委婉语（方传余，2007）。100 年来，“同志”一词的语义和附加色彩的变化，就是 100 年历史风云变幻的政治图景。

类似的还有“小姐”一词，由“文化大革命”前的阶级贬义色彩，到“文化大革命”后的尊称，再到现时代的语义降格。从“老师”一词由“传道授业解惑”者的尊称泛化到指其他职业的指导者，而真正的老师却转用“老板”来指称，我们看到了传统意识形态的颠覆、社会价值观的扭曲；从“教授”与“叫兽”、“专家”与“砖家”的语义关联，我们看到了“斯文扫地”，看到了“塌方式”学术败坏和社会良心堕落的政治生态。在网络上经常流传着各种“年度政治热词”，大多反映了当年的政治热点，反映了我们当今的政治生态。

（二）政治的修辞学

政治修辞是在政治活动中，政治主体围绕政治利益而运用语言的方法和技巧，是政治主体利用语言说服受众、达到自己政治目的而对语言所进行的修饰。

修辞与政治有密切的关系。西方的修辞术起源于政治，修辞术就是一种政治术。英语中的“rhetoric”（修辞）一词源于古希腊语，意为“在法庭和其他正式的政治情境中讲话的公民艺术”，尤其是指在民主集会场合演讲时的讲话艺术。古希腊修辞学的著名代表人物亚里士多德（Aristotle，公元前384—前322）指出：“修辞术就像是辩证法和伦理学说的分支，后者可以被恰如其分地称作政治学。所以，修辞术也可以纳入政治学的框架。”[①] 正因为如此，有人认为亚里士多德的名著《修辞学》，在某种程度上可被看作一本政治操作手册。

中国历史上很早就认识到了修辞在政治活动中的重要作用。《诗经·大雅·板》载“辞之辑和也矣，民之洽矣；辞之怿矣，民之莫矣”，说明政治语言的温和与败坏，会带给老百姓欢洽与痛苦。刘向在《说苑·善说》中写道：“子产修其辞而赵武致其敬，王孙满明其言而楚庄以惭，苏秦行其说而六国以安，蒯通陈其说而身得以全。夫辞者乃所以尊君、重身、安国、全性者也，故辞不可不修，说不可不善。”战国时期形形色色的纵横家、政治家们凭三寸不烂之舌周游列国，游说诸侯，纵横捭阖，政治修辞成为他们安邦、治国、平天下不可缺少的政治手段，在政治过程中发挥了至关重要的作用。可以说中国的修辞学与古希腊一样，在很大程度上源自先秦政治家们的政治活动。后来修辞形式不断丰富，应用范围不断拓展，才逐渐进入哲学、语言学、文学等学科领域。

修辞源自于政治，是因为政治语言具有最大的公众性和影响力，所以必须依赖修辞性的政治语言，才能起到说服、感染、诱导公众的作用，达到政治主体的政治目的。政治修辞基于一般修辞而又有所区别。政治修辞常用的手法包括引用、用典、委婉、省略、模糊、闪避、双关、隐喻、象征、借代、排比等。

隐喻是政治活动中常用的修辞手法。由于政治术语、概念和观点、理论具有抽象性和陌生感，所以需要运用隐喻的手法，通过相似性连接起政治概念与人们已有的知识和经验，以便于人们对抽象而陌生的政治术语、概念、观点、理论的理解。在政治生活中，隐喻无所不在。列宁说帝国主义是“泥脚巨人”，毛泽东说一切反动派都是“纸老虎”，邓小平的“不管白猫、黑猫，捉到老鼠就是好猫”和“摸着石头过河”，习近平时代的“中国梦”、“老虎”、“苍蝇”和“照镜子、正衣冠、洗洗澡、治治病”等都是政治隐喻。其他如用“子民”、“父母官”隐喻官民之间的关系，用“肝胆相照”来隐喻中共和民主党派之间赤诚相见、互相依赖的关系，用“重新洗牌”隐喻权力重组，用“接轨”、“并

① 亚里士多德著：《修辞术·亚历山大修辞学·诗论》，颜一，崔延强译，北京：中国人民大学出版社，2003：9。

轨”隐喻不同政策的对接和合并，无不显示出了政治隐喻形象生动、通俗易懂、易于传播和接受的魅力。

有些敏感的政治话题在尚未明朗的时候，在政治语言中须发挥双关、委婉和模糊等修辞手法进行掩饰，或使之产生“欲盖弥彰”的效果，并为腾挪进退留有余地。在2014年中共中央政治局原常委周永康尚未事发而又呼之欲出之时，新闻媒体和民间政治舆论普遍以台湾名牌方便面“康师傅”之名双关影射周永康，一时之间“康师傅”从一种流行的食品商标名，通过“言在此而意在彼”的双关，转变成一个“可意会不可言传”的政治符号，广泛流行于中国的政治语域。与此相关的是，在2014年3月4日全国政协十二届二次会议上，新闻发言人吕新华在回答记者有关周永康传闻的提问时说：“我们所说的不论是什么人不论其职位有多高，只要是触犯了党纪国法，都要受到严肃的追查和严厉的惩处，绝不是一句空话。我只能回答成这样了。”在说完上述“官话”后，吕新华脸带微笑即兴来了一句流行语“你懂的!”这个乍一听来让人不清不楚的词“你懂的”，却引起了全场的笑声与掌声，它意味深长，话藏玄机，让人心领神会，心照不宣，是政治家运用模糊、委婉修辞浑然天成的妙语。“康师傅”和“你懂的”因此成为美国“quartz”新闻网站“美媒盘点中国2014年网络热词”6个中的两个。[①]

围绕政治语言“说服”受众的政治目的，除了运用准确的术语、周密的概念、严谨的逻辑推理及庄重规范的语言之外，有时在特定的场合，适当改变书面政论语体，运用口头普通的俗语、流行语，其作用可能胜过冠冕堂皇的千言万语，获得受众心理上的认同，拉近与受体的距离。例如，2014年12月31日，中国国家主席习近平通过中国国际广播电台、中国中央人民广播电台、中国中央电视台发表2015新年贺词说：“为了做好这些工作，我们的各级干部也是蛮拼的。当然，没有人民支持，这些工作是难以做好的，我要为我们伟大的人民点赞。”这段话通过使用“蛮拼的”、“点赞”等高度大众化的网络词语，与习近平前一年吃庆丰包子的行为有异曲同工之妙[②]，表达的是一种“亲民”、“接地气”的政治姿态，既生动，又时髦、贴切，是非常适合特定语境的政治性修辞。“蛮拼的”也因之一夜走红，迅速流行成为网络热词。

在政治领域有一种较为另类的语言——外交语言。外交是一国政治对外的延伸，外交语言在国与国之间的政治关系中尤为重要，稍有不慎就会引起过度解读，引发外交纠纷，所以出言须格外谨慎。外交语言较多地使用委婉、模糊、双

① 另外4个为“习大大、小苹果、OPEC蓝、自干五”。

② 2013年12月28日中午，习近平一行到北京月坛庆丰包子铺吃包子，产生了极大的政治反响。

关、省略、闪避等修辞手法，致使许多外交用语具有特定的政治含义，大多不能从字面上理解，所以有人戏称其为“外交黑话”。下面是网络上流传的一则“外交黑话”段子及其表达的实际意义，大致也能看出外交语言的特点：

> “亲切友好的交谈”——字面意思；“坦率的交谈”——分歧很大，无法沟通；“交换了意见”——各说各的，没有达成协议；“充分交换了意见”——吵得厉害，无法达成协议；“增进了双方的了解”——双方分歧很大；“会谈是有益的”——双方目标相距甚远，能坐下来谈就很好；“持保留态度”——拒绝同意；“尊重”——不完全同意；“遗憾”——不满；“不愉快”——激烈的冲突；“表示极大的愤慨”——拿你没办法，只能生气；“严重关切”——可能要干预；“不能置之不理”——即将干涉；“保留作出进一步反应的权利”——我们将报复；“拭目以待”——最后警告；“由此引起的后果将由……负责”——可能诉诸武力；“悬崖勒马”——想挨揍么？“这是万万不能容忍的”——战争在即；“是可忍孰不可忍”——不打算忍了，要动手了；“勿谓言之不预也”——准备棺材吧！

从上面的对比来看，外交语言语气更为柔和，语义大为弱化，更多使用委婉修辞手法，比一般表达要文雅、婉转、含蓄、隐晦，更注意交际礼仪和风度。外交和战争是国际政治关系的两极，外交以礼，战争以兵，所谓文武之道，一张一弛，所以外交语言总是修饰得彬彬有礼，以柔示人，字面的意义普遍比实际要表达的意义弱化得多。

三、政治中的语言

（一）革命时期的语言暴力

“暴力革命学说”是马克思主义理论的一个重要组成部分。马克思在《资本论》中说：“暴力是每一个孕育着新社会的旧社会的助产婆。”[①] 毛泽东在《湖南农民运动考察报告》中更明确地指出：“革命不是请客吃饭，不是做文章，不是绘画绣花，不能那样雅致，那样从容不迫，文质彬彬，那样温良恭俭让。革命是暴动，是一个阶级推翻一个阶级的暴烈的行动。”[②] 在暴力革命时期，语言也同样呈现出暴力的形式，对革命起到推波助澜的作用。语言暴力呈现的程度视革命的强弱而有轻重，但是大凡革命时期都会发生不同程度的语言暴力。我们以西方的法国大革命和中国的“文化大革命”为例，观察分析革命时

---

① 《马克思恩格斯全集》第23卷，北京：人民出版社，1972：819。

② 《毛泽东选集》第1卷，北京：人民出版社，1991：17。

期的语言暴力。

法国大革命是1789年在法国爆发的新兴资产阶级推翻君主专制政体的暴力革命。革命结束了法国1000多年的封建统治，撼动了整个欧洲大陆的封建秩序，是世界近代史上一次规模最大、范围最广的资产阶级革命。在这样一场改朝换代的大革命和激烈的阶级斗争中，尤其是在1789—1794年，法国的语言发生了魔术般的巨大变化。拉法格在1894年发表的《革命前后的法国语言》一文中，以丰富的材料描述了法国暴力革命时期词汇的剧烈变化，对法国革命时期的语言暴力有非常典型的描述。

“语言是一种摧毁性的武器。”（拉法格，1964：54）当法国大革命爆发后，如火如荼的阶级斗争要求斗争的双方要用富有煽动性的词语去点燃群众战斗的激情，于是他们创造了许多夸张的、放肆的，有意渲染血与火，赤裸裸地鼓吹愤怒和憎恨，无情地描绘痛苦与绝望的词语和表达方式。法国的贵族们为了战胜新兴的资产阶级，争取平民阶级，毫不客气地放弃了他们惯用的、优雅典丽的宫廷贵族语言，而直接采用了巴黎菜市上大娘们的粗俗语言，率先用“从污水沟里拾起来的语言”作为斗争的武器，像巨棍一样砸向对手。新兴的资产阶级也毫不示弱，同样采用低俗的平民语言作为反击贵族进攻的武器。在“像冰雹似地倾泻下来”的日报、小册子、单行本、活页本上，斗争的双方都乞助于刺激性的、夸张的、滑稽的、世俗的、秽亵的、可怕的标题和词句来吸引读者的眼球，如“魔鬼的最后嗥叫”，“管他娘”，“自由，自由，去你的”，“如果我错了，你们把我绞死就是！”“杜歇老娘爱国的b…字信札”，“F…的衣服”[①]等，大批野蛮、粗鄙、激烈的词语猛烈地冲击着旧法语“雅致的铁箍”。试看当时《杜歇老爹报》[②]上资产阶级攻击宫廷贵族、王后玛丽·安托瓦奈持（Marie Antoinette，1755—1793）的一段话：“这只奥地利母大虫到处被人们看作法国最无耻的婊子。人们公开指责她在烂泥中和仆人滚在一起，很难指明创造了那些出自她那皱褶重重的肚子的畸形、驼背、患坏疽病的早产儿的是哪一位粗汉。”（朱学勤，2005：156）

这些触目惊心的描写，创造性的字眼，拉伯雷[③]式的熟语，鼓胀发烫的句子，它们是如此丰富、生动、流畅，富于感情、形象鲜明，风格直率粗犷，充满了攻击性和杀伤力。如此“雄赳赳”的革命用语，“下流之人的语言之花”，用梅希叶的话说，“足以使君主时代的语言永远吓得面无血色”（拉法格，

---

① “b…”是法语bougred的略写，“F…”是法语foutye的略写，两者都是粗俗的口头谩骂语。

② 一种革命报纸，以态度激烈、语言尖刻而出名。

③ 拉伯雷（Francois Rabelais，1493—1553），文艺复兴时期法国最杰出的人文主义作家之一，其语言以诙谐、幽默、犀利、通俗而著称。

1964：8）。以前被贵族鄙视、与矫揉造作的贵族语言截然对立的平民语言，在革命中获得了异乎寻常的力量，犹如暴风雨涤荡着大革命时期的法国政坛。由于斗争的需要，平民语言的地位陡然上升，而且逐渐从政治生活扩大到文学领域，终于整个地改变了法国文学语言的本来面貌。拉法格（1964：8）说：在这种具有浓烈的生活气息的新的文学语言中，“那侵入语言的单词和表达方式是这样多，以至如果让路易十四的廷臣读这时的报纸和小册子，必须翻译给他们听，他们才能懂”。拉法格（1964：54）引用梅希叶的话说：“为了更好推翻事物，人们先推翻了语言。”

在政治斗争的烈火稍一平息、资产阶级掌握了政权之后，掌权者却立刻忘恩负义地对革命后的语言发起了一场清洗运动，对革命时期羼入法语词汇中的无数新词表示极大的憎恶，指责这些土里土气、不可原谅、胆大妄为、“罪大恶极的杜撰新词”、“朝生暮死的野蛮或下流的词”，进行疯狂的排斥。拉法格（1964：41-42）说：“人们组织起来驱除某些词和词组，这并不是文人们的一种天真的消遣，而是一件政治工作；人们致力于在语言以及在哲学、宗教、风俗中消灭革命的任何痕迹；这些痕迹像恶梦一般地纠缠着曾经为它发抖的人。”由此可见，革命时期的暴力语言只能作为一时政治斗争的工具，而不能成为语言的常态。当革命的狂飙过去之后，语言仍要回归到它正常的轨道。不过，法国大革命后的语言仍不可能完全恢复革命前的面目，革命给法国语言仍然烙下了深深的印记。

任何国家的语言都会受到政治运动的深刻影响。西方的文艺复兴运动使古老的拉丁语退出了历史舞台，法国大革命使矫揉造作的贵族语言风光不再，“五四”新文化运动终结了延续几千年的文言文。这都说明在社会发生急剧变化的动荡时期一定会伴随着大的语言变化，而在社会相对平稳的历史时期语言则将相对稳定。所以暴力革命必然导致暴力的语言，语言暴力是政治暴力的充分体现。语言学家帕默尔（1983：83）对此有深刻的认识，他说：“语言不但用于传达信息，而且用于影响行为，传达命令，引起惊奇、愤怒和恐惧”，革命家和政治家“无一不是天生的修辞家，为了达到激发情绪的目的，他会选择色彩最浓的、充满感情内容的词语。……特别在政治上，鼓动群众的情绪比诉诸说理更为见效，因而这种手法是最常见的”，“在各种言语里，特别是在粗俗语中，我们可以看到人们如何拼命追求言语效果。……这些词许多已经从街头巷尾进入了客厅，成为普通使用的语言的一部分，甚至把它们的对手即高雅的词排挤掉”。用帕默尔的话来解释革命、政治与语言的关系，解释政治运动和革命时期的语言变异，是符合实际、言之有理的。

（二）国际政治生活中的语言

语言既是交际工具，也是民族和国家的象征和文化基础，是国家实力的重要组成部分。一国的国语或官方语言是国家主权、尊严、地位和利益的体现，其兴衰强弱是国家兴亡盛衰的象征。在现代全球化、信息化时代，语言的潜力和能量更加充分地发挥出来，语言成为各国政治软实力较量的核心棋子，在国际政治中显现出前所未有的重要性。我们试从两个方面予以阐述。

1. 语言对外推广中的政治因素

在历史上，语言的扩张凭借一种主要的动力：语言使用者的政治力量——尤其是军事力量。语言的扩张跟战争同样古老，在战争中征服者把自己的语言强加给被征服者。是征服欧洲的古罗马军团把拉丁语扩散到全欧洲，是欧洲葡萄牙、西班牙、荷兰、法国、英国、俄国等殖民国家的军队将殖民者的语言扩散到全世界各殖民地。在现代，“文明的冲突”取代了战争，语言的扩张也转变为一种“文明”的形式——语言对外教学推广。

在现代全球一体化环境中，国家之间的语言较量越加激烈，对外推广自己国家的语言是当今世界一些大国、强国实行的重要语言战略。很多国家都建立了官方、半官方或民间的非营利性组织机构，向国际推广本国语言，通过语言的推广，提升国家的地位和国际形象，加强国家的竞争力和影响力，传播自己的思想意识和价值观念，加深国外民众对本国文化的了解。

在欧洲，法国是最早设立对外语言传播机构的国家。法国早在1883年就设立了半官方组织“法国文化协会”（在中国叫作“法语联盟”），对外传播法国语言和文化。2010年，法国政府又将世界各地的法国公立语言文化类教育机构，包括143个法国文化中心、300个法语联盟和460个驻外使馆下设的教育及文化服务机构，置于外交部管辖之下，整合重组为“法语学院”，以应对中国孔子学院和西班牙塞万提斯学院“海外扩张”的压力，提升法国的软实力，打造和平、人权、民主等法国价值观的传播基地。意大利在1893年成立了官方机构“但丁协会”，旨在通过对外意大利语言和文化的教学，保护意大利语言文化，并将之传播到世界各地。英国的对外英语推广主要通过“英国文化协会”进行。该委员会成立于1934年，旨在通过对外英语教学，增进外国国民对英国文化的了解，通过推广英语达到增强国际影响力、谋取国家利益最大化的目的。在德国，1951年建立的“歌德学院”，主要工作是在世界范围内促进德语教学和国际文化合作，分支机构多达144个，遍布78个国家和地区。在俄罗斯，1967年建立了“国立普希金俄语学院”，从事对外俄语教学与科研工作；2007年6月，总统普京授权成立“俄罗斯世界基金会”，目的是在国内外支持、推广“国家的宝贵财富、世界文化的重要组成元素”——俄罗斯语言；2013 年 11 月，总理梅德韦杰夫签署命令，成立俄联邦政府下属的俄语理事会，以推动俄语在境内外的传播。在西班牙，1991 年创办了“塞万提斯学院”，目标是支持、促进西班牙语言和文化的对外传播。此外，还有葡萄牙的贾梅士学院、波兰的密茨凯维奇学院、土耳其的尤努斯·埃姆雷学院、瑞士的文化基金会，都担负有对外传播本国语言和文化、为国家形象发声的神圣使命。

在亚洲，对语言国际推广意义的认识落后于欧洲，但目前已积极行动起来，有的国家甚至后来居上。日本于 1972 年设立了“日本国际交流基金会”，它是外务省管辖的官方机构，下设附属机构“日语国际中心”，其任务是推广、援助海外的日语教学。中国的孔子学院是 2004 年为对外推广汉语和传播中国文化而设立的机构，至今已在全球 120 多个国家合作开办了 400 多所孔子学院和 700 多个孔子课堂，成为汉语教学推广和中国文化传播的全球品牌和平台。韩国在 2007 年成立的“世宗学堂”，是韩国官方推广其语言和文化的海外培训机构，定位相当于法国的法国文化协会、德国的歌德学院和中国的孔子学院。

2. 国际政治中的语言斗争

语言问题除引发国内政治斗争外，还常常引发国际政治斗争。这种斗争在国家分裂后的政治斗争中表现得尤为明显。苏联解体后俄国与其他原加盟国之间的语言斗争就是有代表性的例子。

苏联由 15 个加盟共和国组成，各加盟共和国都处于俄罗斯的传统势力范围，俄语是苏联几乎所有加盟国的官方语言。1991 年苏联分裂成 15 个独立国家后，作为独立的象征，这些除俄罗斯之外的国家都立法确定本民族语言为官方语言，取消俄语官方语言的地位，出台各种措施限制俄语在本国的存在和发展，实行语言上的“去俄罗斯化”，从而引发了与俄罗斯的政治矛盾、武装冲突甚至战争，典型的如乌克兰。

乌克兰历史上曾深受俄罗斯化的影响。1991 年独立后，作为对长期俄罗斯化的反动，乌克兰在语言政策上采取“乌克兰化”、“去俄语化”，在宪法和语言法中明确将乌克兰语作为官方语言，而将俄语降格为族际交流语言、少数民族语言。俄语在政治领域和教育体系中迅速被乌克兰语取代。在 2004 年前后乌克兰的“橙色革命”中，“去俄语化”更趋向于激进，政治上亲西方的尤先科总统急于“脱俄入欧”，上台不到四年就出台了 70 多项限制俄语使用的法令。激进的“去俄语化”语言政策赢得了西部乌克兰语民众的支持，但遭到了东部克里米亚地区俄罗斯语民众的反对，撕裂了东、西部两个语言社区，引发了东、西部民众的对立，也导致乌克兰、俄罗斯两国的关系极度紧张。2010

年，亲俄罗斯的亚努科维奇当选总统后，调整了尤先科时期的语言政策，实施了一系列提升俄语地位，密切乌克兰、俄罗斯关系的政策，赢得了东部俄语民众的支持，但激起了西部乌克兰语民众的极大不满，从而引发了2013年11月以来的持续动荡，导致了总统亚努科维奇下台、克里米亚公投入俄、顿涅茨克地区爆发武装冲突。旷日持久的语言政治斗争构成了乌克兰国内和俄罗斯、乌克兰国际政治生活的一部分，演变成一个突出、严重的国际问题。俄罗斯联邦政府公开支持并保护原加盟国的所有俄语群体，包括俄罗斯族以外的其他俄语使用者。为此俄罗斯不惜以军事介入乌克兰以保护克里米亚的俄语居民。2014年6月俄罗斯总统普京在一次新闻发布会上公开表示："俄罗斯将保护乌克兰的俄罗斯族，以及对俄罗斯语言文化有深厚感情的乌克兰人"，对目前乌克兰局势"不仅会密切关注，还将做出相应的反应"。乌克兰因语言而引起国家的分裂，背后是俄罗斯与欧盟和北约争夺势力范围的斗争，是俄罗斯与西方两大政治阵营的博弈。

俄罗斯把独立国家的俄罗斯族人看作自己的海外侨胞，宣称有权利保护海外俄语居民。亲俄的海外俄语居民是与俄罗斯文化联系紧密的群体，是帝国民族的"碎片"和政治遗产，也是俄罗斯地区战略的重要依托。俄语在独立国家的命运直接影响到了独立国家与俄罗斯的关系。除乌克兰外，俄罗斯经常谴责拉脱维亚利用语言为"政治武器"歧视俄语居民，拉脱维亚则对强势邻国俄罗斯心存戒备，认为俄罗斯干涉其内政。俄罗斯新闻社社长基赛尔约夫在一次对亚美尼亚的访问中，直陈亚美尼亚俄语地位的下降将影响亚美尼亚的国家安全。在中亚国家如乌兹别克斯坦、吉尔吉斯斯坦、塔吉克斯坦、土库曼斯坦、哈萨克斯坦，语言政策具有浓厚的政治色彩，"去俄罗斯化"和"泛突厥化"是其语言发展的两条主线，俄语在中亚国家的地位问题成为影响中亚国家与俄罗斯关系的重要因素。

国内的语言问题还常常成为历史上曾经发生过节的国家或者敌对国家之间的斗争工具。2009年6月，斯洛伐克国会通过的《国家语言法修正案》规定，在匈牙利族人口不足20%的居民区，公共机构雇员不得使用匈牙利语，违反者将课以罚款。匈牙利总理戈登旋即于次日表示，《国家语言法修正案》损害了斯洛伐克的匈牙利族人的利益，损害了匈牙利、斯洛伐克两国的关系。匈牙利国会致函斯洛伐克国会，要求该国收回《修正案》中的歧视性条款。而斯洛伐克总理菲佐对此断然回绝。争执导致匈牙利、斯洛伐克两国关系紧张。由于历史上斯洛伐克曾长期受奥匈帝国的统治，斯洛伐克的《国家语言法修正案》的制定似含有"君子报仇"的因素在内。历史上波兰曾经统治立陶宛长达几个世纪。2010年11月，居住在立陶宛的25万波兰人被禁止用波兰语拼写自己的姓名和街道名称。政治分析家认为，立陶宛禁用波兰语是对曾被波兰统治数个世纪的报复。2011 年以来，以色列一直试图推出一项法案，废除阿拉伯语作为官方语言之一的地位。1922 年英属巴勒斯坦托管地当局法律规定希伯来语、阿拉伯语、英语同为官方语言。1948 年犹太复国主义者已废除英语作为官方语言。现在又要取消阿拉伯语的现有地位，挑战占以色列人口 20%的 125 万巴勒斯坦人的语言感情，加深了与巴勒斯坦的矛盾，是以色列以巴勒斯坦和阿拉伯世界为敌的国际政治斗争的语言表现方式。

(三) 国家安全战略中的语言

国家安全是国家生存的保障。传统的国家安全概念包括国防安全和政治安全。随着社会的发展和国际政治斗争形势的变化，国家安全也从传统的领土和主权空间拓展到更为广泛的国家利益空间，将经济安全、信息安全、文化安全等纳入国家安全体系。而语言安全是文化安全的核心部分，与信息安全也有密切关系。

把语言提升到国家安全战略的高度来认识，是现代国家尤其是 21 世纪以来的政治新思维。我们主要从两个方面讨论国家安全战略中的语言：一是语言领域的安全，即巩固、提升语言的国际国内地位，构筑本国语言的安全屏障，不受外来语言的侵略、颠覆；二是安全领域的语言，即掌握影响国家安全的"关键外语"（critical foreign languages)，以及时掌握威胁国家安全的情报、信息。

1. 语言领域的安全

语言的渗透、入侵、霸权是影响和危害国家安全的因素。大国霸权主义利用自己的政治、经济、军事、科技、文化等方面的优势，推行、强化其语言在世界的霸主地位，反过来又利用语言优势来扩大其政治等方面的利益，强化自己的安全，由此对其他国家和民族语言文化的生存发展，以及国家利益和安全造成威胁和危害。因此，在国家安全保障中，语言具有独特的地位和作用。

受全球化和信息化的影响，英语正成为独步天下的全球性语言，也像一种外来强势物种侵蚀和吞噬着其他语言，对非英语国家、民族的语言文化形成了安全威胁。面对英语的"入侵"，许多国家正构筑本国语言安全的防线，其中最有代表性的，是失去了昔日荣光的大国——法国和俄罗斯。

众所周知，法国人的语言意识非常强烈。自 1789 年法国大革命以后，法国逐渐成为殖民强国，法语也随之成为国际通用语。20 世纪后，英国、美国崛起，英语超越法语而称霸全球，法语的地位不断衰落。因此，法国人视英语为法语的"天敌"，不遗余力阻止英语对传统法语势力范围的"入侵"，竭力维护法语的国际地位。1994 年法国颁布了著名的《法语使用法》（又称《杜蓬法》)，规定在法国的消费市场、职业场所、教育领域、新闻出版、标语广告、音像通信、学术会议和各种大会上，法语是必备的语言。明确规定每年 9 月 15 日前，政府须向议会汇报《法语使用法》的执行情况。法国文化部法语与法国语言司从 1994 年 10 月开始，每年向议会提交《法语使用报告》，汇报前一年的法语使用状况。《法语使用法》实施 20 年来，为抵制英语“入侵”发挥了十分明显的作用。

法国前总统希拉克（Jacques René Chirac，1932—　）是法国政界奉行“法语至上”的典型。在公开的政治场合，希拉克时刻不忘维护法语的地位。一个典型的例子是，在 2006 年欧盟峰会期间，为抗议法国雇主协会前主席、欧洲工业和雇主联合会主席塞埃在会议发言时使用英语而非法语，与会的法国总统希拉克竟带领同僚愤而离席，等塞埃发言完毕才重回会场。法语曾是欧盟第一大工作语言，但是现在英语的地位远在法语之上。希拉克以其惊人之举显示法国政府对于法语毫不含糊的固守。

在国际关系中，法国提出和奉行的“文化例外”主张与法国对法语的保护有说明关系。在 20 世纪末法国密特朗（Francois Mitterrand，1916—1996）总统时代提出的“文化例外”，是一项保护一国文化不被其他文化侵袭的主张。“文化例外”针对美国的“文化霸权”，提倡各国加强文化保护，维护文化主权，提高文化安全意识，确保国家文化安全。这一主张发展为后来“文化多样性”的理念。在法国总统希拉克的推动下，2001 年联合国教科文组织第三十一次大会发表了《世界文化多样性宣言》。2003 年在联合国教科文组织第三十二次大会上，法国和加拿大共同提案，要求通过一份有约束力的《保护文化多样性国际公约》。2005 年，联合国教科文组织第三十三次大会高票通过《文化多样性公约》[①]，为与美国“文化霸权”的博弈提供了新的利器。语言多样性是文化多样性的基本要素，文化例外和文化多样性包含了语言例外和语言多样性。应该说，法国一脉相承的语言和文化保护理念，有效地遏制了语言和文化霸权主义，为人类语言和文化的生存发展作出了极大的贡献。

与法国和法语具有类似命运的还有俄国和俄语。从沙俄帝国时代到苏维埃联盟的 270 年间，俄语曾经随着国力的增强而跃居为世界第二大语言。在 20 世纪，俄语是绝大部分加盟共和国的国语或官方语言、华沙条约成员国第一外语教学语言，是社会主义国家的语言政治符号。然而，随着 1989 年东欧剧变和 1991 年苏联解体，俄语在东欧大部和几乎整个中、北亚地区一语独大的状况发生了剧烈的逆转。据专家评估，全世界约有 2 亿 5500 万人讲俄语，其中

---

① 参与投票的 154 个国家和地区，有 148 个投了赞成票，只有美国和以色列投了反对票。

1 亿 4000 万在俄罗斯境内；近 20 年来，世界上说俄语的人数减少了 1 亿 2000 万——任何一种语言的衰减速度都无法与之相比。在独联体国家，俄语作为国语或官方语言的地位几乎全部“沦陷”，甚至沦落为一门不受关注的外语。原东欧社会主义国家也在“脱俄入欧”的地缘政治转向中将俄语拒之门外。俄罗斯面临着空前严重的语言安全问题。

从某种角度讲，俄语的兴衰与俄罗斯的国内外战略利益休戚相关。俄语的安全问题已成为俄罗斯领导人最关注的国家安全问题之一，俄罗斯政府已开始从战略高度审视俄语的地位，开展“俄语保卫战”。俄罗斯政治家认为，俄罗斯有必要为俄语提供“特殊保护”，加强“发展俄语”战略的实施力度。针对 20 世纪 90 年代大量美国英语进入俄语，俄罗斯科学院开展驱逐美国英语或使其符合俄语书写和形态规范的工作。1993 年莫斯科市长签发命令，规定从 1993 年 4 月 1 日起，莫斯科一切公司、企业和其他组织所挂的牌子、在公共场所张贴的告示等，凡使用罗马字母的必须改为俄文字母。1995 年 12 月 7 日，叶利钦总统发布了《关于俄罗斯联邦总统直属俄语委员会》的指令。2000 年年底，外交部部属外交学院举行“把俄语扩展为一种世界语言来运用”的高层会议，强调俄语问题是俄罗斯国家安全的大问题。在 2001 年 5 月 23 日举办的“俄国语言文化节”当天，普京签署总统令，严厉禁止媒体语言夹杂外来语，要求确保俄语作为国语的最重要地位。2007 年，总统普京签署命令成立“俄语世界基金会”，支持境外尤其是独联体国家的俄语研究。2011 年 6 月 6 日，梅德韦杰夫总统签署命令，将每年的 6 月 6 日，即俄罗斯诗人普希金的生日确定为俄语日，以保护、支持俄语的发展，扩大俄语的传播范围和使用平台。普京总统 2014 年 6 月下令成立“总统俄语委员会”。为拯救地位迅速下滑的俄语，促进俄语的发展，俄罗斯政府可说是用尽了各种政治手段。

俄语的安全危机主要源自苏联的解体，苏联的解体又在一定程度上源自各加盟国语言的独立。早在 1948 年，最先提出对社会主义国家采取“和平演变”战略的美国国会议员、后来的国务卿杜勒斯（John Foster Dulles，1888—1959）就说：“摧毁苏联，不需要原子弹，只需要暗示其各民族说，他们没有俄语照样能行，于是经济的、文化的和其他各种联系就会遭到破坏，苏联这个国家也将不复存在。”（关健斌，2009）43 年后杜勒斯的预言不幸而言中。苏联 15 个加盟国中，就有 12 个是按照杜勒斯指示的方式，通过立法将本民族语言作为国语之后实现国家独立的，独立后又立宪重申本民族语言为国语以巩固国体。苏联解体的惨痛教训告诉我们，语言是和平演变的有效利用工具，是不同政治体制博弈的战略武器，是国家安全战略中不可忽视的重要组成部分。

2. 安全领域的语言

从安全领域的角度来看待语言，是一种立足于本国安全而对别国语言价值的认识方式。最早把别国语言纳入本国安全战略中考量的国家是美国。2001 年发生的“9·11”事件，在中东的恐怖主义分子发起攻击前，由于语言障碍，美国无法及时破译已经获得的情报，以致毫无准备而遭到攻击。“9·11”的教训使美国意识到了来自语言能力不足带来的威胁和挑战，认识到了外语教育与国防的密切关系，开始进行国家语言战略的转向，将外语教育上升到国家安全战略层次，接连制定和实施了一系列旨在维护国家安全的国防语言政策和项目。2003 年，美国众议院霍尔特（Roger Holt）等 34 名议员向国会提交“国家安全语言法案”时指出，“如果我们不能致力于学习世界各关键地区的语言与文化，我们将无法捍卫国家的安全。在这个问题上不作为不仅是不负责任的，而且是危险的”（王淳，2010）。次年 6 月，美国国防部召开“全国语言大会”，会后于 2015 年 1 月发布了《国家外语能力行动倡议》白皮书，声称美国在“9·11”事件中所面临的“外语战略危机”丝毫不亚于“空间战略危机”，号召美国公民学习国家需要的“关键语言”，改善国家的外语能力，确保美国的国家安全。

2006 年 1 月，美国国务院、国防部、教育部联合召开“美国大学校长国际教育峰会”，美国总统、国务卿、国防部长、国家情报局局长、参议院外交关系委员会主席，以及来自全美国的 120 多位大学校长参加了会议。在会上，总统布什正式提出“国家安全语言计划”，启动了语言问题安全化程序。在该计划中，美国政府鼓励美国公民学习国家急需的阿拉伯语、汉语、俄语、印地语和波斯语等涉及美国国家安全的“关键语言”，拨款资助以“国家安全利益”为目标的一系列语言项目，以保证美国及其国民在国际竞争中处于有利的竞争地位，保证美国的民主自由政策在国际上广泛传播。

“国家安全语言计划”是美国国家安全战略的重要组成部分，是美国 21 世纪语言战略形成的标志。这一战略着眼于未来的全球化竞争，把语言作为实现其全球化战略目标的重要战略武器，目标是维护美国的国家安全，维护美国在全球的经济利益，向世界传播美国的意识形态。“关键语言”战略的目的性非常明确：一方面，着眼于提高信息情报机构的信息收集和分析能力，主动出击，打击恐怖主义、极端宗教势力及美国所谓的“无赖国家”，这就需要大量通晓阿拉伯语、波斯语、普什图语等“关键语言”的人才；另一方面，中国、俄罗斯、印度等大国综合国力显著提升，成为挑战美国全球霸权的竞争对手，为应对这种“威胁”，也需要大量汉语、俄语、印地语等“关键语言”的人才。

除美国外，2002 年 12 月英国政府推出了“全民学语言，终身学语言——英国国家语言战略”，明确提出了“国家语言战略”（national languages strategy）这一术语，一改“独尊英语”的常态，把外语教育放到了国家战略的地位，体现了新时期英国维护和拓展国家利益的语言发展走向和战略意图。加拿大、南非等国也相继推出他们的国家语言战略。

美国为实现其长远战略赋予语言“战略使命”，反映了美国维护全球霸权的国家意向和浓厚“冷战”色彩的战略思考。这对世界各国，特别是对那些“关键语言”区域形成了极大挑战。汉语“有幸”被列为“关键语言”第二位，表明中国是美国格外关注的对象。这种“师夷之技以制夷”的语言战略对我国的国家安全带来了潜在威胁。为了应对这种“被关注”的威胁，国家应积极采取措施，尽快建立我国的语言安全战略，以保证国家语言文字的主导地位不受侵害，国家和民族文化安全不受外来文化的侵蚀，国家空间安全不因语言情报信息的障碍而受到威胁，国家政治安全不因外来意识形态的渗透而受到威胁。

第二节 “政治上正确”的语言

一、古代的“正名”与政治

中国先秦时期关于“名”与“实”的哲学讨论，包含着语言与政治的丰富内容。孔子针对春秋时期礼崩乐坏、贵贱无序等各种“名实相怨”的社会现象，站在维护奴隶主贵族宗法等级制度的政治立场，首先提出了“正名”的主张。孔子的“正名”，其实就是赋予了语言以政治功能，主张语言概念——包括词和政治术语的“政治上正确”，通过“正名”树立儒家的政治伦理。在《论语·子路篇》中记载，子路问孔子“卫君待子而为政，子将奚先?”孔子的回答是“必也正名乎!”子路对孔子的回答很不理解：“有是哉?子之迂也，奚其正?”孔子则指斥子路说：“野哉！由也。君子于其所不知，盖缺如也。”然后由微及著，阐述了语言的“名”与政治的密切关系：“名不正，则言不顺；言不顺，则事不成；事不成，则礼乐不兴；礼乐不兴，则刑罚不中；刑罚不中，则民无所措手足。故君子名之必可言也，言之必可行也。君子于其言，无所苟而已矣。”孔子所谓的“名”，从逻辑学的角度看来就是概念，从语言学的角度看来就是名词和术语，从政治学的角度看来就是代表政治权力和社会伦理关系的名称。而“言”则是语言表达所体现的政治伦理和社会秩序。在孔子看来，语言概念、语言表达跟执政者的“为政”息息相关，词语之“微言”往往关乎国家政治的“大义”。语言概念不正确，语言表达就不顺，就会事不成、礼乐不兴、刑罚不中，导致社会手足无措、政治混乱的严重后果，是不可苟且随便的大事。因此，治天下的要务首先在“正名”，名正言顺了，国家就会由乱而治。学者认为，“在历史上孔子第一个提出了语言对政治的重要性。也就是说，孔子作为一个政治家注意到了名之不确定性、暧昧性、随意性对政治会带来的影响，看到了语言在无法准确表意、或为人无法准确接受时会出现的政治后果，意识到了‘名’作为明确是非、建立标准之手段对社会政治所能产生的巨大作用”（曹峰，2009）。

先秦儒家的最后代表人物荀子继孔子之后专门撰《正名》一篇。《荀子·正名》是中国历史上第一篇语言哲学名著，在其涉及的大量语言理论问题中，也专门讨论了语言与政治的关系。荀子进一步发挥孔子的“正名”说，把“制名”和“顺言”作为王者治国的根本方略。荀子说：“王者之制名，名定而实辨，道行而志通，则慎率民而一焉。”如果名正而言顺了，就会“明贵贱，辨同异”，就会“其民悫；悫则易使，易使则公，……壹于道法，而谨于循令矣。如是则其迹长矣。迹长功成，治之极也”。反之，如果“名守慢，奇辞起，名实乱，是非之形不明，则虽守法之吏，诵数之儒，亦皆乱也”。所以，荀子认为“正其名，当其辞”，是“王业之始”，治国之“枢要”，故“不可不察也”。荀子作为先秦时期具有较高语言理论素养的思想家，其《正名》篇从语言的角度，基于政治的立场，阐述了语言对政治的制约和影响，将名、言的顺逆与国家的治乱联系起来，认为语言的通达可以保障政令的畅通，具有治世的作用，可谓中国最早的“政治语言学”。

不独儒家，其他诸子各家如公孙龙、惠施、管仲、墨翟、尸子、尹文子、韩非、商鞅、吕不韦，以及马王堆帛书《黄帝四经》都讨论了“正名”和“名实”与国家政治的关系。《管子·九守》论述了执政者应当遵循的九项原则，其一即为“督名”：“修名而督实，按实而定名。名实相生，反相为情。名实当则治，不当则乱。”《管子·心术》进一步指出：“有名则治，无名则乱，乱之在名。”将“正名”和“名实相当”与国家政治的稳定直接联系起来。《韩非子·扬权》指出：“用一之道，以名为首。名正物定，名倚物徙。”认为专一的政治，要把确定名称放在首位。名正事物就能确定，名不正事物就游移不定。“形名参同”是君主“执一以静”的政治权术。君王想要建立“事在四方，要在中央。圣人执要，四方来效”的封建中央集权政治，首要的就是“正名”，这是中央集权政治的重要手段和首要原则，是统治者掌握刑名法术的基本条件和思想基础。可以说，在韩非的哲学视域中，语言学完全融入了政治学之中。在《尹文子·大道》中，同样认为治国的原则、要害首先在于纠正有偏差的名分：“大要在乎先正名分，使不相侵杂”，政治的得失在于名分的察混：“失者，由名分混；得者，由名分察。”甚至将“名”与“仁义礼乐”等政治纲常并列为治理国家的八种手段："仁、义、礼、乐、名、法、刑、赏，凡此八者，五帝、三王治世之术也。故仁以道之，义以宜之，礼以行之，乐以和之，名以正之，法以齐之，刑以威之，赏以劝之。……用得其道，则天下治；用失其道，则天下乱。"而战国晚期的《吕氏春秋》，也专辟《正名》篇，在正名上"兼儒墨，合名法"，将"名"的政治作用提升到无以复加的地步。《吕氏春秋》的《正名》、《审分》两篇集中深入地讨论了语言与政治的关系，继承先秦儒家"正名"以"正政"的政治逻辑，把语言秩序提升到政治秩序的高度，认为执政者"至治之务，在于正名"，"名正则治，名丧则乱。使名丧者，淫说也。说淫，则可不可，然不然，是不是而非不非"，强调了语言对于政治的巨大影响，所谓"正名"，用今天的话说就是"政治上正确"的言论，相反，"政治上不正确"的言论则称为"淫说"，"淫说"就会造成政治之"乱"。"凡乱者，刑名不当也"，而一旦刑名不当，则"贤不肖，善邪辟，可悖逆。国不乱，身不危，奚待也?"指出名不正、言不顺必造成身危国乱的政局。反之，"正名审分，是治之辔已"，必导致天下大治。桓公之霸，就是因为"管仲之辨名审实也"。其他如公孙龙的"正名实而化天下"(《公孙龙子·迹府》)，墨翟的正名以"明是非之分，审治乱之纪"（《墨经·小取》)，无不将正名、顺言视为政治清明的纲纪。

由此可见，中国古代对于"名言"、"形名"、"审分"的认识论直接和社会的伦理规范和政治法则相结合，思维的形式和认识规律也受制于伦理规范和政治法则。社会政治和伦理需要语言表述，语言的合理运用又需要概念、定义、判断等逻辑手段。所以，先秦的逻辑学、语言学都染上了政治的色彩，正名是为了顺言，顺言是为了兴礼乐、中刑罚，最终达到政治的稳定和顺畅。这些都属于"政治语言学"的范围。朱立元（1994）说："先秦的思想家大都把语言与政治紧紧地联系在一起，把名实之关系放在国家政治的背景下来考虑。发现语言与政治的密切关系，乃至藉语言以实现政治霸权的思想，并非洋人的独创，而是中国古已有之，只是我们有所淡忘和忽视罢了。"其意盖指现代西方流行的语言"政治上正确"，在中国其实早已有之，而不让与西方是也。

从语言学的角度来看，中国先秦时期的训诂学，其发生也与政治有关。借助词的运用、词义和字形的解释，以别尊卑、明善恶、彰美丑、寓褒贬，"阐明一种哲理或政治主张"（王力，1981：1)，是秦汉思想家、政治家惯常的做法。孔子著《春秋》，致力于给当时跟政治相关的事物一个他认为名副其实的称谓，就是"正名"论的具体实践。如《春秋》将暴发而起、叱咤风云、不可一世的楚王称为"楚子"，一个"子"字就将其打回王爵之末的原形，揭露其本来低下臣属的政治地位，迫使诸侯遵循尊卑有序的政治伦理秩序而不可僭越。《公羊传》和《谷梁传》则立足于作者的政治立场和观念，解释、揭示《春秋》所包含的微言大义，影响到了秦汉社会政治的各个方面，成为历代今文经学家以经学“义理”参政、议政的重要依据。比如，《春秋》“郑伯克段于鄢”一句，《公羊传》认为《春秋》使用“克”（打赢、战胜）一词而不用“攻、伐、讨”等，乃是为了“大郑伯之恶也”——作为兄长的郑伯而“打赢”了弟弟共叔段，贬斥、讥讽兄不像兄、弟不像弟的“大义”尽在一字之中。其他如“政者，正也”（《论语·颜渊》），“止戈为武”（《左传·宣公十二年》），“自营为厶，背厶为公”（《韩非子·五蠹》）的解释，都包含着作者的政治观念于字词的解释之中。汉代以后，治“小学”是为了“通经”，而“通经”是为了“致用”，“通经致用”就是“求微言大义，以经术饰吏治”（胡朴安，1984：1）。语言文字之学与历代儒家的政治密不可分，相辅而行，形成了古代中国的语文学为社会政治服务的一大特色。

二、现代“政治上正确”的语言

马克思主义认为，政治是一个阶级概念，是阶级社会的产物，而阶级的下位概念是阶层。根据马克思主义的政治观，观察和分析现代西方十分流行的语言“政治上正确”（politically correct，PC）运动，可以看到语言与阶级阶层意识形态，亦即语言与政治之间的密切关系。

语言“政治上正确”运动产生于20世纪70年代的美国。受20世纪60年代民权运动和政治、文化多元化的影响，美国主流社会和主导舆论中逐渐形成了一套尽人皆知的言语规范，那就是为了维护不同种族、性别、阶层、地位、身份等之间的平等，必须保持正确的语言观念，反对使用各种歧视性语言。

“政治上正确”是为了保护少数人群、弱势群体而建立起来的原则。要求语言“政治上正确”是一种反对各种歧视性话语的政治思想意识和道德意识，它的核心是强化美国《独立宣言》中“人人生而平等”的政治理念和道德伦理。1975年，美国全国妇女组织主席卡林迪克就英语中歧视女性的语言现象发表公开讲话，首次提出语言“政治上正确”的观点，迅速得到了社会的普遍响应，人们逐渐接受这种思想并把它融入到自己的生活中。到20世纪90年代，“政治上正确”已成为美国最流行的词汇之一。现在要求语言“政治上正确”已被看作美国社会的自省和语言的自律，在语言上向“政治上正确”标准看齐俨然成了美国的时代精神。

语言“政治上正确”有比较广泛的意思，它不仅是指涉及政治上敏感的语言，也指涉及社会道德规范的语言。即语言表达不能和主流的政治观念、意识形态相对抗。比如，在美国和加拿大忌用与替换的一些词语：

		政治上不正确	政治上正确
民族种族：	黑人	Negro	African Americans
性　　别：	主席	Chairman	Chairperson
年　　龄：	老人	old people	senior citizens
地　　位：	穷人	poor	economically disadvantaged
	流浪汉	bum	homeless person
身　　份：	秘书	secretary	administrative assistant
	家庭主妇	housewife	domestic engineer
	清洁工	janitor	sanitation engineer
生　　理：	瞎子	blind	visually challenged
	矮子	midget	vertically challenged
	聋子	deaf	visually oriented
	胖子	fat	overweight

美国公众人物的言谈必须处处“讲政治”，如有不慎说了“政治上不正确”的话，就会被众人敌视排挤，甚至身败名裂。即使久经沙场的媒体人，也常常因“政治上不正确”的言论付出代价。例如，“9・11”事发后，美国一位著名的幽默电视新闻栏目主持人，针对总统布什指责恐怖分子是“没有气魄的胆小鬼”的说法，在主持的节目中评论道：“明知要死还开飞机撞向高楼，那可不是胆小鬼做的事。我们从两千英里以外向人扔导弹，那才是胆小鬼。”这一看似为恐怖分子辩护的话激起了强烈的社会公愤，许多观众抗议抵制这一节目，广告商也纷纷以撤资威胁。虽然此后主持人多次道歉、申辩、澄清，但最终美国广播公司还是停播了这一当时十分流行的节目。具有讽刺意味的是，主持人主持的这一节目就叫作“政治上不正确”。重蹈“政治上不正确”覆辙的新闻人还有美国另一个著名的脱口秀主持人，他在 2007 年 4 月的一次全国联播节目中，随口评价美国一所大学的黑人女子篮球队员像一群“蓬头睡眼的野鸡”。这一带有种族歧视的“口误”立刻上了美国所有媒体的头条，主持人也在多次道歉无效后，最终不得不离开主持了将近 30 年的节目。

就是阅历无数的政治家，也常因踩了“政治上不正确”的红线而栽跟斗。在美国 2006 年的参议员竞选中，一直被认为是未来总统有力竞争者的前共和党参议员乔治・艾伦（George Felix Allen，1952—　），就因逞口舌之快，戏称一位印第安裔跟随者为“猕猴”而不幸陷身“猕猴门”，终于无法自拔，最后辞职下台。奥巴马新当选美国总统后，在一次媒体“魅力攻势”中谈到打保龄球时说“我的水平就像是特殊奥运会选手”。还没等节目播出，醒悟过来的奥巴马立刻给国际特奥会主席打电话道歉，但言出如矢，覆水难收。好在奥巴马以前在扶助残疾人运动方面一直表现不错，这次“政治上不正确”的口误虽然严重，但媒体在连番谴责了整整一周后，最终放过总统一马。

要求语言“政治上正确”不仅仅局限于美国。在2009年“英国偶像”的歌唱评选中，一位中年男性选手一曲惊人，但这位牙齿参差不齐的参赛者，在歌唱时其生理缺陷暴露无遗。英国《卫报》在描述这位选手时就精心选择了非常符合“政治上正确”标准的用语——“在齿型方面面临挑战”（吴旭，2009）。

在与西方兴起“政治上正确”运动几乎同时的20世纪70年代，在亚洲的日本一些职业、阶层群体组成“部落解放同盟”，兴起“纠弹语言”、“驱除不快语”的“部落解放运动”，并影响到其他一些弱势群体组织起来要求社会平等，开展反对歧视的运动。他们抗议传播媒介中出现的歧视性语言，动用法律手段控告出语不慎者，要求政府文件、辞典、刊物、图书、教材中删除和禁用“支那、秽多、非人、废疾、乡下佬、哑巴、瞎子、聋子、女人之见、娘儿们气、夫唱妇随”之类“政治上不正确”的语言，改用其他“政治上正确”的语言表述。在1981年——国际残疾人年，日本厚生省正式以法律形式命令更改有关文件中歧视残疾人的“不快语”，如将“不具”（身体残缺者）、“废疾”（无用、有病者）改称“身体障害者”，“白痴”改称“精神发育迟缓的人”。20世纪80年代中期，纠弹语言运动涉及性别歧视，妇女组织提出要检查并改正社会用语中歧视女性的说法，如将“家内”改称“妻”，“主人”改称“夫”。这一运动有效遏制了日本社会的语言歧视，促使人们认识到，“政治上不正确”的语言，“会伤害人的自尊，是侵犯人权的行为，同时也暴露了自身修养的浅薄和道德的缺乏”（鲁保元，1995）。

而在作为文明古国的中国，封建社会形成的人与人之间的社会等级差异观念根深蒂固，文明社会“人人平等”的民权、人权意识尚未深入人心，存在明显的“政治上不正确”的语言现象。民族、性别、身份、地位、地域、生理、年龄等方面的语言歧视比比皆是，人们对用语言调侃、讥笑、戏弄甚至侮辱社会弱者习以为常，歧视用语肆行无忌，与西方和日本等现代文明国家倡导流行的“政治上正确”观念形成了明显的反差。汉语中各种歧视性的俗语、惯用语层出不穷，被人们广泛使用、津津乐道。例如，歇后语有哑巴吃黄连——有苦说不出，聋子的耳朵——摆设，瞎子见岳父——有眼不识泰山，驼子跌跟斗——两头不着地，瘸子放屁——一股邪气，跛子爬楼梯——步步难，瘫子挑水——担当不起，麻子叫门——坑人到家了，歪嘴照镜子——不知自丑，秃子争梳子——多余，傻子爬墙头——四门无路，矮子骑大马——上下两难，叫花子打狗——边打边走，寡妇死了独生儿——一点指望也没有，孤儿院下棋——穷快活，老太太吃西瓜——无齿（耻）下流，等等。在文学作品以及广播、电视等大众传播媒介中公开嘲弄不幸者，尤其是在相声、小品等语言艺术中以嘲弄残疾人而制造笑料的庸俗表演，把自己的快乐建立在别人的痛苦之上，对弱者、不幸者的心灵、人格造成伤害。

要求语言“政治上正确”是人权和平等思想在语言中的体现，反映了现代文明社会对平等权利的诉求，可以避免人际冲突，有利于社会和谐，对“道德政治”的构建具有重要作用。我国宪法禁止用任何方法对公民人格尊严进行侮辱。1984 年，《中国残疾人保障法》颁布，将过去的“残废人”改为“残疾人”，标志着社会对残疾人这一弱势群体“政治上正确”的认识，意味着社会的发展和文明的进步。但这还远远不够，树立语言“政治上正确”的意识和观念，消除语言歧视，培养尊重弱者的情感，提高弱势群体的地位，在中国社会还任重而道远。

“政治上不正确”的语言，对国家政治影响最大的，首先是关于民族的，其次是关于性别的。王显志（2010：13）指出：“对于个体意识和社会关系而言，最重要的是两个维度：种族和性别。”下面我们从这两个方面作进一步的论述。

第三节　语言民族歧视与政治偏见

语言作为“思想的直接现实”，不仅全面反映了人类社会的客观世界，还深刻反映了人类社会的主观世界，表现各社会集团对待事物喜怒哀乐和褒贬爱憎的主观感情。当一个民族的语言使用者运用语言形式对其他民族表达“不平等地看待”的主观情感时，就成为语言民族歧视。

语言民族歧视反映了社会生活中的民族偏见、隔阂、矛盾、冲突和仇恨。历史上由于各民族互相之间缺乏交流、了解和尊重，语言民族歧视表现得相当明显。透过历史上的语言民族歧视现象，可以看到民族间的历史关系。语言民族歧视直接影响公正、和平的社会秩序及和谐、团结的民族关系、国家关系，是国家内和国际间政治生活中不可忽视的大问题。

一、语言观念上的民族歧视

语言的民族歧视首先反映在语言的价值判断及语言的起源等理论观点上。古代民族往往在“本族语与他族语”之间存在“人的语言与非人语言”的价值标准，彼此各操土风，递相非笑。这与古代族群区分“我群-人”与“他群-非人”的原始二重道德标准相一致。在中国古代，中原汉族以本族为中心而排斥周边异族，视周边民族为鸟言夷面、虫声鬼躯、百舌楼罗的异类，视其语言文字为虫喧鸟聒、鬼符狐迹。正如钱钟书（1979：1329）所言：“汉人妄自尊大，视异域之民有若畜兽虫豸，则异域之言亦如禽虫之鸣叫，人聆而莫解。”先秦时期的孟子就是一个“语言沙文主义者”，他蔑视南方楚人的语言，指斥楚人为“南蛮鴃舌之人”，用楚人学说齐语比喻蛮夷慕化向善，都是语言歧视的表现。在国外，古希腊人把说异族语言的人叫作 barbaros，意指结巴、说话无法听懂的人，哇哇乱叫的家伙——对于无法了解的异族语言，希腊人听起来只是 bar-bar 的声音而已。该词演变为英语的 barbarian（野蛮人、没教养的粗人）。而英语却用 Greek（希腊语）指难以理解的语言。正如赫尔德（1999：99-100）所指出的：在古代社会，人们认为“异族人不如我们，他们是野蛮人！‘野蛮人’无疑是最大的蔑称”，而“野蛮人也即讲一种陌生语言的人”。“像‘客人’、‘野蛮人’、‘敌人’、‘讲陌生语言的人’这样一些词看起来不应同出一源，但所有较小的民族和语言的历史都证明了这些词确有词源联系。”

古代由于对外族语言在交流与感情上的隔绝，一个民族的语言文字对其他民族而言无异于怪异、艰涩、杂乱和不可理喻的谜团。日语曾被西方传教士称为“恶魔的语言”，因为它像一座迷宫，把崇拜逻辑、讲究语法的西方人折腾得精疲力竭。在英语中，talk Dutch（讲荷兰话）即是“讲令人不知所云的话”，而 double Dutch（双倍的荷兰话）更是“昏话、胡话”。英语的 all Greek to me，法语的 Tout cela est du grec pour moi 都是用“对我而言全是希腊文”来表示“一窍不通”。法语的 chinois、德语的 chinesisch、荷兰语的 chinees 等字面意义都是“汉语，中文”，但在上述语言的一些成语或惯用语中，都用来指“难以理解、莫名其妙的东西”。

在探索人类语言起源的过程中，历史上不乏妄自尊大的语言沙文主义者。他们总是把本民族的语言认定为人类一切语言之源，是全人类的母语，是天堂中上帝、神和天使的语言。其中最有代表性的是荷兰传教士、语言学家哥洛皮乌斯（Johannes Goropius Becanus，1518—1572）。他在《论安特威尔泊语的来源》一书中认为荷兰语是最古老的人类语言，是天堂中所使用的语言。瑞典传教士刚伯（André Kempe，1622—1689）也在其《天堂的语言》一书中认为，天堂中上帝对亚当说话用瑞典语，亚当回答上帝用丹麦语，而那万恶之源的蛇诱惑夏娃时用法兰西语。刚伯把本族语言瑞典语认作是上帝使用的语言，对与瑞典语有近亲关系的丹麦语还“爱屋及乌”，而把法语贬为“魔鬼的语言”，“反映了当时新教国家对法兰西的那种普遍的敌意”（姚小平，1997）。古代波斯人认为原始世界和天堂中曾用过三种语言：亚当和夏娃用波斯语，大天使加勃里耶尔用土耳其语，而可恶的蛇用阿拉伯语。1814 年一位叫埃洛（Juan Bautista Erro，1774—1854）的西班牙巴斯克族传教士在《论原始世界》一书中则宣称巴斯克语才是人类始祖亚当使用的语言。16—17 世纪，随着犹太教的复兴，许多语文学家同时又是东方学家和神学家撰写了大量的著作，从词语对比和词源探索的角度试图证明“一切语言同出于希伯来语”的古老命题，基沙尔（Etienne Guichard）在 1606 年出版的《语言的词源和谐——以许多古词和词源确证一切语言均源出于希伯来语》一书就是其代表著作。以上“哥洛皮乌斯主义者”的幻想和臆说是毫无学术价值的语言自恋和他虐，从中可以看出人类普遍存在的抬高自己语言地位、排斥贬低其他语言的沙文主义态度。

二、词汇中的民族歧视

从语言内部的角度来看，语言民族歧视主要体现在语言三大要素中的词汇要素，尤其是一般词汇上。这是因为语言民族歧视属于社会意识形态范畴，它与语言中表达意义内容的词义——主要是非理性意义直接相关。一般词汇又是语言中最活跃、对社会文化的反应最敏感和最直接的部分，能充分表现人类主观思想意识情感的形成和变化。

民族歧视对语言词汇的影响，一方面使语言在某一民族正式的名称之外增加了一个或若干带有较浓感情色彩、形象色彩、语体色彩等非理性意义的贬义词。从语言表达的角度来看，这些贬义词适应了社会生活中意识形态和情感心态表达的需要，提高了语言的表达能力和效果。但从社会学的角度来看，这些歧视性的贬义词无疑有悖于“政治上正确”的原则。例如，中国汉族称蒙古族为“鞑子”，称回族为“回夷”，壮族为“獞牯佬”，苗族为“苗蛮子”，瑶族为“瑶佬”，畲族为“畲客仔”；称荷兰、英国等西洋人为“红毛番”、“红毛夷”。其中，轻侮、蔑视、排斥的心态和贬义色彩都十分强烈。在英语——尤其是睥睨群族、目空一切、傲慢而充满偏见的美国英语中，几乎凡所接触的其他民族都成为其侮辱、轻蔑、讥讽、嘲弄的对象：犹太人是 christ-killer（基督杀手），吉普赛人是 moon-man（夜盗者），墨西哥人是 paisano（农民、乡下人），澳大利亚人是 cornstalk（玉蜀黍秆），荷兰人是 cabbage-head（包菜脑袋），新西兰人是 kiwi（几维鸟），法国人是 frog（青蛙），德国人是 bucket-head（木桶脑袋），黑人是 Jim crow（黑乌鸦吉姆），中国人是 monk（和尚），越南人是 slant-eye（斜眼），朝鲜人是 slope-head（歪头），日本人是 little-yellow-man（小黄人）。英语中这些“生动形象”的 National Slurs 大多以外号、绰号、俚语、俗语的形式出现，通常出现于口语语体，也较常见于口语化和情感化的文学作品和影视作品及地方小报，它像野草一样蓬勃生长，是英语社会民族交往融合和矛盾冲突的产物。

民族歧视对语言词汇的影响，另一更为常见的方面是促使词义的变化。它通过比喻和借代等方式，使民族称谓词在一般意义上附加一定的伴随、补充和联想意义，产生相关的负值派生意义或隐含意义，形成语义降格、贬值，以达到歧视的语用效果。这类意义大都反映了特定的社会文化背景，具有较长的历史性、较广的应用范围和较高的语体层面。这些意义或在词中成为一个稳定的义项，或在成语、惯用语中具有众所周知的喻指意义。因其具有历史性，所以它往往可以见证历史上不同时期的民族关系，以及一个民族认知其他民族的方式、角度、心态和感情，同时也可能在一定程度上揭示被歧视民族在风俗习惯、行为风尚、道德心态、性格品性、生活方式、文明程度甚至体态形貌等方面存在的不足和缺陷。但这绝不能成为语言民族歧视的借口和理由，因为文明社会需要的是平等地位的宽容、谅解和帮助，而不是居高临下的侮辱、轻蔑和嘲讽。

在中国上古时期，中原华夏民族通称南方其他民族为“蛮”。《说文·虫部》云：“蛮，南蛮，蛇种，从虫。”这一带有强烈侮辱色彩的民族专用名词很快转变为表示“粗野、强横”等贬义的形容词。在古代汉语中，“胡”曾泛指西北游牧民族，本身并无贬义。但自五胡乱华之后，“胡”也转变为贬义形容词，表示“乱”的意思。在现代汉语贵州方言中，表示族称的“苗”也转化为贬义形容词，如“他苗得很”是表示行为古怪、难以理解，“苗脾气”是表示倔强火爆的脾气，“苗话”指不讲道理、不通情理或冲撞人的话。另外，“苗”还有“厉害、笨拙”等贬义。类似的情况在其他语言中同样存在。在英语中，Arab（阿拉伯人）转义指随心所欲、我行我素的人，Swede（瑞典人）转义指做事慌张、老出错的人，Scotchman（苏格兰人）转义指吝啬鬼，French（法语）转义指下流话、脏话，Jew（犹太人）转义指奸商、守财奴，Dutch（荷兰人）转义为动词欺骗，Welsh（威尔士人）转义为动词赖账、逃避义务。可以说民族歧视是促使语义负值引申、转移的重要社会诱因。这种语义变化具有一定的普遍性和规律性。尤其是在成语和惯用语中，与民族相关的词更多地失去了字面意义而表现为负值喻指意义，也可让我们更多地了解到其喻指意义背后的社会内容。这类成语和惯用语在汉语中不太多见，在英语中却很多，比较典型的如下。

Dutch：英语中有较多贬低荷兰人的成语和惯用语，反映了英国人对荷兰人强烈的敌意，这主要源于英国、荷兰两国 17 世纪的海上军事冲突和商业竞争。英语 in Dutch（在荷兰）指“受辱、失宠、处于困境”，go Dutch（去荷兰）指“各人自己付费的聚餐”，beat the Dutch（攻击荷兰）指“棒极了、真了不起”，flying Dutchman（飞翔的荷兰人）指“鬼船”，Dutch defence（荷兰防御）指“虚张声势的防御”，Dutch bargain（荷兰买卖）指“单方获利的交易”，Dutch comfort（荷兰的安慰）指“精神胜利法”，Dutch concert（荷兰音乐会）指“乱七八糟的音乐会”，Dutch courage（荷兰人的勇气）指“酒后之勇”（据说荷兰人上战场前习惯大量饮酒壮胆，拼力一搏，酒力过后便溃不成兵），Dutch act（荷兰行为）指“自杀、逃跑、开小差”，Dutch window（荷兰窗口）指“妓女”，Dutch wife（荷兰妻子）指“供男人自慰的模塑女人、充气娃娃”，Dutch gleek（荷兰的欢乐）指“酗酒”，drunk as a Dutchman（醉得像一个荷兰人）指“烂醉如泥”，son of a Dutchman（荷兰人的儿子）指“婊子养的、狗娘养的、畜生、王八蛋”，I am a Dutchman if…！用于诅咒发誓，意为“如果……，我就是个荷兰人！”意即“不是人”。

Jew：在英语中犹太人是与荷兰人同样备受糟践的民族。主要原因一是犹太人是基督杀手犹大的后裔。二是犹太民族是一个商业民族，其工于心计、斤斤计较的民族属性，经莎士比亚戏剧作品生动形象的刻画后成为重利轻义、奸诈吝啬的守财奴、高利贷者和奸商的典型形象。英语 Jew's ear（犹太人的耳朵）指“木耳”，worth a Jew's eye（值一个犹太人的眼睛）指“贵重值钱之物”，go to the Jew（找犹太人）指“借高利贷”，wandering Jew（流浪的犹太人）指“永被流放的囚徒”，Jewish shake（犹太式摇摆）指“轻佻无礼的坐相”，hebrew Jew（希伯来犹太人）指“彻头彻尾的混蛋、极端卑鄙的下流坯”，诅咒发誓也可说成 I am a Jew if …！意为“如果……，我就是个犹太人！”

French：法国人曾于 11 世纪征服大不列颠，近现代又是英国人在政治、经济、文化、军事等领域强劲的竞争对手。强邻在侧，英国人对法国人的排斥和歧视就充分体现在他们的语言中，如 take French leave（法国式离开）指“开溜、开小差、不辞而别”（源于法国 18 世纪的习俗，参加宴会的客人不向主人告别即自行离去），do like Frenchman（像法国人做事）指“做事朝三暮四，随时变卦”，One Englishman can beat three Frenchmen（一个英国人能打败三个法国人）指“以寡敌众、以少胜多”，Pardon/Excuse my French（请原谅我的法语）指“请原谅我说脏话”。尤其是法国人在生活上的不拘小节、浪漫成性，更受保守严谨的英国人的攻讦和讽刺：French postcard（法国明信片）指“黄色照片、色情图片”，French tickler（法国备忘录）指“人造阴茎”，French lesson（法语功课）、French way（法国方式）和 French tricks（法国技巧）都是指“口交”，French letter（法国信）指“避孕套”，French novels（法国小说）指“色情小说”，French gout（法国痛风）指“梅毒”，French lunar pills（法国月球丸）指“堕胎药”，几乎凡与色情和性相关的惯用语都戴着一顶 French 的帽子。当然，对于英国人的泼脏水，法国人也不甘示弱、反唇相讥：把“不辞而别、开溜”说成“像英国人那样离开”，把“性病”说成“英国病”，把“避孕套”说成“英国帽子”或“英国大衣”，把“性虐待癖”称为“英国文化”，把“色情图片”说成“英国明信片”。

Chinese：近代中国曾长期处于闭关锁国的封闭状态。一旦打开国门，其迥异于西方的文化传统、贫穷落后的生存状态和积弱不堪的综合国力让西方列强困惑难解和轻蔑鄙夷。由此而产生的大量的 National Slurs 记录了 Chinese 备受羞辱的历史：Chinese copy（中国人的复制）指“与原物一模一样的复制品”，Chinaman's chance（中国人的机会）指“渺茫的机会”（源自中国人入籍美国的困难），Chinese disease（中国病）指“性病”，Chinese white（中国白）指“烈性海洛因”，Chinese fire drill（中国式救火）指“混乱不堪的状况”，Chinese attack（中国式进攻）指“喧嚣混乱的攻击”，Chinese landing（中国式着陆）指“飞机坠毁”，Chinese compliment（中国人的恭维）指“心口不一”，Chinese slavery（中国奴隶）指“真正的苦役”。

除此以外，被英语侮辱和伤害的远不止以上民族，世界上其他许多民族都曾受到英语的欺侮和嘲弄：Egyptian punishment（对埃及人的惩罚）指“灭顶之灾”，Irishman's dinner（爱尔兰人的晚餐）指“绝食”，Irishman's promotion（爱尔兰人的提升）指“明升暗降”，Irish bull（爱尔兰人的话）是“自相矛盾的话”，Irish fortune（爱尔兰人的财产）指“乳房和屁股”，Castles in Spain（西班牙城堡）指“白日梦、空中楼阁”，walk Spanish（让西班牙人散步）指“遣送、驱逐”，Spanish athlete（西班牙运动员）指“牛皮大王”，Greek gift（希腊人的礼物）指“不安好心的礼物”，Greek trust（希腊人的信用）指“不讲信用”，merry（或 gay）Greek（快活的希腊人）指“生活放荡的人”，Mexican standoff（墨西哥平局）指“僵局”，Mexican breakfast（墨西哥早餐）指“挨饿”，turn Turk（变成土耳其人）指“堕落、叛变”，Indian gift（印第安人的礼物）指“指望别人偿还的礼物”，Italian hand（意大利人的手）指“暗中干预”，Italian football（意大利足球）指“罪犯作案的炸弹”，to Welsh a debt（威尔士人的借债）指“赖账、食言”，German goiter（德国人的甲状腺肿）是指“大腹便便、啤酒肚”，Roman way（罗马方式）指“集体淫乱”，Roman holiday（罗马节日）指“幸灾乐祸，以别人的痛苦为快乐”，Portuguese female pills（葡萄牙妇科丸）指“堕胎药”，Catch a Tartar（抓到一个鞑靼人）指“遭遇顽敌”，a nigger in the woodpile（柴堆中的黑人）指

“怀有不可告人的动机”，等等，举不胜举。这种漫天中伤、四处树敌的语言现象表现了曾处于辉煌时期的“日不落帝国”目空一切、不可一世、老子天下第一的话语霸权主义形象。

事实上，语言民族歧视不仅限于英语或汉语，在其他民族语言中也有不同程度的体现，如法语 Suisse（瑞士人）指“看门人、教堂侍卫”，法语从 Bulgare（保加利亚人）派生的 bougre 一词意为“坏蛋、恶棍、魔鬼”，俄语有“不速之客比鞑靼人还坏”的谚语，日本及某些国家称中国人为“支那人”，西班牙用 lavar lacabeza a un negro（给黑鬼洗头）指“徒劳无用的工作”。在美洲西班牙语中，Chino 和 China 分别具有“中国女人、女仆”和“中国男人、男仆”的双重意义。老挝语称克木人为“卡”，意为“奴隶”，又称“拉芒”，意为“马鹿”。以前傣语称哈尼族为“阿卡”，称佤语为“卡佤”，都含有“奴隶”的意思。语言是社会的镜子，词语是政治意识的反映，从中可以看到民族的历史和民族间的关系。

三、文字中的民族歧视

语言的民族歧视还可通过表意文字反映出来，这可以汉字为典型代表。中国古代的大汉族主义严于夷夏之分，自以为居天下之中，受礼义之化，擅文明之首，视他族为蛮夷戎狄，形同犬豕，迹近虫豸，贱如草芥，是未经开化的畜物。这种狭隘的民族意识和排斥、侮辱异族的心态大量表现在汉字形体上，其方式大致有如下几种。

一是用表示动物的字素或字来表示外族族称。例如，《说文》：“蛮，南蛮蛇种”，字从“虫”；“羌，西戎牧羊人也”，字从“羊”；“狄，北狄也，本犬种”，字从“犬”；“闽，东南越，蛇种”，字从“虫”；“貉，北方貉，豸种”，字从“豸”。这些都是早期造字时用表动物的字素为意符而造的族名专用字。或者直接用指动物的字兼作外族族名用字，如“猫”（苗族）、“狼”（今壮族）、“獠”（古泛指西南各少数民族）、“羯”（古西北民族）等。

二是在本来的汉字上添加带侮辱性的动物偏旁，或改原偏旁为动物偏旁，作为外族族称的专造、专用字。最常用的偏旁是“犬”，如戎写作“狨”，羌写作“羌”，木老（今仫佬族）写作“狇狫”，这是添加偏旁；峒写作“狪”（今侗族），徭写作“猺”（今瑶族），这是改变偏旁。

三是在表示外族族称的字上使用其他含有贬义的偏旁，如“荆”字从“草”，先秦用作对南方楚族的贬称。《谷梁传·庄公十二年》：“荆，楚也。何为谓之荆？狄之也。”“狄之”即视为戎狄而轻贱之。“僰”（即今白族）从人，是褒称。贬称则写作“濮”，字从“水”，“水”在汉字中是常用作贬斥意义的文化符号。以前景颇族写作“荆濮”，也含有贬低的意思。近代对于音译外国国名、人名，则常在字上添加“口”以示轻蔑、鄙夷，例如，英吉利写为“嘆咭唎”，米利坚写为“咪唎㗊”，“义律”写为“囇唯”。

四是音译外族族称的用字上，有意选用含有贬义的汉字。《四库总目》卷四十六《钦定辽金元三史国语解》提要说：“考译语对音，自古而然。……初非以汉字之美恶分别爱憎也。自《魏书》改柔然为‘蠕蠕’，比诸蠕动，已属不经。《唐书》谓回纥改称‘回鹘’，取其轻捷如鹘之意，更为附会。至宋人武备不修，邻敌交侮，力不能报，乃区区修隙于文字之间，又不通译语，竟以中国之言，求外邦之义。”古代维吾尔族的汉译译名，有回纥、回鹘、乌纥、乌鹆、委吾、畏吾、畏吾儿等，都是带有侮辱性的族称。达斡尔族旧译达胡尔、达乎儿、打虎儿，裕固族旧称尧呼儿，也属此类。明清时期中国官员、学者初通欧美或非洲诸国，对其“外夷”译名用字也大多取“修隙于文字之间”的手法，如将English（英吉利）译为“英鸡黎”、“膺吃黎”，Norway（挪威）译为“那耳歪”，Prussia（普鲁士）译为“破鲁西”，Spain（西班牙）译为“士扁”，Poland（波兰）译为“破兰”，Kenya（肯尼亚）译为“怯尼亚”。

四、近现代中国对语言民族歧视的“纠弹”

“中华民国”建立后，在孙中山“三民主义”政治纲领的指导下，民族平等、五族共和成为一项重要的政治目标，语言上的民族歧视也开始得以“纠弹”。1934年新疆政府将“回鹘”、“畏吾儿”等更名为“维吾尔”，并禁止使用其他侮辱性名称。1939年8月，国民政府渝字第470号训令，令全国一律废除各族旧名。训令指出：国人“妄用含有侮辱性质之蛮、番、夷、猺、猓、獞之称谓，加诸边疆同胞，在呼之者固易生藐视之心，而听之者尤易起憎恶之感，是无异于自行分散我整个之民族。殊与总理倡导民族主义之本旨相背谬”。“即以西南边地同胞而论，竟有二百余种不同名称。广西省政府，虽曾将猺猓獞等字样，改为傜倮僮等，以示平等。但不同民族之痕迹，仍未见泯除。若专为历史与科学研究便利起见，固不妨照广西省前例，将含有侮辱之名词，一律予以改订。”同年，“中央研究院”历史语言研究所调查发现，西南少数民族带虫兽偏旁的族称有66个，在猺、猓、獞外，还有獠、狆、狸、猔、狼、狫、犵、犭令、獏等，带有强烈的民族歧视和不平等，于是即着手修订族名用字以示平等和尊重，形成《改正西南少数民族命名表》。《改正西南少数民族命名表》遵行的原则是：

1）凡属虫兽鸟偏旁之命名，一律去虫鸟偏旁，改为人旁。

2）凡不适用于第一项原则者，则改用同音假借字，如“蜒”、“蛮”等。

3）少数民族成为其根据生活习惯而加之不良形容词，应概予废止，如

“猪屎仡佬族”、“狗头猺”之“猪屎”、“狗头”等形容词。

1940年9月，国民政府渝文字第855号训令抄发《改正西南少数民族命名表》，针对西南地区原来以虫兽鸟偏旁命名的少数民族名称用字问题进行了官方的纠正和规定。该训令强调，对于边疆同胞，禁止沿用歧视性称谓，希望以此泯除民族界限，团结整个中华民族。此后在西南少数民族的名称中，虫、犬、牛、羊等偏旁字样，大多改为“亻”字旁，或改用不含贬义的同音假借字（芮逸夫，1972）。

1949年后，在党的民族政策的指引下，少数民族地位空前提高，语言上的民族歧视逐渐得以消除。1951年5月16日，中央人民政府政务院发布了《关于处理带有歧视或侮辱少数民族性质的称谓、地名、碑碣、匾联的指示》，开始了对语言文字上的民族歧视的彻底清除。例如，壮族曾写为“獞”，后改为“僮”，但“僮”又含有“童仆”的贬义，经周恩来总理提议，改为褒义的“壮”。类似的更改还有改尧呼尔族名为“裕固”，取“富裕而巩固”之义；改“打虎儿”为“达斡尔”；还有改荆濮、克钦、山头族名为“景颇”；改“崩龙”（原意为“顺水逃走”）为“德昂”；改“阿卡”（原意为“奴隶”）为“哈尼”（意为“强悍勇敢的人”）；改“毛难”为“毛南”。禁用带有时代局限性和强烈排满情绪的“满清”一词而改称“清朝”。这样，我国少数民族称谓去歧视化、去污名化得以实现。除族称的修正外，对其他国家、民族歧视性的地名也进行了修正，如“镇南关”改为“友谊关”，“迪化”改为“乌鲁木齐”，“归绥”改为“呼和浩特”，以及将San Francisco的旧译“三藩”改为“旧金山”，Mozambique的旧译“莫三鼻给”改为“莫桑比克”，放弃Eskimos（“爱斯基摩”，意为“吃生肉的人，生番”）的旧译而采用Inuit（“因纽特人”，意为“真实的人”）的译名，如此等等，斤斤修“睦”于文字之间。一名之更替，绝非小道，而是民族平等、团结、和睦、友善的政治理念的具体体现，具有重大的政治和社会意义。

语言民族歧视与社会政治生活密切相关。只要社会存在民族的不平等，存在国家、民族、社会或政治集团之间的摩擦、纠纷、矛盾、冲突，语言民族歧视就会在某些语境，以某种语体、用某种形式表现出来。反言之，语言民族歧视必定会诱发彼此间的摩擦、纠纷、矛盾、冲突。“一言之贬，甚于斧钺”，语言民族歧视是伤害民族感情、伤害国家关系和民族关系的利器。1965年在联合国大会通过的《消除一切形式的种族歧视国际公约》中，民族歧视包含在种族歧视之内，“一切形式”自然包括语言形式。恪守语言道德，消除语言民族歧视，建立公正、平等、和谐的国家和民族关系，是政治学、社会学、民族学和语言学共同的研究内容和工作目标。

第四节　语言性别歧视与女权运动

一、性别语言与性别政治

社会语言学除了研究语言的性别变异、女性语言的特点外，还应把语言上对女性的歧视与女性的社会地位联系起来研究，这是政治语言研究的重要内容。

把人类的某种社会品质与人的生理性别联系起来，在人类社会是常见的现象。尤其是把许多不良的社会品质与女性联系起来，更是在男权社会十分普遍的现象。歧视女性的社会观念通过一定的语言要素表现出来，就成为语言的性别歧视。按照文明社会“人人生而平等”的要求，语言的性别歧视是很典型的“政治上不正确”现象，因而成为现代社会人们十分关注的一个政治和社会问题，如何保持在性别问题上语言的“政治上正确”，事关政治领域中语言应用，以及语言规划和语言政策的制定。美国每年定期制定预防性别歧视指南，用以保证媒体及公共语言运用“政治上正确”。美国激进女权主义的代表人物米利特（Kate Millett，1934—　）在其《性的政治》一书中揭示了由男性实践的“性的政治”，指出“我们可以将地位称之为政治的方面，……被赋予了较高地位的人趋向于充当主人的角色，这在很大程度上是因为他们首先被鼓励去建立起符合支配职能的气质。自然这一切也符合阶级和阶层关系”①。

“性别歧视”（sexism）一词出现在20世纪60年代，是美国的女权主义者受“种族歧视”（racism）一词的启发而创造的词汇。20世纪70年代，美国掀起了一场新的女权运动，试图通过立法、改变人们的态度来实现妇女解放，争取使女性拥有平等的权利、权力和地位。女权运动无疑是一场重大的社会政治运动。在这场运动中，语言学家也开始结合社会语境进行语言研究，语言的性别差异和性别歧视就是社会语境的一个重要变量。

简言之，性别歧视就是基于性别的歧视，以及维持这种歧视的制度。现实社会中性别歧视主要表现为男性对女性的歧视。② 在男权社会中，语言是歧视女性的，男性获得“支配性话语”。英国宗教伦理学家帕森斯（Susan Frank

---

① 引自佟新《社会性别研究导论》，北京：北京大学出版社，2005：26。

② 1985年美国社会学家奥格斯特（E. R. August）出版了《男性研究：跨学科的参考书目与选注》一书，从现代英语中找出了大量对男性的歧视性语言，推翻了“女权主义语言学”认为存在“女性歧视”的幻想，认为语言本身并不存在性别歧视。

Parsons）认为，语言中“存在着一条把性别关系排列在政治学与主体性中的中心原则”，即“男性中心”原则（帕森斯，2009：94）。男性用自己的观点描绘世界，并视之为绝对真理。在几乎所有的语言中，男性都是社会的规范与标准，女性则处于从属、附庸的地位。语言体现了男、女两性的尊卑等级关系，通过语言规定了男性至上的性别伦理。就如帕森斯（2009：94）所言：“在男权中心的语言中，揭示女性在象征性秩序中的缺席。这里的假定是男性通过与‘他者’的差异将自己界定为主体，这样他就变成了具有普遍规范性的人，而女性则被理解为被特别放置以及被限制性地体现的非主体。”语言学家认为，在宗教法规、等级制度所制约的环境下的语言，它所能反映的是男性世界图景的本质内容——男性是中心，是主体，而女性是附属物，是变体。用现代美国作家法迪曼（Anne Fadiman，1953—　）在《书趣·他/她问题》中的话说：在男性的世界里，“他们的眼中确实没有女人，而他们的语言便强化并反映了这一盲点”（法迪曼，2009：68）。

男性对于女性的无视和蔑视乃古今皆然，是中外通例。中国古代最伟大的思想家孔子就曾在《论语·阳货》中说“唯女子与小人为难养也”，将女性定位在“小人”的卑微地位，定格了2000多年封建社会对于女性的基本观念和态度，这是思想家眼中的女性形象。近代德国著名哲学家尼采说：“当你去见你的女人时，请带上你的鞭子”，这是哲学家对女性的思考。欧洲文艺复兴时期英国最重要的作家、杰出的戏剧家和诗人莎士比亚说：“女人，你的名字是弱者！”这是文学家对女性的定义。日本民间俗语也说“女子と小人は養い難し”（唯女子与小人难养），是来自孔夫子的真传，还是英“雄”所见略同？总而言之，男尊女卑，男主女从，是古今中外从上流社会到民间普遍认同的绝对真理。人类自奴隶制社会以来，父权制的价值观制造了男女之间性别的对立，在一定程度上也体现了不同社会阶层的政治对立。在这个二元对立的制度下，在社会意识、社会地位、经济地位方面，男人是统治者、主动者、胜利者，体现社会主体的身份；女性处于社会的底层，是被支配者，是社会中的客体，是男性性宣泄的对象，是物、是财产，可以为男人所有、控制、转让和抛弃，是被侮辱与被损害的对象。在这种社会背景中，作为社会现象的语言，表现为性别歧视的语言就必然无所不在了。

二、词汇中的性别歧视

社会语言学的研究已经证明，性别歧视存在于古今中外的语言中，特别是在语言结构和语言内容中，如构词、词序、词义、熟语甚至表意文字等方面，都存在性别歧视。其中，词汇中的性别歧视最为明显。

英语同世界上许多语言一样，歧视女性的语言现象比比皆是。丹麦语言学家叶斯帕森（Otto Jesperson，1860—1943）在《英语的发展与结构》一书中就指出，英语是他所熟悉的所有语言中最男性化的语言。英语、汉语两种语言中的性别歧视现象，中国语言学界对前者更为关注，对后者则相对忽略，这也大致反映了两种语言性别歧视的轻重。下面我们以英语为主分析这种歧视。

（一）词形中的性别歧视

英语对女性的歧视首先表现在词形的构成上。

美国语言学家格林伯格（Joseph Harold Greenberg，1915—2001）就语言的关联性提出了“标记性”和“无标记性”这样一对具有区别性特征的概念，“标记性”指“复杂、困难、少用、特殊、依赖于另一方”，“无标记性”指“简单、容易、常用和普通，是另一方的依赖”。从语义的角度看，无标记的词是上位词，内涵小而外延大；有标记的词是下位词，内涵大而外延小。上位词和下位词处于不同层面，它们之间是包含与被包含的关系。男女两性在自然性别上是对等的，但在社会性别上却产生了上与下、包含与被包含的区别。在英语中，一些无标记的词往往指的是男性，或同时兼指女性。要单指女性，则需在指男性的词上附加词缀或词素作为标记，形成次生的派生词和合成词。这样英语中指称男性和女性的词就常常形成“无标记”和“有标记”的对应。以词缀为标记形成的单纯词与派生词对应的，如man/woman（男人/女人），male/female（男性/女性），hero/heroine（英雄/女英雄），poet/poetess（诗人/女诗人），prince/princess（王子/公主），count/countess（伯爵/女伯爵），benefactor/benefactress（施主/女施主），god/goddess（神/女神），host/hostess（主人/女主人），author/authoress（作家/女作家），actor/actress（演员/女演员），steward/stewardess（管家/女管家），waiter/waitress（服务员/女服务员），undergraduate/undergraduette（大学生/女大学生），等等。以词素为标记形成单纯词与合成词对应的，如student/girl student（学生/女学生），novelist/novelist lady（小说家/女小说家），doctor/woman doctor（医生/女医生），judge/female judge（法官/女法官），等等[①]，这些“/”号前面的无标记名词本指通性、中性，但事实上人们往往把它们当作男性名词看待，因此当指称女性时，就要附加-ess之类的词缀或girl之类的词作为性别标记。

另外一种明显表现出性别歧视的构词，是用指称男性的词，如man、fa-

① 只有在极少数传统的女性职业如果男性承担，才出现以女性名词为中心构成的男性名词，如male nurse（男护士）、man secretary（男秘书）、man model（男模特）。

ther 等作为词素构成合成词，却用来兼指男女两性，尤其是许多职业名词，如 chairman（主席）、congressman（国会议员）、spokesman（发言人）、policeman（警察）、businessman（商人）、salesman（推销员）、mailman（邮递员）、weatherman（气象员）、fireman（消防员）、freshman（大一新生）、manmade（人造的）、forefather（祖先）、brotherhood（同行，伙伴）等。这种以男性词为词素构成的词，其词义范围却涵盖了女性，显然是以偏概全，无视女性的存在，有性别歧视之嫌。

这些现象在其他语言中同样存在，只是不如英语明显而普遍。例如，在日语职业词汇中，也往往以男性为中心，指称男性的词一般是无标记的，可兼表女性；但指称女性的词通常是有标记的，只表示女性。比如，"教授"一词是无标记的，一般指男教授，而"女教授"则是"教授の女性"，要加"女"这一标记。汉语中也有同样的情况，如"司机"、"经理"、"作家"、"教授"、"老板"、"书记"等无标记名词虽然并不含有表示男性的义素，但在社会意识中人们往往默认为男性，所以要是女性承担这些职业或职务，也要在前面附加"女"这一性别标记。另外，在正式会议上公布成员名单时，往往要在女性代表姓名后特别加注"(女)"作为标记，以表明其性别身份，很显然不符合"政治上正确"的要求。

上述"男性词/女性词"体现为"上位词/下位词"和"无标记/有标记"的相互关系，表明男性是主体，是独立、普通、一般的，而女性则是变体，是依附、特殊、个别的。男性处于上位，而女性处于下位，是男性的附庸，只能依附于男性而存在。平等、相对的自然性别异化为具有主次、尊卑等级地位之分的社会性别，体现了男性世界对于女性的歧视和偏见，语言就是这样真实地反映了"政治上不正确"的社会意识形态。

（二）词义中的性别歧视

英语词义中的性别歧视，主要表现为"男性词泛指"，即表示男性的词可以泛指女性，而表示女性的词却不能泛指男性。具体表现为名词和代词的泛指。

名词的泛指，如上所述，男性名词 man 泛指包括男女两性的"人"，其派生词 mankind、human、humanity、humankind 甚至泛指整个的"人类"，而 woman 及其派生词绝无此种可能。在一个男女群体中，即使其中只有一个男人，也必须用 men 而不能用 women 来称呼他们，否则就意味着对男性尊严和人格的损害和侮辱，不被社会约定的规则所允许。而对于女性，则在这一规则中可以忽略她们的存在，可以无视她们的尊严和人格。

代词的泛指，是男性代词可以泛指女性。英语有男性代词 he（他）、his（他的）、himself（他自己），以及女性代词 she（她）、her（她的）、herself（她自己）的区别，但没有可以兼指男女两性的共性代词。[①] 当要兼指男女两性或性别指代不明时，一律用男性代词而不用女性代词作共性代词。一些不定代词如 everyone、someone、anyone、each，也只能用男性代词 he、his、him、himself 呼应。男性代词用作共性代词在 19 世纪的英国就已合法化。英国议会在 1850 年就通过了一项法令，规定在议会内部用男性的“he”来指男女两性。1977 年版的《美国联合通讯社新闻写作指南》也明文规定：“当不知道确切性别时，使用代词 he。”现代英语语法明确规定，在正式语体中，须用单数男性的 he 而不是女性的 she 作为不定代词 somebody、everyone、anyone、no one、nobody 等的替代词。尽管目前对此已有很多反对意见，但是在法律上没有任何改变，汉语同样如此。“他们”可泛指男女两性，而“她们”却只能指女性；当不确定第三者性别的时候，也是用“他”或“他们”来指称而不能用“她”或“她们”指称。

英语词义中的性别歧视，其次表现为表示男、女两性的词分别向褒义、肯定性和贬义、否定性逆向引申演变。英语中几乎所有指称女性的词都受到不同程度的语义降格，而与之相对的男性名词则保持中性或向褒义引申。如：

man（男人）与 woman（妇女）：前者除泛指“人类”外，还引申出“男子汉”的正面意义，以及“振作，主持”的动词义，还可以用作意义类似于“God!”（上帝啊！天啊！）的感叹词；而后者却降格指“女佣”，甚至用作“情妇”、“奸妇”、“妓女”的委婉语。

lord、gentleman（绅士）与 lady（贵妇）：前者仍然保持着语义上贵族的尊严和地位；后者的语义却朝着“普通妇女”甚至“妓女”的方向发展。

master（男主人）与 mistress（女主人）：前者衍生出“精通，熟练，主宰，征服”和“主要的，精通的，优秀的”等褒义；后者却用作“妓女”的委婉语。

这一现象同样见于一些短语中。例如，an old man 是“一个老人”，而 an old woman 则引申出“女子气的人”的贬义；a man on the street 甚至 a person on the street 都是“普通人”，而 a woman on the street 则可以指“妓女”；bachelor 和 spinster 分别指“未婚男人”和“未婚女人”，但后者却含有“老

① 据 1884 年 8 月出版的 *New York Commercial Advertiser* 记述，大约在 1850 年英语曾出现了共性人称代词 ne（主格）、nis（所有格）、nim（宾格），而后人仿照 his 和 her 创造了 hiser。美国女性领导人 Varda One 建议用新词 ve 代替 he、she，ves 代替 his、her，ver 代替 hin，但都没有广泛应用和流传下来。

处女”的贬义；a public man 是“公众人员”，而 a public woman 却意指“公共情人”。这些词义褒贬逆向的引申，充分反映了社会对男女两性不同的尊卑意识和感情色彩。

三、熟语中的性别歧视

熟语是指广为流传、通俗简练而富有意义的固定短语、短句或韵语，包括成语、惯用语、歇后语、谚语、俗语、格言、警句等。熟语是人们对社会生活高度概括和总结出来的精练语言，它体现了一个民族对社会现象和自然现象深邃的洞察力和高超的语言创造力、表现力，蕴含着民族的智慧，是每种民族语言中最精髓的部分。

拉法格（1964：3）十分正确地认识到：“家常的和成语性的词组也许比词更使人清楚地看到一种语言和它周围的生活现象之间的联系。”就像词汇中的性别歧视一样，许多民族的熟语中也大量存在对女性的歧视。汉语在词汇中的性别歧视不如英语常见，但在熟语中的性别歧视却毫不逊色。常见的如“女子无才便是德”，“好男不跟女斗”，“最毒妇人心”，“兄弟如手足，妻子如衣服”，“娶来的媳妇买来的马，任人骑来任人打”，“妻子面前莫说真，朋友面前莫说假”，等等。英语认为 Women have no souls（女人没有灵魂），Women are the devil’s nets（女人是魔鬼之网），Women are the snares of Satan（女人是撒旦的圈套）。法语把女人说成 une poule pondeuse（下蛋的母鸡）、une pie jacassante（饶舌的喜鹊），德语说女人是 Lange Zunge（长舌头）、Dumme Gans（大笨鹅），俄语把“坏记性”说成 женщина памяти（女人的记性），西班牙谚语有 La mujer es mudable como el viento，de sus palabras no hagas fundamentos（女人轻如风，话儿难当真）。日语说“男は松女は藤”（男是松，女是藤）、“女房と畳は新しい方がよい”（老婆和榻榻米越新越好），如此等等，不一而足。

更有意思的是，许多语言中具有对于女性不约而同或非常类似的熟语。汉语“三个女人一台戏”，日语说成“女三人よればかしましい”（三个女人乱哄哄），而西方世界则普遍用“鹅”来比喻“三个女人”的喧闹：“三个女人如同一个鹅市场”，如：

英语：Three women and a goose make a market.

德语：Drei Weiber und eine Gans machen einen Jahrmarkt.

西班牙语：Tres mujeres y un ganso hacen un mercado.

英语类似的熟语还有 Three women make a market.（三个女人成闹市。）Many women，many words；Many geese，many turds.（女多话多，鹅多

屎多。)

汉语说女人“头发长见识短”一语，竟在欧洲许多语言里都可找到形式和内容完全相同的对应说法（杨永林，1987）：

英语：Long hair and short wit（brains）.

德语：Weiber haben langes Haar und kurzen Verstand.

西班牙语：Cabello luengo y corto el seso.

法语：Longs cheveux，courte cervelle.

拉丁语：Mulieribus longam esse caesariem，brevem autem sensum.

意大利语：Le donne hanno lunghi i capellie corti i cervelli.

与此类似的意思在日语中说成“女の知恵は鼻の先”（女人的见识只到鼻尖）。

汉语“三个桃花女，不敌一个黄肿汉”，英语类似的熟语是 A man of straw is worth of a woman of gold（稻草男抵得上黄金女）；汉语“棍棒之下出孝子，拳脚之下出好妻”，英语类似的熟语是 A woman，a dog and a walnut tree，the more you beat them，the better they'll be（女人、狗和胡桃，越打越变好），而朝鲜语则说 yŏjyanŭn sahŭrŭl an ttaerimyŏn yŏuga toenda（三天不打不敲，女子变成狐妖）；汉语“女大不中留”，英语类似的熟语有 Daughters and dead fish are no keeping wares（女儿和死鱼是没有保留价值的）。

从类型学的角度来看，这种若干语言不约而同或十分类似的语言形式和内容，反映了人类世界和社会现实对于女性的普遍印象和歪曲性认识。

在一种语言中，熟语是最具认知深度和流行广度的部分。熟语中的性别歧视是最直接、最显性的语言歧视。它既反映了社会对于女性长久、普遍、根深蒂固的偏见，同时也最能促成共同的社会意识，塑造社会观念，延续社会对于女性的歧视。因而熟语比词汇更具有对女性的杀伤力，是更加“政治上不正确”的语言现象。

四、文字中的性别歧视

文字中的性别歧视，是指文字形体结构上所体现出来的性别歧视。这种歧视只出现在表意文字中，与表音文字没有关系。汉字是历史最悠久、最有代表性的表意文字，其中表现的对女性歧视也具有代表性和典型性。

东汉许慎的《说文》立有“女部”，收字头 238 个，重文 13 个，共 251 个，是一个很大的部首。其中，表示贬义的字约有 60 字，约占“女”部字的 1/4，例如，“妾”、“妬”、“佞”、“嫉”、“妒”、“妨”、“妄”、“奴”、“婢”、“奸”、“姦”、“姘”、“嬖”、“嫌”、“婪”等。这些以“女”为形符的字都是强势贬义词，反映了对女性的恶意歧视。此外，还有一些隐性的文字性别歧视，如《说文》："婦，服也。从女持帚洒扫也"，就是服侍男人、拿着扫帚打扫家庭的人；"娶，取妇也。从女从取"，意即像拿一件东西回家一样将女人拿回家做老婆；"嫁，女适人也。从女家声"，词源上与"贾"同源，而"贾"的意思为"买卖"，所以"嫁"就是买卖女人成家；"如，从随也。从女从口"，徐锴的《说文解字系传》说："女子从父之教，从夫之命，故从口。会意。"意思是女人应遵从男人，在家从父，出嫁从夫。王力主编的《王力古汉语字典》"女部总论"对于女部中的贬义词说："古人重男轻女，故凡不良的德行和行为多从女。"（王力，2000：185-186）古人在造这些字的时候，把人类两性共有的不良品性和行为，一股脑儿全都派给了女性。女部贬义字在造字之初反映了那个时代侮辱和损害女性的社会意识。在现代汉字中，这些字有的已经不用了，如"娭"、"婼"、"嬯"、"妏"、"嫯"、"婞"；有的后来改换了形符，如"媮"、"嬾"、"媿"、"嫚"、"媟"、"嬻"、"婬"分别改写为"偷"、"懒"、"愧"、"慢"、"亵"、"渎"、"淫"。但有些字现代还在继续用，还遗留着歧视女性的遗迹，按照西方"政治上正确"的原则衡量，显然都是"政治上不正确"的。

1952年，一位叫曹万林的中学老师乘新中国妇女解放之风，就歧视女性的汉字致信中华全国民主妇女联合会蔡畅主席，建议更换"奸"、"姤"、"嫉"、"媮"、"娼"、"婎"、"娸"、"姦"、"奴"、"娱"、"媚"、"妨"、"妄"、"嫌"、"姿"、"婪"等16个贬义汉字中的"女"旁，取消"媿"、"嬾"、"嬲"三个不必要的"女"旁字，以"消灭文字上的男女不平等现象，和卑视女人的余毒"。当时的中央人民政府教育部工农业余教育司代蔡畅主席复信，认为随意的更改会"隔断汉字的历史"，"引起文字的混乱"，"是不必要的"、"没有意义的"，而予以否定。①

近60年后的2010年，有位叫叶满天的律师发表了"16汉字之错：既不尊重女性，又误导儿童人生观?"的网文②，也认为"娱"、"耍"、"婪"、"嫉"、"妒"、"嫌"、"佞"、"妄"、"妖"、"奴"、"妓"、"娼"、"奸"、"姘"、"婊"、"嫖"16个"女"旁汉字的构造"对女性不公道"，"不尊重女性"，反映了"对女性的一种极深的偏见"，应该进行改造。叶文在中国网友之间引发了一场争论。反对者认为，汉字字形结构反映的是古代社会观念，我们可以用它来理解和解释历史、文化，但是不能用它来附会现代理念，更不能根据个人理解用现代理念去修改它。支持者认为，这些字将各种"莫须有"的罪名强加

① 曹万林，中央人民政府教育部工农业余教育司：讨论女旁字改字问题，见《中国语文》创刊号，1952，(1)：41。

② 见：人民网强国社区，http：//www.people.com.cn/GB/32306/33232/10798208.html。

在女性头上，反映出了封建社会对女性的偏见和蔑视，是对女性人格的极大侮辱和损害，是封建道德伦理对妇女的无情践踏。这些保留至今的字，说明歧视女性的封建观念根深蒂固、绵延不绝，至今仍未根除，应进行“去歧视化”的改造。其实汉字中体现的性别歧视，远非 16 个字那么简单。仅就《说文》而言，“女”部就还有许多隐性歧视的汉字，许多明褒实贬的汉字，以及以“女”为意符而没放在“女”部的字（如“安”），算起来不在少数。要算上东汉以后造出的“女”符贬义字，至今还在使用的（如“婊”），又何止区区 16 个？

在中国现实社会不太讲究语言“政治上正确”的背景下，曹万林和叶满天能提出这一观点，是难能可贵的，符合现代社会的政治文明。它与西方女权主义者改造歧视女性词汇的做法完全一致。既然我们可以并已经将带有民族歧视的汉字进行了成功的去歧视化、去污名化改造，如前述将“猺”、“獞”、“犾”、“犵”、“猪”、“狪”、“猓”、“狸”、“猡”、“狑”、“猏”、“狄”等侮辱性少数民族族称的文字，改造为“瑶”、“僮（壮）”、“仫”、“仡”、“佬”、“侗”、“倮”、“俚”、“伶”、“羌”、“水”等，我们自然也可以对性别歧视的汉字进行同样的改造。这不是痴人说梦，也不是庸人自扰，而是十分必要和有意义的。

与此相关，我们有必要谈谈 20 世纪初为女性第三人称而专造的新字“她”。学者刘禾（2002：49）认为，“她”是“这个时期最迷人的新词语之一”。由于汉语的第三身代词没有男女之分，近代多写作“他”，因此一直存在所指性别不明的问题。当西方语言中的男性的“he”和女性的“she”传入中国、翻译成中文时，竟不知如何应对而深为困扰。“五四”期间，新青年刘半农创造出一个女性专用的“她”字，划时代地对汉语代词进行了“重新性别化”，“打破了中式阴阳调和格局，进而改变了性别的语言版图”，“开启了中国女子的现代表述权”（古传吉，2009）。然而，当中国的女性们从“亻”旁“他”字的裂变中获得了一个专享的“女”旁“她”字而自喜时，却忽视了“女”旁汉字令其备受屈辱的历史，陷入了另一个不平等的泥潭。1934 年南京的《妇女共鸣》杂志就基于男女平等的观念，发表了一则拒用“她”字的“启示”：“本刊对于女性第三身的代名词，用‘伊’字，而拒用‘她’字。因为女性第三身用‘她’，男性第三身用‘他’，物件第三身用‘牠’，以‘人’旁，‘女’旁，‘牛’旁相比衬，男性是‘人’，女性是‘女’，物件是‘牛’，岂非是含着点女性非人的（意）思吗?”（黄兴涛，2009，插图 11 页）“他”、“她”的裂变，人为地将一个中性代词的“他”转化成一个阳性代词，建立了一个类似于英语 man 与 woman 的对立范畴，并影响人们将原本不区分性别的“亻”部字与男性联系起来，与女性和“女”部字对立起来。在复数第三人称指代上，男性化了的“他们”可以泛指男女两性，而女性的“她们”却限于指称女性集体。“他”、“她”两个形式上平衡的汉字，在性别指代范围的对称性、对等性上却造成了更大的失衡和新的性别歧视。

以上我们只是以英语为主，结合汉语来观察和分析语言，以及文字中对于女性的歧视。其实在世界许多语言中，都存在着跟上述英语同样的现象。它反映了男权社会男性的傲慢与偏见、自负和自恋，呈现出一幅男人称雄世界的社会图景，昭示了男尊女卑是古往今来的“普世价值”，揭示了政治语篇背后的意识形态。性别上的男性话语是男权社会强加给女性的软暴力，是压迫、欺凌、侮辱女性的语言暴力行为。它有违于“人人生而平等”的天赋人权和政治伦理、政治文明。因而当女权意识觉醒后，对女性的语言歧视就成为女权运动和女权革命家首当其冲的抨击目标。

五、女权对男权话语的革命

20 世纪下半叶西方兴起的又一次女权运动，即妇女解放运动，是民权运动的重要组成部分，是女权革命家反对歧视女性、争取女性权利、实现两性地位和权利完全平等的社会运动。女权运动对于传统男权的反抗和斗争是政治的延伸。它追求自然性别与社会性别的同一性，强调女性与男性在社会中的对等地位，消解了“男性中心”的传统观念和“男性霸权主义”，语言的性别革命就成为重要的手段，揭示语言中的性别歧视是女权运动的重要内容。运动要求在教材、大众媒体、法律条款、宗教经文等出版物中纠正“政治上不正确”的性别歧视语言，要求公众人物或在公共场合使用“政治上正确”的语言。

西方的女权革命家们为纠正“政治上不正确”的性别歧视语言，对语言中有性别歧视的词形进行了大量的去歧视化、去污名化改造。在英语中最主要的改造是用不带性别指向的中性词替换性别歧视词。这种替换的主要方法，是保留原词形中的部分词素，而将其中的词素“man”等男性词，替换成没有性别差异的中性同义词素“person”等。对词素的改造导致越来越多带“-person”词素的新词应运而生。例如，chairman 改成 chairperson（主席），congressman 改成 congressperson（国会议员），spokesman 改成 spokesperson（发言人），draftman 改成 draftperson（撰稿人），businessman 改成 businessperson（商人），freshman 改成 freshperson（大一新生），salesman 改成 salesperson（推销员）。

也有用其他中性词或词素替换“man”形成新词的，例如，cameraman 改成 camera operator（摄影师），weatherman 改成 weather reporter（气象预报员），policeman 改成 police officer（警察），manthood 改成 adulthood（人造

的）。或者创造全新的词取代带词素“man”的词，例如，mailman 改成 letter carrie（邮递员），manmade 改成 synthetic（人工制品）。或者想出其他种种可能的办法对原词中的词素“man”进行改造，例如，将 women（女人［复数］）改造成 womyn。

女权革命家不仅必欲将合成词中所有的“man”除之而后快，而且对其他男性词穷追猛打坚决不放过。例如，forefather（祖先）一词中有男性词“father”，排斥了“祖先”中的女性，因而用同义词 ancestor 予以取代。女权革命的这一成果甚至影响到了犹太教教义，导致犹太教将“God of father”（神父）改称为中性的“God of generation”，或者使用与之对称的“God of mother”（神母）。

由于英语中缺少一个表示中性单数第三人称的代词，在所指不明时只能用男性代词 he、his 来指称男女两性，这成了一个“政治上不正确”的问题。女权革命家认为这种指代将女性排除在外，是对女性的漠视和不尊重。为使“政治上正确”，须用“he or she”或者“his or her”和“his/her”的形式，而不能仅仅用 he 或 his；也可以将单数的 he、his 改为中性复数代词 they、their，用来兼指男性和女性。

女权革命家的“革命性”非常彻底，她们对“man”或者其他男性词似乎过于敏感，锱铢必较，达到了吹毛求疵的地步。她们针对 boycott（杯葛）中的“boy”构造出与之相对的新词 girlcott；针对 man of letters（文人）中的 man 造出相对的新词 lady of letters；她们甚至将“下水道井口”由 manhole 改造为 access hole。她们认为 history（历史）是男人眼光中的“他史”，因而造出一个与之相对的 herstory——女人创造的“她史”。据说英国的女权者们还要求把含有 man 的地名 Manchester（曼彻斯特）改成 Personchester，只是还没有被通过。这种近乎“性别仇恨”的情绪和除“恶”务尽的决心令人叹为观止。

女权运动对传统性别歧视语言的革命，对于西方的政治语域产生了广泛而深刻的影响。许多革命后的新词和表达方式已经被社会所普遍接受，许多已经进入词典成为正规形式而固定下来。例如，he or she、his or her 的说法虽然有些累赘，但在美国社会现在已经非常普及，尤其是在公众人物的演讲和报刊新闻中更常见。1991 年 3 月，美国纽约市市长丁金斯（David Dinkins）使用了一个政治上无比正确的表达方式：“our heroes and she-roes”（我们的男英雄和女英雄），来称呼参加海湾战争归来的军人，就反映了“he or she”表达方式强大的影响和渗透力。拥有全世界客户的 *ELT Journal*（《英语教学杂志》），对来稿形式就明文规定“只有性别指代明确时，才能使用 he、she、her，否则请用 he or she、they、them”。瑞典曾被推崇为世界上“两性最平等”的国家，如今他们新的追求不只是在性别差异的基础上追求两性平等，而是在语言上“去性别化”，尽可能弭平语言上的性别差异。他们用无性别的新词替代原来带有明显性别特征的词，如放弃 han（他）和 hon（她），采用中性化的新词 hen。一些儿童语言教材的编写者也创造了一些中性词，像原来的 mammor（妈妈）、pappor（爸爸）被新词 mappor、pammor 代替。在英国，甚至用法律手段来支持女权运动和语言性别革命——在新颁布的一项关于招工广告的法令中，声明如果招聘男女职员，禁止使用 he、salesman、storeman、postman、fireman 等带有性别歧视色彩的语言。语言性别革命也深刻影响到了宗教领域。据美国 *Winston-Salem Journal* 2011 年 3 月 28 日报道：最新国际版《圣经》更改中性语言。该版《圣经》是当今世界上最流行的英文译本，在最新问世的版本中，除了 God 仍用 he 指称以外，其他原来专用的男性指称词都尽可能用中性词代替，如用 people、they 而不用 men、he，用 brothers and sisters 而不仅仅用 brothers。新版译者认为在不破坏《圣经》原意的前提下，能做到消除性别歧视的语言自然就应该实行。据说某些现代计算机纠错系统甚至设置了自动提醒：“如果指代不确定性别，请将 man 换成 person。”

西方兴起的女权运动在长期波澜不惊的中国，也开始“风乍起，吹皱一池春水”。2015 年“春晚”因充斥着嘲笑女性的言行而涉嫌“女性歧视”，引起了农历新年的第一场社会风波。语言类节目调笑女子“跟挫男在一起最伟大”、“二十块钱拿走”，称大龄未婚女为“剩女”、“二手货”，称不够温柔的女性为“女汉子”，暗示“女领导靠性贿赂上位”等“毒舌”语言，惹得十多名被称为“女权主义者”的妇女向国家新闻出版广电总局寄送了一封举报信，抗议春晚，要求中央电视台停止播放包含歧视性、侮辱性内容的“春晚”节目。她们还在网络上发起抗议“春晚”歧视女性的请愿书，征集到了 1300 个签名，并且得到了中国官方媒体《中国日报》和社交媒体用户的支持。美国《华盛顿邮报》网站在当年的 2 月 25 日（正月初七）报道说：如果说这场晚会反映了中国社会普遍存在的性别歧视现象，那么至少令人欣慰的一点是，中国新生的女权主义运动的抗议得到了回应。

第八章　语言接触与社会交流

第一节　语 言 接 触

一、语言接触及其意义

一般而言，一个社会在形成之后，都不会在与世隔绝的环境中孤立、独自地生存和发展，都不可能在文化上完全自养、自给、自足，都要与其他社会发生或多或少的交流，通过社会的交流实现文化的流通互补，以推动社会的发展与进步。而语言则是社会文化接触中必不可少的交流媒介和依赖的工具。反过来说，语言的接触也必然以社会文化的交流为前提、背景和基础。因此，社会交流与语言接触是同步并行、相辅相成的关系。

由于不同社会之间文化和语言存在着差异，社会文化的交流必然给接触的语言带来相互的影响，促使接触的语言相互适应、相互调整、相互吸收，一方面从其他语言中吸收一些外来的成分，另一方面把自己的一些语言因素输出到其他语言中去，各自在接触中不断丰富和充实自身，以满足社会文化交流的需要，同时客观上也促进了语言的发展变化。在传统社会，迁徙和殖民引起的直接接触是语言接触的主要形态。在现代社会，通过纸质、音像媒体和教学引起的间接接触成为语言接触的主要形态。因此，自古及今语言的相互接触和影响都是语言存在的常态现象，不存在未被接触过的“处女语言”。马丁·路德在著名的“桌边谈话”中就认为“所有的语言都是混合的”，18 世纪意大利作家切萨罗蒂（Melchiorre Cesarotti，1730—1808）也曾反复论证过“没有一种语言是纯粹的”（伯克，2007：170）。

语言成分、语言影响的输入和输出，与社会中经济领域的商品贸易有相似性。各取所需，互通有无，互相促进，共同发展，这就是社会学家所说的“语言交换经济学”。但与经济贸易不同的是，发达的社会、文化往往具有强烈的辐射力，语言接触给接触双方的语言带来的影响，其大小强弱往往跟交流双方的社会地位和文化影响力平行，即社会地位高、文化影响力大的语言，输出的语言成分就多、给对方语言的影响就大，而输入的语言成分少、受到的影响小，反之亦然。这又类似于贸易中的“倾销”，是“不平等的交换”、“不平等贸易”。不过这种“不平等”是历史形成的必然，而非人的主观意志所能决定。历史上汉语、梵语、阿拉伯语、希腊语和拉丁语五种语言在传播文化上有过压倒优势，与其他语言有过广泛的接触，产生过深刻的影响。例如，汉唐以来古代汉语对周边日语、越南语、朝鲜语的深远影响，形成了所谓的“汉字文化圈”。现代汉语对国内少数民族语言的影响，使绝大多数的民族语言被汉语所不同程度地同化。这种“倾销”，正如萨丕尔（1964：121）所指出的：“这种影响往往是一面倒的，被看做文化中心的人群的语言，自然更可能对附近的语言发生显见的影响，而不那么为它们所影响。多少世纪以来，汉语在朝鲜语、日语和越南语的词汇里泛滥着，可是反过来，没有接受过什么。在中古和现代西欧，法语也发生了类似的影响。……英语从诺曼入侵者的法语，后来又从法兰西岛的宫廷法语，借用了大量的词，吸收了某些具有派生价值的附加成分；并且，和法语的接触可能有点刺激了它本身的趋向于分析的一般沿流，甚至让法语稍微改变了英语的语音格局。但是，英语对法语几乎没有影响。”

不过哪一种语言向对方靠近、程度如何，还取决于两者之间的属性、关系、心理状态等多种因素。语言成分、语言影响的输入和输出，不仅仅以社会、文化的高低、强弱论英雄，而且跟社会心理和文化的自信力、包容度相关。有时占优势地位的语言，由于社会文化的开放、自信和包容，使其较容易接受外来语言的影响，使之更加丰富和强大，正所谓“泰山不拒细壤故能成其高，江河不择细流故能成其深”。英语即是这样的语言。现代英语有借自 50 多种世界主要语言的外来词，使其逐渐拥有一个 50 多万词汇的巨大词库，从而使英语的表达能力大为增强。语言净化论者把英语称为一件“打满补丁的乞丐服”，斥之为“语言色拉”、“布丁语言”、“破碎的语言”、“杂种语言”。但也有人将英语借用外来词汇的做法与财富的积累和丰富联系起来，认为“英语之所以更加值得尊敬，而不是相反，恰恰是因为它是一种混合的语言”（伯克，2007：170-173）。英语之所以成为当今世界第一国际通用语言，除了英国、美国等国家强大的政治、经济、军事和文化实力外，与其广泛吸纳外来语言成分的包容性也有重要的关系。

语言接触具有文献学尤其是历史文献学的重要价值。语言中的外来成分、外来因素是社会文化交流产生的必然结果，也是社会文化交流留下的印记。通过对语言中外来成分、外来影响的分析研究，可以探索一个社会与其他社会在历史和现实、相同和不同时空的交流。帕默尔（1983：128）指出：“文化上的接触导致语言货物的交换。反之，如同考古学家根据陶器、装饰品和武器等文物的分布情况作出推论一样，对于语言借贷情况的分析也会给文化接触以及民族关系的研究提供线索。例如，法语中的日耳曼语借词一般同战争、武器、法律和政治有关"，"又如，表示街道的拉丁语词在欧洲的分布是很广的，我们单凭这一事实而无需进一步在历史和考古上取得确证就完全可以相信罗马人是修筑马路的能手。"词语的借贷是社会文化交流最明显和最直接的证据，因此"留意各个民族的词汇渗入别的民族的词汇的程度，就差不多可以估计他们在发展和传播文化思想方面所起的作用"（萨丕尔，1964：121）。也就是说，从借词的来源、时间、范围和类别，可以推出被借入的文化居于何等地位，推知文化的来源、时间、范围和类别。11 世纪，不列颠被法国诺曼族征服，很长时间内英国贵族讲法语，在英语中留下了许多法语借词，如 revolution（革命）、government（政府）、literature（文学）、art（艺术）、war（战争）、peace（和平）等，表现了法国统治者控制了国家政权和意识形态的状况。一个有趣而总被语言学家引用的例子是，英语中至今保留着"家畜的名"与"家畜的肉"两套相对应的词：cow（母牛）、ox（公牛）、pig（猪）、sheep（羊）lamb（羔羊）都是英语词，而 beef（牛肉）、pork（猪肉）、mutton（羊肉）却都是法语借词。这一具有语言历史文献学意义的证据表明：在被法国统治时期，讲英语的下层老百姓是这些家畜的饲养者，而讲法语的诺曼贵族和英国上层社会是不劳而获的食肉者。在 16—17 世纪，英语从意大利语借用了较多的艺术用语，表明在艺术上意大利处于领先地位而英国正在试图追赶它。

语言接触主要存在于不同的语言之间。另外，同一语言中不同的语言变体，如地域方言、社会方言之间，也存在语言接触。传统的理论语言学习惯于将研究的眼光投放在不同语言的接触影响上。随着社会语言学学科的诞生，语言学家从社会学角度对语言变体之间的接触影响产生了浓厚的兴趣，产生了一些新的观点和研究方法，研究工作取得了长足的进展。但相对于前者的研究而言，后者的研究还远远不够，是一个有待开发的研究领域。

二、语言接触的形式

语言接触有很多种表现形式，主要有借用、混合、同化、语言联盟等。

（一）借用

语言接触最常见的表现形式是语言的借用。最常见的语言借用是词语的借用。词语借用的结果是产生借词。借词就是一种语言从另一种语言中连音带义一起借来的词，又叫作外来词。在历史发展过程中，由于自然和社会的原因，各个社会、各个民族总有一些自己独特的事物，包括有形的物品和无形的思想观念，在语言中具有记录这些独特事物的词。当不同社会进行交流的时候，彼有我无的新鲜事物，就会连它的语言形式一起被引进过来，这样就产生了借词。

历史上汉语在向日语、越南语和朝鲜语输送大量借词的同时，也从西域、印度和欧洲语言中引进了大量的借词，极大地丰富了汉语的词汇，以至于现代汉语如果缺少了这些借词，如“葡萄”、“菩萨”、“魔鬼”、“沙发”、“的士”和“酒吧”，将会严重影响语言的表达。关于借词对于语言广泛而深刻的影响，将在下一节“语言中的借词”中作进一步的阐述。

除了词语的借用之外，语言还存在语法上的借用，有的语言学家称之为结构性的借用。赵元任先生曾经指出，汉语“政变在越南”是借英语的名词句语法的结果，具体来自“coup in Vietnam”。这种结构性借用在汉语中已成为一种时髦的表达方式而流行，如“影音在线”、“学在华科”、“爱在华师”、“留学在海外”、“社会语言学在中国”等。汉语中的“被打”、“被骗”、“被罚”是受到英语 is beaten、is swindled、is punished 之类句式的影响而出现的语法现象。汉语动宾结构的合成词又可带宾语的现象也是受到英语的影响而出现的，如“出版一本书、登陆上海、挑战主持人”等，明显是受了英语 publish a book、load in Shanghai、challenge the host 的影响而出现的语法现象。这是一种深层次的借用，因为它已经涉及了借入语言的基础。如果发生大量的语法借用，将会撼动语言的基础，改变语言的本质，变成本语和他语交融的混合语。

（二）混合

虽然语言间的相互借用和影响非常普遍，但是能真正达到“混合”程度的并不多。根据语言“混合”程度的轻重深浅，其结果将会形成“皮钦语”和“克里奥尔语”两种混合语。混合语是由两种或多种语言混合之后产生的一种非此非彼的新的语言形式，混合语的产生有可能标志着新的社会群体或文化群体的产生。

“皮钦语”（Pidgin）是不同语言浅层次的混合，从纯粹语言学的观点来看，皮钦语处在语言发展尚未成熟和定型的初级阶段，是没有共同语言而又急于进行交流的人群中产生的一种临时性语言混合。皮钦语通常流行在使用不同语言进行贸易的通商口岸，如中国的广州、澳门、上海等地。中国最负盛名的皮钦语是流行在中国上海的洋泾浜语。此外，在时间不长的殖民地，也会产生这种浅层次的、发育不成熟的混合语。例如，20 世纪三四十年代流行于“伪满洲国”的“协和语”，是日本侵略、殖民中国东北时期汉语和日语接触形成的混合语，如“你的帮我，我的钱的大大的给”，“高桥欧库桑，人的看见没有？哪边的跑了的有?”随着伪“满洲国”的灭亡，协和语逐渐消失，今天还偶见于中国的一些抗日战争的影视剧中。

皮钦语一旦扩大词汇、规范发音、严密语法，逐渐发展丰富起来，成了一定社会群体中的共同交际语言或独立语言，拥有将其作为母语学习和传承的固定人群，就形成了混合程度较高的“克里奥尔语”（Creole）。在非洲及太平洋热带地区，因欧美各国的殖民政策导致的英国、法国、葡萄牙等殖民者的语言与土著语言混合而成的克里奥尔语，如塞舌尔、牙买加、毛里求斯、几内亚比绍等国的克里奥尔语，瓦努阿的比斯拉马语，皮特凯恩群岛的皮特凯恩语，圣多美普林西比的佛罗语，新几内亚的托克语，都固定下来并合法化，成为正式、共通、公用的语言，具有官方或半官方语言的地位。中国海南琼山由黎语、汉语等多种语言混合而成的“村话”，青海同仁县五屯村由汉语、藏语、蒙古语等混合成的“五屯话”，青藏高原由藏语、汉语混合成的“倒话”，甘肃东乡县东乡语、汉语混合成的“唐汪话”，湘西南苗语、侗语、汉语混合成的“酸汤话”，都是中国的克里奥尔语，是独立的语言。据笔者的初步调查和分析，湘西古丈、沅陵、泸溪一带语言性质不明的“瓦乡话”，可能也是苗语、汉语混合而成的克里奥尔语。

（三）同化

语言同化又叫语言融合或语言替换，是指一种语言取代其他语言，成为不同民族共同的交际工具。在语言接触中，如果互相接触的两种或多种语言在势力上的强弱优劣过于悬殊，弱势语言就会受到强势语言的同化。

语言同化产生的原因：一是族群杂居，长期接触。一个少小民族如果长期杂居、散居在一个主体民族中，与之具有密切的经济和文化往来甚至进行族际通婚，就会发生语言同化。例如，南北朝以来先后入主中原的鲜卑族、契丹族、女真族、满族与汉族杂居，其语言也逐渐融入汉语而消失。我国回族早期使用的阿拉伯语和波斯语，现在也同化于汉语。而异地生活、独立聚居的民族一般不会发生语言同化。二是社会综合势力不平衡。如果不同的语言族群在经济、文化、人口等方面的强弱优劣过于悬殊，它们就不太可能在自然状态下并存或者混合，而是一种强势语言同化其他语言，弱势的社会群体放弃自己的语言转用强势语言。强化的背后实际上反映的是社会综合实力的竞争。

语言同化的方式：一是自愿同化。有的民族在长期的语言接触中自愿放弃本民族的语言，选用其他民族的语言。例如，我国南北朝时期鲜卑拓跋氏建立北魏政权，定都洛阳，魏孝文帝制定禁归葬，变姓氏，改籍贯，弃胡服，奖通婚，尊孔子，“断诸北语（鲜卑语），一从正音（汉语）”等一系列政策，促进了民族的融合和语言的同化。二是强迫同化。占统治地位的强势民族迫使弱势民族放弃他们的语言而改用自己的语言。例如，日本侵略者占领我国的东北和台湾时，在占领区强制推行日语。沙皇俄国、法西斯德国，也曾经在他们占领的国家实行残酷的语言同化政策。英国殖民美洲后推行的唯英语教育，也迫使许多印第安部落放弃自己的语言而接受英语。一种语言被同化、消亡后，往往会在同化者的语言中留下一些语言痕迹，主要是地名，这就是所谓“语言的底层”。

不管是自愿的还是强迫的，一种民族语言被完全同化并非朝夕之功，往往要经历一个漫长的过程。语言的同化一般都要经历从母语到双语再到第二语言这样的过程，即由单一的民族母语，过渡到以母语为主、第二语言为辅的双语阶段，再到第二语言强化、母语弱化的双语阶段，最后母语消失，转用第二语言。

语言的同化必然伴随着社会的整合、民族的融合。社会的统一、民族的融合、语言的同化是三位一体、并行发生的。同理，如果社会、民族朝分裂的方向发展，语言就会排斥同化，各自发展。

（四）语言联盟

语言联盟（sprachbund）是指同一地区的语言，不论其属于什么语系，由于经常密切接触、相互影响，往往在语音、语法、词汇等方面呈现出许多共同的语言特征，形成结构相似或趋同的语言地域共同体。如果两种或多种语言长期相邻，即使没有亲属关系，也会逐渐具有相似、相同的特征，从而形成“语言联盟”。

不同语言之间具有共同的语言特征，要么是它们具有发生学上的关系，即由同一母语分化为亲属语言之后保留下来的共同特征，它是语言分化的结果。要么是不同语言长期共存、互相影响、彼此渗透、逐渐聚合而形成具有共同特征的语言联盟。前者犹如兄弟之间形貌的相似，是因为他们有共同的血缘关系；后者犹如夫妻之间形貌的相似，是因为他们长期的共同生活产生了心性与形貌的互相感应和渗透而形成所谓的“夫妻相”。与亲属语言的分化相反，语言联盟是语言聚合发展的产物，是处于同一地域范围内的语言长期发生接触的结果，因此语言联盟又称为“语言聚合区”。

最有名的语言联盟是欧洲的巴尔干语言联盟。巴尔干半岛上有 7 种属于印欧语系但不同语族的语言——保加利亚语、马其顿语、塞尔维亚语、克罗地语属于斯拉夫语族，罗马尼亚语属于罗曼语族，希腊语和阿尔巴尼亚语各为印欧语系内的独立分支。巴尔干半岛上各民族联系密切，在文化、经济、政治、人口比例上均相对平衡，因此产生了语言联盟，这些语言之间形成了格的减少、不定法的消失、后置词的发达等一系列新的共同语法特征。

另一个有名的语言联盟是我国南方、中南半岛地区的语言联盟，是由汉藏语系、南亚语系和南岛语系的语言形成的联盟。联盟中的诸种语言大多都有声调，语素以单音节为主，有较丰富的量词系统，属于缺乏形态变化的孤立语。这些相似并非因为它们来自共同的母语，而是因为后来的密切接触而产生于这一区域的。例如，南亚语系中其他语言都是多音节语，没有声调，但越南语和位于中国境内的佤语、德昂语、布朗语等却受汉语的影响而变成单音节语，越南语和布朗语中甚至受汉语影响而产生了声调系统。

第二节　语言中的借词

一、汉语中的借词

借词（loanword），又叫外来词，是语言接触中最普遍、常见和最重要的社会语言现象。历史上汉族文化对周围的国家和民族产生过强大的影响，在日本、朝鲜、越南等国的语言中留下了大量汉文化影响的痕迹。然而，文化的影响是双向的，汉民族同样受到外来文化的影响，在汉语中也留下了外来文化在语言上的证据——借词。不同民族之间的文化交流是促进人类社会进步的主要动力之一，借词就是文化交流的结晶，是异文化的使者。分析汉语中的外来词，就是探索汉民族接受外来文化的历史。

在先秦时期，汉语就产生了借词，此时的借词可识别其明确来源的不多，主要是来自西北民族的语言、表示物质文化的借词。历史学家已经证明，在先秦文献中出现的“轻吕”，即《汉书·匈奴传》“单于以径路刀金留犁挠酒”的“径路”。颜师古注《汉书》引应劭曰：“径路，匈奴宝刀也。”“轻吕”、“径路”可能是古代突厥语 kingrak（“短刀”、“匕首”）的音译，或者与现代马来语 kris（“短剑”）、藏语 gri（“刀”）都有关。又如，《楚辞·大招》中的“小腰秀颈，若鲜卑只”，《招魂》中的“晋制犀比，费白日些”，《战国策·赵策》中的“遂赐周绍胡服，衣冠具带，黄金师比”，这里的“鲜卑”、“犀比”、“师比”，还或写作“私纰”、“胥纰”、“犀毗”，都是匈奴语“serbi”一词的音译。serbi 是匈奴使用的一种带钩，上有貙兽的形象，貙即鲜卑，古代鲜卑人崇拜貙，因而把它作为本部族的名称，又把刻有这种貙的形象的带钩也叫鲜卑[①]。

自西汉以后至今，汉语中产生了大量借词。这些借词大多是伴随着西域文化、印度文化和欧美文化涌进汉民族文化中的。这三种文化进入中国，恰在三个不同的历史时期，即汉代的西域文化，魏晋隋唐的印度文化，明清至今的欧美文化。我们按历史顺序分别叙述汉语借词所反映的上述三种文化输入中国的特点。

(一) 汉代西域文化与借词

"西域"是我国古代对西部疆域的泛称，在古代文献中多指天山以南、昆仑山以北、葱岭以东、玉门关和阳关以西的诸多国家和地区，包括今中国新疆大部、中亚部分地区，以及古波斯、印度等欧亚大陆的中心地区。汉武帝建元二年（公元前 139），汉武帝派张骞出使西域，打通了汉朝与西域的通道。此后汉朝与西域的交流日见繁盛，著名的丝绸之路随之开通，西域文化大量涌入汉土，在中国历史上产生了划时代的重大意义。这一时期输入中国的主要是异域的物质文化，如植物、动物、矿物、宝石、金属、乐器、纺织品等。西域文化在汉语中留下了大量这些方面的借词。如：

"苜蓿"：始见于《史记・大宛列传》："马嗜苜蓿，汉使取其实来，于是天子始种苜蓿、蒲陶肥饶地。""苜蓿"是大宛国天马的饲料，汉武帝爱天马，遂至爱苜蓿，离宫别馆俱种之，后流至民间。苜蓿或是古大宛语 buksuk（或 bukxuk，bukxux）的译音。

"葡萄"：始见于《史记・大宛列传》，见上引文。史籍又作"蒲陶"、"蒲桃"、"蒲萄"、"葡萄"、"葡陶"。应是大宛语 bu-daw 或 bādaga 的译音，相当于古波斯语的 bātak（或 budāwa）。

"匈奴（胡）"：始见于《史记・匈奴列传》。"匈奴"和"胡"均为匈奴自称 Huns（"人"）的音译。印度文献作 Huna，罗马文献作 Hunni，希腊文献作 Xouos，后作 Huns，都是匈奴的自称。"胡"始见于西汉，《汉书・匈奴传》："南有大汉，北有强胡。"原本也是匈奴的自称，后从专称变为通称，泛指东部和西部的其他民族，现在仍是现代汉语非常活跃的一个基本语素，作为表示异族异域的修饰成分，如胡琴、胡萝卜。又由异族引申出蛮横、胡来的贬义，如胡说、胡闹、胡言乱语、胡作非为。作为名词性语素，又可构成二胡、京胡、

---

① 包尔汉、冯家升的《西伯利亚名称的由来》（《历史研究》1956 年第 10 期）一文考证"鲜卑"源于俄语 sibir。它是一种人的称呼。这种人在古汉语中作"鲜卑"时，本意指一种兽，相当于蒙古语 sobar，汉语叫貙（五爪虎）。鲜卑人视之为瑞兽而崇拜它，把它用作本部落的名称，同时把它的形象铸造在金属带上作为该部落的标志。现在"西伯利亚"（Siberia）的名称也来源于此。

板胡等胡琴类乐器（史有为，1991：33-35）。

“狮子”：始见于《汉书·西域传》，写作“师子”：“乌弋……有桃拔、师子、犀牛。”《洛阳伽蓝记》卷三《永桥》：“狮子者，波斯国王所献也。”可知狮子原非汉地所有，是个外来词，它可能是波斯语 sēr，或粟特语的 šrəw、šaréə 的译音。

“琥珀”：始见于《汉书·西域传》，写作“虎魄”：“罽宾国出……珊瑚、虎魄、璧流离。”源于突厥语 xubix，或说来源于叙利亚语 harpax 或波斯语 kahrupai，一种黄褐色透明的矿物，是地质时代植物树脂的化石，可作装饰品，或用于制造琥珀酸或黑色假漆，中医用作镇惊安神药。

“石榴”：始见于东晋张华的《博物志》，即“张骞使大夏，得石榴”。北魏贾思勰的《齐民要术》、南宋陈景沂的《全芳备祖》均引西晋陆机的《与弟云书》：“张骞为汉使外国十八年，得涂林，安石榴也。”“涂林”或即梵语 darim 的译音，是石榴的别名。安石榴可能来自中亚古国安息国。安息即帕提亚古国，在今波斯，自古产石榴。帕提亚王朝名 Arsak，正是“安石”的对音（劳费尔，1964：110）。“安石榴”后省称为石榴，在汉族民间是多子的象征。

另外，见于汉代文献的还有单于、阏氏、箜篌、批把（琵琶）、烟支（胭脂）、茉莉、阿魏、乌弋山离等，基本上限于各类事物和人物的名称。

以上借词采用的是音译的办法。另有一种意译的办法，即在汉语原有的词前面加上一个已经汉化了的“胡”字，以示其词所代表的事物是来自西域，就像中古用“番”、近代用“洋”作修饰语表示外来事物一样。这些词不属于借词范围，但它记录的事物却是借入的，如胡瓜、胡麻、胡豆、胡桃、胡荽、胡琴、胡笳、胡杨、胡椒、胡盐、胡桐、胡菜、胡蒜、胡葱、胡铁、胡粉等。“胡”既是中亚各民族的通称，又是一个含义广泛的地理概念。西域来源的外来文化及其借词，自西汉张骞开始，直到元明时期，绵延未断，不绝如缕。

（二）魏晋、隋唐时期的印度文化与借词

印度文化是随着佛教传入中国的。东汉明帝八年（65）派蔡愔到西域求佛法，两年后蔡愔回来，同时西域僧人摩腾、竺法兰用白马驮经来到中国，佛教开始传入中国。桓帝时，宫中立浮屠，译佛经。佛教既为统治阶级所信仰，也被普通民众所接受，因而迅速风靡全国，佛教信徒满天下，佛教成为社会生活极其重要的一部分，佛教用语不可避免地输入汉语词汇。从影响大小的角度来说，佛教文化比西域文化对汉语的影响要大得多。

由于佛教文化纯粹是外来的精神文化，许多概念、术语在汉语中都找不到相应的词来翻译，所以有相当部分的词都是译音借词。这些进入汉语的外来

词，大致可分为三类：一类是只见于佛经，未进入全民语言，这类借词对汉语的影响不大；第二类是曾在某一历史时期进入全民语言，但后来又消失了，这类词对汉语的影响也不大；第三类是进入全民语言，并一直保留至今，这类借词对汉语的影响既大且深。例如，Buddha（佛图），简称“佛”；Samgha（僧伽），简称“僧”；Dhyána（禅那），简称“禅”；Thūba（塔婆），简称“塔”。又如，Kasaya（袈裟）、Yaksa（夜叉）、Arhān（罗汉）、Cina（支那）、Namo（南无）、Amitābha（阿弥陀佛）、Bodhisattva（菩萨）、Yoga（瑜伽）等。

不过这类音译词毕竟只能表达词的语音外壳，让人难以理解词的意义和内容。为弥补完全音译的不足，在这个时期还出现了一种“华梵皆举”的借入方式，即在一个梵语音译词的后面，附加一个汉语词以弥补意义的不足，以便信众容易理解接受。如：

“忏悔”：Ksama（忏摩），简称“忏”，附加汉语词“悔”以示悔过。

“劫难”：Kalpa（劫波），简称“劫”，附加汉语词“难”以示其为一种灾难。

“魔鬼”：Māra（魔罗），简称“魔”，附加汉语词“鬼”以示其为鬼魅之类。

“尼姑”：BhikchunÊi（比丘尼），简称“尼”，附加汉语词“姑”以示其性别。

“阎王”：Yamaràja（阎罗），去掉“罗”后加上汉语词“王”以示其为鬼中之王。

在佛经翻译中，还出现了大量组合汉语原词而另赋新义的意译词。如：

“世界”：汉语不连用。佛义为“世为迁流，界为方位”，指时间和空。

“因果”：汉语不连用。佛义为“原因和结果”。

“结果”：汉语为“结成果实”。佛义为“原因造成的后果”。

“圆满”：汉语不连用。佛义为“圆融无碍”。

“方便”：汉语不连用。佛义为“利物有则云方，随时而施曰便”。

“平等”：汉语不连用。佛义为“无高下深浅之别”。

这些“外来概念词”属于旧词新义，符合汉语词义的引申和构词的规律，不属于借词，但外来的宗教概念和动力促使大量汉语新词的产生，具有语言学和哲学研究的重要意义。像地狱、法门、宿命、慈悲、导师、金刚、道具、信心、信仰、演说、赞叹、尊重、烦恼、究竟、妄想、障碍、胜利、利益等，这些词已经深入到汉语的基因中，浑然天成，一些已经成为家喻户晓的词语，对汉语产生了巨大的影响。

佛教借词主要反映的是精神文化中的宗教文化，这与西域借词有显著的不同。文化交流中的物质文化比较容易交流，精神文化的交流则需要较长时间的过程，改变人的意识，接受一种新的思想，远比接受一种饮食、用品、工具要难得多。佛教作为一种外来的宗教文化，之所以很快被汉族社会接受，与民众的精神需求、统治者的提倡、佛教徒的竭力翻译佛经讲授佛法三者分不开。

（三）明清以来的欧美文化与借词

明清以来，随着西方传教士进入中国，西方文化开始东渐。尤其是1840年的鸦片战争，打破了古老的中华帝国闭关自守的堡垒，在洋人坚船利炮的伴随之下，西方欧洲文化蜂拥而入，反映西方文化内涵的借词也如巨流一般注入汉语词汇，至今方兴未艾。这一期的借词有三个特点：一是数量之多超过前两类借词；二是涉及范围之广超过前两类借词，凡物质文化和精神文化的各个领域无不囊括；三是音译和意译并用，而以意译占绝对优势。音译时更加重视语音对应的准确严密。

这一时期来自英语的借词最多，如pound（磅）、don（吨）、opium（阿芙蓉）、guitar（吉他）、violin（梵哑铃）、saxophone（萨克斯风）、rumba（伦巴）、tango（探戈）、gas（瓦斯）、Utopia（乌托邦）、angel（安琪儿）、miss（密斯）、pass（派司）、Hollywood（好莱坞）、broad way（百老汇）、motor（马达）、copy（拷贝）、humour（幽默）、cartoon（卡通）、model（模特）、modern（摩登）、whisky（威士忌）、chocolate（巧克力）、cigar（雪茄）、Hormone（荷尔蒙）、Freon（氟利昂）、golf（高尔夫）、Reuter（路透社）、grammar（葛郎玛）、mosaic（马赛克）、lemon（柠檬）、salad（沙拉）、sandwich（三明治）、cocoa（可可）、curry（咖喱）、penicilin（盘尼西林）、aspirin（阿司匹林）、vaseline（凡士林）、microphone（麦克风）、show（秀）等。

来自法语的借词如ballet（芭蕾舞）、fontaine bleau（枫丹碧露）、champagne（香槟）、montage（蒙太奇）、salon（沙龙）、ampère（安培）、bourgeois（布尔乔亚）等。

来自德语的借词如Gestapo（盖世太保）、heroin（海洛因）、mauser（毛瑟枪）、Nazi（纳粹）、konzern（康采恩）等。

来自俄语的借词如комбайн（康拜因）、водка（伏特加）、царь（沙皇）、марксизм（马克思主义）等。

来自其他语言的借词如意大利语fascismo（法西斯）、Roma（罗马），希腊语Christos（基督）、Apollo（阿波罗），拉丁语Missa（弥撒），希伯来语Ādāma（亚当）、Satan（撒旦）、Gan Edēn（伊甸园）等。

以上三个时期的汉语借词，真实记录了汉族历史上在什么时间、从什么地方、引进了什么样的文化。汉代从西域借入的表示物质文化的借词，表明西域丰富的物产为汉民族所无，因而引进中国，成为汉族物质文化的一个重要来源和组成部分。魏晋到隋唐时期从印度借入的丰富的佛教文化借词，反映了佛教对中国哲学、宗教思想的巨大影响。明清以来的欧美文化借词，体现了西方的科学文化和工业文明对中国儒家文化和农耕文明剧烈的冲击和强大的影响。

二、汉语借词的借入方式

汉语借词的借入方式，大致有如下几种。

(一) 纯粹音译

纯粹音译是指翻译所用的汉字不具有任何汉字字面上的意义，只用来传达一个声音，如 dozen（打）、tin（听）、card（卡），记录的是三个原词的读音，绝对没有汉字字面上跟“敲打”、“听见”、“卡住”等相关的任何意义；同样，show（秀）、cool（酷）也没有任何“秀丽”、“残酷”的意思。radar（雷达、马达）无关雷、马和到达，logic（逻辑）无涉于巡逻，不能从字面上看出任何意义上的端倪，也不能根据汉字的意义去理解外来词，类似于汉字“六书”中属于用字之法的“假借”。

对某些外来词以音译方式处理，是翻译中的一个重要原则。最早提及音译的必要并订立原则的是唐代僧人玄奘。他总结多年翻译佛经的经验，提出了“五不翻”原则，用以指导佛经的汉译。所谓“不翻”并不是不翻译，而是对五种情况的外来词采用“拿来主义”的方法，只音译，不意译。① 很多汉语原来没有的概念，始于译音，过后理解、逐渐普及，久而久之终于融于汉语，甚至意识不到它们原来是外来词，如“葡萄”、“和尚”、“沙发”、“扑克”之类。

音译的好处，是简单便捷，因为它只管音不管义，可以即时随便用音同音近的汉字去翻译原词，无需过多去考虑原词的意义，也不必费心去斟酌、选用与原词意义相关的汉字来翻译。另外，音译借词的外来色彩十分明显，常用以表示一种现代、时髦、洋气的风格色彩，在社会的应用中颇能满足一些人的虚荣，当作显示身份、地位的符号。

---

① “五不翻”：其一，秘密故。佛教具有神秘色彩的词语如真言、咒语，微妙深隐，不可思议，故不能采用意译的方法，而应采用音译。其二，多义故。如一词含有多种意义，不可任择其一种意义而意译之。其三，此方所无故。彼方特有而中国所无之物，如阎浮树，只产于印度等地，中国没有，所以采用音译。其四，顺古故。即沿用已久、约定俗成的译名，保留前人形式，不改译、重译。其五，存尊重之心故。有些事涉庄重、神圣的词语，用音译能令人生尊重敬仰之心，意译则有冒犯亵渎、轻浅世俗之感，故应音译而不意译，如般若、释迦牟尼、菩提萨埵，通常不译之为智慧、能仁、道心众生。参看宋周敦义的《翻译名义序》。

音译的弊端：一是将外语读音直接转写成汉字，生吞活剥外语词，等于没有翻译，所以玄奘视之为“不翻”。一般人初次接触音译词时莫名其妙，不解其意，自然就减弱了交流思想的作用。19 世纪 70 年代中国第一位出使英国的清朝外交官员郭嵩焘的《伦敦与巴黎日记》，大量使用音译法，其中所见的“由尼法希谛”、“卜鲁非色”、“戛尔敦”、“瓦得”、“魁英”等，如无解释，我们很难知道它们就是 university（大学）、professor（教授）、garden（公园）、water（水）和 queen（女王）的音译。陈原曾杜撰了一段文字游戏，把若干时期的音译借词“恶作剧地”组织、排比在一起，说明早期音译借词给阅读理解带来的困难和障碍（括号里的外文和意译为引者所加）：

> 五四前后，关于柏理玺天德（president，总统）说得不多，倒是人们成天嚷着欢迎德先生和赛先生——那就是德谟克拉西（Democracy，民主）和赛恩斯（Science，科学）。主义学说纷至沓来，什么安那其（anarchism，无政府主义），什么康敏尼（communist，共产主义），不一而足。当时有个尖头鳗（gentlemen，绅士）提倡费厄泼赖（fair play，公平忍让），而另一位蜜司脱（Mr.，先生）则以为爱斯不难读（Esperanto，世界语）可以代替汉字。布尔什维克（俄 Большевик，多数派，共产党）的胜利带来了新的启示：社会主义要发生奥伏赫变（德 Aufheben，变革），特别是要传播普罗列塔利亚（Proletariat，无产阶级）的意德沃罗基（ideology，意识形态）。但有些小布尔乔亚（法 bourgeoisie，资产阶级）印贴利更追亚（俄 Интеллигенция，知识分子），却带着生的门脱儿（sentimental，伤感情调），倾听白提火粉（Beethoven，贝多芬）的生风尼（symphony，交响乐）和朔拿大（sonata，奏鸣曲），悠然产生了烟士披里纯（inspiration，灵感），写下了一首首商籁（sonnet，十四行诗），预祝英德耐雄纳尔（international，无产阶级国际）的实现。（陈原，1980：65-66）

这一段“天书”，看起来字字都认识，但说的是什么意思，让人摸不到头脑。如果看括号里的外文或意译，则原来如此，涣然冰释。

音译的第二个弊端，是原本译音的汉字，往往因为汉字“见形知义”的特点和汉人“望文生义”的惯性，导致误解其意，如古波斯语 Zumurud，汉语译作“祖母绿”或“子母绿”，其实与“祖母”、“子母”无干。梵文 Dhyana 简译作“禅”，却有人理解为“禅让”。梵文 Sakyamuni 译作“释迦牟尼”，也有人误解“释”为“释放”。近代曾有人将英文 logic 的音译“逻辑”理解为“巡逻缉拿”，将法语 Napoléon 的音译“拿破仑”理解为“拿一个破轮子”。即使如李时珍这样的大家，也曾在他的名著《本草纲目》中将“葡萄”理解为“人酺饮之，则陶然而醉，故有是名”[①]，何况他人乎？

音译的第三个弊端，是某些音节过多的外语词，音译后认读起来绕口、费力、难记，如中古的佛经翻译将梵语 Anuttarasamyaksambodhi 音译为“阿耨多罗三藐三菩提”[②]，近代郭嵩焘将英语 *Wealth of Nations*（《国富论》）音译为“威罗士疴弗呢顺士”，National Picture Gallery（国立画院）音译为“纳慎阿尔毕觉尔嘎剌里”，First Lord of the Admiralty（海军大臣）译为“弗尔德罗尔得阿甫齐阿尔得墨尔阿尔地”，Secretary of state for the Home Department（内政大臣）译为“塞克力达里阿甫斯谛得弗尔齐和满谛巴尔特门得”，真是挑战读者的耐心和定力，让人不忍卒读。即如“五四”前后流行的“德谟克拉西”、“普罗列塔尼亚”、“英德耐雄纳尔”，放在今天也是难以接受的。

音译的第四个弊端，是汉语语音同外语迥异，很难做到音同；汉字同音字多，极易造成一词而两形甚至多形。如大宛语“葡萄”史籍又音译作“蒲陶”、“蒲桃”、“蒲萄”、“葡萄”、“葡陶”；梵文 Thūba，佛经译作“塔”、“塔婆”、“兜婆”、“兜波”；英语 laser 译作“雷射”、“莱塞”、“镭射”，chocolate 译作“巧克力”、“朱古律”、“查古列”、“勺古力”等十余种写法。如不统一译名，将会造成严重的语言混乱。

（二）类化音译

类化音译是在音译词的前面或后面附加一个表示意义类别的汉字，给毫无意义感觉的音译词指示一个意义归属的类别、方向或范围。这种方法类似于汉字结构方式中的形声字，比如，“江”，音译词就相当于声符“工”，附加的汉字相当于形符“水”，形符“水”即指示“江”的意义类别。

在类化音译中，表示意义类别的汉字大多附加在音译词的后面。如 beer 加“酒”译为“啤酒”，Champagne 加“酒”译为“香槟酒”。再如：

car 加“车”译为“卡车”，card 加“片”译为“卡片”；

neon 加“灯”译为“霓虹灯”，rally 加“赛”译为“拉力赛”；

ballet 加“舞”译为“芭蕾舞”，cement 加“土”译为“士敏土”；

xaba 加“狗”译为“哈巴狗”，Czar 加“皇”译为“沙皇”；

cigar 加“烟”译为“雪茄烟”，waffle 加“饼”译为“威化饼”；

nougat 加“糖”译为“牛轧糖”，chocolate 加“糖”译为“巧克力糖”；

---

① 《本草纲目·果部》第三十三卷“葡萄”条：“葡萄，汉书作蒲桃，可以造酒，人酺饮之，则陶然而醉，故有是名。”

② 意译为无上正等正觉，即是真正平等觉知一切真理的无上智慧。

golf 加“球”译为“高尔夫球”，domino 加“骨牌”译为“多米诺骨牌”。

汉字附加在音译词前面的较少，如 bar 加“酒”译为“酒吧”，tyre 加“车”译为“车胎”（“胎”意音兼译）。

类化音译在字面意义的表达上比纯粹音译进了一步。尤其是音译词在前、汉语词在后的“偏正结构”形式，音译词只是修饰成分，附加的汉语词是中心语素，人们据汉语词就可以领会该词的大概意思。这种翻译中西合璧，简便而又能达意，最接近于意译词，是一种比较科学合理的翻译方式。

（三）意音皆译

意音皆译是在译音时尽量选择能表达原词词义的汉字，既译其音，又译其意，意音兼顾，使人从音译借词的用字上可看出它的意义。这种译法颇费心思，难度较大。但是一得妙译，就能不胫而走。如 club（社交性娱乐场所）译为“俱乐部”、Gestapo（德国法西斯秘密警察组织）译为“盖世太保”、simmons（弹簧床垫）译为“席梦思”、vitamin（人和动物营养、生长所必需的某些少量有机化合物）译为“维他命”、coolie（出卖力气干重活的工人）译为“苦力”、tycoon（某一地方或行业有势力的人）译为“大亨”、bandage（包扎伤处或患处的纱布带）译为“绷带”、vermouth（一种以香草加味的白葡萄酒）译为“味美思”、shampoo（洗发水）译为“香波”、Benz（德国汽车名）译为“奔驰”、TOFEL（作为外语的英语测试）译为“托福”、share（分享、共享）译为“晒”、hacky（专门利用电脑网络搞破坏或恶作剧的人）译为“黑客”、IKEA（瑞典家居公司名）译为“宜家”等。

下面再举几例说明意音皆译的妙处。

据说 20 世纪 20 年代美国品牌饮料 Coca-Cola 已在上海生产，一开始翻译成了一个非常奇怪的中文名字——“蝌蝌啃蜡”，销售情况很差。为打开在中国的销路，饮料公司登报悬赏征求中文译名，上海学者蒋彝以“可口可乐”的译名胜出。“可口可乐”迄今为止被广告界公认为翻译得最好的品牌名。它不但保持了英文名的音译，还比英文名更有寓意，易于记忆、传诵。

20 世纪 30 年代美籍华裔学者洪业主持燕京大学哈佛燕京学社引得编纂处时，把英语中的 index 译为“引得”，即书籍的索引。index 本来的意义是拉丁文的“食指”，即现代英语的 index finger。index 有指引、指示的意义。“引得”者，一“引”即“得”也。这一译名意音兼顾，妙趣横生。日文将 index 意译作“索引”。现在汉语采用了日文的译名，毫无情致，真是可惜了“引得”这一绝妙好词。

著名的社会学家潘光旦曾将 kallipygos（希腊女神）一词译为“佳丽屁

股”，陈原先生极为赞赏这一意音兼顾的译名，说：“利用汉字的音义结合，组成新词，‘引进’新观念的先行者中，不可忘记潘光旦。他曾创始了一个自诩为‘音义两合，可称奇巧’的‘佳丽屁股’——希腊字 kallipygos 的译名。潘氏云：‘希腊关于爱神阿福罗提忒（Aphrodite）的雕像最多，流传到今日的也不少，其中有专门表示臀部之美的一尊，叫做 Aphrodite Kallipygos。Kalli 是希腊文的‘美’字，pygos 是希腊文的‘臀’字，故取读音近似的汉字，照顾其语义译作‘佳丽屁股’（见《性心理学》）。近人喜称独特的稀有物为‘一绝’，‘佳丽屁股’这个‘术语’，当可谓‘大胆的一绝’。”（尘元，1991：6-7）这是中文翻译史上的一段佳话。

（四）半音半意

半音半意是在翻译一个多词素合成的外文原词时，把原词分为两半，一半译其音，一半译其意，是颇为常见的翻译手法。古印度称中国为 Mahachinasthana，“Maha”意为“大”，“china”应是“秦”的音译，“sthana”即“斯坦”，意为“国境、国家”。唐朝僧侣在其著作中将其译为“摩诃脂那国”，“摩诃脂那”是“Mahachina”的音译，“国”是“sthana”的意译，即属此类。近现代音译外来词采用这种译法的就更多了。如：

ice-cream（冰淇淋），“冰”意译 ice，“淇淋”音译 cream；

New Zealand（新西兰），“新”意译 New，“西兰”音译 Zealand；

Yugoslav（南斯拉夫），“南”意译 Yugo，“斯拉夫”音译 slav；

decibel（分贝），“分”意译 deci，“贝”音译 bel；

John Bull（约翰牛），“约翰”音译 John，“牛”意译 Bull；

miniskirt（迷你裙），“迷你”音译 mini，“裙”意译 skirt；

dengue fever（登革热），“登革”音译 dengue，“热”意译 fever；

Wall Street（华尔街），“华尔”音译 Wall，“街”意译 Street；

Downing Street（唐宁街），“唐宁”音译 Downing，“街”意译 Street；

Donald Duck（唐老鸭），“唐老”音译 Donald，“鸭”意译 Duck；

Mickey Mouse（米老鼠），“米”音译 Mickey，“鼠”意译 Mouse；

Cambridge（剑桥），“剑”音译 Cam，“桥”意译 bridge；

Buckingham Palace（白金汉宫），“白金汉”音译 Buckingham，“宫”意译 Palace；

Persian Gulf（波斯湾），“波斯”音译 Persian，“湾”意译 Gulf；

Baltic Sea（波罗的海），“波罗的”音译 Baltic，“海”意译 Sea。

香港领带大王曾宪梓创立的“GOLDLION”国际有限公司，生产著名的品牌领带，英文商标名“GOLDLION”，原来意译为“金狮”。但“金狮”在粤方言中与“金输”谐音，港澳的许多消费者对此很忌讳，销路不好。曾宪梓经过一番苦思冥想，决定用意译与音译相结合的方法，将汉译名改为“金利来”，“金”意译“GOLD”，“利来”则音译“LION”（英文商标仍为GOLDLION），以迎合消费者追求吉利的心理，结果很快被公众接受，销路大开，很快占领了香港市场。这是成功应用“语言经济学”的例子。

上述（二）到（四）类，总有外来词的音与汉字的义双方具备，中外合璧，意音兼顾。这几种翻译方法，在古代汉译佛经中叫作“华梵兼举”或“华梵并举”，自古以来就是佛经翻译中的一格，如“忏悔”，原指有意或无意地触犯了别人而请求原谅。“忏”为梵文 Ksama 的音译“忏摩”之省，“悔”则为“忏摩”的汉语意译。“维那”，指寺院统理僧众杂事之僧，“维”为华言“纲维”，“那”为梵文 karma-dana 的音译“羯磨陀那”之省。不过在汉译佛经中运用此法的不多，而在近现代翻译西方外来语中却是大行其道。

我们仅把以上四种形式作为借词，是因为它们或是纯粹音译，或是部分音译，总没有离开“音”这个要素，如果完全放弃“音”，仅译“意”而与“音”无干，则为完全的意译。完全的意译是按本族语言固有的词去翻译外语词，不属于借词之列，但这些“外来概念词”也是社会交流、文化影响形成的结果。意译的方式大致有两类：一是对译，又称“仿译”、“摹借”。即根据外语原合成词词素的前后顺序，一一对应地意译。如：

honey（甜蜜的）moon（月），译为“蜜月”；
cold（冷的）war（战争），译为“冷战”；
hot（热的）war（战争），译为“热战”；
hot（热的）dog（狗），译为“热狗”；
hot（热的）line（线），译为“热线”；
horse（马）power（动力），译为“马力”；
dark（黑的）horse（马），译为“黑马”；
black（黑色的）board（板子），译为“黑板”；
White（白色的）house（房子），译为“白宫”；
ox（牛）ford（浅滩），译为“牛津”；
basket（篮子）ball（球），译为“篮球”；
foot（足）ball（球），译为“足球”；
index（食指）number（数字），译为“指数”；
test（试验）paper（纸），译为“试纸”；
super（超级的）market（市场），译为“超市”；

ice（冰）land（岛），译为“冰岛”；

Water（水）gate（门），译为“水门”；

light（轻的）music（音乐），译为“轻音乐”；

soft（软的）drink（饮料），译为“软饮料”；

soft（软的）landing（着陆），译为“软着陆”；

blue（蓝色的）book（书），译为“蓝皮书”；

blue（蓝色的）print（图画），译为“蓝图”；

white（白色的）collar（衣领），译为“白领”；

green（绿色的）card（卡片），译为“绿卡”；

green（绿色的）food（食品），译为“绿色食品”。

有时对译意义仍不明了，于是再加上所指事物的类名作为补充说明。例如，west（西方）point（地点），译为“西点（军校）”，cock（公鸡）tail（尾巴）party（社交聚会），译为“鸡尾（酒会）”，yellow（黄色的）stone（石头），译为“黄石（公园）”。

二是随译，或称外来概念词，即不抠原词义素，而是按原词整个语义译成汉语，也就等于创造汉语新词，如英语 chemistry 译为“化学”，van 译为“面包车”，radio 译为“收音机”；或者用古代汉语中早已有之的词去指称新的外来事物，如 university 译为“大学”，feudalism 译为“封建”，week 译为“星期”。有很多的外来词原来都是音译的，是借词，随译后就变成了外来概念词、外来文化词而非借词了。如：

film，原音译为“菲林”，后随译作“胶卷”；

engine，原音译为“引擎”，后随译作“发动机”；

violin，原音译为“怀娥玲”，后随译作“小提琴”；

symphony，原音译为“生风尼”，后随译作“交响乐”

penicillin，原音译为“盘尼西林”，后随译作“青霉素”；

camera，原音译为“开麦拉”，后随译作“摄像机”；

dictator，原音译为“狄克推多”，后随译作“独裁者”；

bus，原音译为“巴士”，后随译作“公共汽车”；

telephone，原音译为“德律风”，后随译作“电话”；

president，原音译为“柏理玺天德”，后随译作“总统”；

democracy，原音译为“德谟克拉西”，后随译作“民主”；

science，原音译为“赛恩斯”，后随译作“科学”；

proletariat，原音译为“普罗列塔尼亚”，后随译作“无产阶级”；

inspiration，原音译为“烟士披里纯”，后随译作“灵感”。

汉语中这种翻译方法产生的外来概念词数量是最多的。

“见形知义”本是表意体系的汉字的重要特点，“望文生义”也是汉人传统的阅读习惯和认知定势。人们注重词的视觉意义，即从词的结构组成形式上了解意义，对于单纯表音的音译词，往往格格不入，最后总以意译词取而代之。陈原（1983：293）指出：“现代汉语的借词存在着一种倾向，即抗拒音译转写，而乐于接受部分音译或全意译。”这种排斥音译、接受意译的现象，在其他语言中也存在。萨丕尔（1964：123）举例指出：“美洲说阿萨巴斯根语族的各种语言的人，有各种各样的文化接触，多得惊人，然而并没有发现一种方言真正轻易地从邻近语言借词（几乎可以说完全没有借过）。这些语言总觉得把现成的成分复合起来创造新词较为容易。因此它们顽强抵抗所获得的外来文化经验的语言标记。”萨丕尔（1964：123）还深刻地指出：“经典西藏文学一步一趋地模仿印度佛教文学，佛教在西藏扎根比在任何别的地方为深，然而，奇怪的是，梵语词进入藏语的竟那么少。藏语顽强抵抗梵语的多音节词，因为它们不能自然而然地分析成有意义的音节，而要满足藏语对形式的感情，却非这样做不可。所以藏语不得不把绝大多数这样的梵语词翻译成本地的对应物，藏语对形式的爱好这才得到了满足。……研究一种语言在面对外国词时起怎样的反应——拒绝它们，翻译它们，或是随便接受它们——很能帮助我们了解这种语言内在的形式趋势。”汉语和藏语都是同属汉藏语系的亲属语言，是以单音节词为主的分析性孤立语，即使是双音节词或多音节词，大多也是由单音词素构成的。而梵语和欧洲语言同属印欧语系，是以多音节为主，而且“不能自然而然地分析成有意义的音节”。这种“语言内在的形式”的差异，导致印度和欧洲语言的词，尤其是多音节词，在汉语和藏语中“不服水土”，难以以音译的形式立足和生存，往往都要经过“本土化”的改造之后才能被接受。

三、英语中的汉语借词

欧洲文化和语言对中国文化和语言的巨大影响是众所周知、有目共睹的。而中国文化和语言对欧洲文化和语言影响的情况如何呢？中国的语言学界对于来自英语或其他语言的借词研究较多，而对于汉语词汇向英语或其他语言输出的现象研究较少。一般人更是不太清楚，也不甚关注。

萨丕尔（1964：121）指出：“每一个文化浪潮都在英语上沉积下一层借词。仔细研究这样的借词，可以为文化史作有意味的注疏。”下面我们通过分析汉语词汇渗入英语词汇的情况，来看看汉民族文化对英吉利民族所起到的影响和作用。

汉语是什么时候进入英语的，现已无法查考。多数学者认为，英语中中国的国名“China”一词源于我国的第一个统一的封建王朝“秦”。后经印度梵语的 Cina、阿拉伯语的 Sin 向西方传播，大致在罗马帝国时期经由中亚到达欧洲，在希腊语中读 Sina，拉丁语读 Sinae，法语读 Sino，在 16 世纪中叶进入英语。英语中由 China 变化派生出了 china（瓷器）、Chinese（中国人，汉语）、Chink（中国佬）等词，而由 China 和 Chinese 与后加名词组成的词组有 170 多个，如果加上 China 和 Chinese 作为第二成分的复合词和词组，则包含 China、Chinese 的词汇总数可达 200 多个，构成了一个庞大的词群。

除 China 外，历史上早期进入英语中最有代表性的汉语借词还有 silk（丝）。根据《牛津英语大词典》记载，silk 是经丝绸之路通过拉丁语和希腊语进入英语的，它反映了我国丝绸文化对西方的影响。另外，还有 tea（茶）。茶为中国“南方之嘉木”，16 世纪荷兰人将茶从闽南引入欧洲，将厦门方言对茶的发音 te 音译为荷兰语 thee，然后是德语 tee、法语 thé、西班牙语 te，17 世纪初借入英语。silk、tea 和 china 一样，是早期输入西方最有代表性的中国文化。

世界上最全面和最权威的英语辞典《牛津英语辞典》，记录了 21 世纪前源于汉语的英语单词 244 个。根据其标明的进入时间统计，大概为：16 世纪以前 3 个，如 China（中国）、litche（荔枝）等；17 世纪 16 个，如 tea（茶）、sampan（舢板）、ginseng（人参）、yinyang（阴阳）、kumquat（金橘）等；18 世纪 30 个，如 bohea（武夷［茶］）、sycee（丝［纹银］）、kaolin（高岭［土］）、longan（龙眼）、taichi（太极）、dao（道）、suanpan（算盘）、yamen（衙门）、souchong（小种［红茶］）、typhoon（台风）、paktong（白铜）、tung（桐）、whangee（黄藜［竹］）、petsai（白菜）、fengshui（风水）、kang（炕）等；19 世纪 80 个，如 kowtow（叩头）、wampee（黄皮［果］）、cumshaw（赏钱）、kylin（麒麟）、tofu（豆腐）、chop-suey（杂碎［菜］）、tai-ping（太平［天国］）、p'o（魄）、moutan（牡丹）、Shanghai（上海）等；20 世纪 112 个，如 mien（面）、chowmein（炒面）、tuchun（督军）、mahjong（麻将）、pung（碰［麻将术语］）、dimsum（点心）、wonton（云吞［面］）、wok（镬）、kungfu（功夫）、putonghua（普通话）等。

汉语来源的英语借词所涉及的领域，主要有三个方面。

1）饮食服饰。最贴近生活的物质是衣和食。中国有迥异于西方的饮食文化，有不同的服饰特点，为西方所吸引，借入英语的词汇，饮食类有 tea（茶）、tofu（豆腐）、dimsum（点心）、jiaozi（饺子）、wonton（馄饨）、chopsuey（杂碎）、Peking duck（北京烤鸭）、Maotai（茅台酒）、Ganbei（干杯）等。服饰类有 silk（丝绸）、cheongsam（长衫［旗袍］）、dudou（肚兜）、nankeen（南京［土布］）等。这些词大多已进入英语词典，成为英国人的日常生活用语。chopsuey 一词甚至意义扩大引申指“中国菜”、“中餐馆”，俨然成了中国饮食文化的招牌。

2）传统文化。作为一个文明古国，中国的传统文化具有悠久的历史和独特的内涵，借入英语的词汇数量多、范围广，如 Confucius（孔子）、Confucianism（儒家思想）、Laozi（老子）、Tao（道）、Taoism（道教）、Tao Te Ching（道德经）、I Ching（易经）、yinyang（阴阳）、feng shui（风水）、Kwan-yin（观音）、lama（喇嘛）、kowtow（磕头）、chin-chin（请，你好）、china（瓷器）、kylin（麒麟）、Hutong（胡同）、yuan hsiao（元宵）、Peking opera（京剧）、Yuju（豫剧）、Ehualian（二花脸）、pipa（琵琶）、erhu（二胡）、guzheng（古筝）、kungfu（功夫），Shaolin（少林）、Qigong（气功）、Tai Chi（太极拳），Wing Chun（咏春拳）、mahjong（麻将）、yangko（秧歌）等。

3）政治经济。中国不同时期政治、经济的时代特征在英语借词中也有所反映，如 Taiping（太平［天国］）、Yamen（衙门）、Tuchun（督军）、tipao（地保）、tsungli（总理）、ganbu（干部）、hukou（户口）、guanxi（关系）、chengguan（城管）、Renminbi（人民币）、yuan（元）、jiao（角）。有趣的是，yuan 在英语中还经历了词义的引申，用来泛指 money（钱）。

由此可知，汉语词传入英语基本上在 17 世纪后，至今时间跨度 400 余年，进入英语的高峰是 19—20 世纪。绝大多数都是表示客观事物名称的名词，极少有动词、形容词及其他实词。从词汇所表达的意义内容来看，相关饮食和传统文化方面的借词比较多，说明中国丰富的自然物产和独具特色的饮食文化、传统文化对西方文化的影响较大，而现代科学文化的影响相对较小。

值得注意的是，从 20 世纪末到 21 世纪初，随着中国经济的腾飞，综合国力的大幅提升，日新月异的变化深深吸引了西方世界的眼光，进入英语中的汉语词更多而且更迅速，汉语成为英语新词最大的来源。中国贡献的英语单词，正不知不觉、越来越多地融入了国际生活的方方面面。美国“全球语言监督”（Global Language Monitor）组织宣称，自 1994 年以来，加入英语的新词汇中，汉语借词数量独占鳌头，在每年约 10 000 个进入英语的借词中，汉语借词以占 5%～20%的比例超过任何其他语言。该机构主席和首席分析师帕亚克（Paul J. J. Payack）表示：“令人惊讶的是，由于中国经济增长的影响，中文对国际英语的冲击比英语国家还大。”（于国宁，2013）从深层次看，这一现象反映了中国正在迅速融入全球化进程，获得越来越多的关注。一些时髦的汉语网络词语以惊人的速度进入英语词汇，像 gelivable（给力）、ungeliveable（不给力）、“fenqing（愤青）、zhuangbility（装逼）、shability（傻）、这些 Chinglish 在英语词典里一找一个准。一个典型的例子是，2013 年 4 月国际金价大跌，一群中老年中国大妈在欧美黄金市场出手阔绰疯狂抢金，引起世界金价变动，影响全球黄金市场，她们在与资本大鳄的角力中一战成名，举世关注，英语由此产生了一个全新的汉语音译词 dama。在高科技领域，汉语词进军英语也当仁不让。21 世纪随着中国航天事业取得的辉煌成就，英语的航天词库中新增了一个源自汉语“太空”拼音的新词“taikonaut”，专指中国的宇航员，与美国的宇航员“astronaut”，苏联的宇航员“cosmonaut”鼎足而立，体现了一个新兴航天大国的地位和风范。

中国社会变革过程中所暴露出来的社会问题也引起了西方世界的关注，相关的词语如 Guanxi（关系）、Chengguan（城管）、Laogai（劳改）、Shuanggui（双规）、Hongbao（红包）、Hukou（户口）之类“中国特色”的汉语音译词也进入了英语词汇。

以“Guanxi”和“Hongbao”为例（李熙，2013）。“Guanxi”是英语中非常有名的汉语音译词。《牛津英语词典》对它的释义是：“源于中国普通话，字面上理解和‘联系’是一个意思，特指在中国有助于商业活动和其他交易的社交网络系统、有影响力的人际关系。”2013 年美国《大西洋月刊》的一篇文章对“Guanxi”这个词在英语语境中的含义进行了更明白的解读：“每个去中国的外国人到中国后不久，都会学到一个神奇的单词：Guanxi。这是这个十三亿人的国家中必要的东西。有了 Guanxi，就能意味着得到一份工作、进入不错的学校、或帮助新企业避免不必要的政府关注。拉拉 Guanxi，就能快速而不费事地解决棘手的问题。”“Guanxi”甚至被收进英美国家的商学院教材《规则和网络》（*Rules and Networks*）。

“Hongbao”是西方介绍“中国习俗”的保留节目。西方世界难以理解在社交、家庭聚会中装着金钱礼物的红信封与“贿金”的双关。美国一个致力于反商业贿赂的非政府组织“追踪国际”（Trace International）的主席在接受《华尔街日报》采访时，就解释了这一差异：“美国《海外反腐败法》明文规定企业‘不能直接或间接向政府官员提供、承诺或支付任何有价值的物品，以获得商业好处’。但被控行贿的企业很难向从未到过中国的美国陪审团解释，为何‘将现金装到红色密封信封中递给政府官员，在中国是得当的’，这是个古老的传统，在中国可能已有上千年了，如果不这样做，当地官员很可能认为自己被羞辱了。”

21 世纪汉语借入英语呈现日益走强的趋势，其原因除了英语本身的开放度高，包容性强外，还有更重要的社会原因是，全球化的迅猛发展和文化交流的日益频繁，必然推动各种语言间的词语借用；中国在全球影响力的提升和关注度的提高，带动了汉语国际地位的提高，使之对英语的影响力日益增强。以汉语为来源的英语词语是汉英两种语言接触的必然产物，也是中西文化融合的必然结果。随着中华民族与英语民族的交流交往日益频繁，来自汉语的英语词语及表达方式将会越来越多，从而进一步推动英语的国际化、多样化进程。

四、汉语借词的择字问题

用汉字音译外来词，汉字记录的只是外来词的“音”，所以只要是与原词读音相同或相近的字，任择其一、约定俗成即可，应该是很简单的事。但事实上并非如此，人们长期以来形成的“见形知义”和“望文生义”的阅读习惯，译者本人对译名的主观认识和评价，以及汉字本身形、音、义方面的特点，都关涉音译外来词的择字问题，影响译者对汉字的选择，干扰读者对译名用字的接受和理解。下面从字义、字音、字形三方面分析译名用字的影响和干扰。

首先，在字义上，汉字是表意文字，字形即表字义，有的字义含褒贬，有的一字有多种意义。人们汉译外来词，即使是纯粹的音译，也常常会给外来词染色——染上译者的爱憎感情之色，附加译者的褒贬好恶之情。有时即使译者无心，但读者有意，习惯以汉字本身所具有的含义来解释外来词的意义，受其干扰而引起种种心理上的联想，产生误解。这种现象从魏晋时期翻译佛经就已产生。南北朝时南梁刘勰所作《灭惑论》，引述了南齐一位道士所作《三破论》中的一节文字：“佛旧经本云‘浮屠’，罗什改为‘佛徒’，知其源恶故也。……名为浮屠，况屠割也。至僧祎后，改为‘佛图’。本旧经云：‘丧门丧门，由死灭之门。’云其法无生之教，名曰‘丧门’。至罗什又改为‘桑门’，僧祎又改为‘沙门’。‘沙门’由沙汰之法，不足可称。”[①] “浮屠”本是梵文 Buddha 的音译，“丧门”也是梵文 Srmana 的音译，因为所择汉字“屠”、“丧”字面有“屠宰”、“丧亡”的贬义，消极、不吉利，因译名择字的不当而被道教曲解，成为道教攻击和嘲笑佛教的对象，以致后来罗什、僧祎改译“屠”为“徒”或“图”，改译“丧”为“桑”或“沙”。在近代音译西方外来词时，译者或有意或无意使用一些带贬义的字眼来翻译西方国名、族名、地名和人名，使译名附加上感情色彩，如曾将 Hawaii（“夏威夷”）译为“阿歪希”，Prussia（“普鲁士”）译为“破鲁斯”、“破鲁西”，Poland（“波兰”）译为“破兰”，Norway（“挪威”）译为“那耳歪”，Span（“西班牙”）译为“士扁”，San Francisco（“旧金山”）译为“三藩”（周振鹤，司佳，1998），反映了其时

① 见（南梁）僧祐撰《弘明集》卷八。

译者鄙视蛮夷、贬低他族的大国心态。而“美国”、“英国”、“德国”等译名，字面上的褒义太过明显。今天国人当然知道“美国”并非“美好之国”，“英国”也非“英雄之国”，“德国”更离“道德之国”差之甚远，但当初译者或因文明礼貌之故，或因其强大而存献媚之心，或者无意为之，把这些褒词送给了这些国家，还是会引起一些人因其译名而生向往之心的。

有的译名用字虽然不带褒贬，但组合起来的译名稀奇古怪、莫名其妙，容易滋生歧义，如 Zumurud 译为“祖母绿”会让人误解为“祖母的绿宝石”，myrrh（一种药）译为“没药”，会让人误以为“没有药”。非洲国名 Mozambique 旧译“莫三鼻给”，容易让人联想到“三个鼻子”等，后周恩来指示新华社译名室改译为“莫桑比克”。现在还有美洲国名 Guatemala 译为“危地马拉”，可能让人联想到“危险的地方”和“用马拉”。Belorussia 译为“白俄罗斯”，会让人联想到“白色”。Siberia 译为“西伯利亚”，会让人联想到“西方”。一个经常被人诟病的译名是把国名 Portugal 译为“葡萄牙”，音既不协，字面意义也不佳，极易让人产生“葡萄”与“牙齿”的联想。英语 Massage（一说译自日语 massazi），港台音译作“马杀鸡”，译名十分怪异，令人难以理解，不仅贬低了这种医疗方法，还容易和性行业混淆。大陆意译为“按摩”，就很准确、简明、易懂。

在政治、外交层面上，译名用字的选择尤为重要，有时关涉重大立场、观点的表达或国家、民族的尊严。在朝鲜停战谈判、签署停战协定的过程中，联合国军代表团首席代表是美国中将 Harrison，正式签字时按我国习惯将其中文名译作“哈里逊”，但美方认为汉字“逊”有“比不上”、“差点儿”的意思，坚持要改译为“海立胜”，由此与中方争持不下。

其次，在字音上，择字不当会产生阅读干扰，引起误读、误解。有很多汉字是多音字，如果多音字用于译音，就容易引起读音的纷乱和意义的混淆，如“的”有 de 和 dí 两个读音，却经常用于音译外来词，如 Baltimore 译为“巴尔的摩”、Baltic Sea 译为“波罗的海”，“的”是读 de 还是读 dí，不熟悉的人会犯难。在理解上，“波罗的海”是“波罗”的“海”吗？似乎是，却又不是。“什”也有 shí、shén 两个读音，也用于音译外来词，如英语 Bush 译作“布什”，Shiites 译作“什叶派”，也会产生读音歧异。即使专门为译音而造的“咖”字，也有 gā、kā 两个读音，在 Coffee（咖啡）里读 kā，在 maca（玛咖）、curry（咖喱）里又读为 gā。另一个专门的译名用字“伽”字甚至有 qié、jiā、gā 三个读音，在翻译梵文 samghārama（僧伽蓝摩）中读 qié，在梵文 yogo（瑜伽）、意大利语 Galileo（伽利略，人名）中读 jiā，而在英语 Gamma（伽马，射线）里则读 gā。这个字的读音就像一个迷宫，如果不经过专门的学习和记忆，就很难读准，难怪经常被当作考试学生对汉字多音字读音的题目。

最后，在字形上，有的译名用字也会产生心理干扰，引起联想。香港第二十七任总督 David Wilson 原汉译名为“魏德巍”，在他即将接任香港总督时，不少港人批评“魏德巍”中含有两个“鬼”，不吉利，于是港府与伦敦方面宣布，改其中文名为“卫奕信”，新的译名寓意“保卫”、“信任”与“神采奕奕”。根深蒂固的中国文化迫使他改名的尴尬，显示出了一个名字的字形影响也是不可忽视的。[①] 对“犹太”民族族名的中文音译用字，也有人提出异议。现代计算语言学家冯志伟说他接触过欧洲一些国家的犹太民族学者，他们中的一些人懂中文，言谈之中常常流露出对于中文“犹太”这一个民族名称中的“犹”字使用偏旁“犭”感到不快。汉字的字形具有表义性，从字形上往往可以看出含义的褒贬。中国对于过去使用反犬旁的国内少数民族名称早已改用了别的汉字，因此设想能否把“犹太”这个民族名称中的汉字也改一改，把反犬旁的“犹太”译名改用其他的汉字来指称（冯志伟，1994）。如果站在犹太民族的角度来看，是值得从语言、民族、外交方面去考虑的。

要言之，汉译外来词的择字问题，主要集中在国名、族名、地名、人名等专有名词上。对于这类译名所用之字，我们认为有几点值得注意。

一是应尽量选择不含感情色彩的中性汉字，不在字面上显示、隐含主观评价，保持客观、中立的立场，保持译名的理性、稳固性，不因译名给所指的人或者物附加汉字褒扬或贬损的色彩，不致因译者与被译者关系的亲疏、感情的好恶变化而与译名的感情色彩形成反差，或改变译名。

二是应尽量避免以多音字作译名用字，以使译名用字读音单一，不致因多音而误导读者，徒生纷扰。这本是极易做到的，只需从读者角度考虑加以注意就行。

三是对于外来的专有名词，应尽可能促使译名用字之间的离散性，尽量不要构成有实际意义的中文词组，以强化译名的语音符号性，避免字与字之间可能产生的意义联系，产生偏离译名含义的联想。

第三节 洋泾浜语

一、洋泾浜语形成的社会原因

自从 15 世纪末到 16 世纪初哥伦布发现新大陆后，历史就进入了欧洲列强

① 参见 1987 年 2 月 18 日《参考消息》转载《为讨吉利，港督正名》一文。

殖民世界的新纪元。欧洲人在世界各地势力的膨胀和通商贸易的扩大产生了一个副产品，那就是所谓的“皮钦语”（Pidgins）。在亚洲、非洲和美洲，几乎所有欧洲人到达过或开拓为殖民地的地区，都产生了这种本地人跟外来者交往的、形式简单的皮钦语。“Pidgins”就是来源于本地人对英语“business”（商业，商务）一词的不规范、变样了的发音，皮钦语即指不规范的商务混合语。

皮钦语是两种或多种语言接触初期的普遍现象。在世界很多地方都出现过两种语言混合生成的皮钦语。皮钦语在 18 世纪开始流行于中国东南沿海一带的广州、澳门和上海，并因其最为盛行的地方——上海洋泾浜，而获得一个本土性的替代词——“洋泾浜语”。洋泾浜语是中国的皮钦语，是中国商人和外商在语言交际过程中彼此妥协而形成的一种临时性交际工具，是中国近代殖民地、半殖民地时期在通商口岸语言接触的一种特殊产物，曾经在中外文化交流中扮演了重要的角色。

洋泾浜语的摇篮是广州和澳门。近代以前，中国只有广州是对外开放的口岸。1637 年英国人开始在广州从事商业贸易，1757 年后广州成为我国最早的对外贸易港口，外商云集于此，中国人与外国人只能在广州通过“十三行”开展贸易。为了商业往来的需要，有些广州人就使用简单的英语单词混合汉语语法与外国商人交谈，于是在十三行就产生了最初的洋泾浜语。广东人把外国叫作“番”，把外国人叫作“番鬼”，因此洋泾浜语也叫“番话”或“鬼话”。中国人的《红毛番话》和美国人威廉·亨特的《广州番鬼录》等著作，都记录、描述了 1840 年鸦片战争以前广州洋泾浜英语的情形。

鸦片战争以后，清政府在 1842 年与英帝国签订《南京条约》，东南沿海广州、厦门、福州、宁波、上海等五处开放为通商口岸，成为西方资本主义对中国进行殖民掠夺和不等价交换的中心。1843 年上海辟为商埠，设立租界，大量洋人蜂拥而来，上海一跃而成为全国最大的经济中心和贸易港口，成为冒险家的乐园。

“洋泾浜”原是旧上海分隔英、法租界的一条界河，长约 2 公里，宽不足 20 米，是上海众多水道中比较阔的一条河浜。自开埠之后，英、法两国在洋泾浜设立租界，洋泾浜成为上海乃至全国中外商贸最重要的码头，迅速繁荣发展起来。1875 年王韬在《瀛壖杂志》上描写了其当时的繁华：“洋泾浜为西人通商总集，其间巨桥峻关，华楼彩轺，天魔赌艳，海马扬尘，琪花弄妍，翠鸟啼暮，以及假手制造之具，悦耳药曼之音，淫思巧构，靡物不奇。”① 洋泾浜上商船交织，商贾云集，对外贸易的地位超过了广州，洋泾浜英语也随之迅速

① 见王韬著，沈恒春、杨其民点校《瀛壖杂志》（卷六），上海：上海古籍出版社，1989：110。

滋生繁衍、发展兴盛起来。

在当时的洋泾浜，由于中外商贸的需要，出现了一批专以翻译为营生、沟通中外商人的“露天通事”，他们操着浓重的宁波、上海口音，用汉语语法缀合成简单的英语句子，充当中外商人的“语言掮客”以赚取酬金。中国的商人自然也少不了用上海话夹杂着英语来与洋人沟通。不光在商业领域，一些不识或粗识英文的下层劳动者，如洋人家里的仆役、洋人企业里的工人、服务于洋人的车夫，迫于生计不得不跟洋人打交道，都会混合着两种语言来应付洋人。上海人把这种汉语、英语混杂的“英语”叫作“洋泾浜英语”，“洋泾浜”因此成为世界各地皮钦语的代名词。

宁波商人对早期的洋泾浜英语有极大的贡献。上海的宁波商人是上海商界的主体。为了帮助宁波人学习英语以便对外贸易，咸丰十年（1860）旅沪的冯泽夫等六位粗通英语会话的宁波商人编著出版了第一种上海洋泾浜英语手册《英话注解》。此后，记录和描写上海洋泾浜英语的著作，有常州人杨勋（少坪）的《别琴竹枝词一百首》（1873）和《英字指南》（1879），以及上海人曹骧编著的《英文入门》（1874）等。这些编著共同的特点，都是用吴方言音同、音近的汉字去标注英语词、句的读音。在西方的音标尚未传入中国之前，中国人也大概只能用音同、音近的汉字为英语的词、句标音。晚清外交名臣曾纪泽在他的日记中就对这种以华音译读英语的方法十分推崇：“昔年吴子登太史口不能作西音，列西字而以华音译读，是为奇法。”①

洋泾浜语在近代中国东北也有出现。19 世纪末，随着沙俄在东三省修筑中东铁路、强占旅顺、大连等殖民政策的推进，在中东铁路沿线陆续形成了一种俄语、汉语混合的洋泾浜俄语。20 世纪初在中国东北，尤其是在哈尔滨，当地人在和俄罗斯移民和商人打交道的过程中也出现过洋泾浜俄语。

二、洋泾浜语的特点

洋泾浜语是两种语言仓促、简单混合而产生的一种临时性交际工具，是一种简化、简单、削减到了最低限度的混合语。它没有严格的语音、语法规范，没有一定的词汇库，一切目的是为了达意。现代历史地理学家周振鹤对洋泾浜英语的历史有过非常深刻的研究。他指出：“洋泾浜英语有几个最主要的特点：一是词汇有限。据有人研究，中国的洋泾浜英语只有大约七百个单词，所以一个词兼有几个词的意思。例如 my 就是 I，we，mine，ours 等的同义语。二是

① 见曾纪泽著，喻岳衡点校《曾纪泽遗集·日记》，长沙：岳麓书社，1983：341。吴子登即吴嘉善，晚清数学家。

音位简化。一般洋泾浜语只有三个元音：[i]，[a]，[u]，所以 sheep 与 ship 在洋泾浜英语里一概读作 sip；辅音系统也大大简化，如上述的 sip 也可看做是 cheap 与 chip 的简化形式。三是语法简单。没有数、性、格、人称、时态、语态等等词形变化。在中国，洋泾浜英语几乎是按照汉语词序来表达的，如 'Long time no see you（很久没见到你了）'就是一个典型例子。"（周振鹤，1998：136-168）

周振鹤对洋泾浜英语特点的归纳基本符合上海洋泾浜英语的特点。在此基础上，我们对洋泾浜语的特点再作进一步的申述和补充。

在语音上，不同的语言和方言所具有的音素有同有异，不完全一样。由于洋泾浜语的使用者在没有经过对对象语言语音的专门学习和训练，就只能用自己母语的发音来模仿对象语言的发音，因此发音就会不标准、不统一，不同母语背景的人所说的洋泾浜语，发音都会不一样。所以，"华音译读"大都"因地制宜"，广东人用粤方言记音发音，而宁波、上海人自然就以吴方言记音发音，洋泾浜英语里的"粤腔"和"吴调"也由此而生。流行于东北的洋泾浜俄语，也自然是用东北的方音来说俄语。20 世纪 30 年代汪仲贤所著《上海俗语图》中的一首歌诀，可见用汉语吴音译读英语单词之一斑（英语原词为引者所加）：

来是"康姆"（come）去是"古"（go），
廿四铜钿"吞的福"（twenty-four）。
是叫"也司"（yes）勿叫"诺"（no），
如此如此"沙咸沙"（so and so）。
真薪实货"佛立谷"（fully good），
靴叫"蒲脱"（boot）鞋叫"靴"（shoe）。
洋行买办"江摆渡"（comprador），
小火轮叫"司汀巴"（steamer）。
翘"梯"（tea）翘"梯"请吃茶，
"雪堂（sit down）雪堂"请侬坐。
烘山芋叫"扑铁秃"（potato），
东洋车子"力克靴"（rickshaw）。
打屁股叫"班蒲曲"（bamboo chop），
混账王八"蛋风炉"（daffy low）。
"那摩温"（number one）先生是阿大，
跑街先生"杀老夫（shroff）"。
"麦克（mark）麦克"钞票多，

红头阿三“开泼度”(keep door)。
自家兄弟“勃拉茶”(brother),
爷要“发茶”(father)娘“卖茶”(mother),
丈人阿伯“发音落”(father-in-law)。

在词汇上，洋泾浜语的词汇十分简单、有限。至于简单到什么程度，不同时期、不同地点、不同领域和不同的使用者也不一样。因为词汇量不够，所以一些具有同一语素而词汇意义、语法意义并不相同的词，就用一个词来代替了。用 my 来代替 my、I、we、mine、ours 等几个原本区分单数、复数、主格、属格、宾格的词，是一个典型的例子。在词汇不够用时还常常伴随手势和动作，不少事物要用比喻或拐弯抹角的描述来指称，例如，把“胡子”比喻为 grass belong face（脸上的草），把“双烟囱三桅杆汽船”描述成 Three piece bamboo，two piece puff-puff，walk along inside，no can see（三根竹竿，两个吐烟管，走路的家伙在里面，看不见）。

在语法上，由于不同语言都存在语法的差异，而这种差异又是最难掌握的，所以洋泾浜语者大多都是用母语的语法来组织对象语言的词汇，削足适履，强彼就此。这是各种洋泾浜语的普遍特点，也是洋泾浜语最显著的特点。最早的上海洋泾浜英语手册——冯泽夫等编著的《英话注解》，就告诉人们，把会话常用的例句“你几时走”说成“You go what time”，“看对不对”说成“See like no like”，“不要忘记”说成“No want forget”，“不能进城”说成“No can inter city”（周振鹤，1998：111-127）。这样的洋泾浜句式直到今天都难以绝迹，有代表性的如“我不能”说成“my no can”，“让我看看”说成“let me see see”，“你问我，我问谁”说成“You ask me，me ask who”。过去有个笑话，一个说洋泾浜的男厨子，招工时对外国女主人说：“Twenty dollar one month，eat you，sleep you.”其实他的意思是说：“月薪 20 元，吃你的，住你的。”

三、洋泾浜语的价值

“洋泾浜语”是一个贬义词。说洋泾浜语的人大多是没有接受过正规语言教育和训练的人，是素质低下的商人和身份地位低下的普通百姓。说洋泾浜语被当作素质差、水平低而被社会嘲笑、讥讽。尽管第二语言的学习者大都有过“洋泾浜”式的学习经历，但极少有人为洋泾浜语做过肯定的评价，早年只有国外的文化名人萧伯纳和国内的文化名人林语堂是例外。林语堂在 20 世纪 30 年代初写过一篇文章 *In Defence of Pidgin English*（《为洋泾浜英语辩护》）。他说：“我认为洋泾浜英语（Pidgin English）不但非常佳妙，而且有远大的前途的。据我所知，只有萧伯纳曾替洋泾浜英语说一句好话。一年前曾见报载萧氏谈话，谓洋泾浜英语的 no can（不会）比标准英语的 unable 听起来还要响亮达意。……很达意很爽利的 no can（不会），no Wanchee（不要），maskee（由他去吧）等语，同米尔敦的绝妙佳句比起来，是有同样的文学价值，说不定还会使米尔敦相形见绌哩。”他认为“洋泾浜英语就是英语与中国语最天然的结合，所以是合于历史的潮流”。林语堂根据语言简化的发展规律和洋泾浜英语流行于“普罗”大众的属性，预言“不能不承认洋泾浜英语必然成为五百年后最体面人讲的唯一的世界语”，“它必于五百年后成为世界上流社会的普通话”①。

与林语堂相似，现代美国著名语言学家霍尔（Robert A. Hall，1911—　）在《洋泾浜语言》一文中也给予洋泾浜语极高的评价。霍尔（1987）认为，“这些粗拙的殖民主义副产品，现在在民族交往中还是颇有用处的。它们根本不是什么‘没有语法的’乌合之物。有的洋泾浜语言进化成为民族语言，这就是所谓克里奥尔语”。“不管怎么说，语言纯洁主义者或反殖民主义者的谴责都没法‘消灭’洋泾浜语和克里奥尔语。我们应当义不容辞地尊重洋泾浜语的作用——在多语地区，它是产生社会凝聚力的一个源泉。现存的洋泾浜语可能是正在孕育中的将来的民族语言。”

作为语言学家的林语堂和霍尔对于强调规范、标准的语言学界、语言教育界十分不屑的洋泾浜英语给予如此之高的评价、如此之多的溢美之词，或许令人难以理解，但他们的评价也有一定的道理。的确，语言的演变有由复杂到简单的规律，语言的简约化符合人们对言语运用省力、省事的要求，符合“语言经济学”的原则。包括英语在内的许多屈折语原有的复杂的语法范畴和形态变化正在日益简化、消失，证明了语言简化的发展趋势。因此，一些简单省事的洋泾浜英语表达方式，久而久之会被人们接受，约定俗成变为英语中的正式表达。例如，为大家所熟知的“no can do”，就是萧伯纳所赞扬的“no can”句式的推演。这句洋泾浜英语最早见于美国幽默作家和民俗作家利兰（Charles Godfrey Leland，1824—1903）在 1876 年编辑出版的 *Pidgin English Sing-Song*（《别琴英语歌谣集》）一书。此后有多位作家在作品中提到或用到了“no can do”这一简明、干脆、响亮的句式。牛津英语词典的专家在严格把关、反复讨论后，终于在百年之后的 1976 年将其收入了《牛津英语词典》，对“no can do”的解释是：“It is not possible，it can not be done。”典型的洋泾浜英

① 原文载《论语丛书》上册“我的话”，上海：时代书局印行。中译文名《洋泾浜与基本英语》，见张明高、范桥编《林语堂文选》（上），北京：中国广播电视出版社，1991：492-496。

语 long time no see（好久不见），也早已成为正式的英语短语而被广泛使用。

近年来，中式洋泾浜英语更是随着中国综合国力的提升及中国经济的发力，而以前所未有的速度进入美国的英语词典。跻身于 2013 年微博十大汉语网络流行语之一的“不作不死”，其洋泾浜语“no zuo no die”被成功录入美国在线俚语词典 *Urban Dictionary*（《城市词典》），该词条解释的第一句赫然写着“This phrase is of Chinglish origin”（这条短语源自中式英语）。2014 年的汉语流行语“你行你上啊”，其洋泾浜语“you can you up”，在同年 4 月即被录入《城市词典》。“中式英语”lose face（丢脸），no can do（不能做、干不了），long time no see（“好久不见”），good good study，day day up（好好学习，天天向上），no wind，no waves（无风不起浪），people mountain people sea（人山人海）等，已经或正在融入主流英语。美国“全球语言监督”机构从全球视野和英语发展的角度对这些中式英语给予了高度的评价，认为是一种“可喜的混合体”，它将会丰富英语的表达方式。由此看来，洋泾浜语不仅没有绝迹，反而有复苏的迹象。这是社会的选择，似乎不能仅从语言规范的角度来评价。在现代社会，洋泾浜语似乎不太可能进化成为克里奥尔语，更不可能发展成为未来的世界语，但洋泾浜语过去为社会、为语言所作出的贡献，现在对现代语言的影响，似乎不能一概抹杀、否定。

第四节　克里奥尔语

一、克里奥尔语的特点和社会功能

克里奥尔语（Creole Language），是指一种混合两种或多种语言词汇和语法，以及把一种语言的词汇与另一种语言的句法结合起来的独立的混合语言。克里奥尔语本指殖民时期英国、法国、德国、葡萄牙、西班牙、荷兰等殖民者的语言与非洲、南美洲等殖民地土著语言混合并简化而产生的独立语言，后来泛指世界各地独立的混合语言。克里奥尔语的特点，一是语言要素的混合性，通常是以一种语言——多是殖民者的语言为基础，混合其他一种或多种语言而成的另一语言；二是语言系统的完备性，它具备一种语言的基本要素——丰富、成型的基本词汇和稳固的语法结构，可以生成新的词汇和语句；三是社会交际功能的独立性，它是一种可以独立运用的语言，有固定的使用人群和将其作为母语习得的传承者。

世界上最大的克里奥尔语区是美洲的加勒比地区，其次是非洲。加勒比地区使用人数最多的克里奥尔语是海地克里奥尔语。海地克里奥尔语形成于18世纪法国殖民时期，是法语与伊斯帕尼奥拉岛上土著印第安阿拉瓦克族和加勒比族的语言混合而成的一种独特语言。海地在1804年独立后，与宗主国几乎断绝了一切联系，海地克里奥尔语进入相对独立的发展时期，逐渐丰富完善，发展为海地居民的母语，在1961年与法语并列为海地的官方语言。目前，海地学校的教学语言是法语，但教育家认为使用海地克里奥尔语授课效果会更好，个别学校已经开始将母语——海地克里奥尔语作为教学语言。可以预期海地克里奥尔语将会获得更好的发展。

在南美洲的苏里南共和国，占人口31%的第二大族群苏里南克里奥尔人，他们是西非奴隶及欧洲人（多为荷兰人）的后裔，他们使用的苏里南汤加语是以荷兰语和英语为基础的克里奥尔语，是在街区里使用最广泛的语言，同时也经常根据使用场合的正式性而与荷兰语交替使用。

非洲有代表性的克里奥尔语是语言使用人口最多的斯瓦希里语。它是一种由葡萄牙语、阿拉伯语等与东非语言混合而成的克里奥尔语。它的形成是因为贸易与贩奴到阿拉伯国家的需要。在欧洲殖民时期，斯瓦希里语是统治者的语言，是白人剥削奴隶的工具。在非洲独立运动中，尤其是在坦桑尼亚、肯尼亚，斯瓦希里语成为争取民族独立的号召和斗争工具，也成为独立后国家和民族的象征。现在斯瓦希里语是坦桑尼亚唯一的官方语言，是肯尼亚和刚果民主共和国国家语言，也是赞比亚、马拉维、布隆迪、卢旺达、乌干达、莫桑比克等国家重要的交际语言。

由殖民者的语言与殖民地土著语言混合形成克里奥尔语，例如，是克里奥尔语产生的主要原因。除以上语言外，以英语为基础语言的还有圭亚那克里奥尔语、牙买加克里奥尔语和新几内亚的托克语等；以法语为基础语言的还有毛里求斯克里奥尔语和留尼汪克里奥尔语；以西班牙语为基础语言的还有哥伦比亚帕兰克克里奥尔语；以葡萄牙语为基础语言的还有佛得角克里奥尔语等。在殖民者的足迹所到之处，大都会产生出这种记录大国强权、武力征服、种族压迫历史的混合语。

也有因贸易或其他原因的语言接触而形成的克里奥尔语。例如，中非共和国桑戈语就是一种基于恩巴恩迪语的克里奥尔语。这种语言最早是在乌班吉河一带贸易者中使用的交际语言，后来逐渐发展成为班吉市居民的母语和日常语言。在班吉市成为中非的首都后，桑戈语得到了快速的发展和传播，地位进一步提升，成为中非共和国的主要语言，与法语并列为中非的官方语言，并在许多领域取代了法语的地位。在中非、乍得、刚果等地，桑戈语成为约400万人的母语，使用桑戈语作为第二语言的也有160万～500万人。19世纪后期北美太平洋西北海岸沿岸的奇努克混合语，是由印第安奇努克人和奇努特克人的语言混合印第安语、英语、法语等形成的克里奥尔语，原本就是美国西北海岸的贸易语言。中国的村话、五屯话、倒话、唐汪话、酸汤话等，都是不同语言在历史上长期密切接触形成的混合语。

霍尔（1987）指出："在海地、美拉尼西亚等地进行的调查证明，真正的洋泾浜语言绝不仅仅是半通不通地搬用欧洲语言。它们完全有权称为语言。它们的语音和语法具有任何稳固的交际体系所必不可少的内部一致性。"这里所说的"洋泾浜语言"应是指克里奥尔语。克里奥尔语是特殊社会条件下形成的一种特殊的语言，它具有与一般语言同样的交际功能，在历史上一定的时代充当地区性的交际语，起到了极大的积极作用，有的至今仍在起着与一般语言同样的作用。随着殖民时代的结束和社会全球化、信息化的进程，传统的克里奥尔语在主流语言和全球性交际语的挤压下正在逐渐衰弱，以至于濒危和消亡，保持、保护克里奥尔语这一特殊的语种和文化遗产的任务，正摆在社会语言学界面前。

二、语言的混合与民族的混同

克里奥尔（Creole）一词原意是"混合"的意思①，它既指一种混合的语言，又指一种混合的民族或人种。克里奥尔人在不同的地方具体含义有所不同。在某些拉丁美洲地区，克里奥尔人特指在当地出生的纯种西班牙后代。在西印度群岛，它表示任何欧洲移民的后代，又指所有属于加勒比文化的人民，不论其阶级和血统。在法属圭亚那，它又指非洲奴隶的后代。在路易斯安那，它指说法语的早期法国人或西班牙人后代，还指说克里奥尔化的法语和克里奥尔化的西班牙语的黑白混血儿。从语言和社会的角度说，克里奥尔人就是混合了不同语言、文化、民族或人种而形成的新的民族或人种。语言的混合和民族的混同是同步的，克里奥尔语和克里奥尔人是一个不可分割的整体。

在美洲、非洲及其他原来的欧洲殖民地，说着各种不同的克里奥尔语的克里奥尔人是一支庞大的族群。在毛里求斯，克里奥尔人是人数仅次于印裔人的第二大民族，他们是由法国移民与班图黑人，以及一部分马达加斯加人混合形成的黑白混血人种，使用以法语为基础的毛里求斯克里奥尔语。

东非岛国塞舌尔民族，是典型的克里奥尔人。他们使用以法语为基础的塞舌尔克里奥尔语。塞舌尔人是经过多代混血形成，拥有来自非洲、欧洲、亚洲

---

① 英语 creole 来源于法语 creole，法语又来源于西班牙语中 criollo。在西班牙语中，这个词原指出生于美洲殖民地的西班牙白人后裔，后引申指一种语言。

三大陆的血统，肤色白、黑、棕、黄、红各异的克里奥尔人。但不管什么颜色，他们都自称为一个民族——塞舌尔克里奥尔人。1976 年塞舌尔独立后，克里奥尔语成为他们的国语。在塞舌尔首都维多利亚市中心的独立大道上，矗立着三只飞翔的海鸥雕塑，象征着塞舌尔人民来自欧洲、亚洲、非洲三大洲。

克里奥尔人作为不同民族混合而成的混血民族，在历史上往往不被其他民族接纳和认同。他们处于边缘、游移的状态和低下的地位，遭到社会的排斥，因而形成了自卑和保守的民族属性。在西班牙殖民时期的美洲，克里奥尔人被排斥于教会和国家的高级机构之外。在墨西哥、秘鲁及其他地方，在国家独立以后，克里奥尔人才开始进入统治阶层。他们有不同于常人的命运和遭际，以及压抑、苦闷、孤独的心理和精神状态。在世界文学作品中，不乏对克里奥尔人内心世界的深刻揭示。获得 1982 年诺贝尔文学奖的哥伦比亚作家马尔克斯（Gabriel José de la Concordia García Márquez，1927—2014）的代表作《百年孤独》，就反映了拉丁美洲一个克里奥尔人社区在印第安、欧洲、非洲三种混合文化碎片中飘游，缺乏归宿感和依附感而产生精神的迷离、紊乱和孤独。出生于多米尼加克里奥尔家庭的英国作家里斯（Jean Rhys，1890—1979），在她的小说《藻海无边》中，描写了一个克里奥尔家庭悲剧性的命运，他们既不属于白人又不属于黑人的生理特征和心理特征，以及语言和文化特征，使他们被排斥在外来白人和土著黑人之外，就像无根的小藻，漂浮于无边的大海之中。

第五节　语言借用与语言净化

语言的接触导致语言的丰富、发展，但是语言成分过度的借用会破坏一种语言自身的系统、完整，引起语言的畸变，影响语言的交际功能。因此与语言的接触借用反向而行的是语言保护主义，或者说民族主义、民粹主义，其宗旨是极力维护本土语言生态，净化本土语言，排斥外来语言成分。

一、西方的语言净化运动

西方对语言的净化有悠久的历史。早在古罗马时代，一批著名的罗马学者就主张保持拉丁语纯正、朴素、清晰的语言形式。古罗马著名哲学家、政治家和演说家西塞罗（Marcus Tullius Cicero，公元前 106—前 43），就曾将拉丁语比作一位不施粉黛时最美的本色女子。古罗马著名的教育家和演说家昆体良（Marcus Fabius Quintilian，35—100），也极力反对希腊语和迦太基语词汇对拉丁语的入侵。到了文艺复兴时期，意大利的一些人文主义者认为中世纪的拉丁语已经被严重污染而不洁净，就像厨房里发出的气味，需要净化以重新获得“罗马人光明和纯洁的语言”。他们以古罗马为榜样，捍卫拉丁语的纯洁，抵制其他语言对拉丁语造成的威胁。某些极端的语言净化主义者甚至主张必须“字字有来历”，绝不使用没有被西塞罗使用过的任何一个拉丁语词汇。

1582年，意大利的语言学家和文学家在佛罗伦萨成立了著名的“秕糠学会”(Accademia della Crusca)，这是历史上第一个以净化语言为职事的学术性组织。“Crusca”在意大利语中是“秕糠、麸皮”的意思，秕糠学会的宗旨就是纯洁意大利文艺复兴时期的文学语言——托斯卡纳语，剔除托斯卡纳语中不纯净的“秕子”和“糠皮”。托斯卡纳语是由拉丁语演变而来的一种意大利语方言，经过“秕糠学会”的不懈努力，托斯卡纳语在后来的意大利王国时期，发展成为意大利的标准语和官方语言。1612年“秕糠学会”出版了欧洲第一部民族语言词典——《秕糠学会词典》，成为后来法语、西班牙语、德语和英语类似词典的典范。

“秕糠学会”净化语言的理想在欧洲国家产生了广泛而深远的影响。受“秕糠学会”的影响，德国在1617年成立了全国第一个也是最重要的一个语言协会“丰收学会”，主要宗旨是净化德语，消除意大利语、法语、西班牙语词汇对于德语的影响。在17—18世纪的德国启蒙运动中，一批人文学者，如天才的哲学家、数学家、历史学家和语言学家莱布尼茨（Gottfried Wilhelm Leibniz，1646—1716)，都积极投身于语言保护运动。受到语言净化运动的激励，德国出版了许多词典和语法著作，其中最杰出的是德国著名语言学家、童话作家格里木兄弟俩编纂的《德语词典》和《德语语法》。1885年“德国语言协会”成立，它创刊的《母语》杂志，始终坚持反对外来词、维护德语纯洁的办刊宗旨，影响到全球所有德语国家。该协会特别注意法语和英语对德语的入侵，在20世纪30年代，该协会发起了一场“狩猎外来词汇”的运动——搜查德语中的外来词，将之废除并用德语词取代。该协会的活动与德国纳粹的“德意志精神”和文化纯洁性理想相辅相成。1997年德国还成立了“保护德语语言协会”，特别关注德语中滥用英语外来词的现象，对“Denglisch”进行了严厉的批判。

法国在1635年成立了法兰西科学院，它以“秕糠学会”为榜样，将自己的职能表述为“将垃圾语言清除干净”。法兰西科学院在1694年出版了著名的《法兰西科学院词典》，编者在词典的序言中宣称：编写这部词典的目的，是为法语提供一个“保持纯洁的机会”（伯克，2007：210-211)。20世纪第二次世界大战后，法国面对美国人和美国英语的挑战，新一轮的语言纯洁性运动蓬勃发展。1964年法国知识分子埃蒂安布勒（René Etiemble，1909—2002）写了一本《你说了掺合英语的法语吗?》，发起了又一场针对英语外来词的阻击运动（伯克，2007：249)。法国总统戴高乐在1968年还成立了一个委员会来捍卫法语的纯洁性。法国在1975年颁布了《巴斯-洛里奥尔法》，又在1994年颁布了著名的《法语使用法》[①]，限制英语及法式英语的泛滥，禁止法国政府各部使用外语词汇，除非可以证明本民族的语言没有能够表达这一意思的词。

在欧洲其他国家大都有类似于意大利、德国、法国的语言净化运动。例如，1713年西班牙成立语言科学院，效法法兰西科学院，抵制法语词汇的入侵、捍卫西班牙语。1779年冰岛成立文学学会，承担起捍卫冰岛语纯洁性的责任，抵制源于外国语言的新词汇。1786年瑞典古斯塔夫三世成立瑞典科学院，以推动瑞典语的“纯洁、力量和庄重”。希腊在1821—1829年摆脱奥斯曼帝国统治的独立战争中，一项重要的任务就是清除外来词特别是土耳其语词，创立纯洁的民族语言。18世纪英国的仇外情绪对英语的净化起到了推波助澜的作用，英国诗人德莱顿（John Dryden，1631—1700）明确反对英语与法语的混合，认为这败坏了英语的习惯用法；英国主教斯普拉特（Thomas Sprat，1625—1713）宣称“语言的纯洁和帝国的强大”之间具有密切关系（伯克，2007：220)。1913年英国成立了净化英语协会，以田园诗人、哲学家巴恩斯（William Barnes，1801—1886）为代表，掀起了一场狂热的语言净化运动。在丹麦、冰岛、荷兰、捷克、俄国等国，都出现过语言净化的言论和行动。语言净化涉及印欧语系在欧洲的拉丁、日耳曼、斯拉夫等语族的语言。

当然，对语言净化运动西方也不乏反对者。“秕糠学会”及其成员语言上的保守主义引发了广泛的争议。《秕糠学会词典》出版之初，意大利学者保罗·贝尼（Paolo Beni，1553—1625）就立即出版了《反秕糠论》一书对其进行批评，意大利政府也在20世纪初严格限制《秕糠学会词典》的出版和使用范围。在德国，语言净化运动的积极参与者莱布尼茨也批评了他称为“语言清教徒”的人，因为他们对外来词有一种“迷信般的恐惧”，把外来词视为“人类的原罪”而避之唯恐不及。法国历史学家迪普莱（Scipion Dupleix，1569—1661）主张捍卫语言的自由，反对“过分严谨地净化行文的风格和语言”。法国作家弗雷蒙（Saint-Evremond，1613—1703）在他1638年的剧作《学院派喜剧》中嘲笑了新成立的法兰西科学院。法国著名的启蒙思想家伏尔泰（Voltaire，1694—1778）也加入了反净化派的行列，他把法语描述为“一个惧怕慈悲心肠的可怜的女乞丐”（伯克，2007：223-225)。

综观西方的语言净化运动，主要发动于14—16世纪的文艺复兴时期，又

---

① 又称“Toubon Law”，汉译“杜蓬法”或“图邦法”。

经过17～19世纪的启蒙运动时期，发展到现代，已经具有700多年的历史。语言净化运动的兴起有社会多方面的原因，它与文化净化、社会净化、宗教净化、政治净化、民族净化都有联系。因此，语言净化不单纯是语言运动，它有时也是一场文学运动，有的属于美学思潮，有的带有宗教的动机，有的具有政治的目的，更多的是属于民族主义思潮的组成部分。在15世纪下半叶，随着中世纪晚期东罗马帝国的崩溃、文艺复兴时代和大航海时代的来临，国家和民族之间的交往越来越频繁和密切，语言的相互影响也随之增大，语言成分的借用越来越多，而日益觉醒和增强的民族意识又促使各国的知识分子和贵族社会更加关注本民族的语言。民粹主义者出于民族的自尊和对民族语言的自恋，产生了语言自我保护意识，排斥外来语言的渗透影响，这是必然的，也是必要的。语言的接触影响是社会接触、文化交流的必然产物，保持民族语言的独立和纯洁又关涉民族的尊严和语言的健康。面对外来语言的影响，既不能毫不设防，也不能一味排斥，需要用辩证的观点，把握一个适当的尺度，运用合理的方法来对待、处理。

二、现代汉语“洋化”现象

与西方悠久的语言净化历史相比，中国历史上语言保护和净化的观念非常淡薄，新中国成立以前，几乎没有有影响的人物提出保护和净化汉语的观点。这是因为历史上汉语虽然受外来语影响很大，但外语成分进入汉语后，大多归化于汉语，与汉语水乳交融，没有明显的外来色彩。一些不服汉语水土的外来成分，例如，多音节的音译外来词，只是昙花一现，在大浪淘沙之后，很快就退出了交际领域。所以，汉语谈不上外来语言的污染，自然就无所谓净化。“五四”之后，汉语受到西方语言的冲击，出现了一定程度的“洋化”现象，但并未引起人们的重视。直到1951年6月6日，《人民日报》发表了由黎澍起草、胡乔木审订、毛泽东亲笔修改的著名社论《正确地使用祖国的语言，为语言的纯洁和健康而斗争!》，汉语硬搬外国语言的“洋八股”问题才作为影响“语言纯洁和健康”的问题之一，被提到了国家政治层面的高度来认识。

受“语言纯洁和健康”号召的影响，中华人民共和国成立后的前30年，汉语受外来语的影响不大。但是从20世纪80年代改革开放以来的30多年，随着经济、文化的对外开放，西方语言，主要是英语对汉语的影响，尤其是负面的影响前所未有，出现了许多与汉语格格不入、“食洋不化”的现象，偏离了语言规范化的轨道，影响了汉语的纯洁和健康，甚至导致交际的障碍，令人忧虑，保护汉语、纯洁汉语的呼声也开始出现并与日俱增。1995年国家语言文字工作委员会主任许嘉璐在《求是》杂志上发表《新时期说老话题：继续为祖国语言的纯洁健康而斗争》，《人民日报》2001 年 6 月 6 日发表本报评论员文章《为祖国语言的纯洁和健康继续奋斗》，以及《人民日报》2014 年 4 月 11 日和 25 日分别发表《守护我们语言的纯洁和健康　外来语滥用，不行!》和《“零翻译”何以大行其道》，就是这种呼声的代表。

汉语“洋化”最令人触目的是滥用“字母词”。“字母词”是由一个或几个外文字母（主要是英文字母）构成的缩略词语。有人统计，改革开放以来汉语外来词中，“字母词”达到 60%。像完全由字母组成的词 APEC、BBS、CBA、CEO、DNA、EMS、GDP、GNP、IT、MBA、MSN、NBA、OA、OPEC、PC、PK、USB、VIP、Wifi、WTO，以及由字母与汉语语素构成的组合词 ATM 机、E 时代、IC 卡、PH 值、三 S、中国 C 网、鲜の每日 C 等。有的放着现成的汉语词“联合国”、“音乐电视”、“厕所”不用，而用“UN”、“MTV”、“WC”等字母词。这种字母词就像夹杂在汉语中的“字虱”，刺人眼目，许多普通大众不解其意，影响了语言的正常交际和理解，是中外语言和文化交融中最不可取的“怪胎”。

汉语“洋化”的另一表现是在言语活动中夹杂外文单词。例如，“阿 Sir”、“你 out 了”，“I 服了 you”，“who 怕 who”，“大家 happy 一下”，“Talking Show——谈话节目，从此在上海‘落户’了”，“他们利用人们想赚‘Easy Money’的心理”，“周末又不能 shopping 了，必须 draft 出下周一 RFP 的 proposal”等，英语单词植入汉语的句子，在书面语和口语中并不鲜见。这种中英文的混杂肢解了汉语的完整性，使语境支离破碎，使汉语变得不伦不类。

外来词语不经任何翻译直接进入汉语，人们称之为“零翻译”。它伤害了汉语的纯洁性，破坏了汉语言文字的严整与和谐，影响了汉语交际功能的发挥，将从根本上颠覆汉语。从深层次来说，也消解了中国文化精深而丰富的内涵。如果不正视这种现象，中国的语言和文化将成为西方语言及文化的殖民地。

汉语“洋化”的另一种表现是大量使用音译外来词。如前所述，汉语吸收外来词的规律，是以意译为主，尽量采用意译方式，因为意译更接近民族语言习惯，能使外来词归服“水土”而与汉语融为一体，便于理解和记忆。而现在音译词大行其道，甚至放着现成的汉语词或意译词不用，偏要使用带洋味儿的音译词。例如，“妈咪”、“爹地”代替“妈妈”、“爸爸”，“派对”代替“舞会”，“因特网”代替“互联网”。典型的一例是，英语 Light Amplification by Stimulated Emission of Radiation（光受激发射）的缩写词 laser，20 世纪 60 年代初刚进入汉语时音译为“莱塞”或“镭射”，1964 年钱学森将之改译为“激光”，科学、简明、易懂，成为大陆统一的汉语译名。而在改革开放后的日常用语中，“激光”却不时兴了，“镭射”一词又重出江湖。更为严重的是，有人在使用音译词时根本不理解或不理会原词意义及文化背景，或出于某种畸形心态和阴暗心理，明知原词不健康的意义而故意使用。像有的省会城市高悬“福尔摩沙娱乐城”招牌，公然以16世纪葡萄牙殖民主义者对其殖民地、我国台湾省的称呼“福尔摩沙”（Formosa）为店名，是无知还是罔顾民族尊严？值得深思。

市场营销领域中商业性的汉语洋化对我们的民族文化更是起着潜移默化的副作用。为企业、商店、商标取洋名成为当今商业文化的新时尚。英语 younger、green 的音译“雅戈尔”、“格林”取代了“青年”、“绿色”，“苏菲亚、杜鲁门、戴维营、西格玛、得利斯、梦迪莎、蒙妮坦、蓝得威尔、奔驰、松下、汉堡、肯德基、希尔顿”等洋名潮水般抢滩登陆，目不暇接、光怪陆离的洋招牌当仁不让地引领起时代的风骚，直使人“不知有汉”，恍如置身于殖民时代和新的洋务运动时期。名称的“洋化”导致了迎合、刺激和培养国人崇洋心理、淡化民族意识和感情的后果。长期的濡化将对我们的语言和文化传统、民族自尊心造成伤害。

语言“洋化”带来的最大社会问题表现为语言交际功能的弱化，造成社会交际障碍。语言学家胡明扬（2002）指出：“还有相当多的普通人由于实在看不懂什么 WTO，BTV，听不懂什么‘打波流梯喔’，‘鼻涕味’而抱怨有些文化高的人在跟他们为难，让他们看不懂、听不懂中国人写的和说的中国话。”2003年，国内出现一起滥用字母词引发的案件：上海的杨女士买了上海飞往厦门的机票，因读不懂机票上的登机地点、上海浦东机场的代码“PVG”，想当然以为国内航班应在虹桥机场登机，结果耽误了行程，于是将航空公司告上法庭，要求退还误机废票款并赔偿误机引起的各项损失。杨女士在该案的取证调查中了解到，国内因相同原因造成误机的情况时有发生，但乘客碍于讼累都忍气吞声了。她要代表民众的公共利益，通过诉讼促使在机票上使用我国的通用文字。法院作出的判决支持了原告的诉讼请求。日本也发生过与此相似的一起案件：2013年6月日本一位名叫高桥的七旬男子以感情受到伤害为由，起诉日本广播协会，诉称日本广播协会过多使用英语单词，使播出的一些节目让他和其他老人难以理解，而向日本广播协会索赔141万日元。

语言“洋化”是自我殖民心态下的“胡言乱语”。“洋化”的主要原因是盲目崇洋的社会心理。改革开放后，西风东渐，东西方经济水平的强烈反差导致国民的民族自尊心、自信心低落，社会普遍缺乏过滤、消化、吸收外来文化的能力和心理准备，主动或被动地接受欧美先进国家的殖民文化，滋生了崇洋媚外的自我殖民心理，在语言的使用上就表现为崇拜外文，滥用外来语文，洋化汉语，轻贱民族母语。

在 20 世纪初的帝俄时期，俄国上流社会以说法语为荣。十月革命胜利后，列宁写过一篇短论——《论纯洁俄罗斯语言》，对俄国人滥用、错用外来词提出尖锐批评："我们在破坏俄罗斯语言。我们在滥用外来语，用得又不对。""仿效下诺夫哥罗德法语用词，就等于仿效俄国地主阶级中那些学过法语而没有学好、又把俄语糟蹋了的最糟糕的人物身上的糟粕。""现在不是该向滥用外来语的现象宣战了吗?""现在不是该向糟蹋俄罗斯语言的现象宣战了吗?"①今天重温列宁的批评，感受列宁的愤怒，应当具有警世惊俗、振聋发聩的作用。

① 《列宁全集》第 38 卷，北京：人民出版社，1986：53-54。

第九章　文字与社会

第一节　文字与社会的关系

一、文字对社会发展的推动作用

文字的产生是人类社会发展历史中极为重要的里程碑。摩尔根在《古代社会》中将人类社会演化的历史划分为蒙昧、野蛮、文明三个时期，从野蛮时期进入到文明时期的标志就是文字。摩尔根（1981：11）说：文明时期“始于标音字母的使用和文献记载的出现”，并且补充说：“刻在石头上的象形文字可以视为与标音字母相等的标准。”摩尔根的观点得到了马克思和恩格斯的认同。马克思在《摩尔根〈古代社会〉一书摘要》（1965：2）中写道：文明时期“开始于拼音字母的发明和文学作品的编写；石刻象形文字具有同等重要性”。恩格斯在《家庭、私有制和国家的起源》一书（1972：23）中曾对文字在社会发展中的作用作出了极高的评价，指出野蛮时代“由于文字的发明及其应用于文献记录而过渡到文明时代”。此后，历史、社会、人类学家对文明时代的标志虽有不同看法，但一般都认为文字的出现是人类进入文明时代最重要的标志。

世界上最古老的文字，有5000多年前由底格里斯河和幼发拉底河两河流域的苏美尔人发明的楔形文字、古埃及人的象形文字，有4000多年前古代印度河流域的印章文字，3000多年前中国的甲骨文，有2000年前左右中美洲玛雅人发明的玛雅文字等。这些人类最古老的文字都是象形表意文字。大约在3000多年前，生活在尼罗河和两河流域的腓尼基人，在苏美尔人的楔形文字和埃及象形文字的影响下创造出表音的腓尼基字母，这是对人类文明的又一重大贡献。腓尼基字母是世界许多拼音字母的源头，现在的字母文字几乎都可追溯到腓尼基字母。在腓尼基字母的基础上，欧洲的希腊人创造了希腊字母，罗马人在希腊字母的基础上创造了拉丁字母，后来又诞生了斯拉夫字母；亚洲的阿拉伯人创造了阿拉伯字母，犹太人创造了希伯来字母。再到后来世界上的文字大多演变为表音文字，属于象形表意文字的楔形文字、埃及文字、印章文字、玛雅文字都早已衰灭了，只剩下了中国自殷商时代的甲骨文一脉传承下来的表意文字——汉字。

文字与文明社会密不可分。文字的出现对社会的发展起到了巨大的推动作用，文明社会政治、经济、军事、法律、文化等各个领域都离不开文字。在中国东汉时期，著名学者许慎在他的文字学名著《说文·后叙》中，就深刻阐述了文字对于社会的两大功能："盖文字者，经艺之本，王政之始。"认为文字是经史百家之书的根基，是推行王道教化的首要条件；有了文字作为文化的根本、治理国家的基础，就会"本立而道生"使"天下之至啧而不可乱也"。文字作为记录语言的书写符号系统，它使语言除了说和听的语音形式以外，又增加了一种写和看的书面形式。有了文字，人类才告别了野蛮的史前时代，使人类从缓慢发展的史前时期进入加速发展的文明时代，形成高度发达的社会。没有文字就不可能产生发达的科学文化，不可能产生希腊、罗马、印度、中国等文明古国，以及拉丁美洲古代印第安人灿烂的玛雅文明。文字的产生有利于生产经验和社会知识的继承、积累和传播，为科学文化的发展准备了必要的条件。文字之于社会，具有口头语言无法替代的作用。

首先，文字是语言最重要的辅助性交际工具，它完善和扩大了语言的交际功能。文字克服了口耳相传的口头语言在时间和空间上的局限，可以将一时一地的口头语言固化为书面语言，使一发即逝的口头语言可以传于异地、留于异时，使相隔千山万水、千年万载的人都可以通过文字写成的文本进行交际。就如许慎《说文·叙》中所说的"前人所以垂后，后人所以识古"，文字帮助人类社会承前启后、继往开来，传播异地，沟通异域，大大扩大了语言的交际范围，增强了语言的交际功能。

其次，文字可以更好地记录人类的文化。文字是人类文化的记忆，文字的产生大大增强了人类保存知识的能力，它使人类对自己的过去有更清楚的认识，因此大大提高了人类组织安排目前与未来的能力。在没有文字以前，人类的各种知识和经验都只能口耳相传，范围和效果都十分有限。文字的出现，为记录人类历史和文化提供了更好的手段，人类的历史得以长久流传，人类的知识和经验得以积累和增加，人类文化的保存和繁衍有了保障。有了文字，人类得以避免前人的教训和重复的实践，更好地总结和积累生产经验，扩大生产规模，发展科学技术，创造文化艺术。在历史的长河中，人类有文字的历史不过几千年，但是这几千年人类社会的发展速度，远远超过了人类史前时代的百万年，其中，文字的发明起了巨大的作用。

最后，文字促进了人类思维的发展。文字使思维有了视觉形体表象，使人类思维的成果得以巩固，促进了人类思维能力的提高。一种文化如果没有文字，就犹如一个人不识字。识字的知识分子与不识字的文盲相比，在智力和能力上的区别是显而易见的。文字的出现扩大了思维的广度，加深了思维的深度。思维能力的提高促进了人类社会各方面的迅速发展。如果说语言的出现是人类进化过程中的第一个里程碑，它使人类获得了思维的工具而由猿进化为人，那么文字就是第二个里程碑，它促使人类的思维更加严谨、复杂、深入、精细、系统和完善。

正因为文字对社会巨大的推动作用，因此自文字发明以后，社会的进步就一日千里，与无文字的原始社会的发展速度不可以道里计。综观世界上各民族，其发展速度的快慢无不与文字的有无相关。发展较快的先进民族，无不是具有文字的民族；而发展较慢的落后民族，往往都是没有文字作为辅助工具的民族。很难设想一个没有文字的民族能够走在社会的前列、引领世界潮流。

二、文字的社会区分功能

文字是在阶级社会产生以后才产生的。一般认为，文字产生于阶级社会的奴隶社会时期。尽管文字是阶级社会的产物，但文字本身跟语言一样没有阶级性。不过，在阶级社会里，文字却具有政治属性，它是统治者维护其统治的重要工具。在阶级社会，文字成为区分统治阶级与被统治阶级、贵族与平民的阶级符号，成为宫廷术士的政治工具，成为统治者与知识阶层赖以生存的“母体”。

文字不像口头语言那样可以自然习得。文字的掌握要经过学校专门的教育、训练，需要一定的物质条件和经济条件。在阶级社会里，文字往往为具备条件的上层社会、统治阶级所垄断，是统治阶级巩固自身统治地位、实行愚民政策的工具。文字与社会不平等之间存在密切关系，与文明社会的意识形态存在密切关系，与政治统治结合在一起。掌握文字的人是“劳心”的“君子”，是可以控制没有掌握文字的平民的；没有掌握文字的平民是“劳力”的“小人”，被掌握文字的“君子”控制。

文字是知识和文化的基础，文字、知识、文化跟社会身份、地位不可分割。在文字创制初期，掌握文字的往往是巫祝、祭司和史官，后来扩展到其他社会上层。上层社会身份的标志就是文字本身，以及由文字获取的知识，可以说文字既是一种符号，又是一种广义的“文字阶级”的“手艺”或“技术”。掌握了文字及其文字作品的知识分子，在中国古代是一个特定的阶层，叫作“士”。在上古时代“君王、诸侯、大夫、士、农、工、商”的阶级阶层序列中，“士”既是统治阶级中位于君王、诸侯、大夫之后最下端的一个阶层，又是作为平民阶级的士、农、工、商中最高级的一个阶层，是介于统治阶级与被统治阶级之间的一个特殊的阶层。他们掌握了文字这种神秘的“手艺”、“技术”，就可以凭借文字及其知识的优势，作为晋身仕途、攫取权力、辅佐统治阶级的手段。因此，有人认为中国的士族是“文字所造就的阶级”，文字对于士大夫的自我认同与政治地位有着十分重要的标志性意义。在封建社会，尤其是在科举制度下，下层社会的普通百姓要想改变自己的身份、提升自己的地位，就必须上学读书，学会文字、掌握文化知识，才有可能“学而优则仕”，进入士大夫阶层，博取功名，改变自己的命运。从这一意义上说，文字是非阶级性的，是平等的，是区分“上智”与“下愚”的一个客观的标杆。掌握文字这一“敲门砖”，为平民百姓改变身份、地位提供了可能。史载西汉公孙弘“以《春秋》白衣为天子三公”，西晋羊祜“以白士而居重位”，南朝陈周弘让“以白衣领太常卿、光禄大夫，加金章紫绶”，这类起穷巷、出白屋而位至公卿、裂地而封者历史上比比皆是，他们的飞黄腾达皆拜文字所赐。

在人类学界，有一类主张“无文字主义”的人类学家，他们与历史学家忽视口头传说、重视文献记载的研究传统恰恰相反，注重研究“无文字社会”，偏重于对只有口头语言而没有文字的社会的研究，认为文字本质上是“间接接触”的符号手段，存在信息不完整性与间接性的缺陷，会使信息的传达“走样”，认为口头语言比文字记述更可信。他们将文字认作统治者和其所豢养的术士们用来奴役劳动者的工具。在他们看来，文字总是与不平等的思想和政治统治结合在一起，文献记录不能反映原始人淳朴的原貌。口头语言是比文字更为直接、更真诚的交流工具，更能反映原始人淳朴的原貌（王铭铭，2010）。20 世纪最伟大的人类学家列维-斯特劳斯（2000：384-385）就明确否认文字的发明给人类带来的好处，认为“人类历史上最具创造性的历史之一是在新石器时代的早期，……但当时没有任何书写文字”，“在新石器时代，人类没有书写文字的帮助，仍然大步前进，取得好多重大成就；有了书写文字以后，西方的历史时期的文明长期停滞不前”。他认为文字的历史总是与城镇和帝国的历史相关，本身即是国家文明史的组成部分。作为早期国家统合社会、划分阶级的工具，“书写文字似乎是用来做剥削人类而非启蒙人类的工具”，“书写的通讯方式其主要功能是帮助奴役”，文字“用作智识及美学上的快感的源泉，等等，是次要的结果”。“或许书写文字本身不足以巩固知识，但书写文字可能是强化政治统治所不可或缺。”“无文字主义”人类学家对于“无文字社会”的爱好和对文字的贬低属于专业局限和专业偏见，与历史事实不尽相符，但他们对文字与国家、社会、政治、阶级关系的认识却是深刻、准确的，可以加深我们对文字的社会区分功能的理解。

三、文字的敬仰崇拜

正因为文字的难以掌握，以及一旦掌握之后所能获取的巨大利益，加上统治者和“文字阶级”出于维护和巩固自身利益而对文字的故意神化，使得某些社会对文字产生一种宗教迷信式的敬仰崇拜，尤其是成为“文字阶级”之外的“文盲阶级”的崇拜对象。文字虽然是人造的、为人使用的工具，可是人们却赋予这种人造物神秘的、超自然的能力，把它当作神来崇拜，使文字自身获得了生命与支配人类命运的力量，成为一种具有魔力的符号体系。这种“文字拜物教”，一方面源自于在文字产生的初级阶段就已经具有的“巫术-宗教”内涵，另一方面则来自于对知识和文化的敬畏，或对更高社会地位、利益的渴望和祈求。

在文字初创时期，文字掌握在少数人手中，为巫师所垄断，具有“通神明之德，类万物之情”的神奇功能，成为人与“神明”和“万物”之间沟通的媒介。这种认知使文字与权力和神力之间发生一定的联系，这种联系容易使人们产生文字崇拜的心理，并进而将文字的创造归结为某一禀赋神异的人物的创造，文字的诞生也被赋予神奇怪诞的色彩。例如，汉字，从发明之日起就蒙上了一层神秘的色彩。史传黄帝的史官仓颉创造了汉字，泄露了天地神灵的秘密，以致出现了“天雨粟，鬼夜哭，龙潜藏”的惊人异象，龙颜、双瞳、四目的仓颉因此被尊为“字圣”和“人文始祖”，并成为道教中的文字之神。

“文字拜物教”在中国社会最典型的表现是“敬惜字纸”。“敬惜字纸”曾是中国社会普遍存在的一种民间风俗和信仰。历史上敬惜字纸最早的文献记载，见于北齐颜之推的《颜氏家训·治家》第五：“吾每读圣人之书，未尝不肃静对之；其故纸有《五经》词义，及贤达姓名，不敢秽用也。”颜之推对写有《五经》的故纸的敬惜，应该属于他个人的品德修养，而非普遍的社会行为。而相传创作于宋元时期，假托文昌帝君之名广为散布、影响甚大的《阴骘文》，其中“勿弃字纸”的告诫，就带有一定的社会性。作为一种普遍的惜字风俗信仰，是出现在明清时期。清代社会上广泛出现了《惜字律》、《惜字章程》、《惜字新编》、《惜字征验录》、《惜字功过律》等劝人敬惜字纸的规条、劝善书，出现了大量的惜字会、文昌会、敬字社、崇文社、广善社、德文社、拾遗社等收集字纸、去污焚烧的民间组织，各地还出现了专为焚烧字纸而建的惜字塔、惜字亭、惜字楼、字库塔、圣迹亭、敬字亭等建筑。在某些地区，“敬惜字纸”还演变为一种隆重的群体性民俗活动。例如，在福建清流、宁化、归化等地的客家人中，每于农历七月七日的“乞巧节”晚上，各家各户的儿女们设茶果，焚字纸，穿针线，举行乞巧仪式，虔诚备至，以乞心灵手巧，期盼家中学童学业进步、聪明过人。在台湾地区流行“送圣迹”的仪式，即把焚烧后的“圣迹”——字灰送到江心或海中净水处，沉于中水。敬惜字纸的习俗还曾传播到我国的香港、澳门，以及日本和美国的华人社区。例如，在旧金山华人社区，就有惜字组织“文华社”，雇用专人，每天沿街收集字纸，运往焚化字纸的“圣炉”火化，然后将字纸灰装入写着“文华社字纸灰”的灰色布袋，运送到金门港口投之于海。整个过程一丝不苟，非常认真。因此，在华人社区，看不到一张被人践踏的字纸。

汉族民间“敬惜字纸”现象的出现，当与佛、道的敬惜经书有关。唐代高僧道宣撰《教诫新学比丘行护律仪》之“上厕法”第八条中，告诫新入沙弥，如厕后“不得用文字故纸”拭秽。在敦煌文献唐代变文《庐山远公话》中，“远公于大内见诸宫常将字纸秽用茅厕之中”，即说偈云：“长扬并五册，字与藏经同”，如果“不生珍敬”，用作厕纸，将“陷身五百劫，常作厕中虫”（王重民等，1957：192）。佛教对一些没有保存价值的佛经字纸需集中焚烧，焚烧字纸时应默念本师释迦牟尼佛及《心经》甚至咒语以示恭敬，并观想所烧字纸中一切法义与大地众生结缘，然后将字灰洒入溪涧大海中与水族众生结缘（辛德勇，2000）。

“敬惜字纸”是一种社会性的风俗教化，其功用是将敬惜字纸的要求纳入基本道德准则的范畴而加以倡导，劝导人们爱护字纸，尊重书籍，敬仰知识，膜拜圣贤。要求日常不骑坐经书，不头枕经书，不便溺后直接翻书；不用字纸糊窗裱筐、抹桌拭秽、封坛包物、撚绳扎物、燃灯吸烟、换物卖钱；不轻笔乱写、涂抹好书，不以字书放湿处霉烂，或扯碎践踏。对写有字的废纸不可抛弃糟蹋，要用香汤净水洗去污秽，烘干晾干后存放起来，在特定的时间，在专门的炉灶中将之焚烧成灰，再将字灰装入瓮或布袋，或深埋净地，或送至江海沉于净水之中。敬字即敬圣贤。惜字风俗体现了社会对知识和文化的看重，也体现了士绅群体崇高的社会地位。

“敬惜字纸”同时还是一种意识形态上的信仰崇拜，是文字巫术和宗教力量的显现。它依托于主掌文人命运的道教神祇“文昌帝君”，借助佛教因果报应的教义，对人们对待字纸的行为进行奖励和惩戒。敬惜字纸即积累功德，可得善报，如愚者转智、瞽者转明、子孙荣显、功名有成、寿增一纪、长享富贵、疾病不生、邪魔不扰等。亵渎字纸即暴殄天物，将得恶报，必遭天谴，如变成瞎子、来世愚钝、蒙蔽慧心、手足生疮、子女不孝、恶病夭折、多遭横非、薄福受刑、招祸杀身、祸延子孙、穷苦窘迫、得晕眩拘挛之疾等。就连焚烧后的字纸灰也有神奇的功效，可用来制成药丸，治疗愚钝昏聩、多梦善忘等疾病，甚或认为字有魂魄，将字纸灰投于江海，可以伏波安澜。

惜字信仰在古代中国产生的原因是多方面的。它既源于对巫史文字和文化的原始崇拜，又跟文字与权力功利的结合相关，还与宗教对经书的信仰互为关联，而最为关键的，应是对文字的政治功能和文化功能的崇拜，对知识的尊重和圣贤的敬畏。在19世纪中叶宣扬敬惜字纸的善书体小说《青云梯》中，有篇《敬字说》，详细阐述了敬惜字纸的原因："是故天无日月不明也，地无江河不通也，世无文字不立也。朝廷无字，从何而能治理？儒门无字，从何而取科名？商贾无字，数目从何而记？释门无字，戒律从何而持？道门无字，丹诀从何而授？极之天文地理，无字难知；天经地义，无字不显；圣贤教训，无字难遵；经史流传，无字不远；三纲五常，无字不达；忠孝廉节，无字不彰；一技一术，无字不传。后人当敬先圣之书，更宜重前贤之字。"所以，"字乃圣贤之精，天地之宝"，"诚天地之灵机，万世之法则"，"若一日无字，则天下乱矣"（万晴川，2006）。

在中国传统文化中，"敬惜字纸"的现象既包含宗教迷信、荒诞不经的内容，也具有倡导文德教化、善风良俗的一面，蕴含着重要的民俗学价值。如果去掉其虚妄的内容，"敬惜字纸"表达了古人重文尊教、临文严谨的精神实质，反映了社会崇尚知识文化的态度，体现了中国古代文化传统中的一种良好美德。从敬重知识、爱护环境、珍惜资源的角度来看，这一传统习俗在今天仍然具有合理因素，具有积极的借鉴意义。

第二节　汉字与社会史

一、汉字的文献价值

中国有文字记载的历史有3000多年，但文献记载的历史毕竟有限。尤其是上古时期的历史，有的阙如，有的语焉不详，有的经过了文人的加工，有的经过了历代的篡改。如果要还历史以本来面目，有时还需借助于汉语的书面形式——汉字，尤其是小篆以前的古文字。通过分析汉字形体的结构和演变，我们可以了解到古代社会生活多方面的内容，或弥补史料的不足，或与史料互相印证，或纠正史料的错误。

汉字是世界上迄今为止所发现的最古老的文字之一，而且是其中唯一没有死亡、一直使用到现代的文字，这是人类文明的奇迹。汉字使用3000多年，历史的风尘在它身上理所当然地留下了深深的痕迹，要探索3000多年以来的历史，汉字就是历史的见证。

汉字是世界文明中为数不多的自源文字之一，是汉族文化和东方文明的结晶。汉字的产生不仅使汉族文化在时间上得以保存流传，而且负载着汉族文化在空间上广泛传播扩散，辐射到周边的民族和国家，形成有名的“汉字文化圈”。直至今天，汉字作为人类文化的宝贵财富和重要组成部分，仍在“汉字文化圈”内及世界其他地方继续发挥作用。

汉字最重要的特点还在于它是现代世界最有影响的表意体系的文字。这种以表意符号为主体的文字，每一个字就是一个意义单位，表达的是单音节汉语中单个的词或者词中的独立部分，代表着语言中的词或者词素。字形是概念的直接图像和思维认识的表征。汉字脱胎于图画，起源于描绘具体物像的象形符号——象形字，发展为在象形符号上附加限定性的指示符号——指事字，或由几个象形性符号合成一个新的表意符号——会意字，最后成熟为由表示义类的象形符号和表示读音的表音符号合成一个新的“表意/表音”符号——形声字。表意符号贯穿文字发展的每个阶段。在占汉字绝大多数的形声字中，表意的形符始终是文字的主体，声符只是“取譬相成”的附属部分。因此，汉字形体中蕴藏着大量可供义素分析的材料。汉字的这种特点可使我们从汉字的义素分析中获得丰富的关于古人思维和认知活动的信息。

东汉著名经学家和小学家许慎所著的《说文》，收集了 9353 个小篆字头，编为 540 个部首，也就是 540 个义类，构成了一幅幅中国上古社会生活的图景。许多社会、人文科学家以及某些自然科学家，都十分注重汉字本身的文献价值，依“文”稽古、因“字”求史，据以探赜发微、刊谬补阙，甚至重构中国古代社会某一时期或某一方面的文化形态。晚清大儒刘师培曾以西方学术分类系统来阐述中国先秦学术，在《周末学术史序》之《工艺学史序》一文[①]中，即根据《说文》中的“竹”、“木”等部字研究中国上古工艺史，提出了一些重要的观点，得出了一些重要的结论，具有重要的开创意义。其他民国学人据《说文》研究上古社会的有：张世禄的《文字上之古代社会观》(1923)，陈钟凡的《中国文字学上之原始宗教考》(1923)，胡朴安的《在说文解字中所得的人类学资料》(1928)，吴承仕的《语言文字之演进过程与社会意识形态》(1934)、《从说文研究中所认识的货币形态及其他》(1935) 等，而以程树德的《说文稽古篇》(1930) 为其代表。程树德 (1957) 在其书序言中说：“西人考古者，恒掘地以验古代文物。埃及旧城，罗马故宫，匪特蔚为名迹，且可续成信史。次则探遐荒之地，以求知原始人类之状态，非洲之南，沙漠以北，无不有其足迹焉，顾费广而事劳。我国绩学之士，恒嗜金石，然钟鼎造像，犹多赝

① 见《刘申叔遗书》南京：江苏古籍出版社，1997：521-524。

品。近人上虞罗振玉假龟板以研求古史，盖骎骎乎为考古家新辟一途径矣。余则谓泰西文字，主于谐声；我国则并及象形、会意、指事、假借、转注诸法，恒可因制字之故，窥见上古逸史，与其社会之情状。……今当以许氏《说文》为最古。假《说文》以征史，其间上起黄帝，下逮两汉，逸闻古俗，胥存其中，可断言也。……偶检阅旧藏《说文解字》诸书，颇悟因字求史之法，为前此段、桂诸家所未及，遂有《说文稽古篇》之作。”又于该书《凡例》云：“是书则假《说文》以考证古之逸史及制度风俗，为前人所未及”，“《说文》为汉人所作，其中字义，可以发见汉以前之逸史、制度、风俗者不少，亦断代为史之一种”。程树德独辟蹊径，假《说文》以考证古之逸史及制度风俗，发见良多，为运用汉字作为文献资料考证上古社会历史，发凡起例，起到了良好的示范作用。20世纪以来，随着殷商甲骨文的发现，两周金文研究的深入和战国简帛古文的大量问世，中国的文字学研究与社会学、人类学、历史学发生了更加密切的联系。罗振玉的《殷墟书契考释》（1915），王国维的《古史新证》（1925），郭沫若的《中国古代社会研究》（1930）、《甲骨文字研究》（1931），胡厚宣的《甲骨学商史论丛》（1944），以及台湾学者许进雄的《中国古代社会——文字与人类学的透视》（1988）等著作，都是系统运用古文字材料，从新的角度，用新的方法探索、稽考中国古代社会的成功之作。

西方有句名言：“词典是文化的索引。”我们也可以说，汉字是汉族历史文化的索引。汉字的创造不能不受当时的社会习俗和人们生活状态的影响，汉字的象形表意属性使之在一定程度上记录了造字之时的自然和社会面貌，因此汉字的形体构造隐含着历史价值和人文内容。当一个个汉字被创造出来后，与之相关的时代的社会情状就如同琥珀里的小虫一样裹藏在晶莹剔透之中，历经千年依然栩栩如生。1935年，著名历史学家陈寅恪在致训诂学家沈兼士的信中说：“依照今日训诂学之标准，凡解释一字即是作一部文化史。”[①] 著名语言学家罗常培（1989：9-10）指出：“谈到中国古代语言和文化的关系，我们便不能撇开文字”，认为文字学“和社会学可以交互启发”。现代社会语言学家陈原（2003：86）认为，“语言-文字是人类社会生活的活化石。通过语言文字可以寻出社会运动的轨迹，甚至在某些场合还可以找到社会史‘失去了的环节’”，“社会语言学竭力要从语言——文字的形态和结构，来解释并探求社会发展的某些规律”。不同时代和学科的人文学者们对于汉字的历史文献价值具有共同的认识，充分说明了汉字的历史文献价值和社会学价值。

① 沈兼士．《沈兼士学术论文集》，葛益信．启动整理，北京：中华书局，1986：202。

二、汉字文献价值的利用方法

利用汉字形体的文献价值，以稽考古代汉族社会历史文化，其方法迄今尚停留在感性而零碎的具体操作阶段，尚未有人进行系统的理论概括和总结。理论和方法的缺陷限制了对汉字这一文献材料的有效使用。我们试从语言学角度综合分析前人的实践经验，归纳出如下五种可以利用的方法，以供研究者参考和借鉴。

（一）审察字相

“字相”是指一个象形文字由笔画、线条构成的一个整体图像，其平面空间字形的布局最直观地保留着古代事象、物象的原本面貌。自然物象如马、牛、羊、山、水、日、月，其形亘古不变，今天的形体跟古代的形体相同。但社会造成的物象、事象却会随社会的发展而发生不同的变化，今天的形体跟古代的形体会有不同。描绘古代物相的古文字就为我们保留了古代物象的样子，或者记录了古人对自然物象与今人不一样的理解，以及社会事象古今的差异。程树德（1957：3）云：“《说文》之字，其中有可以考见古物之形状者。”非特《说文》之小篆，此前的战国古文、两周金文、殷商甲骨，莫不可察其象形符号的整体字相及其所示意义，考见古代事物的形状，并探索它们形义结合的历史背景和意义内涵。

随物赋形的象形字是汉字的最早形体，也是用以二次构字的基本字素。从类型学的角度来说，某些表意符号与其意义的结合有时是客观、必然的，甚至具有人类表意文字的普遍性特征。例如，甲骨文中的“牛”、“羊”、“鱼”等字，与苏美尔楔形文字中表示相同意义的象形符号基本相同。甲骨文、金文中的“口”、“止（脚）”等字，与埃及象形文字中意义相同的象形符号也相差无几。但更多的是，由于人类生存的自然环境和社会环境存在极大的时空差异，人们观察事物的角度和认识事物的方式就有所不同。这种不同必然要在能指的文字符号和所指的概念之间的对应、联系中表现出来，这就为我们了解处于不同时空的人们对事物的认知提供了材料和线索。

例如，“虹”字，在甲骨文中有一种形体写作，其字相为两龙龙身重合上拱、龙首左右相对下垂作张口吸水状。这一字相生动地“画”出了殷人对彩虹这一自然物象所赋予的神话想象：虹的出现是天降双龙在河涧张口吸水。由双龙相合，又产生了其为雄龙“虹”和雌龙“霓”的联想；由双龙雌、雄重合的联想，再衍生出它们在空中交配的神话。上古民间风俗认为人见动物交配不吉利，将招至晦气，故而甲骨卜辞中把“出虹自北，饮于河”视为“有祟”的不祥之兆[①]，《诗经·鄘风·蝃蝀》中将“虹”的别名“蝃蝀”视作“莫之敢指”的凶物，周人认为彩虹出现之处淫风必盛，都是将自然的虹灵物化了的体现。

再如，“灾”字，早期甲骨文写作、，为洪水泛滥横溢之状，反映了穴居、半穴居时代居于黄河流域中下游冲积区的人们对洪水的恐惧——对于穴居、半穴居时代的人类来说，洪水是莫大的遭难。

“奚”字在甲骨文中写作，金文写作，小篆写作，像用绳索系住人的头部之像，表现出在奴隶社会，奚奴被牲畜般役使的惨状。

“井”字则自古至今，都写作像四根木头横竖构成的框架之形，是一幅“井”的俯视图。根据这一形体，可以看出远古人类在掘井时，为防止四周壁土的坍塌而用木头架成排桩挡土，与中国河姆渡遗址发掘出的5000多年前井的形制，以及美洲印第安人掘井的方式，正好互相印证。

“田”字自古及今字相也没有什么变化，都像规划整齐的田地形状，与南方山地弯曲不整、高低不平的田地形状相比，古今汉字方正规整、阡陌交通的“田”字，描绘的应是上古华北平原地区田地的真实形状。

古代“衣”与“裳”有别，上身穿的叫“衣”，下身穿的叫“裳”。“衣”字甲骨文作、，金文作、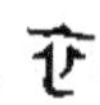、，小篆作。这些古文字的“衣”字形，上面像领口，两旁像袖筒，底下像两襟左右相覆，大多作左边的大衣襟往右掩，在右手腋下扣住，即表现汉族服装“右衽”的上衣制式，与外族的“左衽”相别。审察“衣”字字相，分明就是古人留下来的一幅活生生的上衣裁剪平面图。《说文》：“衣，依也。上曰衣，下曰裳。象覆二人之形。”说“衣”字“象覆二人之形”本是许慎看走了眼，而段玉裁顺着许意而曲解说“云‘覆二人’，则贵贱皆覆”，就更是迂阔无根之谈。

（二）分析字素

构成汉字形体的符号称为字符。字符又可分为意符、声符、指示符三种。指示符是不能单独存在、只能依附在意符上表示意义指向的限定性符号。意符和声符都能独立存在并且具有二次构字能力，是构成汉字的最小的区别性单位，可称为“字素”（grapheme）。所谓“字素”，又叫“字位”，类似于语音学上的“音位”，是某种语言的文字系统中有意义的最小区别性单位。其中纯

---

① 卜辞拓片10405号：“王占曰：有祟。八月庚戌，有各云自东，宦母。昃，亦有出虹自北，饮于河。”

粹的声符与意义无关，而意符表示字中的词素意义，它体现汉字的构形理据和词源结构。分析合体汉字中字素的组合或单一字素所表示的意义，就像分析合成词或派生词的词素一样，可以看到表意汉字的构形理据和词源结构所体现的社会意义。

夏禹是自古至今家喻户晓的人物。但“禹”字不见于殷代的甲骨文。金文有“禹”字，形体与小篆相近，均从字素“虫”和“厹”会意，意为双脚蹂地的虫类。20世纪20年代，疑古学派的创始人、著名历史学家顾颉刚（1982：63）根据《说文》“禹，虫也”的解释，认为历史上并无大禹其人，“禹或是九鼎上铸的一种动物”，是古人对蜥蜴类爬虫的图腾崇拜而虚构出来的神话性人物。顾颉刚这一惊世骇俗、离经非圣的观点，“竟成了轰炸中国古史的一个原子弹”，学界一片哗然，引起了一场如火如荼的古史大论战。许多人认为顾颉刚“着了魔”（顾颉刚，1982：17-19），“大禹是一条虫”成为一些人包括著名学者的笑柄①。但如撇去主观感情的因素，客观地依据历史学上的“默证”（“禹”不见于早于西周的文字）和“禹”的古文字形体，结合古代图腾崇拜的普遍事实，我们不能不承认顾颉刚的观点——用著名历史学家郭沫若后来的话说，“的确是个卓识”。郭沫若（1982a：304）在《中国古代社会研究》附录九“夏禹的问题”中说：顾颉刚“他所提出的夏禹的问题，在前曾哄传一时，我当时耳食之余，还曾加以讥笑，到现在自己研究了一番过来，觉得他的识见是有先见之明”。闻一多（1982：52-53）认为“禹”字中的“虫”即“古虺字，与龙同类”，指出大禹其实是夏人所崇拜的图腾——龙。历史学家王伯祥也认为“禹或即是龙，大禹治水的传说与水神祀龙王事恐相类”（顾颉刚，1982：63）。一个有史以来言之凿凿的美丽神话，被一个汉字的字形暴露了真相，可见汉字的文献价值之大。

根据历史学和人类学的研究，世界上发展较早的古文化区，如古希腊、罗马，畜力拉车与畜力拉犁出现的时间相差不远。有些则是畜力拉犁早于畜力拉车，如古代埃及和苏美尔（许进雄，1988：84）。据我国古代史籍《山海经》、《天问》、《吕览》、《世本》等的记载，皆以夏朝商族首领王亥为始作服牛拉车之人，《尚书·周书·酒诰》也记载殷人“肇牵车牛远服贾”。而我国何时使用

① 顾颉刚《古史辨》第一册《我是怎样编写〈古史辨〉的?》一文说：“在《与钱玄同先生论古史书》中，我曾引用《说文》的‘禹，虫也，从厹，象形’及‘厹，兽足蹂地也’，疑禹本是古代神话里的动物。这本是图腾社会里常有的事情，不足为奇。陈立夫屡次在演讲里说：‘顾颉刚说，大禹王是一条虫呢’，博得听众的一笑。”（顾颉刚，1982：19）。鲁迅也在历史小说《理水》中塑造了一个叫“鸟头先生”的学者，结结巴巴地说“禹是一条虫”，即影射、讥笑顾颉刚。顾先生说话结巴，“顧”的声符“雇”本义是鸟名，“頁”本义是头，“鸟头先生”即顧先生。

牛耕，历来众说纷纭。清代赵春沂认为始自神农，宋代周必大、叶梦得认为始于春秋，北魏贾思勰认为始于西汉，唐代李善认为始于西晋。郭沫若在《奴隶制时代》(1984：21) 和《甲骨文字研究》(1982b：83-92) 中，根据殷代帝乙时期（公元前 1191—前 1155）的甲骨文中就出现了以犁头起土状的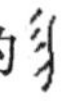、（勿、勿）和“牛”两个字素组合会意的、、（犁）字，证明在帝乙时期我国的农业生产，就已经在最原始的耒耜基础上发明了牛耕。这一时期与古代埃及和苏美尔人发明牛耕的时间较为接近，令人信服。①

汉族自古崇尚土葬、入土为安。与古代丧葬相关的有“弔”和“葬”字，却均与土葬无干。《说文》：“弔，问终也。古之葬者，厚衣之以薪，从人持弓，会驱禽。”又“葬，藏也。从死在茻中；一其中，所以荐之。《易》曰：‘古之葬者，厚衣之以薪。’”“弔”字由字素“人”和“弓”组成，意为吊丧。吊丧为何要带弓呢？许慎说古时候的人死了之后，用厚厚的柴草把尸体盖住，又怕尸体被禽兽吃了，所以吊丧的人都要带着弓箭以驱赶禽兽，保护死者的尸体。“弔”和“葬”字形的结构，许慎对字形的解释，与其他一些古籍的记载相合。例如，《孟子·滕文公上》云：“盖上世尝有不葬其亲者，其亲死，则举而委之壑。他日过之，狐狸食之，蝇蚋咕嘬之。……盖返归蔂梩而掩之。”《吕氏春秋·节丧》：“所重所爱，死而弃之沟壑，人之情不忍为也，故有葬死之义。葬也者，藏也。”东汉赵晔《吴越春秋·勾践阴谋外传》的记载则更加详细具体——陈音对谓越王说：“臣闻弩生于弓，弓生于弹，弹起于古之孝子。……古者，人民质朴，饥食鸟兽，渴饮雾露，死则裹以白茅，投于中野。孝子不忍见父母为禽兽所食，故作弹以守之，绝鸟兽之害。故歌曰‘断竹续竹，飞土逐肉’之谓也。”从其中弹歌的歌词和内容看，应是比较原始的挽歌。刘勰的《文心雕龙·通变》说“黄歌断竹，质之至也”，将之归于黄帝时代，或不至于。这首歌的背景是棺椁土葬以前的远古时代。竹就是弓，土是弹丸，肉指禽兽，放弹丸弹禽兽，把弓折断了，又重新做一把，发射出土弹丸，把禽兽赶走。这种持弓守尸的办法，与“弔”这个字形结构和许慎的解说相互发明。通过对“弔”、“葬”二字的分析，可以佐证远古时期存在过葬之以薪、守之以弓的风俗，《吴越春秋》等并非无稽之谈。

又如，“婚”字。《说文》：“婚，妇家也，礼：娶妇以昏时，妇人阴也，故曰婚。从女、从昏。”《释名·释亲属》所说略同：“婿亲迎用昏，又恒以昏夜

① 郭沫若的观点得到了著名甲骨学家胡厚宣（《卜辞中所见之殷代农业》），中国著名机械学家、清华大学教授刘仙洲（《中国机械工程发明史》、《中国农业机械发明史》）和倪正祥（《牛耕与犁的起源和发展》）等的印证、支持。

成礼也。”《易·屯卦》则揭示了昏夜娶亲乃源自于便于抢亲：“屯如邅如，乘马斑如。非寇，婚媾。”原始时代存在掠夺婚姻，延续为后来的抢婚，这种社会历史反映在“婚”字的形体上。“婚”从“昏”，“昏”是黄昏、晚上，抢婚宜在晚上进行，所以古代的结婚仪式也在黄昏、晚上举行。《白虎通·嫁娶》说：“婚姻者何谓也？昏时行礼，故谓之婚也。”至今一些农村娶妇，新妇必至下午三四点才姗姗而来，酒席散、婚礼毕，已是漫天星斗，乃是名副其实的“婚”。

其他如“沉”字在早期甲骨文中以“牛”、“羊”、“豕”等沉于水会意，“埋”字则以上述牲畜置于穴中示意，可知上古沉、埋都是以牲畜祭祀山林川泽之仪式《周礼·春官·大宗伯》“以沉埋祭山林川泽”，郑玄注：“祭山林曰埋，川泽曰陈。”甲骨文为这一记载提供了最可信的证明。

（三）归纳字类

语言中的词汇是有系统的。从意义上来说，同一意义类别的词形成一个词汇场。从横向比较的角度看，生活在不同自然环境和社会环境中的民族，其语言中表示同类事物的词汇场中的词汇密度（lexical density）是不同的。很明显，词汇密度的分布情况能充分体现某类事物对当时当地社会生活的影响程度和人们的关注程度，某一语言中每类词汇密度的高低，与每类词所指代的事物跟使用这一语言的社会有密切的关系，跟社会对每类词的关注度成正比。同理，从纵向比较的角度看，即使是同一民族、同一语言，在不同时代、不同地域也会因社会和自然环境发生变化，而对相关事物的关注程度、认识深浅程度不同，表示同类事物的词汇密度也会不同，从而形成不同的词汇差异。

古代汉语字与词的关系十分密切，绝大部分的字即是词，字汇即是词汇。古代汉语中相同部首、形符的字，既是同一个字族，也是同一义类的词，是一个具有共同义素的词汇场。因此，“分析字之偏旁以取义理”，根据各个部首所含字的多少，可以分析研究在某一时代和地域各类字所指代的事物与当时社会生活的相对关系。

汉字的部首具有对事物进行系统分类的功能。通过汉字分类系统，可以看出各类事物在当时的社会生活中所占的轻重主次的地位及其作用，也可看出当时人们认知事物的心理、能力和水平。汉字这一合乎科学精神的特点深得英国著名科学技术史专家李约瑟（Joseph Needham，1900—1995）的赞赏。李约瑟认为表意文字对于分类学具有重要的意义，汉字对于各种复杂系统的命名“应付裕如”，“汉字的宝库，就像装满算筹的大柜，每根算筹有独立的意义，但多根算筹的组合方式则难以罄述”，“假如采用‘古雅的中国佬’使用的表意文字来指明植物的种和属”会非常方便，能“使人一眼就可以看出某种生物应该归入植物界还是动物界，以及应该归入那一个门类”，这样就可以创造出足够的字来满足自然物种及社会范畴分类的需要，因此断定这种“表意文字终将为人类服务”（李约瑟，1985）。古文字学家唐兰（1981：122-123）曾指出：汉字的部首“可以指示我们古代社会的进化。因为畜牧业的发达，所以牛、羊、马、犬、豕等部的文字特别多。因为农业的发达，所以有草、木、禾、来等部。因为由石器时代变成铜器时代，所以有玉、石、金等部。因为思想进步，所以有言、心等部。我们假如去探讨每一部的内容，恰等于近代的一本专门辞典”。王力在《新训诂学》一文中也指出：“曾经有人提及过文字学和文化史的关系，有许多语源可以证明这一个事实。依《说文》所载，马牛犬豕的名目那样繁多，可以证明畜牧时代对于家畜有详细分别的必要。……又上古重农，所以稻麦的名称也特繁。……再说，关于风俗习惯，也可以由语词的分化或合并看出来，例如关于髯子，上古共有‘髭鬚髯’三字，在口上的叫做‘髭’，在颐下的叫做‘鬚’，在颊旁的叫做‘髯’。髯子分得详细，就显示古人重视髯子，近代的人把髯子剃得光光的，自然不需分别，只通称为‘髯子’就够了。”（王力，1980：327）汉字的部首反映了汉族先民对宇宙系统的分类，表现了古代社会生活环境对人的影响和古人对自然和社会的看法。

例如，近20多年来出土的战国楚简，尤其是荆门郭店楚简和上海博物馆藏战国楚竹书，“心”类字特别丰富，多达200多个，许多通行文字为非“心”符的字，在楚简文字中都新增“心”符，或改造为“心”符字，如𢙁𢘽（仁义）、𢡺慮（伪诈）、悉悆（猜疑）、煮𢝊（图谋）、戁惖（难易）、𢡸𢚈（劳逸）、恿憨（勇敢）、慾逑（欲求）、恩惕（忧伤）、𢘓恋（狂妄）、憙忞（喜哀）、愳憲（贼害）、𢢍忻（亲近）、𢜊𢜑（劝励）、憶𢟖（笃定）、悆𢜶（贪佞）、𢙾𢚮（逊顺），以及惪（德）、𢝊（畏）、𢜗（羞）、忘（谤）、忨（願）、𢛃（治）、𢚭（爱）、𢞸（灵）、𢚰（过）、𢟪（固）、𢚫（反）等，如此之多的“心”类字在一个特定的时代和地域集中涌现，是有社会原因的，引起了许多哲学家、思想史家的关注。现代著名哲学思想史家庞朴（2000）认为，这是战国儒家思孟学派的“心性学”在战国盛行的反映，庞朴从这些“心”类字，“推想公元前四、五世纪的中国学术界，有一些派别（譬如思孟学派，甚至墨经作者）正在向人的内心世界深入。他们为此使用着的乃至创造出的一些特指心态的文字，将永远以其智慧之光，见证着它们主人们的不可忘却的业绩”。

在汉民族上古时期，曾盛行开采玉石，玉在社会的物质生活和精神生活中占有极为重要的地位，因而在文字中留下大量的“玉”类字。《说文解字·玉部》有126字，对玉的种类、声光颜色、各种玉器，以及治玉的动词甚至似玉的石头，都有专门的文字加以表现。如玉的种类有“瑾瑜琼璐”，玉器名称有“璧环璋玦”，玉的声色有“瑛瑳莹玲”，加工玉器有“琱琢理班”，对玉的价值评价“珍宝玩弄”，似玉之石有“珉琨碧瑶”，等等。由此可见，上古汉民族对玉的开发利用是十分深入细致的。这固然是因为玉作为“石之美者”的自然属性受到社会的喜爱，更重要的是汉族文化把儒家的哲学思想渗入到这种自然矿石中，与玉的自然属性结合起来，使之具有哲学意义和美学价值，赋予玉以抽象的道德属性。《礼记·聘义》中孔子认为玉有十一德：“夫昔者君子比德于玉焉。温润而泽，仁也；缜密以栗，知也；廉而不刿，义也；垂之如队，礼也；叩之其声清越以长，其终诎然，乐也；瑕不掩瑜，瑜不掩瑕，忠也；孚尹旁达，信也；气如长虹，天也；精神见于山川，地也；圭璋特达，德也；天下莫不贵者，道也。诗云：‘言念君子，温其如玉。故君子贵之也。’”所以，在古人看来，玉不仅是一种珍贵的矿石，而且是儒家哲学思想的象征，是美的化身，故古之君子必佩玉，无故玉不去身。所以在具体的应用中，古人把它加工成各种各样的玉器，或镶嵌在各种用具之上。在意义的引申上，“玉”引申出“洁白、纯洁、美丽、高尚、珍贵”等抽象的意义，玉器成为一种完全脱离实用功能而表现观念形态的器类，在中国古代文明中产生了极其深远的影响。考古学家认为，中国古代文明除了具有一般文明的共性外，还有自己的特点，其一即玉石尤其是玉器的雕刻。大量的“玉”类字反映了古代中国特有的“玉器时代”和“玉器文化”。

《说文》“竹”部有 144 字，涉及兵器刑具如“箙箭箠笞”、礼器如“簠簋篚籩”、乐器如“笙管箫筑”、服御如“箪篋箱策”、日常器用如“筥筲箕箸”、典章文献如“篇籍簿简”等社会生活的许多方面。通过这一庞大的字类，我们可以看出竹子一定是上古时代西北、华北黄河流域一带很常见的植物，在当时的社会生活中用途十分广泛。由此还可进而推知其时西北、华北的气候一定较今日温暖而湿润，类似于今天长江流域的气候环境，适合竹子的生长。竹器使用之弘，留下了上古时期汉人林莽生活的遗迹。

《说文》“女”部字多达 238 字。诸如古姓有“姜姚姬嬴”等，尚遗留母系氏族群婚的痕迹；贬义有“奸佞奴妄”等，反映了女性地位的低下。其他如婚配有“嫁娶媒媾”，亲族有“姑姨姊妹”，人名有“婴嫄婕娲”，体态有“妩媚姣娴”，内容丰富，区分细致。而与之相对的男部仅有“男甥舅”三字。这种强烈的对比，体现出了原始氏族社会女尊男卑或女主男次的遗迹，也反映了进入男权社会后女性社会地位的卑微、女性所处的被屈辱和被损害的命运，如此等等，都是一幅幅生动的社会生活图画。

（四）比较异体

汉字中异体字数量极多，给识字和文献阅读增加了障碍。但某些异体字往往有之所以“异”的社会原因。在历史演变过程中，由于人的思想意识的变化或对文字所指事物的着眼点不同，或者因为事物本身性能、质料等方面发生的变化，汉字常常改换意符以适应这种变化，因此形成了不同意符的异体字。这种字形的变化，既是语言文字研究的对象，也是社会文化研究的内容。郭沫若在《青铜时代》一书（1982c：606）中指出：“以文字言，某一字在何时出现，或某一字在何时却废弃了，一字的字形演变……经过如何的过程，一字的社会背景和涵义的演变，如向这一方面去追求，不用说便可以丰富文字学或‘小学’的内容。”所谓“丰富内容”，就是将文字学的研究扩大到社会学的研究领域。裘锡圭（1988：168-169）则更明确地指出了异体字形符的变化与人的主观意识和社会相关的三个方面：一是“事物本身或人的思想意识的变化也会影响形旁的表意作用”；二是古人“为形声字选择形旁时，如果对文字所指的事或物有不同的着眼点，所选择的形旁就会不一样”；三是“器物质料或性能的改变或多样性，也会引起形旁代换的现象”。所以，异体字如果是形符不同，即可据以研究语义与社会的变化。

例如，“医”字，先秦写作意符为“巫”的“毉”[①]，秦汉以后又出现了意符为“酉（酒）”的异体字“醫”[②]。意符由“巫”替换为“酉”。这一变化不是偶然的，它印证了古代文献中“巫彭初作医”和“酒为百药之长”的记载，体现了上古治病由重巫术到重药物的重大转变，反映了从巫、医合一到巫、医分离的历史。[③] 今泰语 mɔ 有“巫师”和“医生”两种意义；英语 medicine 有“符咒、魔力、巫术”和“医、药”之义；俄语 врач 由“念咒语”引申为“医生”，与汉字相发明，可见人类文明常有类似的经验和经历。

许慎《说文·人部》将“伸、仙”二字排列在一起，对于“伸”的解释是“神也，从人身声”。按照许慎的排列和解释，“伸”就是神仙之“神”的异体字。其字将形符“示”换成“人”，显然反映了“人神相通”的观念，弥合人与神之间的分际。“人神相通”的观念产生于战国，盛行于两汉，乃汉末道教

① 《山海经·海内西经》：“开明东有巫彭、巫抵、巫阳、巫履、巫凡、巫相，夹窫窳之尸，皆操不死之药以距之。”郭璞注：“皆神医也。”

② 《说文·酉部》：“醫，治病工也。从殹从酉，殹，恶姿也。醫之性然，得酒而使，故从酉。王育说。一曰殹，病声。酒所以治病也。《周礼》有醫酒，古者巫彭初作醫。”

③ 春秋战国时巫、医逐渐分离。到汉代，《汉书·艺文志》已将医药归入“方技略”，巫卜归于“数术略”。

思想的起源。这种观念认为“僊”既是神的世俗化、人化，又是人的神圣化、神化，其内涵与人的“长生仙去”之“仙”最为接近（黄德宽，常森，1996）。

又如，“监滥鑑镜”是一组由异体字分化形成的同族字，意符的变化鲜明地表现了镜子由“监于水”到产生铜镜的历史。比较“箴鍼”一组异体字，可知针的质料由竹子到金属的变化。秦汉时代用“禅”字替代了原有的“墠”字，反映了人们对祭地仪式增加了神圣感。“彝”字甲骨文写成手持俘馘以祭，到西周的金文就改为持鸡以祭，到战国的小篆则再变为持米、糸以祭，字形结构的递嬗反映了不同时代祭品的改变。表示“灾祸”意义的字，由像洪水泛滥之形的“”和从“水”、“才”声的“”，变为从“火”、“才”声的“”和从“宀、火”会意的“（灾）”，再变为从“戈”、“才”声的形声字“”，层次分明地表现出穴居时代以“水”为灾、构木为室时代以“火”为灾、掠夺兼并的阶级社会以兵“戈”为灾的社会认知，反映了不同时代居住环境的变化和社会现实由天灾到人祸的事实。其他如“砲炮”、“绵棉”、“韈襪”、“楗键”、“姪侄”等异体字，都包含着历史文化信息，是社会语言学、语言人类学及历史学研究可资利用的材料。

（五）因声求义

汉字不仅其意符和指示符能表达字的词素意义，某些声符的读音也隐含意义，为我们了解词的社会意义起到发踪示迹的作用。宋代的“右文说”认为形声字中声符能表义，同声符的字必有共同的义素。清代训诂学家进一步将其发展成“音同义近、音近义通”的语源学理论。如果去掉其中绝对化和主观随意性的成分，以声音为线索去挖掘文字所表现的词素意义及社会含义，仍不失为一种行之有效的方法。

例如，三国时期诸葛亮发明了一种叫作“木牛流马”的运输工具。这种跋山涉水如履平地的运输工具是何形状和构造，文献缺乏记载，后人虽有所推断，然大多语焉不详，证据不足。现代著名机械工程学家、中国机械史专家刘仙洲教授在1963年《中国古代农业机械发明史》一书中考证出“木牛流马”其实就是民间常见的独轮推车。刘仙洲在《说文·车部》中发现一个“䡼”字，许慎的解释是“车輮规也。一曰一轮车，从车，熒省声，读若䓕”。“䡼”既与“䓕”声符相同，又读若“䓕”，按“声同义近”的原则，因声求义，“䡼”应有“䓕独”的意义，《说文》中的“一曰”义应当是“茕”字的本义，“一轮车”即独轮车。结合西汉刘向所著《孝子图》中的独轮车，说明其历史可推至西汉时代，并非三国时期的诸葛亮发明（刘仙洲，1964）。

“军”字，金文从“车”，“勻”声。“勻”声字有“周遍、循环”的共同义素。由“军”从“勻”得声，可以推知，在金文出现的周朝，已具有由兵车环绕、围成战阵的庞大战车部队，这又可与“阵”字从阜、从车会意相印证。

“殉”从“旬”得声，“旬”从“勻”得声。“殉”的本义是殉葬，但殉葬时陪葬的人如何“陪”法？“殉”的声符“旬”从“勻”得声，具有“周绕”的意义，因声求义，可知殉葬不是简单的“杀生送死”，而是将陪葬的人在墓主周围均匀地围成一圈，让他们在地下仍然侍候、拱卫着主人。这一推断可以从考古发掘中得到印证。

出嫁的“嫁”与做买卖的“贾”读音相近，意义也当相关。因此“嫁”的读音透露出买卖婚姻的事实，表明随着夫权的确立和私有制的产生，妇女地位低下，成为变相的商品。我国少数民族苏龙珞巴语、西夏语“嫁”、“卖”同音；壮族、傣族、布依族、仫佬族、藏族、彝族、纳西族、傈僳族等少数民族语言中“嫁”与“卖”也有语音和语义上的同源关系，可与汉语印证。

“包”、“苞”、“炮”、“庖”四字，《说文》的解释各不相同。然而，按照中国古代“右文说”的观点，它们声符相同，意义也当相通。《说文》中“包，象人裹妊，巳在中，象子未成形也”，是怀孕的意思，引申为“包裹”；“苞，艸也。……从艸、包声”，是一种草的名称，段玉裁《说文解字注》认为苞字本义为“本”，假借为“包裹”；“炮，毛炙肉也。从火、包声”；“庖，厨也。从广包聲”，《周礼·天官·庖人》郑玄注：“庖之言苞也。裹肉曰苞苴。”从郑注、段注可证“包”、“苞”、“炮”、“庖”意义相关。所谓“毛炙肉”、“裹肉”，即把肉连毛用泥巴裹起来烧，即后世所谓的“叫化鸡”之类，是一种烹调方法。可知在早期人类或猎获的禽兽，不加剖解，整体用茅草一包用泥巴一糊，放在火里一烧，然后敲了泥片、剥了茅草而食。这种方法在进入文明社会以后很久，甚至到现在还是野餐的一种方式。《诗经·召南·野有死麕》说：“野有死麕，白茅包之。有女怀春，吉士诱之。”写的就是一对情人猎取了一只麕，就用白茅包起来，用泥巴糊起来，烤着作为野餐。当人类栖身于山洞，或寄体于房舍，有了固定的居所和专门烧火做饭的地方，“苞”、“炮”也改为了“庖”字，烹调方法也由连毛带肉烧着吃进化为去毛解体煮着吃了。

研究古代社会，史料的缺乏是一个主要的困难。有时对于某一现象虽有一鳞半爪的记录，又苦于孤证难征或虚假难信。所幸汉字从甲骨文、金文、小篆等古文字形体经隶变为今文字后，并未改变它的表意性质，其构字方式也大都保持未变，一直使用至今。今人只要稍加训练，即可接近古文字。古文字形体的创意，也大多保留在今文字形体中。这样我们就具有了同历史和古人对话的工具和依据。假使中国的历史文献典籍一片空白，汉字的形体也不失为一种重建中国古代历史和社会文化的重要材料。充分利用和发挥汉字形体的文献价值，结合历史文献材料，比较人类文化的同异，对于丰富文字学的内容，拓展历史学领域，推进文化人类学的发展，都有积极意义。

参考文献

爱切生．1997. 语言的变化：进步还是退化．徐家祯译．北京：语文出版社：66.

白云．2006. 广西象州县疍家话同音字汇．广西师范大学学报（哲学社会科学版），(1)：77-83.

本尼迪克特．1987. 澳-泰语研究（3）：澳-泰语和汉语．见：中国社会科学院民族研究所语言室编．民族语文研究情报资料集，(8)：1-29.

伯克．2007. 语言的文化史——近代早期欧洲的语言和共同体．李霄翔等译．北京：北京大学出版社：11-12，41，45，99-100，106-107，115-116，120，163，170-173，210-211，220，223-225，249.

布龙菲尔德．1980. 语言论．袁家骅等译．北京：商务印书馆：571-572.

蔡富有．1990. 社会语言学的若干理论问题．中国社会科学，(3)：55-68.

蔡永良．2003. 语言·教育·同化——美国印第安语言政策研究．北京：中国社会科学出版社.

蔡永良．2004. 重温"语言相对论"．苏州大学学报（哲学社会科学版），(6)：73-76.

曹峰．2009. 孔子"正名"新考．文史哲，(2)：61-69.

曹金华．1991. 王莽改易地名之基本规律与政治倾向．扬州师院学报（社会科学版），(2)：118-123.

曹志耘．1997. 浙江的九姓渔民．中国文化研究，(17)：72-79.

尘元．1991. 在词语的密林里．北京：生活·读书·新知三联书店：6-7，51，114-115.

陈保亚．1996. 论语言接触与语言联盟——汉越（侗台语）语源关系的解释．北京：语文出版社.

陈登．2002. 论外来宗教文化在英语和汉语词汇中的积淀．四川外语学院学报，(3)：139-141.

陈建民．1989. 语言文化社会新探．上海：上海教育出版社.

陈建民．1999. 中国语言和中国社会．广州：广东教育教育出版社.

陈桥驿．1983. 论浙江省的方言地名．浙江学刊，(2)：56-61.

陈松岑．1985. 社会语言学导论．北京：北京大学出版社：105-106.

陈松岑．1999. 语言变异研究．广州：广东教育出版社：49.

陈序经．1946. 疍民的研究．上海：商务印书馆：30.

陈寅恪．2001a. 天师道与滨海地域之关系．见：陈寅恪著，陈美延编．陈寅恪集（金明馆丛稿初编）．北京：生活·读书·新知三联书店：1-46.

陈寅恪．2001b. 四声三问．见：陈寅恪著，陈美延编．陈寅恪集（金明馆丛稿初编）．北京：生活·读书·新知三联书店：367-381.

陈寅恪．2001c. 从史实论切韵．见：陈寅恪著，陈美延编．陈寅恪集（金明馆丛稿初编）．北京：生活・读书・新知三联书店：382-409.
陈原．1980. 语言与社会生活——社会语言学札记．北京：生活・读书・新知三联书店：2，38，41，51，65-66.
陈原．1983. 社会语言学．上海：学林出版社：1-2，123，293，361.
陈原．1988. 社会语言学方法论四讲．北京：语文出版社．
陈原．1994. 语言和人——应用社会语言学若干探索．上海：上海教育出版社．
陈原．2003. 语言和人．北京：商务印书馆：86.
程树德．1957. 说文稽古篇．上海：商务印书馆：3.
戴庆厦．1990. 藏缅语族语言的研究与展望——马提索夫访问记．民族语文，(1)：1-8.
戴庆厦．1993. 社会语言学教程．北京：中央民族学院出版社．
邓洪波．1994. 正音书院与清代的官话运动．华东师范大学学报（教育科学版），(3) 79-81.
邓炎昌，刘润清．1989. 语言与文化．北京：外语教学与研究出版社．
恩格斯．1972. 家庭、私有制和国家的起源．中央编译局译．北京：人民出版社：23.
法迪曼．2009. 书趣：一个普通读者的自白．杨传纬译．上海：上海人民出版社：68.
方传余．2007. "同志"一词的社会语言学研究．语言教学与研究，(1)：28-33.
费孝通．1989. 中华民族的多元一体格局．北京大学学报（哲学社会科学版），(4)：1-19.
封宗信．2006. 现代语言学流派概论．北京：北京大学出版社：97-98.
冯志伟．1994. 关于"犹太"民族的译名用字问题．词库建设通讯，(5)：3-5.
弗雷泽．1987. 金枝——巫术与宗教之研究．徐育新等译．北京：中国民间文艺出版社：377-378.
福克斯．2010. 英国人的言行潜规则．姚芸竹译．北京：生活・读书・新知三联书店：75-80，85，100.
傅懋勣．1984. 关于纳西族图画文字和音节文字的几个写本中一处正文的校定问题．民族语文，(4)：1-7.
傅懋勣，王均．1980. 重视少数民族语言文字的使用和发展，使民族语文工作更好地为四个现代化服务．民族语文，(1)：1-9.
高名凯，刘正琰．1958. 现代汉语外来词研究．北京：文字改革出版社．
格劳斯金．1987. 论对待语言集团和语言的态度．张伟译．民族译丛，(3)：14-19.
格林．正在消亡的部落．王晓丽译．民族译丛，(4)：20-23.
古传吉．2009. 叫我如何不想"她"．南方都市报，2009 年 11 月 15 日，第 17 版．
顾颉刚．1982. 古史辨（一）．上海：上海古籍出版社：17-19，63.
顾颉刚．1999. 吴歌・吴歌小史．江苏：江苏古籍出版社：9，11，17.
关健斌．2009. 俄罗斯打响"俄语保卫战"．http：//zqb. cyol. com/content/2009-08/09/content_2795406. htm［2009-08-09］．
郭沫若．1982a. 中国古代社会研究．见：郭沫若．郭沫若全集・历史编（第一卷）．北京：

人民出版社：304.
郭沫若．1982b. 甲骨文字研究．见：郭沫若．郭沫若全集・考古编（第一卷）．北京：科学出版社．
郭沫若．1982c. 青铜时代．见：郭沫若．郭沫若全集・历史编（第一卷）．北京：人民出版社：606.
郭沫若．1984. 奴隶制时代．见：郭沫若．郭沫若全集・历史编（第三卷）．北京：人民出版社．
郭熙．2004. 中国社会语言学（增订本）．杭州：浙江大学出版社．
韩锦春，李毅夫．1985. 汉文“民族”一词考源资料．北京：中国社会科学院民族研究所民族理论研究室编印（内部资料）：51-53，57-73.
何南林．2005. 汉语词汇贫乏论质疑．http：//www.yywzw.com/nlhe/nlhe-008.htm［2005-10-01］．
赫德森．1989. 社会语言学．卢德平译．北京：华夏出版社．
赫尔德．1999. 论语言的起源．姚小平译．北京：商务印书馆：99-100.
胡明扬．1988. 西方语言学名著选读．北京：中国人民大学出版社：39，57.
胡明扬．2002. 关于外文字母词和原装外文缩略语问题．语言文字应用，(2)：98-101.
胡朴安．1984. 中国训诂学史．上海：上海书店出版社：1.
黄德宽，常森．1996. 历史性：汉字阐释的原则．人文杂志，(2)：95-101.
黄克．1984. 关汉卿戏剧人物论．北京：人民文学出版社：14.
黄兴涛．2009. “她”字的文化史——女性新代词的发明与认同研究．福州：福建教育出版社．
霍尔．1987. 洋泾浜语言．见：王士元主编．语言与人类交际．南宁：广西教育出版社：86-99.
季羡林．1985. 原始佛教的语言问题．北京：中国社会科学出版社．
江莎．1993. 论语言因素对文化模式形成的影响．湖北民族学院学报（社会科学版），(3)：38-42.
金丽藻．2008. 常州话绅谈与街谈之离合融变．常州工学院学报（社会科学版），(3)：75-78，83.
金丽藻．2011. 赵元任与常州方言语音研究．常州工学院学报（社会科学版），(3)：8-12.
九州同译．1980. 哥伦比亚考卡地区印第安委员会及其组织和纲领．民族译丛，(5)：75-78.
卡西尔．1985. 人论．甘阳译．上海：上海译文出版社：141-142，144，146.
卡西尔．1988. 语言与神话．于晓等译．北京：生活・读书・新知三联书店．
柯恩．1959. 语言——语言的结构和发展．双明译．北京：科学出版社：12.
克里斯托．2001. 语言的死亡．宋伟航译．台北：猫头鹰出版社．
拉法格．1964. 革命前后的法国语言．罗大冈译．北京：商务印书馆：2-3，8，41-42，54.
劳费尔．1964. 中国伊朗编．林筠因译．北京：商务印书馆：110.
李长声．1944. 文学里的歧视．读书，(1)：141-145.
李贵如．1990. 试论社会与语言的变异．逻辑与语言学习，(1)：34-36.

李丽生．2005. 应用语言学研究的新视野——《批评应用语言学：批评性概论》评介．现代外语，(1)：87-90.
李荣．1982. 论“人”字的音．方言，(4)：241-244.
李荣．1994. 禁忌字举例．方言，(3)：161-169.
李如龙．2005. 关于东南方言的“底层”研究．民族语文，(5)：1-15.
李熙．2013. 英语中无法回避的六个“中国特色”词汇．http：//view. 163. com/special/reviews/chinglish1115. html ［2013-11-15］.
李宇明．2003. 论母语．世界汉语教学，(1)：48-58.
李宇明．2008. 语言与国家安全——从美国的语言战略谈起．http：//www. docin. com/p-439409873. html ［2008-04-11］.
李约瑟．1985. 汉语植物命名法及其沿革．中华文史论丛，(3)：1-24.
列维-斯特劳斯．2000. 忧郁的热带．王志明译．北京：生活·读书·新知三联书店：384-385.
林传鼎．1986. 心理学词典．南昌：江西科学技术出版社：148.
林顿．1989. 文化树——世界文化简史．何道宽译．重庆：重庆出版社：8.
林立芳，邝永辉，庄初升．1995. 韶关市近郊“虱婆声”的初步研究．韶关大学学报（社会科学版），(1)：35-48.
刘宝俊．1990. 民族文化的语言透视．中南民族学院学报（哲学社会科学版），(1)：71-78.
刘宝俊．1991. 语言与民族感情．中南民族学院学报（哲学社会科学版），(3)：107-113.
刘宝俊．1993. 语言演变中的“葛氏定律”．中南民族学院学报（哲学社会科学版），(1)：93-99.
刘宝俊．1994. 民族语言学论纲．中南民族学院学报（哲学社会科学版），(5)：109-114.
刘宝俊．1995. 语言的罗网——谈语言塔布．中南民族学院学报（哲学社会科学版），(2)：115-120.
刘宝俊．1996. 民族语言与文化生态．中南民族学院学报（哲学社会科学版），(1)：82-86.
刘宝俊．1997. 汉字——汉族历史文化的索引．中南民族学院学报（哲学社会科学版），(2)：94-98.
刘宝俊．1999. 加拿大的语言冲突与多元文化主义进程．见：中南民族学院民族研究所编．南方民族研究论丛（四）．北京：民族出版社：114-124.
刘宝俊．2003. 论语言民族歧视．中南民族大学学报（人文社会科学版），(3)：129-133.
刘宝俊．2007. 论语言的濒危和消亡．中南民族大学学报（人文社会科学版），(6)：23-27.
刘宝俊．2009 论战国楚简从“心”之字与心性之学．中南民族大学学报（人文社会科学版），(2)：162-169.
刘纯豹．1992. 英语委婉语词典．南京：江苏教育出版社．
刘禾．2002. 跨语际实践．宋伟杰等译．北京：生活·读书·新知三联书店：49.
刘倩．2008. 九姓渔民方言研究．北京：北京语言大学博士学位论文．
刘仙洲．1964. 我国独轮车的创始时期应上推到西汉晚年．文物，(6)：1-5.

刘尧汉，宋兆麟，严汝娴，等．1981. 一部罕见的象形文历书——耳苏人的原始文字．中国历史博物馆馆刊，(1)：125-131.
刘振前，庄会彬．2011. 汉语“江”的词源辨正——与张洪明先生商榷．山东大学学报（哲学社会科学版），(5)：133-139.
鲁保元．1996. 从日本的驱除不快语运动谈起．语文建设，(5)：37-38.
路威．1984. 文明与野蛮．吕叔湘译．北京：生活·读书·新知三联书店：265-267.
吕叔湘．1980a. 语文常谈．北京：生活·读书·新知三联书店．
吕叔湘．1980b. 语言作为一种社会现象——陈原《语言与社会生活》读后．读书，(4)：90-99.
吕叔湘．1984. 由“rose”和“玫瑰”引起的感想．中国翻译，(5)：31.
罗常培．1989. 语言与文化．北京：语文出版社：9-10，52，87.
罗常培．2004. 耶稣会士在音韵学上的贡献．见：罗常培．罗常培语言学论文集．北京：商务印书馆：251-358.
马德邻，吾淳，汪晓鲁．1987. 宗教：一种文化现象．上海：上海人民出版社：53-54.
马克思．1965. 摩尔根《古代社会》一书摘要．中国科学院历史研究所翻译组译．北京：人民出版社．
马学良，戴庆厦．1981. 论语言民族学．见：中国民族学研究会编．民族学研究（第一辑）．北京：民族出版社：207-219.
摩尔根．1981. 古代社会．杨东莼等译．北京：商务印书馆：11，490.
帕默尔．1983. 语言学概论．李荣等译．北京：商务印书馆：79-80，83，112，122，128，134，145.
帕森斯．2009. 性别伦理学．史军译．北京：北京大学出版社：94.
潘重规．1973. 红楼梦新解．台北：文史哲出版社．
庞朴．2000. 郢燕书说——郭店楚简中山三器心旁文字试说．见：武汉大学中国文化研究院编．郭店楚简国际学术研讨会论文集．武汉：湖北人民出版社：37-42.
蒲立本．1999. 上古汉语的辅音系统．潘悟云等译．北京：中华书局：62.
齐天大．1999. 妈妈的舌头．北京：作家出版社：27.
钱钟书．1979. 管锥编．北京：中华书局：1329.
裘锡圭．1988. 文字学概要．北京：商务印书馆：168-169.
曲彦斌．1989. 中国民俗语言学．沈阳：辽宁教育出版社．
阮西湖．1986. 关于民族形成的几个理论问题．民族研究，(5)：1-3.
芮逸夫．1972. 西南少数民族虫兽偏旁命名考略．见：芮逸夫．中国民族及其文化（上）．台北：艺文印书馆：125-169.
萨丕尔．1964. 语言论——言语研究导论．陆卓元译．北京：商务印书馆：iv，121-123，129，137，141.
史有为．1991. 异文化的使者——外来词．吉林：吉林教育出版社：33-35.
斯大林．1971. 马克思主义和语言学问题．北京：人民出版社：16.

孙宏开 . 2001. 关于濒危语言问题 . 语言教学与研究，(1)：1-7.
索绪尔 . 1980. 普通语言学教程 . 高名凯译 . 北京：商务印书馆：312-313.
泰勒 . 2005. 原始文化 . 连树声译 . 桂林：广西师范大学出版社：1，519.
汤姆逊 . 2009. 十九世纪末以前的语言学史 . 黄振华译 . 北京：世界图书出版公司：36-37，157-158.
唐兰 . 1981. 古文字学导论 . 济南：齐鲁书社：122-123.
田海龙 . 2002. 政治语言研究：评述与思考 . 外语教学，(1)：23-29.
童恩正 . 1989. 文化人类学 . 上海：上海人民出版社：124-125.
万晴川 . 2006. “敬惜字纸”的民俗信仰——论《桂宫梯》和《青云梯》. 内江师范学院学报，(3)：13-16.
王淳 . 2010. 安全诉求与认同危机：论美国国家语言战略的重塑 . 国外理论动态，(9)：41-45.
王静 . 2006. 中国的吉普赛人——慈城堕民田野调查 . 宁波：宁波出版社 .
王力 . 1980. 龙虫并雕斋文集（一）. 北京：中华书局：327，461-483.
王力 . 1981. 中国语言学史 . 太原：山西人民出版社：1.
王力 . 1982. 龙虫并雕斋琐语 . 北京：中国社会科学出版社：6.
王力 . 2000. 王力古汉语字典 . 北京：中华书局：185-186.
王立 . 2003. 汉语词的社会语言学研究 . 北京：商务印书馆 .
王铭铭 . 2010. 文字的魔力：关于书写的人类学 . 社会学研究，(2)：44-66.
王显志 . 2010. 英汉语性别歧视现象的对比研究 . 北京：中央民族大学博士学位论文：13.
王炎 . 2011. 命名政治——以色列地名与话语霸权 . 开放时代，(2)：145-153.
王重民，王庆菽，向达，等 . 1957. 敦煌变文集 . 北京：人民文学出版社：192.
威廉斯 . 2005. 关键词：文化与社会的词汇 . 刘建基译 . 北京：生活・读书・新知三联书店 .
闻一多 . 1982. 闻一多全集 . 北京：生活・读书・新知三联书店：52-53.
吴旭 . 2009. 在美国更要学会“讲政治”. 对外传播，(7)：34-35.
伍安东 . 2001. 语言与宗教——兼评《“创始纪”的发现》一书 . 安顺师专学报，(2)：34-37.
伍铁平 . 1984. 语言决定人的思想吗？——萨丕尔-沃尔夫假说述评 . 哲学研究，(1)：70-71.
伍铁平 . 1994. 论词义、词的客观所指和构词理据 . 现代外语，(1)：1-7.
萧遥天 . 1987. 中国人名的研究 . 北京：国际文化出版公司 .
谢宁 . 2012. 英语外来词在德语中的发展与融合 . 宁夏大学学报（人文社会科学版），(4)：75-79.
辛德勇 . 2000. 惜字律二种 . 中国典籍与文化，(4)：75-80.
邢福义 . 2000. 文化语言学（增订本）. 武汉：湖北教育出版社：248.
徐大明 . 2006. 语言变异与变化 . 上海：上海教育出版社 .
徐大明，陶红印，谢天蔚 . 1997. 当代社会语言学 . 北京：中国社会科学出版社 .

徐世璇 . 2001. 濒危语言研究 . 北京：中央民族大学出版社 .
徐松石 . 1939. 粤江流域人民史 . 上海：中华书局：64，153.
徐松石 . 1946. 泰族僮族粤族考 . 上海：中华书局 .
许国璋 . 1991. 许国璋论语言 . 北京：外语教学与研究出版社：1.
许进雄 . 1988. 中国古代社会——文字与人类学的透视 . 台北：商务印书馆：84.
严学窘 . 1985. 中国对比语言学浅说 . 武汉：华中工学院出版社 .
杨永林 . 1987. 性别歧视在谚语中的表现 . 外语教学与研究，(2)：37-41.
杨永林 . 2004. 社会语言学研究：文化・色彩・思维篇 . 北京：高等教育出版社 .
姚小平 . 1997. 西方语言学史拾遗 . 外语学刊，(1)：6-9.
姚小平 . 2006. 语言文化十讲 . 北京：外语教学与研究出版社 .
游汝杰，周振鹤 . 1986. 方言与中国文化 . 上海：上海人民出版社 .
游汝杰，邹嘉彦 . 2009. 社会语言学教程 . 2 版 . 上海：复旦大学出版社 .
于国宁 . 2013. 这些年，我们“出口”的汉语词汇 . 人民日报（海外版），2013 年 12 月 2 日，第 5 版 .
袁家骅等 . 1960. 汉语方言概要 . 北京：文字改革出版社 .
张清常 . 1990. 胡同及其他——社会语言学的探索 . 北京：北京语言学院出版社 .
张清常 . 1997. 北京街巷名称史话——社会语言学的再探索 . 北京：北京语言文化大学出版社 .
张兴权 . 2005. “社会语言学”术语溯源 . 语言科学，(2)：63-66.
张永言 . 1983. 语源札记三则 . 民族语文，(6)：23-25.
张月中 . 1985. 关汉卿的名、字、号新考 . 河北大学学报（哲学社会科学版），(4)：165，173.
赵朴初 . 1988. 佛教与中国文化的关系 . 见：《文史知识》编辑室编 . 佛教与中国文化 . 北京：中华书局：3-11.
赵元任 . 1956. 现代吴语的研究 . 北京：科学出版社：80-81，84.
赵元任 . 2002. 赵元任语言学论文集 . 北京：商务印书馆
真田信治 . 2002. 社会语言学概论 . 王素梅等译 . 上海：译文出版社：14.
中国佛教文化研究所 . 1993. 俗语佛缘 . 上海：上海人民出版社 .
中国社会科学院语言文字应用研究上海所社会语言学研究室 . 1991. 语言・社会・文化 . 北京：语文出版社 .
钟敬文，等 . 1994. 语海 . 秘密语分册 . 上海：上海文艺出版社 .
周庆生 . 1995. 当代社会语言学鸟瞰——中国、西方、亚洲和前苏联 . 满语研究，(2)：40-50.
周庆生 . 2000. 语言与人类：中华民族社会语言透视 . 北京：中央民族大学出版社 .
周庆生 . 2010. 中国社会语言学研究述略 . 语言文字应用，(4)：10-21.
周振鹤 . 1998. 逸言殊语 . 杭州：浙江摄影出版社：111-127，136-168.
周振鹤 . 2005. 大英图书馆所藏《红毛番话》抄本译解 . 见：纪宗安，汤开建主编 . 暨南史学（第四辑）．广州：暨南大学出版社：333-353.

周振鹤，司佳．1998. 汉译西洋地名的两个系统．词库建设通讯，(17)：28-35.

周祖谟．1988. 方言校笺．见：周祖谟．问学集（下）．北京：中华书局：679-709.

朱立元．1994. 语言与政治．书城，(8)：14-16.

朱湘．2005. 胡同．见：朱湘，《中国现代散文经典文库》编委会编．中国现代散文经典文库（朱湘卷）．北京：大众文艺出版社：34.

朱学勤．2005. 道德理想国的覆灭．上海：上海三联书店：156.

祝畹瑾．1985. 社会语言学译文集．北京：北京大学出版社．

祝畹瑾．1992. 社会语言学概论．长沙：湖南教育出版社．

庄初升．2009. 岭南地区水上居民（疍家）的方言．文化遗产，(3)：126-132.

Fishman J A. 2001. Can Threatened Languages Be Saved? Clevedon：Mul-tilingual Matters LTD.

Lakoff G，Johnson M. 2003. Metaphors We Live by. London：The University of Chicago Press.

Sutherland W J. 2003. Parallel extinction risk and global distribution of languages and species. Nature，15：276-279.

Zhao Y R. 1976. Aspects of Chinese Sociolinguistics. San Francisco：Stanford University Press.

Zhou Q S. 1992. Aspects of Chinese ethnosociolinguistic studies：a report on the literature. International Journal of the Sociology of Language，97：59-73.

后　　记

1982—1985 年，我在华中工学院（今华中科技大学）中国语言研究所读硕士研究生，跟随著名语言学家严子君（讳学窘）先生攻读汉语音韵学，那是纯粹属于古代汉语内部要素的研究，与社会语言学不太相关。我之所以从古老艰深的“绝学”转而对现代新兴的社会语言学产生兴趣，盖有如下几个原因。

一是在我读研究生时，正是社会语言学在我国蓬勃兴起之时，“中国社会语言学之父”陈原先生跟子君师是老朋友，因此我能时常在子君师那里看到陈原先生已经发表或尚未发表的文章和著作，获得相关的信息；二是子君师又曾长期从事中国少数民族语言与少数民族社会的研究，他的许多成果就是属于 20 世纪早期文化人类学中社会语言学的内容，耳濡目染之下，难免心有旁骛；三是现代汉语音韵学与汉藏语系语言和社会文化也具有一定联系，例如，语言禁忌引起特殊的语音变化；四是在我读硕士研究生期间，华中工学院中国语言研究所资料室里藏有一部赵元任先生的 *Aspects of Chinese Sociolinguistics*（《中国社会语言学的若干方面》，1976 年美国斯坦福大学出版社出版）的原版复印本，赵先生的这本书曾深深地吸引了我，并影响了我的学术道路。

1985 年研究生毕业后，我奉子君师之命，到中南民族学院（今中南民族大学）任教，在从事汉语言文字学教学和研究工作的同时，也未曾割舍社会语言学。大约在 1986 年，我即为中文系各专业本科生开设了社会语言学选修课，后来又在中国少数民族语言文学硕士专业设置了社会语言学专业方向，并任导师。承蒙学生不弃，社会语言学作为常设选修课，深受各届学生欢迎，一直开到现在，从未中断，历时近 30 年。

本书是我 30 余年来从事社会语言学研究和教学的部分成果。由于笔者对于学术的态度颇为“任性”，一以兴趣为旨归，不以功利为目的，所以未曾考虑将其整理出版。近年来各种俗务有所减轻，因而在好友冯广艺、刘为钦教授的鼓励和帮助下，将手稿加以删汰、补充，进行一番整理，撰成本著，聊表献芹献曝之心，以达嘤鸣求友之情，且致雪泥鸿爪之意。拙著既成，又蒙中国社会语言学会前会长、中国社会科学院民族学与人类学研究所周庆生研究员，以及中国人类学会秘书长、厦门大学人类学与民族学系邓晓华教授赐撰序，在此谨致谢忱。不足之处，在所难免；凡百君子，敬请正之！

刘宝俊

2015年6月18日

撰于武昌南湖之滨